康养职业技能培训系列教材

小儿推拿保健指导

总主编：韦莉萍
主　编：刘振寰
副主编：符文杰
编　委：（按姓氏笔画排序）
丁政涛　凡　伟　马晓薇
王晓震　韦莉萍　甘有水
刘汇团　刘振寰　杜　芳
辛志雄　张　勇　陈杰奎
陈佩莹　周　园　周俊亮
郭家燕　黄启军　符文杰
董尚胜　谢　红　谢巧玲

本书内容及推拿手法
请在医师指导下操作

广东高等教育出版社
Guangdong Higher Education Press
·广州·

图书在版编目（CIP）数据

小儿推拿保健指导 / 刘振寰主编．—广州：广东高等教育出版社，2022.7

ISBN 978 - 7 - 5361 - 7042 - 1

Ⅰ.①小…　Ⅱ.①刘…　Ⅲ.①小儿疾病 - 推拿 - 职业教育 - 教材　Ⅳ.①R244.1

中国版本图书馆 CIP 数据核字（2021）第 116132 号

小儿推拿保健指导

XIAO'ER TUINA BAOJIAN ZHIDAO

出版发行	广东高等教育出版社
	地址：广州市天河区林和西横路
	邮编：510500　营销电话：（020）87553335
	网址：http://www.gdgjs.com.cn
印　刷	东莞市翔盈印务有限公司
开　本	787 毫米 ×1 092 毫米　1/16
印　张	20
字　数	368 千
版　次	2022 年 7 月第 1 版
印　次	2022 年 7 月第 1 次印刷
定　价	68.00 元

前　言

小儿推拿，又称“小儿按摩”，是在长期的临床实践中逐渐形成的一种用于防治小儿疾病的自成体系的推拿治疗方法。

推拿治疗小儿疾病有着悠久的历史。先秦至汉的《灵枢·厥病》记载了推拿治疗小儿虫症的方法：“以手聚按而坚持之，无令得移。”晋代的《肘后备急方》介绍用捏脊方法以治疗腹痛。隋代的《诸病源候论》有小儿杂病诸候6卷，并无方药，却于每卷之末附按摩导引法。唐代的《千金要方》中介绍用膏摩小儿囟上及手足心以祛除风寒。提示小儿推拿不仅能保健强身，防治一般疾病，而且能治疗一些急症。

笔者从事儿科临床与儿童保健康复工作已经四十余年。在临床工作中，见到不少婴幼儿反复感冒、便秘、腹泻、厌食、多动症、遗尿等疾病因无特效的西医疗法而困扰着儿童及其家长，儿童上学后反复咳嗽、鼻炎反复发作，难以中断，小小年纪，已经历过多次支气管炎、肺炎、哮喘等。小儿服药难，扎针怕痛，家长为了照料孩子，疲于奔命。而绿色无痛的小儿推拿疗法既有效又深受广大患儿喜爱与家长们的欢迎。推拿仅在皮肤抚摩推揉就能防病治病，无皮肉疼痛，也无服药之苦，小儿乐于接受，诚为养儿育儿必备良方。正如明代的《小儿推拿秘诀》中所说：“余惟小儿无七情六欲之感，弟有风寒水湿伤食之证，且初生脏腑脆薄，不经药饵，稍长又畏药难投，惟此推拿，一着取效于掌股皮肉之间”，“倘能察其病症，循其穴道，施以手法，而汗吐下三者，尤能得诀，大者又稍兼以药饵，未有不随试而效者也”。

为推进小儿推拿的发展，笔者带领研究生、同事及弟子们等优秀的中医儿科团队，结合三十余年的中医儿科针灸与推拿等外治的临床经验，共同编写《小儿推拿保健指导》，以备小儿防病治病之需。本书实用性高，适合从事小儿推拿的爱心人士和家长参考和使用。全书共分六章。第一章是小儿推拿的中医基础，主要阐述了中医学基础概要、小儿疾病诊断要点、小儿疾病辨证概要。第二章是小儿生理解剖，简要地介绍了小儿的生理特点。第三章是小儿推拿常用穴位，细致地介绍了小儿推拿常用穴位的定位、操作方法、作用和应用。第四章是小儿推拿手法，详细介绍了小儿推拿手法的基本原则、基本手法和复式手法。第五章是常见病症推拿治疗，包括了感冒、发热、咳嗽、泄泻、腹痛、呕吐等疾病的推拿方法与技巧，有反复呼吸道感染、免疫力低下、厌食、脾胃虚弱、湿疹、便秘、汗证等慢性病的预防推拿手法。解决了西医对小儿反复呼吸道感染减少抗生素使用的困难，是本书的亮点之一。第六章是小儿保健推拿法，包括了益气健脾推拿法、益气补肺推拿法、益气补肾推拿法、安神益智推拿法四个部分，适合自闭症、多动症、学习困难、睡眠困难、情绪障碍等儿童，也适合儿童体质虚弱的调理应用，也是本书的亮点之处。书末附有常用小儿中医药方、专病食疗方，以备查询使用，另附有小儿推拿常用歌诀，以供广大爱好者研读。

由于编者水平有限，书中错误和疏漏之处难免，敬请同行、读者批评指正。

刘振寰

2022 年 4 月

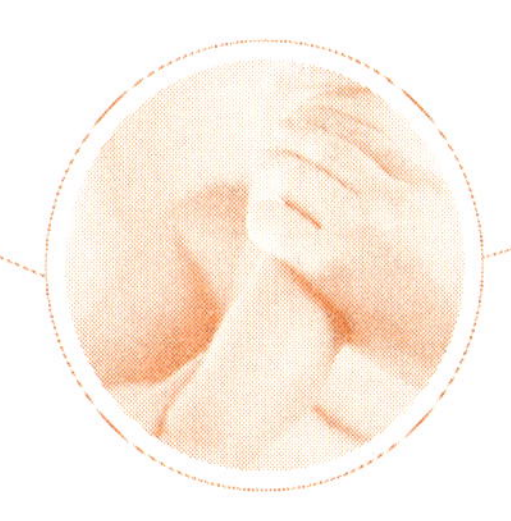
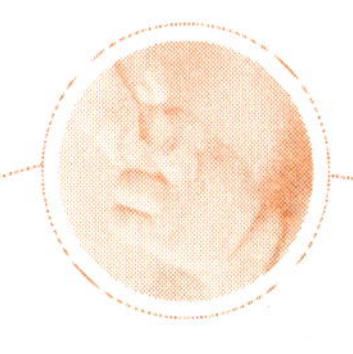

目录

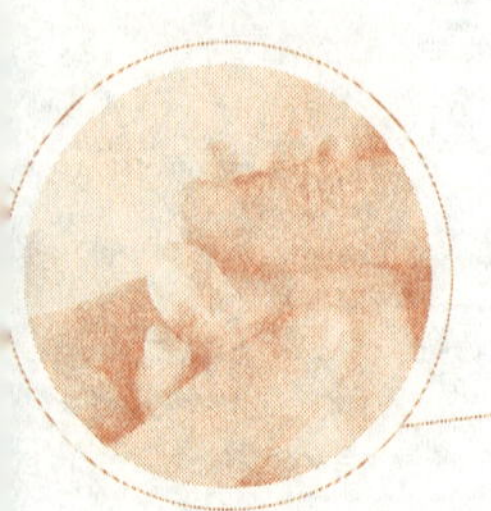

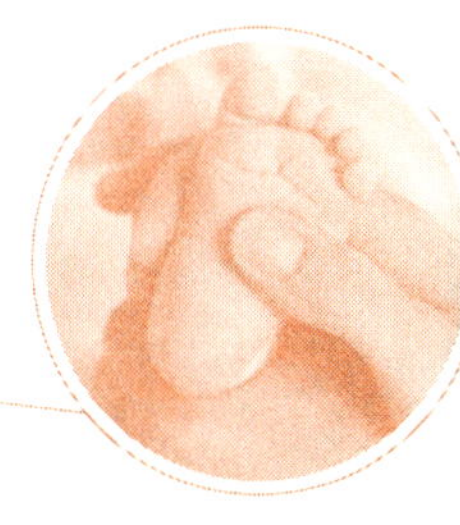

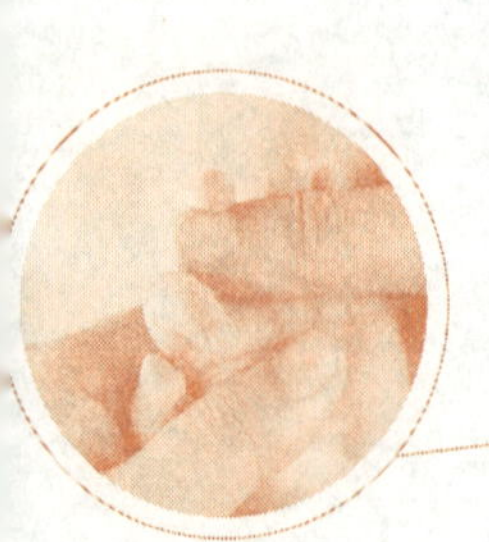

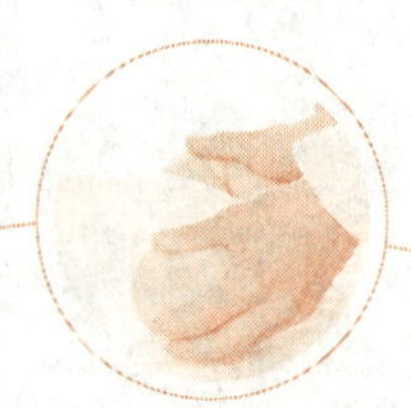

第一章 小儿推拿的中医基础

第一节 中医学基础概要

一、整体观念与推拿

整体指的是统一性、完整性和联系性。整体观念就是强调观察分析和研究处理问题时，须注重事物本身所存在的统一性、完整性和联系性。整体观念是中医理论体系的基本观点之一，也是小儿推拿中极为重要的部分。

首先，人体是一个有机的整体。在生理方面，中医学认为，人体这种整体统一性以五脏为中心，配以六腑，通过经络系统“内属于府藏，外络于支节”的作用实现。五脏代表的是整个人体的五个功能系统，人体的所有组织器官都分属于这五个系统，并通过精、气、血、津液的作用，完成机体统一的机能活动。五脏之间还存在着五行相生、相克的关系，从而维系着五大功能系统的平衡。中医学借助阴阳和五行学说，以“阴平阳秘”“亢则害，承乃制，制则生化”等理论，宏观地来说明各脏腑功能之间相互制约、消长、转化的机制。而小儿推拿能调节阴阳，调和五脏，从而恢复其生理功能，也是遵循这种理论架构的。正如《推拿广意》中提到：“沉离浮坎，而使水火既济，泻实补虚，而使五行无克，诚育婴之秘旨，保赤之弘功也。”整体观念也融贯在推拿治疗中。一方面，在治疗思路上，不是头痛医头脚痛医脚，而是主张从整体上加以调治。如小儿外感发热，不仅推攒竹、推坎宫、揉太阳，在局部以疏风解表、清利头目，还有清肺经以宣肺，风寒加推三关以祛散风寒，风热加推脊以清热解表，从宏观上入手。另一方面，在小儿推拿操作中，单一的操作名称已体现中医治则治法，体现了脏腑之间内在的联系。如运水入土是从小指根推向拇指根，能健脾润燥通便；反之，从拇指根推向小指根，称为运土入水，能清脾祛湿止泻。

其次，人与环境有密切联系。自然环境因素有多方面，包括季节、昼夜、地理环境等。四季变化，万物有春生、夏长、秋收、冬藏的生长规律，根据五行学说划分，又有春温、夏热、长夏湿、秋燥、冬寒气候变化规律。昼夜晨昏，自然界的阴阳消长，人体也与之相应。如《素问·生气通天论》说道："故阳气者，一日而主外，平旦人气生，日中而阳气隆，日西而阳气已虚，气门乃闭。"不同地区，由于气候、土质和水质差异，也对人体产生不同影响。如江南地区，地势低平，气候温暖湿润，故人体腠理多疏松；西北地区，地势高而多山，气候寒冷干燥，故人体腠理多致密。当自然环境变化时，人体也会发生与之相应的变化，故《灵枢·岁露论》说道"人与天地相参也，与日月相应也"。在小儿推拿中，对患儿所处自然环境的了解，可以帮助对推拿手法强弱、频率、次数和疗程做进一步调整，更有利于把握阴阳、调理五脏。小儿推拿与社会环境也有紧密联系。《灵枢·本脏》提到："志意和，则精神专直，魂魄不散，悔怒不起，五脏不受邪矣。"正确理解小儿情绪的各种表现与原因，是小儿诊法很重要的部分。小儿推拿通过运用手法刺激一定部位和穴位，激活经气，调节经气，进而影响全身。经气对推拿刺激的感应、传导、整合直接关系疗效，而经气与患儿当时的状态密切相关。《灵枢·九针十二原》说道："粗守形，上守神。"在小儿推拿操作中，如何让小儿清静专一、配合操作，也是保证推拿疗效的重要内容。

二、辨证论治与推拿

辨证论治，又称辨证施治，是中医诊断和治疗疾病的主要手段之一。中医在辨病论治、辨证论治、对症治疗三种手段中，最重视辨证论治，而且对辨证论治应用最广。

证与症和病有着质的区别。所谓病，是指有特定病因、发病形式、病机、发展规律和转归的一种完整的过程。所谓证，是指在疾病的发展过程中某一阶段的病理概括。它包括病因（如六淫、疠气、七情、劳逸等）、病位（如脏、腑、经、络等）、病性（如寒、热等）和邪正关系（如虚、实等）。此外，证还能反映疾病可能发展变化的趋势。症即"症状"和"体征"，是疾病的临床表现或查体所得的结果。病是全程的，症是未经分析的表象，证是阶段性的总结归纳。证会随着疾病的进退而变化，是一个相对稳定的具有时间性、阶段性、变化性的概念。因此，证比单纯的症状或病名更能全面、深刻、确切地揭示疾病变化的本质。

辨证论治分为辨证和论治两个阶段。所谓辨证，是指将四诊（望、闻、问、切）所收集的资料、症状和体征，通过综合分析，辨清疾病的原因、性质、部位及邪正之间的关系，概括、判断为某种性质的证。论治，是根据辨证的结果，确定相应的治法。临床常用的辨证方法有八纲辨证、气血津液辨证、脏腑辨证、六经辨证、卫气营血辨证、三焦辨证、经络辨证等。

辨证论治作为指导临床诊治疾病的基本原则，要求我们辩证地看待病和证的关系。既应当看到一种病常可表现出多种不同的证，又须注意不同的病在其发展过程的某些阶段，有时可以出现相同的证。因此，在临床治疗时，还可以根据辨证结果，分别采取“同病异治”或“异病同治”的方法。例如，初期麻疹未透，宜发表透疹；中期多肺热明显，常需清肺；后期多为余热未尽，肺胃阴伤，故又常以养阴清热为主。以上病例体现了“同病异治”。又如，便秘与泄泻是不同的病，但都可以是脾肾阳虚的表现，均可用温补脾肾的方法加以治疗，而且疗效也比较令人满意。这又体现了“异病同治”。由此可见，辨证论治治病，主要不是着眼于“病”的异同，而是取决于“证”的性质。相同的证，代表着类同的主要矛盾，可能用基本相同的治法；不同的证，提示其本质特点不同，就必须用不同的治法。故有“证同治亦同，证异治亦异”的说法。

在小儿推拿中，辨证论治主要体现在两方面。一方面是审证求因，谨守病机。证包括了病因、病位、病的性质和邪正关系。针对病因进行推拿，治在源头，方能取效。而把握病位、病的性质和邪正关系，谨守患儿的具体病机，治疗才有针对性，才能保证疗效。另一方面是方从法出，随证加减。辨证之后，可导出治法。根据治法，即可设立小儿推拿的基本方。纵观明清时期小儿推拿，大多有针对疾病的次第方或基本方。如周于蕃在《幼科推拿妙诀》中说：“凡男女有恙，俱由于阴寒阳热之失调，故医之即当首先为之分阴阳，次即为推三关、六腑。”基本方由众多穴位组成，每穴均有各自的特点，在方中地位不同。具体应用，如操作时间、次数，仍需依据辨证的结果进行加减调整。

三、脏腑推拿

脏腑是内脏的总称。按照脏腑的生理功能特点，可分为脏、腑和奇恒之腑。脏，即心、肝、脾、肺、肾，合称五脏；腑，即胆、胃、小肠、大肠、三焦和膀胱，合称六腑；奇恒之腑，包括脑、髓、骨、脉、胆和女子胞。

脏，是化生和贮藏精气的内脏；腑，是受盛和传化水谷的内脏。《素问·五脏别论》说："所谓五脏者，藏精气而不泻也，故满而不能实；六腑者，传化物而不藏，故实而不能满也。所以然者，水谷入口，则胃实而肠虚；食下，则肠实而胃虚。故曰，实而不满，满而不实也。"故五脏的特点是藏而不泻，满而不实；六腑的特点是泻而不藏，实而不满。五脏之藏，即藏精气，精气是珍贵的，所以不宜宣泻，其状态之满而不实，是指精气充满，但不应被有形之实物充填其间；六腑之泻，即流通之义，六腑以管道相通，上下相连，上入下出，水谷向下运送，不会在六腑中停留，所以不应藏，因此六腑虽通行着有形的水谷实物，但不宜充满，满则失去流通的特点。通常中医学认为，五脏宜补，是指补其精气；六腑宜泻，是泻其留滞。有人说六腑以通为用，也有人说六腑以通为补，都是强调六腑宜流通的特性。

关于腑和奇恒之腑的区别，《素问·五脏别论》提到："脑、髓、骨、脉、胆、女子胞，此六者地气所生也，皆藏于阴而象于地，故藏而不泻，名曰奇恒之腑。夫胃、大肠、小肠、三焦、膀胱，此五者，天气之所生也，其气象天，故泻而不藏，此受五脏浊气，名曰传化之腑，此不能久留输泻也。"在概念上，六腑和奇恒之腑都是腑。但是，前者受盛和传化水谷，泻而不藏，故名传化之腑；后者藏而不泻，与五脏相似，故名奇恒之腑。其中，胆既属于六腑，又属于奇恒之腑。从生理功能特点而言，六腑传导、消化水谷，胆贮藏、排泄胆汁，有协助消化的作用，故胆归属于六腑；但胆又不像胃、肠、膀胱等腑那样，能直接传导水谷，故不称胆为传化之腑；胆为"中精之腑"，胆藏"精汁"，又类似于五脏的藏而不泻，故胆又归属于奇恒之腑。

（一）五脏

1. 心

心居胸腔之中，膈膜之上，有心包络卫护于外。心在五行属火，为阳中之太阳。心主血，藏神，起着主宰生命活动的作用，故《素问·灵兰秘典论》称它为“君主之官”“五脏六腑之大主”。心与小肠相表里，在体合脉，其华在面，开窍于舌，以汗为液，在志为喜；外与夏天之气、赤色、苦味相应。

（1）心的主要生理功能。

①心主血脉。心主血脉，是指心脏与血液生成相关，并有推动血液在脉管中运行，以营养和濡润全身的功能。血的生成，来源于食物经脾胃消化吸收的水谷精微，通过脾气的升清散精，上输于肺脉，经心阳化赤而为血。所以《素问·阴阳应象大论》说“心生血”。心脏与脉管相连，互相沟通，血液在心和脉管中不停地流动，周而复始，循环往复，如环无端。心、脉、血三者共同组成了一个循环于全身的系统。其中，心脏是主持血液循环的枢纽，起着主导作用。所以《素问·五脏生成》说：“诸血者，皆属于心。”心脏搏动是心气的运动方式，心气是推动血液运行的动力。正如《灵枢·经脉》所说：“手少阴气绝则脉不通，脉不通则血不流，血不流则髦色不泽，故面黑如漆柴者，血先死。”

心主血脉的功能是否正常，可从胸部的感觉、面色、舌色、脉象四方面进行观察。若功能正常，则胸部舒畅，心搏均匀有序，不疾不徐，面色红润光泽，舌色淡红滋润，脉象和缓有力。若心血不足，血液亏少，血脉空虚，可见心悸、面色苍白、舌淡白、脉细等症；若心气虚弱，动力不足，血行衰少，可见心悸、面色不华、舌淡、脉弱等症；若心火过旺，火性炎上，则心胸烦热，不易入睡，面赤舌红，甚者舌尖深红起刺，且破碎疼痛，脉数；若心血瘀阻，气滞不通，血脉受阻，可见胸闷、心痛、面色青紫、舌有瘀斑、脉涩或结代等症。

②心藏神。心藏神，又称心主神明或心主神志，是指心具有主宰脏腑组织和主管精神意识思维活动的功能。所以《灵枢·邪客》说道：“心者，五脏六腑之大主也，精神之所舍也。”

心在脏腑组织中居于首要地位，起着主导作用。人体的五脏六腑、四肢百骸、五官九窍，全身各个组织器官各有不同的生理功能，但它们都必须在心藏神的主宰下分工合作，各尽其职，彼此协调，才能共同完成整体生命活动。如果心藏神的功能失常，则可出现《灵枢·口问》所说的“心动则五脏六腑皆摇”的病变，甚至危及生命。故《灵枢·灵兰秘典论》说：“心者，君主之官也，神明出焉”，“主明下安”，“主不明则十二官危”。

心主宰人体的心理活动。心藏神，通过人体的感觉器官，接受客观外界的信息，进行意识、思维、情志等精神活动。所以《灵枢·本神》说：“所以任物者，谓之心。”心的这种“任物”作用，就是迅速接收外界信息，并及时做出判断和反应。“任物”正常，则表现为意识清楚、思维敏捷、情志正常、精神饱满。反之，“任物”异常，可出现意识模糊、思维迟钝、情志失常、精神错乱等病态。故《素问·脉要精微论》说：“衣被不敛，言语善恶不避亲疏者，此神明之乱也。”但是，必须明白，人的精神意识是由五脏共同完成的，如《素问·宣明五气》说道：“心藏神，肺藏魄，肝藏魂，脾藏意，肾藏志。”五脏与情志的关系，心起到的是主导作用。正如《类经》所说：“心为五脏六腑之大主，而总统魂魄，兼赅意志，故忧动于心则肺应，思动于心则脾应，怒动于心则肝应，恐动于心则肾应，此所以五志唯心所使也。”

（2）心与形窍志液的关系。

①心在体合脉，其华在面。脉即血脉，心主血脉。由于面部是血脉比较丰富的体表部位，心的生理功能状态，可以由面部的色泽变化显露出来，故称为其华在面。《灵枢·邪气脏腑病形》说：“十二经脉，三百六十五络，其血气皆上于面而走空窍。”心气旺盛，血脉充盈，面色红润有泽；心血不足，血脉不充，则面色淡白无华；心血瘀阻，血行不畅，则面色青紫；心血暴脱，气随血亡，则面色苍白不泽。

②心在窍为舌。心在窍为舌，即心开窍于舌，是指心与舌有着特殊的内在联系。《灵枢·经脉》说：“手少阴之别，……，循经入心中，系舌本。”心的气血，通过经络流注而上荣于舌，以保持舌的正常色泽、形态，并发挥舌的生理功能。因此舌的运动、形态、色泽等变化与心密切相关，也能反映心的状态。故《舌鉴总论》说道：“舌乃心之苗。”

③心在志为喜。在喜怒思悲恐五志中，喜为心之志。喜，一般属于良性反应，有益于心主血脉等生理功能。所以《素问·举痛论》说：“喜则气和志达，营卫通利。”但喜乐过度，则心气耗损，渐至神气涣散不收，出现精神不能集中。所以《灵枢·本神》说：“喜乐者，神惮散而不藏。”《素问·阴阳应象大论》说：“喜伤心。”

④心在液为汗。汗是人体五液之一，《素问·宣明五气》说：“五脏化

液，心为汗。”心之液为汗，是由于汗为津液所化生，而津液与血液同出一源，故有“血汗同源”的说法，而血液又为心所主。故《医宗必读·卷十·汗》说：“心之所藏，在内者为血，在外者为汗，汗者，心之液也。”在病理上，血与汗也相互影响。出汗过多，可以伤津耗血；反之，津亏血少，就会汗源不足。

附 心包络

心包络，简称心包，位于胸中，是围护在心脏外面的包膜和脉络，具有保护心脏的作用。心包即心的外围，其生理功能与心是一致的，称为“代心行令”。在病理情况下，外邪侵犯人体，由表入里影响到心脏时，常先犯及心包，称为“代心受邪”。心包病邪多见于湿热之邪内陷心包之时，中医常称为“热入心包”或“逆转心包”等。实际上，心包受邪所出现的病症与心是一致的，都是神明受扰的表现。《灵枢·邪客》所说的“诸邪之在于心者，皆在于心之包络”，就是这个道理。

2. 肝

肝位于横膈之下，胁肋之内。肝在五行中属木，为阴中之少阳。肝藏血，主疏泄，故有“肝体阴用阳”之说。肝内与胆为表里，在体合筋，其华在爪，气应于胁，开窍于目，以泪为液，在志为怒，于神为魂；外与春天之气、青色、酸味相应。

（1）肝的主要生理功能。

①肝主疏泄。疏泄，即疏通发散、通达条畅之意，这主要是针对气机而言。肝主疏泄，是指肝具有保持全身气机疏通畅达、通而不滞、散而不郁的作用。它主要取决于肝气生发、主升的生理特性。

·维持气血运行。人体气血的运行，以气机的调畅为重要前提。因此，气血的正常运行，不仅需要心、肺、脾等脏器的推动和统摄，更需要肝脏疏泄功能的协助。肝脏疏泄功能正常，则气机条达舒畅，气血就通行无阻。如果肝的疏泄功能不及，体现为气的升发不足，形成气机不畅、气机郁结，出现胸胁、少腹胀满不适，或刺痛，形成症瘕积聚等；如果肝的疏泄功能太过，体现为气升发过亢而下降不及，从而形成肝气上逆，出现头目胀痛、面红目赤等症。

·调畅精神情志。情志活动，是以气血为物质基础的。肝的疏泄，对气机、血液等方面有重要的调节作用。因此，人的情志变化，虽是心神活动的反映，但与肝有密切的关系。若肝的疏泄功能正常，气机调畅，气血平和，则心情舒畅，开朗乐观。反之，则会导致精神情志活动的异常。其主要可表现为两个方面：一是肝气抑郁，疏泄不利，气机郁结，可见胸胁胀满、闷闷不乐、多疑多虑；二是肝气亢奋，升泄太过，阳气升腾逆上，则见急躁易怒、头胀头痛。所以有“肝喜条达而恶抑郁”及“暴怒伤肝”之说。

·促进脾胃运化。饮食水谷的消化、吸收和排泄，主要有赖于脾的升清和胃的降浊，而肝的疏泄，则是脾胃升降运化的一个重要条件。故《素问·宝命全形论》说：“土得木而达。”肝的疏泄功能正常，则脾气得以升清，胃气得以降浊，从而使食物消化、吸收的排泄正常进行。如果肝的疏泄功能异常，影响脾的升清，则出现眩晕、飧泄，又称肝脾不和；影响胃的降浊，则出现嗳气呕逆、腹胀、胃脘痛、便秘等，又称肝气犯胃。

·疏利三焦水道。人体正常的水液代谢是在肺、脾、肾等脏腑的综合调治下进行的，它以三焦为通道进行着升降输布和排泄。因此，三焦水道的通畅与否，是水液代谢能否正常进行的重要保障。但三焦水道的通畅，又以气机的调畅为前提，气行则水行，气滞则水停。若肝失疏泄，水道失于通调，则会导致水液输布、代谢障碍，常可产生痰、水等病理产物。

·通盛冲任精血。冲任二脉的通盛，妇女经血的来潮和排卵，以及男子的排精等，与肝的疏泄功能有着密切关系。朱丹溪的《格致余论》中说道：“主闭藏者肾也，司疏泄者肝也。”这说明男子精液和女子经血的正常排泄，是肝肾二脏合作的结果。肝的疏泄功能正常，使任脉畅通，冲脉旺盛，则男、女的生殖系统功能健全、旺盛；若肝的疏泄功能异常，则妇女月经周期紊乱、痛经或无排卵，男子精少或不能排精等。

②肝主藏血。肝主藏血，是指肝具有贮藏血液和调节血量的功能。贮藏血液是指肝可以将一定量的血贮存于肝内，以供机体各部分活动时所需，故肝有“血之府库”之称。在正常生理情况下，人体各部分的血量是相对恒定的，但随着机体活动量的增减、情绪的变化，以及外界气候的变化等因素，人体各部分的血量也随之改变，这就要依赖肝的调节血量功能了。《素问·五脏生成》说：“故人卧，血归于肝。”王冰注释为：“肝藏血，心行之，

人动则血运于诸经，人静则血归于肝脏。何者？肝主血海故也。”这说明当机体活动剧烈或情绪激动时，肝脏就把所贮存的血液向机体的外周输布，以供机体的需要；当人体安静休息及情绪稳定时，由于全身活动量小，外周血量需求相对减少，部分血液也就归藏于肝脏。

由于肝脏有贮藏血液和调节血量的作用，所以人体各部分的生理活动皆与肝有密切关系。如《素问·五脏生成》中说道：“肝受血而能视，足受血而能步，掌受血而能握，指受血而能摄。”因此，肝藏血的不足，可引起机体众多部分血液濡养不足的病变。如血不养目，则两目干涩、视物昏花、夜盲；血不濡筋，则筋肉拘急、肢体麻木；血海空虚，则月经量少、闭经等。另外，肝的藏血功能与血海冲脉充盛与否关系极为密切，可以直接关系到月经的来潮。

（2）肝与形窍志液的关系。

①肝在体合筋，其华在爪。筋，即筋膜，是一种连接关节、肌肉，专司运动的组织。筋与肌肉的收缩和舒张，直接关系到肢体关节运动的屈伸或转侧，故有“筋司运动”之说。中医学认为人体筋膜的生理功能主要与肝有关，这是由于筋膜的荣养来源于肝。正如《素问·经脉别论》所说：“食气入胃，散精于肝，淫气于筋。”也就是说，食物经过脾胃的消化，化生出精微物质，随气血布散于肝脏，输注于筋膜，从而发挥其滋养濡润的作用。只有肝藏血功能正常，筋膜得以濡养，筋力才会强健，运动有力，关节活动灵活，肢体屈伸自如。若肝血不足，血不养筋，则可出现肢体麻木，关节屈伸不利，或手足震颤等症，一般称为“动风”。所以《素问·至真要大论》说：“诸风掉眩，皆属于肝。”爪甲，包括指甲和趾甲，乃筋之延续，故又称“爪为筋之余”。肝血的盛衰，可以影响到爪甲的枯荣。故《素问·五脏生成》说：“肝之合筋也，其荣爪也。”如肝血充足，筋膜得养，筋力强壮，则爪甲坚韧明亮，红润光泽；如肝血不足，则爪甲软薄，枯而色夭，甚则变形脆裂。

②肝在窍为目。目，即人体的视觉器官，又称“睛明”，肝的经脉上连于目系，目的视力有赖于肝气的疏泄和肝血的营养，故称为肝开窍于目。《灵枢·脉度》说“肝气通于目，肝和则目能辨五色矣。”若肝之阴血不足，则两目干涩，视物不清或夜盲；若肝经风热，上干目窍，则可见目赤痒痛；若肝阳上亢，则头目眩晕；若肝风内动，则可见目斜上视等症。

③肝在志为怒。怒是人体五志中的一种精神情志活动，主要体现为人的激动性的情绪变化，怒的活动主要以肝的血气为基础，与肝主疏泄、升发密切相关，所以说肝在志为怒。如肝血充足、肝气平和，在接受外界相应刺激时，一般常表现为怒而不过，有所节制，以及刚直不阿等；若肝之阴血不足，或肝气太过，则往往稍有刺激，即易动怒、情绪急躁等。反之，也应看到：正常适度的怒，也可舒发肝气；大怒、多怒，则必伤肝，以致肝气升逆太过之病变。如《素问·举痛论》中所说："怒则气上"，"怒则气逆，甚则呕血，飧泄，故气上矣"。

④肝在液为泪。泪液有濡润眼睛、保护眼睛的功能。由于泪从目出，而肝开窍于目，泪与肝的功能密切相关。如肝血充足，肝气冲和，目得所养，则泪液分泌适度，眼目清润精明，视觉正常。若肝之阴血不足，则可致泪液分泌减少而出现两目干涩等；若肝经湿热或肝经风热，则可致泪液分泌增多而出现迎风流泪、目眵多等。

3. 脾

脾位于膈膜之下，居于中焦。脾在五行属土，为阴中之至阴。脾主运化水谷精微，为人身气血生化之源，所以被称为"仓廪之官""后天之本"。脾内与胃相表里，在体合肌肉与四肢，其华在唇，开窍于口，以涎为液，在志为思，于神藏意；外与长夏湿气、黄色、甘味相应。

（1）脾的主要生理功能。

①脾主运化、升清。运化水谷精微。胃受纳饮食，经过初步消化，下移于小肠，在小肠泌别清浊之后，脾将水谷精微吸收转输至人体各部组织，以发挥营养肌体的作用。同时，脾运化还含有协助胃进一步消化食物的作用。《内经》中称脾对水谷精微的运送为"气散精"或"脾为胃行其津液"。在食物的整个消化、吸收、运输过程中，脾所吸收运输的水谷精微是清纯的营养物质，称为"清"。心肺在上，位居上焦，脾在下位居中焦，脾运输水谷精微主要是向上输送于心肺，而后布散全身，所以说"脾主升清"，只有清者升发，全身才能获得营养；浊者下降，饮食才能得以消化、传导。故谓"脾宜升则健，胃宜降则和"。

正因为脾具有消化食物，化生、吸收和转输水谷精微的生理功能，而水谷精微又是人维持生命活动所需营养物质的主要来源，也是生成气血的主要物质基础，所以说脾为后天之本、气血生化之源。正如《医宗必读》所说：

“一有此身，必资谷气，谷入于胃，洒陈于六腑而气至，和调于五脏而血生，而人资之以为生者也，故曰后天之本在脾。”若脾的运化功能失常，则消化、吸收、输布水谷精微的功能失常，即脾失健运，会发生腹胀、便溏、食欲不振、气短、倦怠无力，甚至形体消瘦等症。

②运化水液。脾对体内水液具有吸收、运输和促进排泄的作用。正常人体水液的代谢，是通过脾的运输、肺的宣发肃降及肾与膀胱气化而保持其常量的。其过程是：饮入于胃，经脾的吸收将津液上输于肺，在肺的气化作用下，一部分宣发于皮毛，利用后转化为汗，另一部分肃降下达于肾和膀胱，成为尿液排出体外。脾在其中所起的是转输作用，《素问·经脉别论》中概括为“饮入于胃，游溢精气，上输于脾，脾气散精，上归于肺，通调水道，下输膀胱，水精四布，五经并行”。如果脾气健运，水湿代谢正常，则体内水液不至于发生潴留。如果脾气亏虚，运化失职，水液不得运输，则内聚而生湿，水湿凝聚则为痰饮，溢于肌肤，而为水肿，流注于肠道而为泄泻。故《素问·至真要大论》说：“诸湿肿满，皆属于脾。”这也是脾虚生湿、脾为生痰之源和脾虚水肿的发生机制所在。

③脾统血。统，即统摄、控制的意思。即脾有统摄血液在经脉之中流行，防止逸出脉外的功能。《难经·第四十二难》提到脾“主裹血，温五脏”。这里的裹，即包裹之意。脾主裹血，是说脾有包裹血液、勿使外逸的功能。《血证论·唾血》说道：“脾能统血，则血自循经，而不妄动。”以上说明脾有统摄血液在脉之中运行的作用。脾统血的功能，实际上是气固摄作用。脾为气血生化之源，脾气健旺，则气血充盈，气旺则能摄血。若脾失健运，气血化源不足则气虚，气虚固摄血液功能不足，则出现血离经脉的便血、尿血、崩漏及发斑等，称脾不统血。

（2）脾与形窍志液的关系。

①脾在体合肌肉、四肢，其华在唇。《素问·痿论》说“脾主身之肌肉”，《素问·阴阳应象大论》说：“清阳实四肢。”清阳，是脾运化和升清的水谷精气。脾气健运，就能为肌肉和四肢提供充足的营养，使肌肉充实、四肢轻劲、灵活有力；脾失健运，清阳不能升布四肢，则肌肉瘦削、四肢倦怠无力，或痿弱不用。正如《素问·太阴阳明论》说道：“四肢皆禀气于胃，而不得至经，必因于脾乃得禀也。今脾病不能为胃行其津液，四肢不得禀水谷气，气日以衰，脉道不利，筋骨肌肉皆无气以生，故不用焉。”

②脾在窍为口。口是口腔。在窍为口，是说饮食口味与脾运化功能有密切关系。脾气健运，则食欲旺盛，口味正常。《灵枢·脉度》说："脾气通于口，脾和则口能知五谷矣。"如果脾失健运，则出现食欲改变和口味异常。如脾气虚，见口淡乏味；湿热困脾，则口腻、口甜；脾阴虚，则口干不饥；等等。所以说脾开窍于口。

③脾在志为思。思即思考、思虑，为五志之一，是人体精神意识思维活动的一种状态。如《灵枢·本神》说："因志而存变谓之思。"思，虽为脾之志，但亦与心主神明有关，故有"思发于脾而成于心"之说。正常思考，对机体的生理活动并无不良影响，但过度思虑、所思不遂，就会影响气的正常运动，形成气结。所以《素问·举痛论》说："思则心有所存，神有所归，正气留而不行，故气结矣。"脾气结滞，则见不思饮食，脘腹胀闷，影响运化升清和化生气血的功能，而导致头晕目眩、烦闷健忘、手足无力。

④脾在液为涎。涎为口津，唾液中较清稀的部分称为涎。《素问·宣明五气》说："脾为涎。"它具有保护口腔，润泽口腔，助食物吞咽和消化的作用。在正常的情况下，涎液上行于口，但不溢于口外，若脾胃不和，可导致涎液的增加或减少，影响食欲和消化。如脾胃虚寒，涎液可自口角流出；脾阴虚，涎液减少，则口干。

4. 肺

肺位于胸腔之中，居于膈膜之上，与气道相连，以喉为门户，肺在五脏六腑中所居的位置最高，覆盖着其他脏腑，故有"华盖"之称。肺在五行属金，为阳中之少阴。肺主一身之气，司呼吸，宣发肃降，通调水道，朝百脉，具有协助心君治理调节的功能，在十二官中被称为"相傅之官"。肺与大肠相表里，外合皮毛，开窍于鼻，以涕为液，在志为悲；外与秋之燥气、白色、辛味相应。

（1）肺的主要生理功能。

①肺主气。气是人体赖以维持生命活动的重要物质。肺主气，是指人身之气均为肺所主持，故《素问·五脏生成》说："诸气者，皆属于肺。"后人称肺为气之主。肺主气的作用主要表现在两个方面。

·肺主呼吸之气。肺主司呼吸，为体内外之气交换的场所，其呼吸功能表现为胸廓有节律的舒张收缩运动。《素问·阴阳应象大论》说："天气通于肺。"通过肺吸入外界的清气，继而呼出体内的浊气，有出有入，吐故纳新，使体内外气体不断得到交换，以维持正常的活动。肺为人体内外气体交换的场所和主持者，所以说“肺司呼吸”，或说“主呼吸之气”。

·肺主一身之气。这是指肺有主持、调理全身诸气的作用。人体各种机能活动以及宗气、营气、卫气生成的盛衰与输布，都与肺有关，特别是宗气的生成与肺的关系更为密切。因宗气是由水谷的精气和肺所吸入的清气相结合，聚于胸中而成。宗气生成后，则上出喉咙，助肺以司呼吸，又贯注于心肺布散到全身，以温煦肢体和维持整个人体的正常生理功能，所以说肺起到主持一身之气的作用。《素问·六节脏象论》所说“肺者，气之本”，指的就是肺主气的功能作用。

·肺主呼吸之气和主一身之气，主要取决于肺的呼吸功能，肺的呼吸调匀和畅，是气生成、充盈、畅达的重要条件。如果肺气不足，不仅会引起肺呼吸功能的减弱，而且会影响宗气的生成，出现少气不足以息、身倦无力自汗的症状。若肺丧失了呼吸功能不能吸清呼浊，宗气不能生成，生命也告终止。

②肺朝百脉、主治节。朝，有上奉、会合之意。肺朝百脉，是指百脉朝会于肺，即全身的血液，都由经脉上奉而会合于肺，通过肺的吐故纳新呼吸运动，再输布到全身。《黄帝内经·素问注证发微》说：“肺为五脏之华盖，所谓脏真高于肺，以行营卫阴阳，故受百脉之朝会。”治节，即治理调节。肺主治节，出自《素问·灵兰秘典论》：“心者君主之官，神明出焉，肺者相傅之官，治节出焉。”意思是把心比喻为元首，把肺比喻为首相，二者相互配合，共同对全身起着治理调节作用。

肺主气，心主血。全身的血脉，均属于心，虽然心脏的搏动是血液得以运行的基本动力，但血的运行亦有赖于肺气的推动，即肺化生的宗气，贯通百脉，推动和调节血液的循环运行。《血证论·吐血》说道：“其气冲和，则气为血之帅，血随之而运行，血之气之守，气得之而静谧。”故肺朝百脉、主治节，是肺主气的结果。如果肺气虚衰，不能助心行血，就会影响心主血脉的功能而出现血行障碍，出现为胸闷心悸、唇舌青紫等症状。

③肺主宣发，外合皮毛。宣发，即布散之意。肺的宣发功能主要表现在两个方面。一是肺气向全身布散气血津液，以温润各脏腑组织器官及肌腠皮毛。《灵枢·决气》说：“上焦开发，宣五谷味，熏肤，充身，泽毛，若雾露之溉，是谓气。”“上焦开发”，即肺的宣发功能。二是在布散气血津液的

同时，把浊气和剩余水液散泄于体外。肺的这一活动，与“肺主气、外合皮毛”的功能分不开。因为肺主气是宣发的关键和前提，皮肤汗孔则是宣发的途径之一。皮毛的生长和作用有赖于肺输布气血津液以得温养，故《素问·阴阳应象大论》有“肺主皮毛”之说。在生理上，肺主气，皮肤汗孔散气以调节呼吸，皮毛与肺密切配合，来完成体内外的气体交换，称为肺合皮毛。由于皮肤汗孔有散气作用，故《素问·生气通天论》又称汗孔为“气门”。后世医家唐容川更明确指出皮毛有“宣肺气”的作用。在病理上，肺与皮毛常互为影响。如外邪侵袭人体，常常先侵犯皮毛，而后入肺，出现恶寒、发热、鼻塞以及咳嗽、气喘等肺气不宣的症状。若肺气虚弱，功能不足，则皮毛憔悴枯槁。正是由于卫气与肺气宣发有关，卫气主管汗孔的开合，所以当肺卫气虚，肌表不固时则自汗出；而肺卫闭实，毛窍郁闭时则无汗。

④肺主肃降、通调水道。肃降，即清肃、下降之意。清肃，是指肺脏必须保持形质清虚、不容异物的生理状态。所以，“肃”实为对肺内洁净畅润环境的形容和概括。由于肺必须保持清肃，不容异物，不耐寒热，故古人称肺为“娇脏”。明代赵献可曾说：“肺为清虚之府，一物不容，毫毛必咳。”如果外邪束肺，或痰湿阻肺，都可导致肺失清肃，气机壅滞，而出现胸闷、咳嗽、气喘等症。所谓“降”，是指肺居五脏之上，从外界吸入的清气，以及由脾上输于肺的水谷精微，均需下降，布散全身。这种下降的作用，不仅使全身得到清气津液的润养，而且体内多余水液不断地下输至膀胱，而维持水液的正常代谢。此外，还可推动饮食、糟粕下行，促进肠道的传导与排泄。因此，“降”概括了肺对卫气、津液输布及水液、糟粕代谢作用的下降趋向。肺内有清净畅润的环境，肺气才能布散卫气、津液，保证宣发功能的顺利进行；而肺气不断下降又可免除气与水的停滞，为肺内清肃创造了条件。所以“肃”与“降”互为前提，以维持肺的生理状态。

通调，即疏通、调节的意思；水道，是指水液运行和排泄的道路。通调水道是指肺对水液的运行和排泄，有推动和调节的作用。肺气肃降可使多余水液不断下行到肾与膀胱，使小便通利，水液得以正常排泄，故又有“肺主行水”和“肺为水之上源”的说法。如果肺气失于肃降，不能通调水道，水液代谢就会发生障碍，出现水肿、尿少、小便不利等症状。

（2）肺与形窍志液的关系。

①肺在体合皮，其华在毛。《素问·五脏生成》说："肺之合皮也，其荣毛也。"详见肺主宣发、外合皮毛。

②肺在窍为鼻。鼻为五窍之一，经喉、气管与肺相连，是肺气所司呼吸之门户，天气出入的通道，故有"鼻为肺之窍"之说。鼻的嗅觉和通气功能均依赖于肺气的作用。肺气和利，则呼吸通畅，嗅觉灵敏。《灵枢·脉度》说："肺气通于鼻，肺和则鼻能知臭香矣。"若外邪袭肺，导致肺气不利，则常表现为鼻塞、嗅觉不灵；若肺热壅盛，肺气郁闭，则见喘促、鼻翼翕动；肺有燥热，若肺津亏少，则鼻燥咽干。

③肺在志为悲。关于肺之志，《黄帝内经》有二说，一为肺之志为悲，二为肺之志为忧。悲与忧的情志变化虽略有不同，但其对人体生理活动的影响是大致相同的。它们对人体的主要影响会造成肺的宣降运动失调。《素问·举痛论》说："悲则气消，……悲则心系急，肺布叶举，而上焦不能，营卫不散，热气在中，故气消矣。"如悲伤过度，可出现呼吸气短等肺气不足现象；反之，在肺虚或肺宣降运动失调时，机体也易于产生悲忧的情绪变化。

④肺在液为涕。涕属五液，由肺津所化，以濡润鼻窍，从而保证鼻窍正常的嗅觉和通气功能。若寒邪袭肺，肺气失司，鼻窍为之不利，则流清涕；若肺热内蕴，则流黄脓涕；若肺阴不足，则鼻窍干燥。

5. 肾

肾位于腰部，脊柱两旁各一。肾在五行中属水，为阴中之太阴。肾主藏清，为脏腑阴阳之本、生命之源，故有"肾为先天之本"的说法。肾主生长、发育、生殖、水液代谢，在十二官中被称为"作强之官"。肾内与膀胱为表里，且与脑、髓、骨、女子胞、三焦等脏腑组织密切相关，在体合骨，其华在发，开窍于耳和二阴，以唾为液，在志为恐，于神藏志；外与冬之寒气、黑色、咸味相应。

（1）肾的主要生理功能。

①肾主藏精。精是构成人体和维持人体生命活动的基本物质，也是人体生长发育及各种功能活动的物质基础，故《素问·金匮真言论》说："夫精者，生之本也。"精有先天之精和后天之精的不同。先天之精是指禀受于父母的生殖之精，是与生俱来的，是产生生命构成人体的原始物质；后天之精

是指出生以后来源于饮食的脏腑之精，是维持人的生长发育及人体生命的物质基础。先天之精和后天之精的来源及作用特点虽然有异，但二者是相互依存、相互为用的。即先天之精有赖于后天之精的不断培育和充养，后天之精又有赖于先天之精活力的资助才能不断化生，先天之精与后天之精的相辅相成，促使它们共同成长。

肾主藏精，主要是讲肾对先天之精具有蛰藏的作用。先天之精贮藏于肾中，是为肾精。肾精化生肾气。肾中精气在人体中的主要生理功能，就是促进机体的生长、发育和逐步具备生殖的能力。《素问·上古天真论》中就明确地指出了人体生、长、壮、老、死的自然规律与肾中精气盛衰的密切关系。如女子七岁到“二七”，男子八岁到“二八”，正属人体的生长发育期，这一时期以肾气的逐步盛实为特点，表现为“齿更”“发长”的变化，并开始产生一种能促使人体生殖机能成熟的物质——“天癸”，故女子能“月事以时下”，男子能“精气溢泻”，从而具备了生殖的能力，人体发育日趋健全；女子到了“三七”至“四七”，男子到了“三八”至“四八”，则属人体的壮盛期，该期以肾气的平均充满为特点，表现为形体发育充盛壮实，如“真牙生”“筋骨坚”“肌肉满壮”“发长极”等；女子到了“五七”至“七七”，男子到了“五八”至“八八”，已逐渐进入了人体的衰老期，这一时期则以肾气的衰减为特点，故有“面焦”“齿槁”“发堕”“形坏”“筋不能动”等表现，“天癸”的生成也随之减少，逐渐枯竭，女子“地道不通”，男子“精少”，人的生殖能力随之丧失。肾中精气是产生生命构成人体、促进人体生长发育、维持人体生命活动的基本物质和基本动力，所以说“肾为先天之本”。若肾藏精的功能正常，则肾中精气充足，人的生长发育旺盛，生殖机能也就健全。倘若肾之藏精不足，则可导致生长发育落后（如小儿的“五迟”“五软”）、生殖机能低下，以及某些先天性疾病的发生。只有肾精充足，并固密而不耗泄，体质才能健壮。所以后世有“肾无实证”“亦无泻法”的说法。

肾精化生肾气，能调节机体的代谢和生理功能活动。肾气这一功能是通过肾中精气所含的两种功能相反的成分——肾阴和肾阳来实现的。肾阴又叫“元阴”“真阴”“真水”，是人体阴液的根本，对各脏腑组织起着濡润、滋养作用。肾阳，是生命活动的原动力，故肾阳又叫“元阳”“真阳”“真火”，是人体阳气的根本，对各脏腑组织起着温煦、推动作用。由于肾阴和

肾阳是相互依存、相互制约的，肾之阴精是化为肾中阳气的物质基础；肾之阳气是产生肾之阴精的内在动力。肾阴充足，可以制约肾阳，使之不亢；肾阳充足，可以温煦肾水，使之不寒，从而维持肾的阴阳水火的相对平衡，保持肾脏的正常功能。如果这种功能遭到破坏，将形成肾的阴阳失调的病变。例如，肾阴亏虚，不足以制阳，则出现五心烦热、潮热盗汗、男子遗精、女子梦交等阴虚火旺证；肾阳虚衰，温煦功能不足，不足以制阴，则出现精神疲惫、腰膝冷痛、形寒肢冷、小便不利或频数、男子阳痿、早泄、女子宫冷不孕等症。临床上对肾虚又带有明显寒象或热象的病证，常称为“肾阳虚”或“肾阴虚”。由于肾阴虚和肾阳虚的本质都是肾的精气不足，所以在病变过程中肾阴虚和肾阳虚常常互相影响。当肾阴虚达到一定程度就会累及肾阳，而肾阳虚达到一定程度时也可伤及肾阴，以致成为“阴损及阳”或“阳损及阴”的肾阴肾阳两虚之证。

此外，肾中精气与人的抗病能力也密切相关，即肾中精气充盛，则能适应外界气候的变化，不易外感发病；若肾中精气不足，机体对外环境的适应能力减弱，则容易遭受病邪的侵袭而发病，故有“藏于精者，春不病温”“冬不藏精，春必病温”之说。这说明肾中精气是人体正气的根本，若要提高人体的抗病能力，必须注重肾中精气的调养，这在养生防病乃至延年益寿中，都具有极为重要的意义。

总之，肾主藏精，肾的精气是构成人体生命的原始物质和动力，关系到人体的生长、发育和生殖，所以称肾为“先天之本”“生命之根”。

②肾主水液。肾主水液，是指肾有主持和调节人体水液代谢的作用。所以《素问·逆调论》说：“肾者水脏，主津液。”

肾主水，是指肾有主管和调节全身水液代谢的作用，是水液代谢的主要脏器，肾控制着体内水液的存留、分布和排泄，调节着水液的平衡。肾的这种作用是通过肾阳对水液的气化作用来实现的。肾阳的气化，使水液之清者升腾运行到机体各个部分；浊者下达膀胱，排出体外。肾的气化功能正常，使多余的水液排出体外，这叫作“开”；同时又使机体所需的水液能够适量地存留，控制排出，这叫作“合”。有开有合，才能起到调节水量的作用。这种有规律的控制与排泄叫作“开合有度”。如果肾的气化功能失常，从脾胃受纳、转输而来的水液不能有规律地开合，就会引起水液代谢障碍而发生水肿、小便不利等证。所以《素问·水热穴论》说：“肾者，胃之关也，关门不利，故聚水而从其类也，上下溢于皮肤，故为胕肿。胕肿者，聚水而生病也。”若气化失约，开多合少，津液流失，则表现为尿频量多、小便清长、遗尿、小便失禁等症。

在正常生理情况下，水液的代谢，是通过胃的受纳摄入、脾的运化和转输、肺的宣发和肃降、肾的蒸腾气化，以三焦为通道，将津液输布于全身；经过代谢后的津液，则化为汗液、尿液和水气等排出体外，从而使体内津液维持着相对的平衡。故肾的蒸腾气化功能，主宰着整个水液代谢。肺、脾等脏对津液的气化，均依赖于肾中精气的蒸腾气化，特别是尿液的生成与排泄，更是与肾中精气的蒸腾气化直接相关，而尿液的生成和排泄，在维持体内水液代谢的平衡中又起着极关键的作用。故说肾主水液。

③肾主纳气。纳，即摄纳。肾主纳气，是指肾具有摄纳肺气以助肺完成呼吸的作用。肾脉上贯肝膈入肺中，循喉咙。肾之所以具有纳气的功能，取决于肺肾经脉的密切联系以及肾主封藏的生理特性。

呼吸主要是肺的功能，由肺所主，但又必须有赖肾的摄纳作用协助，以保证气的有效吸入，促进体内外气体的交换，完成整个呼吸过程。所以《类证治裁·喘症》说道：“肺为气之主，肾为气之根，肺主出气，肾主纳气，阴阳相交，呼吸乃和。”此外，肺所吸入的清气下归于肾中，与肾中之气融合一体，能使气更充分地发挥其生理效应，这就是养生家练功调息的重要理论基础，也是古人把肾联系到命门，并看作“十二经脉之根，呼吸之门”的道理所在。由此可见，呼吸异常的病变除与肺有关外，与肾也有着密切的关系。如肾中精气不足，纳气功能减退，就常表现为呼吸表浅，动辄气喘，呼多吸少等症。故有喘息“在肺为实，在肾为虚”“初病治肺，久病治肾”之说。

（2）肾与形窍志液的关系。

①肾在体合骨，生髓，其华在发。肾主骨是因为肾能生髓，骨骼为人体的支架，对人体有支持保护作用。而骨骼的营养来源于骨，骨髓对骨骼有滋养作用。骨髓藏于骨腔之中，其生成与肾有关。因为肾藏精，精能生髓，髓能养骨。所以肾主骨生髓的功能，是肾中精气所具有的促进机体生长发育的一个重要组成部分。如果肾中精气充足，则骨髓生化有源，骨得髓养则坚固有力。如果肾中精气亏少，骨髓化源不足，骨失髓养，在小儿则可见囟门迟闭，骨软无力；在老年人则可致骨质脆弱而易于骨折。

髓有骨髓、脊髓、脑髓之分，三者均由肾中精气所化生。因此，肾中精气的盛衰，不仅直接影响着骨的生长和发育，也影响着脊髓和脑髓的充盈和发育。脊髓上通于脑，髓聚而成脑，故称脑为“髓海”。肾中精气充盈，则髓海得养，脑的发育就健全，就能充分发挥其“精明之府”的生理功能；反之，则髓海失养，髓海不充。如在小儿，则可表现为大脑发育不全，智力低下；在成人，则多表现为记忆力衰退、精神委顿、懈怠安卧。“牙为骨之余”，齿与骨同出一源，所以牙齿也由肾中精气所充养。故牙齿的生长与脱落，也与肾中精气盛衰密切相关。肾中精气充沛，则牙齿坚固而不易动摇脱落，反之，则牙齿松动，甚则早期脱落。

头发是肾中精气荣华的外在表现。“发为血之余”，即发有赖于血液的营养，但精可化血，且发生于精髓汇聚的头脑之上，其生机源于肾。如《素问・上古天真论》说道：“肾气盛，齿更发长”，“肾气实，发长齿更”。说明发与肾的精气有关，且以肾中精气为主要物质基础，通过对头发的色泽荣枯及生长状况的观察，则可了解肾中精气的盛衰，所以说肾其华在发。若肾中精气充足，血液生成旺盛，则头发生长茂密，光泽明润；若肾中精气虚衰，血液生成不足，则头发疏松易脱，枯槁变白。

②肾在窍为耳及二阴。肾脉上达于耳，耳的听觉功能依赖于肾的精气充养。肾气充足，则听觉灵敏，分辨能力较强；肾精不足，则耳的听力减退，可出现耳鸣、耳聋的症状，甚至听力丧失。

二阴是前阴和后阴的总称。前阴是排尿和生殖器官，后阴是排泄粪便的通道。尿液的储存排泄虽为膀胱所主，但有赖于肾的气化，若肾的开合失度，则有小便增多或减少的变化。粪便的排泄本是大肠的功能，也受肾之气化作用的影响。例如，肾阴亏损，则肠液枯涸而便秘；肾阳虚衰，则气化无力，易出现大便溏泻。在肾虚封藏失司时，则可见遗精等。所以说“肾开窍于二阴”。

③肾在志为恐。《素问・阴阳应象大论》说：“在脏为肾……在志为恐。”恐是恐惧、害怕的情志活动，与肾的关系密切。《素问・举痛论》说：“恐则精却，却则上焦闭，闭则气还，还则下焦胀，故气下行矣。”由于肾藏精而位居下焦，肾精化气之后，势必要通过中上焦才能布散全身。恐使精气却而不上行，转为下行，不得正常布散，所以说“恐伤肾”“恐则气下”。

④肾在液为唾。唾即口津，为唾液中较为稠厚的部分。唾出舌下，为肾

精所化，能滋润口腔以助消化，咽而不吐，则能滋养肾中精气，故古代导引家以舌抵上颌，待津盈满口后，咽之以养肾精。若肾精不足则唾液分泌减少。另外，多唾、久唾，则会耗损肾中精气。所以说肾在液为唾。

（二）六腑

六腑，即胆、胃、小肠、大肠、膀胱、三焦的总称。从形态上看，它们属于管腔性器官；从功能上说，六腑受纳和腐熟水谷、转化和排泄糟粕，主要起到对食物消化、吸收、输送和排泄的作用。六腑传导、消化食物，经常充盈水谷，而不储藏精气。因传化而不藏，故生理特点是泻而不藏，实而不满，以降为顺，以通为用。

1. 胆

胆依附于肝，内藏精汁。《难经·四十二难》说："胆在肝之短叶间……盛精汁三合。""精汁"即胆汁，色黄、味苦，胆汁为清净之物，也属精微物质，故《灵枢·本输》称胆为"中精之腑"，《千金方》又称胆为"中清之府"。因为胆既有藏精的特点，又有疏泄胆汁的作用，与其他五腑泻而不藏的作用不同，故又属"奇恒之腑"。

（1）主藏泄胆汁。胆中空，内藏胆汁。胆汁的主要功能是帮助消化饮食。胆汁的生成是肝之余气，溢于胆，聚积而成。肝的疏泄功能正常，胆汁的分泌就充足，便能疏泄胆汁，下注于肠，以助饮食之物的消化和吸收。若肝胆气逆，疏泄失常，则可出现口苦、胁痛、呕吐苦水、耳鸣、耳聋等症。若湿热熏蒸，胆汁外溢，则会出现黄疸。

（2）主决断。《素问·灵兰秘典论》说："胆者，中正之官，决断出焉。"所谓"中正"，即处事不偏不倚。"决断"为果敢、果断之意。胆气的盛衰与精神情志的变化有关，其表现在对外界某些精神刺激有抗御作用，从而保持气血的正常运行及脏腑间的互相协调关系。故临床上一些精神情志病变，如惊悸、心虚胆怯、失眠、多梦等病证多责之于胆。

2. 胃

胃位于膈下，其上接食道，下通小肠。胃与食道相接处叫贲门，与小肠相接处叫幽门。胃的上部叫上脘，下部叫下脘，上、下脘之间叫中脘，三部统称胃脘。《灵枢·肠胃》中记载："胃纡曲屈，伸长二尺六寸，大一尺五寸，经五寸，大容二斗五升。"

胃主受纳和腐熟水谷。水谷由口经食道容纳于胃，故胃主受纳，而称为

“水谷之海”。水谷进胃之后，经胃气的作用，消磨成食糜，这个过程称为“腐熟”。水谷经腐熟之后，变成具有营养、濡润作用的水谷清微物质，生化气血津液供给各脏腑组织器官。但胃的腐熟水谷作用还有赖于脾运化功能的协助。由于胃和脾有消化饮食，摄取营养以供给全身的重要作用，关系到人体元气的补养、生长发育及抗病力的强弱，所以常将脾胃统称为“后天之本”。《素问·平人气象论》说：“人以水谷为本。”《灵枢·五味》说：“五脏六腑皆禀气于胃。”这些都说明胃和脾的消化功能对人体健康的重要性。历代医家特别重视“胃气”，在临床上常把保“胃气”作为重要的治疗原则，强调“人以胃气为本”。

胃气以下降为顺。饮食之物经胃腐熟后，变成食糜，通过胃气的作用下移于小肠，经小肠泌别清浊，其清者由脾吸收，上输于肺，转输于各脏腑组织，浊者下入大肠，由肛门排出体外。在这一进程中，脾主升，胃主降，只有胃气下降才能使水谷进入小肠，使胃再接受新的饮食之物。若胃气不降，则出现食滞胀满、脘腹疼痛、消化不良等症。

3. 小肠

小肠上端与胃相通，下端接大肠。小肠与胃相接处叫“幽门”，与大肠相接处叫“阑门”。古代对小肠的长短、形态、位置、重量等有较详细的记载。如《难经·四十二难》说：“小肠……重二斤十四两，长三丈二尺，广二寸，径八分，分之少半，左回叠积十六曲，盛谷二斗四升，水六升三合，合之大半。”

（1）主受盛化物。

受，接受之意。盛，储存之意。小肠接受胃推送下来的食糜，叫“受盛”。化，变化、消化之意。化物，是指小肠具有对胃推送下移来的食糜进行再消化的功能。所以《素问·灵兰秘典论》把小肠视为“受盛之官、化物出焉”。

（2）主泌别清浊。

泌流质之物，由微孔压迫而出，叫“泌”；别，即分别。泌别清浊，即指食糜通过小肠的化物作用，分别出清浊两类不同物质。清者，水谷精微部分，由脾转输到全身；浊者，饮食之物的渣滓，通过阑门下注于大肠，其中部分代谢的水液通过三焦下渗膀胱，排出体外。小肠泌别清浊的功能失常，则出现消化吸收障碍，以及大小便的排泄异常，如肠鸣、腹泻、腹痛、尿少、尿赤、尿道灼痛等。由于小肠的泌别清浊功能与水液的代谢有关，故又有“小肠主液”之说。应当指出，膀胱所储藏的水液来源有两个方面。一方面是饮食之物入胃，经过腐熟之后，由脾吸收精微物质上输于肺，其无用的水液有赖于肺气的作用，通调水道下输膀胱；另一方面是由小肠泌别清浊，把糟粕中的水液，通过下焦气化作用渗入膀胱。小肠泌别清浊不等于小肠直接通于膀胱，其水液亦需经脾的转输、肺的肃降而下渗膀胱。

4. 大肠

大肠上接小肠，与小肠相接处叫“阑门”，下端通肛门（又叫魄门）。《黄帝内经》和《难经》对大肠的位置、形态、大小、重量都有详细记载。大肠包括回肠、盲肠、结肠和广肠（直肠）。

大肠主燥化和传导。燥化，是指大肠对小肠传下的浊物中部分水分有再吸收的作用。“传导”，即传送之意，是指大肠向体外排泄糟粕的作用。大肠再次吸收了小肠传下来的浊物中的部分水分，使食物渣滓形成粪便，然后经广肠由肛门排出体外。《素问·灵兰秘典论》所说“大肠者，传导之官，变化出焉”，即是此意。大肠这种传导排泄作用，还必须借助肺气的肃降才能完成。由于肺在志为魄，且与大肠相表里，所以大肠末端的“肛门”又称“魄门”。大肠的病变主要表现在大便的异常变化，如便秘或泄泻、痢疾等。因其病因、病理不同，往往表现为不同的症状。如大肠虚寒，则见肠鸣、腹痛、腹泻；大肠实热，热灼津亏，可见大便干燥难下，秘结不行；大肠湿热蕴结，则可见下利脓血、腹痛、里急后重等。

5. 膀胱

膀胱位于下腹部，在脏腑中居于最下部，是水液聚积的地方。《难经·四十二难》说：“膀胱重九两二铢，纵广九寸，盛溺九升九合。”

膀胱的生理功能是储存津液和排泄尿液，是水液代谢的主要器官，所以《素问·灵兰秘典论》说：“膀胱者，州都之官，津液藏焉，气化则能出矣。”膀胱储藏的津液通过肾阳的温煦气化之后，轻清部分上腾流于机体各部，重新利用；重浊者在肾气的推动下排出体外，成为尿液。在病理上，肾的气化功能失常，会影响膀胱气化不利，则可出现癃闭；若膀胱失约，则可见尿频、小便失禁等症。

6. 三焦

三焦是上焦、中焦、下焦的合称，归属六腑之一。关于三焦之名及三焦

的部位、功能等论述，始见于《黄帝内经》。但自《难经》提出了三焦“有名无形”说之后，引起了历代医家的争论，至今仍未能统一。

三焦的含义，主要有以下两方面：一是指遍布全身，经历五脏六腑、通行气与水的道路。如《难经·六十六难》说：“三焦者，原气之别使，主通行三气，经历五脏六腑”，《素问·灵兰秘典论》说：“三焦者决渎之官，水道出焉”，等等。二是指人体上、中、下三个部位及其相应脏腑功能的总括。如《灵枢·营卫生会》说：“上焦出于胃上中，并咽以上，贯膈而布胸中”，“中焦亦并胃中，出上焦之后”，“下焦者，别回肠，注于膀胱而渗入焉”。现在一般把横膈以上的胸部，包括心、肺等称作上焦；膈以下、脐以上的腹部，包括脾、胃等称作中焦；脐以下的部位，包括肾、膀胱、肠等称作下焦。其他还有油膜三焦说等多种说法，与临床关系不大，影响较小，故从略。

关于三焦的形质，异说虽多，但对三焦功能的认识是一致的，认为三焦的主要生理功能为主持诸气、决渎行水。主持诸气，是讲三焦为气机升降出入的通道，又是气化活动的场所，故有总司全身气机和气化的功能。决渎行水，是讲三焦又是水升降出入的通道，具有疏通水道、促进水液运行输布的功能，二者相互联系，包含“气行则水行”之义。三焦通利，气与水的运行才能通畅无阻，水液代谢得以正常进行，脏腑气机能以正常活动。三焦这种维持与协调平衡的作用，一般称作“三焦气化”。可见三焦的气化功能对于人体的生命活动具有极为重要的意义。故《中藏经》高度概括为：“总领五脏六腑、营卫经络、内外左右上下之气也；三焦通，则内外上下左右皆通也。其于周身灌体，和内调外，荣左养右，导上宣下，莫大于此者也。”

三焦的生理功能，鉴于其部位的不同及相应脏腑的不同，又有各自不同的特点。

上焦如雾，是说上焦有宣发卫气、布散水谷精微、以雾露弥漫的状态营养于肌肤、毛发及全身各脏腑组织的作用，即《灵枢·决气》所说：“上焦开发，宣五谷味，熏肤充身、泽毛，若雾露之溉。”上焦的功能，实际体现为心肺功能的气化输布作用，关系到营卫气血津液等营养物质的输布。故上焦功能的变异，也主要反映为心肺功能之异常，治则以调理心肺为主。

中焦如沤，是指中焦有消化饮食水谷、化生精微物质的作用，即《灵枢·营卫生会》所说：“此所受气者，泌糟粕，蒸津液，化其精微，上注于肺脉，乃化而为血，以奉生身，莫贵于此。”中焦的功能，实际上包括了脾胃的纳腐运化作用，关系到营卫气血津液等营养物质的化生。故中焦功能的变异，主要反映为脾胃功能的异常，治以调理脾胃为主。

下焦如渎，是指下焦有运行调节水液、排泄糟粕和尿液作用，即《灵枢·营卫生会》所说：“下焦者，别回肠，注于膀胱而渗入焉。故水谷者，……成糟粕而俱下于大肠……渗而俱下，济泌别汁，循下焦而渗入膀胱焉。”下焦的功能，实际概括了大肠、小肠、肾与膀胱的气化作用，关系到人体水液代谢及糟粕二便之排泄。故下焦功能的变异，主要反映为肾与膀胱功能的异常，治则以调理肾与膀胱为主。

（三）奇恒之腑

奇恒之腑，包括脑、髓、骨、脉、胆、女子胞。奇，异也；恒，常也。不同于六腑的另一类腑为奇恒之腑。

1. 脑

脑居颅内，脑髓汇集而成，故名“髓海”，为奇恒之腑之一。《灵枢·海论》说：“脑为髓之海，其输上在于其盖也，下在风府。”《素问·五脏生成》说：“诸髓者，皆属于脑。”故脑与全身骨髓有密切关系。

关于脑的生理功能，《素问·脉要精微论》说：“头者，精明之府也。”明代李时珍也说：“脑为元神之府也。”这些都说明脑是精神活动的大本营，人的记忆、视、听、言、行、嗅等一切生命活动都要受脑的支配。清代医家王清任对脑的功能曾做过较为全面的论述，说：“灵机记性在脑者……两耳通脑，听听之声归于脑……两目系如线长于脑，所视之物归于脑……鼻通于脑，所嗅香臭归于脑……所以小儿无记性者，脑髓未满，高年无记性者，脑髓渐空。”

古代医家对于脑的病理也有一定的认识，如《灵枢·海论》说：“髓海不足，则脑转耳鸣。”就脏象学说和形神学说而论，将脑的生理、病理归属于五脏之中，它将神志分为五种不同的表现，即神、魂、意、志、魄，分别归藏五脏。心藏神，主喜；肺藏魄，主悲；脾藏意，主思；肝藏魂，主怒；肾藏志，主恐。在五脏所藏中，脑的功能与心、肝、肾关系密切，尤其是心，因为心主神明，为“五脏六腑之大主，精神之所舍”。这里也充分体现了脏腑学说以五脏为中心，以心为主导的理论特点。由于在生理上把脑的功能分属于心、肝、肾脏，因而在病理上也就把本来属于脑的病变叫作“痰迷心窍”“痰火扰心”“热入心包”“心肾不交”“肾精不足”“肝气郁结”“肝火上炎”“肝风内动”等。其实上述证候中所表现的症状，如头晕、耳鸣、记忆力减退、多梦，甚至神志不清、昏迷等，也都是脑的病理表现。因此说临床上针对上述病症而分别采用的“清心开窍”“养心安神”“交通心肾”“疏肝解郁”“清肝泻火”“平肝熄风”“填精补髓”等方法，虽然是治疗心、肝、肾，而实际是达到治疗脑病的目的。

2. 女子胞

女子胞，又名胞宫（子宫），位于小腹部。由于冲、任二脉起于胞宫，又与足少阴肾经相通，因此胞宫的生理病理与肾及冲、任二脉关系最为密切。

女子胞的生理功能为主月经和孕育胎儿。女子胞的功能取决于肾和冲、任二脉的盛衰。女子大约在 14 岁以后，肾中精气逐渐旺盛，冲、任二脉血气也趋充足，才有月经排出和孕育能力。所以《素问·上古天真论》说：“女子……二七而天癸至，任脉通，太冲脉盛，月事以时下，故有子。”若肾的精气虚弱，冲、任气血不足，就会出现月经不调、经闭、不孕、流产、滑胎等症。

女子胞主月经和孕育胎儿，都需要血液，而血液的生成统藏与运行则在于心、肝、脾三脏，所以女子胞的功能又与心、肝、脾的盛衰有密切关系。如果心、脾两亏，气血不足，临床可见经行量少、月经后期，甚至闭经；脾虚中气不足，不能摄血可致崩漏；肝气郁结，失于疏泄，则发生月经不调等症。因此，临床上治疗女子胞的病变，首先要考虑肾及冲、任二脉的盛衰情况，其次应注意心、肝、脾的功能是否正常。

（四）脏腑之间的关系

人体各脏腑组织器官之间通过经络的沟通联系，形成了一个统一整体。它们在生理上相互联系、相互依赖，在病理上相互影响、相互传变。脏腑之间的相互关系，是脏腑学说的主要内容之一。

1. 脏与脏的关系

（1）心与肺。

心肺同居上焦，心主血脉，肺主气而朝百脉。从生理上说，心血与肺气相互依存，相互为用。血的运行有赖于肺气的推动，而气的输布也需要血的运载，故有“气为血之帅，血为气之母”的说法。脉的跳动与肺的呼吸有着密切的关系，《灵枢·动输》说："故人一呼脉再动，一吸脉亦再动，呼吸不已，故动而不止。"从病理上说，心肺之间相互影响也是很明显的，肺气虚衰，宗气生成不足，则血运无力，循环瘀阻，就会出现胸闷、气短、心悸、唇舌青紫等心的症状。而心气不足或心阳不振，血脉运行不畅，也能影响肺气的宣降，而出现咳嗽、喘息、气短、胸闷、憋气等肺的症状。另外，四时所见外感、温热病，往往由肺卫直入心营，这种"逆传心包"的病证，也说明了心与肺在病理上密切的关系。

（2）心与脾。

心主血，脾生血。脾气充足，血的生化有来源，则心血充盈，才能保证心的正常功能。精神愉悦，则饮食增加，气血旺盛。血液的正常运行，需脾的统摄，而不逸出脉外。可见心脾的关系主要体现在血液的生化和运行上。在病理上，脾气虚弱，运化失职，则血的生化不足，可致心脉空虚，心无所主；脾不统血，血不归经，也可导致心血亏耗；思虑过度，耗伤心血，也影响脾的运化，从而出现纳呆、倦怠等症。

（3）心与肝。

心主血，肝藏血。血脉充足，心才有所主，肝才有所藏，神魂也才能内守，从而保证其正常的生理活动。否则就会相互影响，心血不足可以导致血虚，肝血虚也可以导致心血不足。临床所见的血虚证，如失眠、视物昏花、月经不调也是心肝血虚的表现。此外，由于心主神志，肝主疏泄，由于情志所伤，多化火伤阴，故临床上心肝阴虚、心肝火旺常常是相互影响或同时并见。

（4）心与肾。

心为阳脏，位居上焦，其性属火；肾为阴脏，位居下焦，其性属水。在生理状态下，心必须下降于肾，以温肾水，使肾水不寒；肾水必须上济于心，以滋心火，使心阳不亢。通过这种升降，就可以保持水火、阴阳的相对平衡。古人把心肾之间相互维系的关系叫作"心肾相交"，或"水火相济"。在病理状态下，无论是心还是肾本身的阴阳失调，均可破坏心肾间的这种关系，从而出现一系列的症状。如心火不足，不能下温肾水，致使水寒不化，肾水上凌于心，出现心悸、怔忡、气短、喘息、水肿等症，称为"水气凌心"；肾阴不足，不能上济于心，或肾阳不足，不能蒸化肾阴，皆可导致心阳独亢，神不守舍，而出现心悸、怔忡、心烦不寐、健忘、耳鸣等症，称为

“心肾不交”；肾阴虚于下，心火亢于上，出现口舌生疮、口干少津、五心烦热等症，即为阴虚火旺。此外，由于心主血、肾藏精，精血之间可以互相化生，故心血不足每致肾精亏损，而肾精亏损常造成心血不足，二者互为因果。同时心藏神，肾藏精生髓，脑为精髓所成的元神之府。肾精与心血同为精神活动的物质基础，在心肾关系失调或精血不足时，皆可产生神志病变。总而言之，心肾关系主要表现在心肾相通和精与神的互相为用上。

（5）脾与肺。

肺主气，脾主运化，为气血生化之源。由于肺中所需的津和气均依靠脾运化水谷精微来供给，所以肺中津和气的盛衰与脾运化功能的强弱有很大关系。另外，脾的运化水液也有赖于肺的宣发、肃降功能的协助。《素问·经脉别论》说：“脾气散精，上归于肺，通调水道，下输膀胱”，就说明了肺脾之间的内在关系。由于肺脾之间在气和津液的运行、输布方面存在着密切关系，所以在病理上也相互影响。如脾气虚损，导致肺气不足，出现体倦无力、少气懒言等症；若脾失健运、水液停聚为饮，也常影响到肺的宣降，而出现喘咳、痰多等症。古代医家把前者叫作“脾为生气之源，肺为生气之枢”，后者称为“脾为生痰之源，肺为贮痰之器”。当然，肺病日久，也可影响到脾，而致脾的运化功能失常或脾气虚，从而出现纳食不化、腹胀、便溏，称为“上病及中”，这也是“培土生金”治法的理论依据。

（6）肝与肺。

肝与肺的关系，主要表现在气机的升降方面。肺居上焦，属阳中之阴脏，其气肃降；肝居下焦，属阴中之阳脏，其经脉由下而上，贯膈注于肺，其气升发。肝肺的阴阳升降，二者互相协调，是保证全身气机调畅的重要环节。若肝气郁结化火，循经而上，可灼伤肺津，出现胁痛、咳逆、咯血等症，称为“肝火犯肺”；肺失清肃，使肝失条达，疏泄不利，在咳嗽气逆的同时，可见烦躁易怒、胸胁胀满或引痛等。

（7）肾与肺。

肾与肺的关系，主要体现在呼吸运动和水液代谢两个方面。肺主气，司呼吸，是内外气体交换的场所；肾主纳气，能协助肺主管呼吸，肾充足，肺所吸入之气就能肃降下纳于肾，从而保证呼吸之气的出入升降运动。故有“肺为气之主，肾为气之根”的说法。若肾的精气不足，摄纳无权，则气浮于上；而肺气久虚，伤及肾气，则肾不纳气，均可导致呼吸表浅、动则气喘的症状。

在水液代谢方面，肺主宣发肃降，通调水道，为水之上源。肾主水，司开合，肾的气化能使水津蒸腾利用，另一部分成为尿液被排出体外。故肺的宣降失职或是肾的气化不利都可导致水液代谢障碍，而且可相互影响而发病。临床上肺肾同病，就会出现咳逆、喘息不得卧、水肿、尿闭等症状。所以《素问·水热穴论》说："故水病下为胕肿大腹，上为喘呼，不得卧者，标本俱病"，"其本在肾，其末在肺，皆积水也"。

此外，肾与肺之间的阴气也是相互滋生的。肾阴为一身阴气之根本，所以肺阴虚可损及肾阴。反之，肾阴虚亦不能上滋肺阴。故肺肾阴虚常同时并见，而出现两颧嫩红、骨蒸潮热、盗汗、声音嘶哑等症。

（8）肝与脾。

肝藏血，主疏泄；脾统血，主运化，为气血生化之源。肝的疏泄调畅，则脾胃升降适度，运化健全。若肝的疏泄失职，影响到脾胃的升降、运化，就会形成"肝胃不和"或"肝脾不调"。脾主运化，脾气健运，水谷精微才能输布以滋养肝脏，肝藏血和疏泄功能得以发挥。若脾气虚弱、生血不足或不能统血，都可累及肝脏，使肝血不足，而出现头晕眼花、视物不清、月经涩少等症；若肝失疏泄，影响脾胃的升降，则可出现胸胁胀满、食欲不振、食后腹胀、嗳气不舒；若脾失健运，水湿内停，郁而化热，湿热中阻，使肝胆疏泄不利，胆汁逆入于血，就形成黄疸。

（9）脾与肾。

脾与肾的关系，主要表现在先天、后天的相互滋生和维持水液代谢两个方面。因此有"脾为后天之本，肾为先天之本"的说法。脾在运化水谷精微的过程中，需借助肾中阳气的温煦作用。肾所藏之精也需依赖于脾所化生的水谷精微不断地补充。若肾阳不足，不能温煦脾阳，可致脾阳虚；脾阳久虚，失于运化，寒生于内，进而损及肾阳，也可导致肾阳虚。脾肾阳虚时，临床表现为腹部冷痛、下利清谷，或五更泻、水肿、畏寒肢冷、腰膝酸软等。

（10）肝与肾。

肝与肾的关系，主要表现在肝血和肾精相互滋生方面。肝藏血，肾藏精，肝血有赖于肾精的滋养，肾精也不断得到肝血所化之精的补充。所以有"精血同源"和"肝肾同源"的说法。在病理上，肾精与肝血是相互影响的。

当肝肾同病、精血两虚时，临床可见头晕、目眩、耳鸣、耳聋、盗汗、健忘、遗精、月经涩少等症。另外，肝肾在阴阳方面，也是息息相通、相互制约、协调平衡的。如肝阴不足，可致肾阴亏损，而致相火偏亢；肝火过盛也可劫肝阴，形成肾阴不足的病理变化。

2. 脏与腑的关系

脏与腑的关系，主要表现为表里关系。脏为阴，腑为阳，阳主表，阴主里。一脏一腑，一阴一阳，彼此配合，通过经脉的络属，构成表里关系。

脏与腑配合为表里关系，其依据大致有以下几方面：一是经脉相互络属，即“属脏者络腑”“属腑者络脏”。二是气化相通，其表现为“脏行气于腑”，即五脏之气作用于六腑，以及“腑输精于脏”，即五脏的精气全赖于六腑的传化物，使水谷的精微传送五脏而储藏。三是脏器相近，如肝与胆、脾与胃、肾与膀胱等。四是病理相关，如肺热可影响大肠，使其传导不利而见便秘等。

（1）心与小肠。

心的经脉属心的而络小肠，小肠的经脉属小肠的而络心。若心经有实火，可移热于小肠，引起尿少、尿赤、尿道灼热、尿痛等。故《诸病源候论》说：“心主于血，与小肠合，若心家有热，结于小肠，故小便血也。”若小肠有热，亦可循经上熏于心，而见心烦、舌赤糜烂等。

（2）肺与大肠。

肺气肃降，布津液于大肠，使大肠得以滋润，保证其正常传导功能。大肠主传导，糟粕下行，有利于肺气的肃降。肺在上，通于鼻；大肠在下，通于肛门。二者互相配合，才能使清阳之气上升出于上窍，浊阴之气下降出于下窍。若肺气不降，津液不能下达，而出现大便不通或大便干燥；若大肠实热，腑气不通，影响肺气的肃降，则出现喘息、胸闷、气短等症。

（3）脾与胃。

胃主受纳，腐熟水谷；脾主运化与输布津液。二者分工合作，密切配合，共同完成饮食物的消化、吸收与精微的输布以营养全身。因此，古人将脾胃统称为“后天之本”。脾气主升，胃气主降，胃降糟粕得以下行，脾升精微才能上输。胃为阳腑，喜润恶燥；脾为阴脏，喜燥而恶湿。脾与胃相合，升降相济，故《临证指南医案》说：“脾宜升则健，胃宜降则和。”在病理上，胃的腐熟水谷和降浊与脾的运化和升清，都是相互影响的。正如唐容川所说："胃实脾虚，则能食而不化；脾气不布，则胃燥而不能食，食少而不能化。"由于脾胃的功能特性有别，在病症表现上也各有特点，如呕吐、呃逆、嗳腐等胃的主要症状，是浊气在上、胃气上逆的缘故。腹胀、泄泻，则多为清气在下、脾气不升的表现。

（4）肝与胆。

胆汁来源于肝，是肝之余气所化。胆汁的排泄也要依赖于肝的疏泄。两者互为影响。肝病常影响到胆，胆病也常影响到肝，终致肝胆俱病，如肝胆火旺、肝胆湿热等证。此外，肝主谋虑，胆主决断，从情志意识过程来看，谋虑后则必须决断，而决断又来自谋虑，两者亦是密切相关的。

（5）肾与膀胱。

膀胱为水液聚积之处，主排泄小便；肾主水，开窍于二阴。膀胱的贮尿和排尿功能依赖于肾的气化。肾气充足，则固摄有权，膀胱开合有度，从而维持水液的正常排泄。若肾气不足，气化不利，固摄无权，则膀胱开合失度，可见失禁、遗尿、尿频等症。

3. 腑与腑的关系

六腑的主要功能是传导和消化食物。在饮食物的消化、吸收和废物的排泄等一系列功能活动中，六腑相互协调，共同起着重要的作用。

饮食物进入胃中，经过胃的腐熟作用成为食糜，下降于小肠。小肠对从胃而来的食糜又经过进一步消化，并且辨别清浊，清者为精微物质，供机体营养；浊者之中，水液渗入膀胱，糟粕进入大肠。渗入膀胱的水液，经气化作用，部分蒸腾利用，剩余的排泄于体外而为尿。进入大肠的糟粕经过大肠的燥化与传导作用、从肛门排泄体外而成为粪便。上述饮食物的消化、吸收与排泄，又和胆汁的作用，三焦所敷布的元气与疏通水道的功能分不开。所以《灵枢·本脏》说："六腑者，所以水谷而行津液者也。"由于六腑在传化水谷时需要不断地受纳、消化、传导和排泄，在六腑腔道内呈现虚实交替状态，表现出传化物而不藏、通而不滞、走而不守的特点，故古代医家有"六腑以通为用""腑病以通为补"的诊断。六腑在生理上密切联系，在病理上也相互影响。如实热积于胃中、消灼津液，肠道失润则大便燥结；而大肠传导不利、腑气不通，糟粕不得排泄，以致胃气上逆，则出现恶心、呕吐、呃逆、嗳气、胃脘胀满等症；若胆火炽盛，也常常犯于胃，症见呕恶、吐苦水。又如，脾胃湿热，熏蒸于胆，以致胆汁不循常道而外溢，则可出现黄疸。

四、经络与推拿

（一）概述

经络学说是研究人体经络的生理功能、病理变化及其与脏腑相互关系的理论，是中医推拿学理论体系的重要组成部分。

经络理论是古人在长期的医疗实践中，从针灸、推拿、气功等各个方面积累经验，并结合当时的解剖学知识，逐步升华并经实践反复验证而形成的。它不仅是针灸、推拿、气功等学科的理论基础，而且对中医临床各科均有十分重要的意义，历代医家对经络理论都十分重视。

1. 经络的概念

经络是运行全身气血、联络脏腑肢节、沟通上下内外的通路，是经脉和络脉的总称。

经脉的经，有路径之意。经脉是经络系统中纵行的主干，多循行于人体的深部，有一定的循行路径。络脉的络，有网络之意。络脉是从经脉中分出来的分支，纵横交错，网络全身，其分布循行较浅表的部位。正如《灵枢·经脉》所说："经脉十二者，伏行分肉之间，深而不见，……诸脉之浮而常见者，皆络脉也。"

2. 经络系统的组成

经络由经脉和络脉组成。在内连属于脏腑，在外联络于筋肉、皮肤，所以《灵枢·海论》说："内属于腑脏，外络于肢节。"

经脉可分为正经和奇经两类。正经有十二，即手足三阴经和手足三阳经，合称"十二经脉"，是气血运行的主要通道。十二经脉有一定的起止、一定的循行部位和交接顺序，在肢体的分布和走向上有一定的规律，同体内脏腑有直接的络属关系。奇经有八条，即督脉、任脉、冲脉、带脉、阴跷脉、阳跷脉、阴维脉、阳维脉，合称"奇经八脉"，有统率、联络和调节十二经脉的作用。关于正经与奇经的区别，《圣济总录》认为："脉有正奇，十二经者，常脉也，奇经八脉则不拘于常，故谓之奇经。盖言人之气血常行于十二经脉，其诸经满溢则流入奇经焉。"十二经别是从十二经脉别出的经脉，分别起自四肢，循行于体腔脏腑深部，上出于颈项浅部。阳经的经别从本经别出而循行体内后，仍回到本经；阴经的经别从本经别出而循行体内后，与表里的阳经结合。十二经别的作用，主要是加强十二经脉中相为表里的两经之间的联系，由于它通达某些正经未循行到的器官与形体部位，因此能补正经之不足。

络脉是经脉的分支，有别络、浮络和孙络之分。别络是较大的主要的络脉。十二经脉与督脉、任脉各有一支别络，再加上脾之大络，合为“十五别络”。别络的主要功能是加强为表里的两条经脉在体表的联系。浮络是循行于人体浅表部位而常浮现的络脉。孙络是最细小的络脉，《素问·气穴论》称其有“溢奇邪”“通荣卫”的作用。

经筋和皮部是十二经脉与筋肉和体表的连属部分。经络理论认为，人体的经筋是十二经脉之气“结、聚、散、络”于筋肉、关节的体系，是十二经脉的附属部分，所以称“十二经筋”。经筋有连缀四肢百骸、主司关节运动的作用。全身的皮肤是十二经脉的功能活动反映于体表的部位，也是经络之气的散布所在。经络系统组成见表1-1-1。把全身皮肤分为十二个部分，分属于十二经脉，称“十二皮部”。

表1-1-1　经络系统组成

（内）	脏腑
↑ 经 络 ↓	十二经脉 奇经八脉 十二经别 十五别络
（外）	十二经筋 十二皮部

（二）十二经脉

1. 名称

十二经脉的名称，主要根据分布手足内外和连属的脏腑来命名。行于上肢的为手经；行于下肢的为足经。行手足内侧属脏的为阴经；行手足外侧属腑的为阳经。阴经有太阴经、少阴经、厥阴经；阳经有阳明经、太阳经、少阳经。三阴三阳是从阴阳气的盛衰来分的，阴气最盛的为太阴，其次为少阴，再次为厥阴；阳气最盛的为阳明，其次为太阳，再次为少阳。《素

问·至真要大论》说："愿闻阴阳之三也何谓？岐伯曰：气有多少，异用也"，"阳阴何谓也？岐伯曰：两阳合明也"，"厥阴何也？岐伯曰：两阴交尽也"。十二经脉每一条经的名称，都包括手或足、阴或阳、脏或腑三个部分。其名称及分类见表1-1-2。

表1-1-2　十二经脉名称及分类

	阴经（属脏）	阳经（属腑）	循行部位（阴经行于内侧，阳经行于外侧）	
手	太阴肺经	阳明大肠经	上肢	前缘
	厥阴心包经	少阳三焦经		中线
	少阴心经	太阳小肠经		后缘
足	太阴脾经	阳明胃经	下肢	前缘
	厥阴肝经	少阳胆经		中线
	少阴肾经	太阳膀胱经		后缘

2. 走向和交接规律

十二经脉的走向和交接是有一定规律的。《灵枢·逆顺肥瘦》说："手之三阴，从脏走手；手之三阳，从手走头；足之三阳，从头走足；足之三阴，从足走腹。"即手三阴经从胸腔走向手指末端，交手三阳经；手三阳经从手指末端走向头面部，交足三阳经；足三阳经从头面部走向足趾末端，交足三阴经；足三阴经从足趾走向腹腔、胸腔，交手三阴经。这样就构成一个阴阳相贯、如环无端的循环路线。

3. 分布规律

十二经脉在体表的分布有一定的规律。在四肢部，阴经分布在内侧面，阳经分布在外侧面。内侧分三阴，外侧分三阳。大体上，太阴、阳明在前缘，少阴、太阳在后缘，厥阴、少阳在中线。在头面部，阳明经行于面部、额部，太阳经行于面颊、头顶及头后部，少阳经行于头侧部。在躯干部，手三阴经行于肩胛部；足三阳经中，阳明经行于前，即胸腹部，太阳经行于后背部，少阳经行于侧面。手三阳经均从腋下走出，足三阴经均行于腹面。循行于腹面的经脉，自内向外的顺序为足少阴、足阳明、足太阴、足厥阴，见

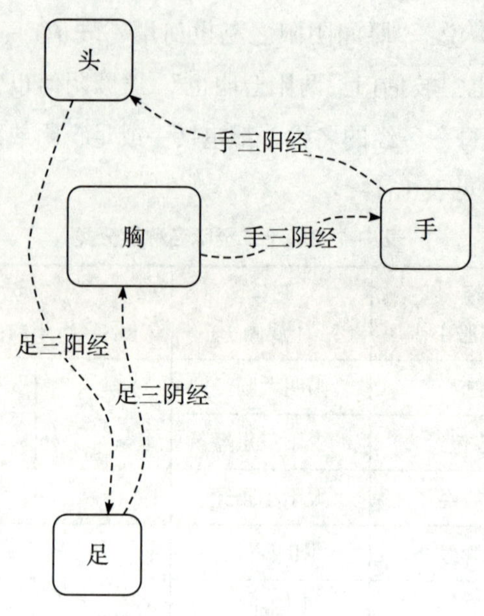

图 1–1–1　十二经脉分布

图 1–1–1。

4. *表里关系*

手足三阴三阳，通过经别和别络的相互沟通，组合成六对“表里相合”关系。《素问・血气形志》说：“足太阳与少阴为表里，少阳与厥阴为表里，阳明与太阴为表里，是为足阴阳也。手太阳与少阳为表里，少阳与心主为表里，阳明与太阴为表里，是为手之阴阳也。”相为表里的两条经脉都在四肢末端交接，都分别循行于四肢内外两侧的相对位置上（足厥阴肝经与足太阴脾经在下肢内踝上 8 寸处交叉后，变换前后位置，足太阴在前缘，足厥阴在中线），分别络属于相为表里的脏腑。

十二经脉的表里关系，不仅由于为表里的两条经脉的衔接而加强了联系，而且由于相互络属于同一脏腑，因而使相为表里的一脏一腑在生理功能上互相配合，在病理上也可相互影响。如肺主肃降有利于大肠的传导；肺津不足，可影响大肠的传导，出现大便干结或便秘等。在治疗上，相为表里的两条经脉的腧穴可交叉合用，如肺经穴位可以治疗大肠或大肠经的疾病等。十二经脉对应脏腑见表 1–1–3。

表 1-1-3　十二经脉对应脏腑

阴经（里）	手太阴	足太阴	手少阴	足少阴	手厥阴	足厥阴
	肺	脾	心	肾	心包	肝
阳经（表）	手阳明	足阳明	手太阳	足太阳	手少阳	足少阳
	大肠	胃	小肠	膀胱	三焦	胆

5. 流注次序

十二经脉分布在人体内外，经脉中的气血运行是循环贯注的，即从手太阴肺经开始，依次传至足厥阴肝经，再传至手太阴肺经，首尾相贯，如环无端（见图 1-1-2）。

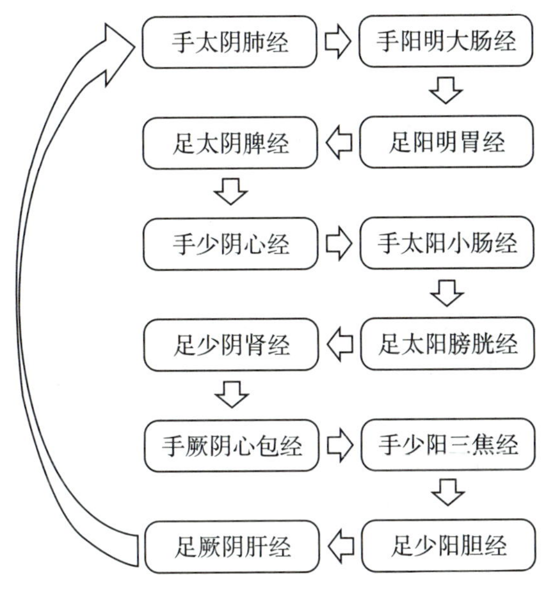

图 1-1-2　气血运行流注次序

6. 十二经循行部位及病候

（1）手太阴肺经。

①循行。手太阴肺经起于中焦，下络大肠，还循胃口（下口幽门，上口贲门），通过膈肌，属肺，至喉部，横行至胸部外上方（中府穴），出腋下，沿上肢内侧前缘下行，过肘窝入寸口上鱼际，直出拇指之端（少商穴）。

分支。从手腕的后方（列缺穴）分出，沿掌背侧走向食指桡侧端（商阳穴），交于手阳明大肠经。

②病候。本经有了异常变动，就表现为下列病症：肺部胀满，膨膨喘咳，锁骨上窝（包括喉咙）疼痛；严重的则双手交叉，感到胸部烦闷、视觉模糊。其还可发生前臂部的气血阻逆如厥冷、麻木、疼痛等症。

本经所属腧穴能主治有关“肺”方面所发生的病症：如咳嗽，气上逆而不平，喘息气粗，心烦不安，胸部满闷，上臂、前臂的内侧前边疫痛或厥冷，或掌心发热。

本经气盛有余的实证，多见肩背疼痛，感冒风寒自汗出，伤风，小便频数，口鼻嘘气；本经气虚不足的虚证，多见肩背疼痛怕冷，气短，呼吸急促，小便的颜色异常。

（2）手阳明大肠经。

①循行。手阳明大肠经起于食指桡侧端（商阳穴），经过手背行于上肢外侧前缘，上肩，至肩关节前缘，向后至第七颈椎棘突下（大椎穴），再向前下行入锁骨上窝（缺盆），进入胸腔络脉，向下通过膈肌下行，属大肠。

分支。从锁骨上窝上行，经颈部至面颊，入下齿中，回出挟口两旁，左右交叉于人中，至对侧鼻翼旁（迎香穴），交于足阳明胃经。

②病候。本经有了异常变动，就表现为下列病症：牙痛，颈部肿胀。

本经所属腧穴能主治有关“津”方面所发生的病症：眼睛昏黄，口干，鼻塞，流清涕或出血，喉咙痛，肩前、上臂部痛，食指痛而不好运用。

凡属于气盛有余的症状，则经脉所过的部分发热和肿胀；属于气虚不足的症状，则发冷，战栗而不容易回暖。

（3）足阳明胃经。

①循行。足阳明胃经起于鼻翼旁（迎香穴），挟鼻上行，左右侧交会于鼻根部，旁行入目内眦，与足太阳经相交，向下沿鼻柱外侧，入上齿中，还出，挟口两旁，环绕嘴唇，在颏唇沟承浆穴处左右相交，退回沿下颌骨后下缘到大迎穴处，沿下颌角上行过耳前，沿发际，到额前。

分支。从大迎穴前方下行到人迎穴，沿喉咙向下后行至大椎，折向前行，入缺盆，深入体腔，下行穿过膈肌，属胃，络脾。

直行者：从缺盆出体表，沿乳中线下行，挟脐两旁（旁开 2 寸），下行至腹股沟处的气街穴。

分支。从胃下口幽门处分出，沿腹腔内下行到气街穴（气冲），与直行之脉会合，而后下行大腿前侧，至膝膑，沿下肢胫骨前缘下行至足背，入足第二趾外侧端（厉兑穴）。

分支。从膝下3寸处（足三里穴）分出，下行入中趾外侧端。

分支。从足背上冲阳穴分出，前行入足大趾内侧端（隐白穴），交于足太阴脾经。

②病候。本经有了异常变动就表现为下列病症：颤抖发冷，喜欢伸腰，屡屡呵欠，颜面暗黑。病发时，就厌恶别人和火光，听到木器声音就惕惕惊慌，心会怦怦而动，独自关闭房门，遮塞窗户而睡。严重的可能登高而歌，不穿衣服就走。胸膈部响，腹部胀满。还可发展为小腿部的气血阻逆，如厥冷、麻木、痠痛等症。

本经所属腧穴能主治有关"血"方面所发生的病症：躁狂，疟疾，温热病，自汗出，鼻塞流涕或出血，口㖞，唇生疮疹，颈部肿，喉咙痛，大腹水肿，膝关节肿痛；沿着胸前、乳部、气街（气冲穴部）、腹股沟部、大腿前、小腿外侧、足背上均痛，足中趾不能运用。

凡属于气盛有余的症状，则身体前面都发热，有余的症状表现在胃部，则消化强而容易饥饿，小便颜色黄；属于气虚不足的症状，则身体前面都发冷、寒战，胃部寒冷则感到胀满。

（4）足太阴脾经。

①循行。足太阴脾经起于足大趾内侧端（隐白穴），沿内侧赤白肉际，上行过内踝的前缘，沿小腿内侧正中线上行，在内踝8寸处，交出足厥阴肝经之前，上行沿大腿内侧前缘，进入腹部，属脾，络胃，向上穿过膈肌，沿食道两旁，连舌本，散舌下。

分支。从腹哀穴处分出，向外上方行至腋，再向下至腋下大包穴。

分支。从胃别出，上行通过膈肌，注入心中，交于手少阴心经。

②病候。本经有了异常变动就表现为下列病症：舌根发强，吃了就要呕，胃脘痛，腹胀，好嗳气，大便或放屁后就感到轻松，全身感觉到沉重无力。

本经所属腧穴能主治有关"脾"方面所发生的病症：舌根部痛，身体不能活动，吃不下，心胸烦闷，心窝下急痛，大便溏，腹有痞块，泄利，或小便不通，黄疸，不能安睡，勉强站立，大腿和小腿内侧肿、厥冷，足大趾不能运用。

（5）手少阴心经。

①循行。手少阴心经起于心中，走出后属心系，向下穿过膈肌，络小肠。

分支：从心系分出，挟食道上行，连于目系。

直行者。从心系出来，退回上行经过肺，向下浅出腋下（极泉穴）沿上肢内侧后缘，过肘中，经掌后锐骨端，进入掌中，沿小指桡侧端（少冲穴），交于手太阳小肠经。

②病候。本经有了异常变动就表现为下列病症：咽喉干燥，心痛，口渴要喝水；还可发为前臂部的气血阻逆，如厥冷、麻木、疫痛等症。

本经所属腧穴能主治有关"心"方面所发生的病症：眼睛发黄，胸胁疼痛，上臂、前臂内侧后边痛或厥冷，手掌心热痛。

（6）手太阳小肠经。

①循行。手太阳小肠经起于小指外侧端（少泽穴），沿手背、上肢外侧后缘，过肘部，到肩关节后面，绕肩胛部，交肩上（大椎穴），前行入缺盆，深入体腔，络心，沿食道，穿过膈肌，到达胃部，下行，属小肠。

分支：从缺盆出来，沿颈部上行到面颊，至目外眦后，退行进入耳中（听宫穴）。

分支：从面颊部分出，向上行于眼下，至目内眦（睛明穴），交于足太阳膀胱经。

②病候。本经有了异常变动就表现为下列病症：咽喉痛，颌下肿不能回顾，肩部痛如牵引，上臂痛如折断。

本经所属腧穴能主治有关"液"方面所发生的病症：耳聋，眼睛昏黄，面颊肿，颈部、颌下、肩胛、上臂、前臂的外侧后边痛。

（7）足太阳膀胱经。

①循行。足太阳膀胱经起于目内眦（睛明穴），向上到达额部，左右交会于头顶部（百会穴）。

分支：从头顶部分出，到耳上角部。

直行者：从头顶部分别向后行至枕骨处，进入颅腔，络脑，回出分别下行到项部（天柱穴），下行交会于大椎穴，再分左右沿肩胛内侧，脊柱两旁（1 寸 5 分），到达腰部（肾腧穴），进入脊柱两旁的肌肉（膂），深入体腔，络肾，属膀胱。

分支：从腰部分出，沿脊柱两旁下行，穿过臀部，从大腿后侧外缘下行至腘窝中（委中穴）。

分支：从项分出下行，经肩胛内侧，从附分穴挟脊（3寸）下行至髀枢，经大腿后侧至腘窝中与前一支脉会合，然后下行穿过腓肠肌，出走于足外踝后，沿足背外侧缘至小趾外侧端（至阴穴），交于足少阴肾经。

②病候。本经有了异常变动就表现为下列病症：头重痛，眼睛如要脱出，后项如被牵引，脊背痛，腰如折断，髋关节不能弯曲，腘窝如同凝结一样，腓肠肌好像要裂开；还可发生外踝部的气血阻逆，如厥冷、麻木、痠痛等症。

本经所属腧穴能主治有关“筋”方面所发生的病症：痔，疟疾，躁狂、癫痫，头囟后项痛，眼睛昏黄，流泪，鼻塞、多涕或出血，后项、背腰部、骶尾部、腘窝、腓肠肌、脚都可发生病痛，小脚趾不能运用。

（8）足少阴肾经。

①循行。足少阴肾经起于足小趾下，斜行于足心（涌泉穴），出行于舟骨粗隆之下，沿内踝后，分出进入足跟，向上沿小腿内侧后缘，至腘内侧，上股内侧后缘入脊内（长强穴），穿过脊柱，属肾，络膀胱。

分支：从脊内分出，由会阴上经腹（正中线旁开5分），走胸（正中线旁开2寸），止于腧府穴。

直行者：从肾上行，穿过肝和膈肌，进入肺，沿喉咙，到舌根两旁。

分支：从肺中分出，络心，注于胸中，交于手厥阴心包经。

②病候。本经有了异常变动就表现为下列病症：饥饿不想进食，面色暗黑像漆柴，咳嗽痰唾带血，气喘，刚坐下就想站起来，两目视物模糊不清，心如悬空而不安，如饥饿之感；肾气虚的容易产生恐惧、心中怦怦跳动，如同被人抓捕一样；还可发生为“骨”方面的深部的气血阻逆，如厥冷、麻木、痠痛等症。

本经所属腧穴能主治有关“肾”方面所发生的病症：口热，舌干燥，咽部发肿，气上逆，喉咙发干而痛，心内烦扰且痛，黄疸，腹泻，脊柱、大腿内侧后边痛，痿软，厥冷、喜欢躺着，足心发热而痛。

（9）手厥阴心包经。

①循行。手厥阴心包经起于胸中，出属心包络，向下穿过膈肌，依次络

于上、中、下三焦。

分支：从胸中分出，沿胸浅出胁部当腋下 3 寸处（天池穴），向上至腋窝下，沿上肢内侧中线入肘，过腕部，入掌中（劳宫穴），沿中指桡侧，出中指桡侧端（中冲穴）。

分支：从掌中分出，沿无名指出其尺侧端（关冲穴），交于手少阳三焦经。

②病候。本经有了异常变动就表现为下列病症：心中热，前臂和肘弯掣强拘急，腋窝部肿胀，甚至胸中满闷，心跳不宁，面赤，眼睛昏黄，嬉笑不止。

本经所属腧穴能主治有关"脉"方面所发生的病症：心胸烦闷，心痛，掌心发热。

（10）手少阳三焦经。

①循行。手少阳三焦经起于无名指尺侧端（关冲穴），向上沿无名指尺侧至手腕背面，上行尺骨、桡骨之间，通过肘尖，沿上臂外侧向上至肩部，向前行入缺盆，布于膻中，散络心包，穿过膈肌，依次属上、中、下三焦。

分支：从膻中分出，上行出缺盆，至肩部，左右交会于大椎，上行到项，沿耳后（翳风穴），直上出耳上角，然后屈曲向下经面颊部至目眶下。

分支：从耳后分出，进入耳中，出走耳前，经上关穴前，在面颊部与前一分支相交，至目外眦（瞳子髎穴），交于足少阳胆经。

②病候。本经有了异常变动就表现为下列病症：耳聋，耳鸣，咽峡肿，喉咙痛。

本经所属腧穴能主治有关"气"方面所发生的病症：自汗出，目外眦痛，面颊肿，耳后、肩部、上臂、肘弯、前臂外侧均可发生病痛，无名指不能运用。

（11）足少阳胆经。

①循行。足少阳胆经起于目外眦（瞳子髎穴），上至头角（颔厌穴），再向下到耳后（完骨穴），再折向上行，经额部至眉上（阳白穴），又向后折至风池穴，沿颈下行至肩上，左右交会于大椎穴，前行入缺盆。

分支：从耳后进入耳中，出走于耳前，至目外眦后方。

分支：从目外眦分出，下行至大迎穴，同手少阳经分布于面颊部的支脉相合，行至目眶下，向下经过下颌角部下行至颈部，与前脉会合于缺盆后，进入体腔，穿过膈肌，络肝，属胆，沿胁里浅出气街，绕毛际，横向环跳穴处。

直行者：从缺盆下行至腋，膈胸侧，过季肋，下行至环跳穴处与前脉会合，再向下沿大腿外侧、膝关节外缘，行于腓骨前面，直下至腓骨下端，浅出外踝之前，沿足背行出于足第四趾外侧端（窍阴穴）。

分支：从足背（临泣穴）分出，前行出足大趾外侧端，折回穿过爪甲，分布于足大趾爪甲后丛毛处，交于足厥阴肝经。

②病候。本经有了异常变动就表现为下列病症：口苦，好叹气，胸胁痛不能转侧，甚则颜面像蒙着薄薄的灰尘，身体没有脂润的光泽，小腿外侧热，还可发为足少阳部分的气血阻逆，如厥冷、麻木、痠痛等症。

本经所属腧穴能主治有关"骨"方面所发生的病症：如头痛，颞痛，目外眦痛，缺盆（锁骨上窝）中肿痛，腋下肿，如"马刀挟瘿"等症，汗出战栗发冷，疟疾，胸部、胁肋、大腿及膝部外侧以至小腿腓骨下段"绝骨"、外踝的前面，以及各骨节都痠痛，足无名趾不能运用。

（12）足厥阴肝经。

①循行。足厥阴肝经起于足大趾爪甲后丛毛处，向上沿足背至内踝前1寸处（中封穴），向上沿胫骨内缘，在内踝上8寸处交出足太阴脾经之后，上行过膝内侧，沿大腿内侧中线进入阴毛中，绕阴器，至小腹，挟胃两旁，属肝，络胆，向上穿过膈肌，分布于胁肋部，沿喉咙的后边，向上进入鼻咽部，上行连接目系，出于额，上行与督脉会于头顶部。

分支：从目系分出，下行于颊里，环绕在口唇的里边。

分支：从肝分出，穿过膈肌，向上注入肺，交于手太阴肺经。

②病候。本经有了异常变动就表现为下列病症：腰痛而不能前俯后仰，男子阴囊肿痛下坠，妇人少腹肿胀，严重的则咽喉干，面垢如尘，神色晦暗。

本经所属腧穴能主治有关"肝"方面所发生的病症：胸满，气逆而呕，大便稀薄，完谷不化，疝气时上时下，遗尿，小便闭涩不利。

7. 十二经脉的生理功能

十二经脉的生理功能主要表现在沟通表里上下，联系脏腑器官；通行气血，濡养脏腑组织；感应传导及调节人体各部位机能平衡等方面。

（1）沟通表里上下，联系脏腑器官。

人体是由五脏六腑、四肢百骸、五官九窍、皮肉脉筋骨等组成的，它们虽有各种不同的生理功能，但又共同进行着有机的整体活动，使机体内外、上下保持协调统一，构成一个有机的整体。这种有机配合、相互联系，主要依靠经络的沟通、联络作用实现的。由于十二经脉及其分支的纵横交错，入里出表，通上达下，相互络属于脏腑，从而使人体的各个脏腑组织器官有机地联系起来，构成了一个表里、上下彼此间紧密联系的统一体。主要有以下几种联系。

①脏腑与外周肢节的联系。十二经脉内与五脏六腑络属，外与四肢联系，手足三阴经，走手足的内侧，手足三阳经，走手足的外侧。脏腑与肢节通过十二经联系起来。故《灵枢·海论》说："夫十二经者，内属于脏腑，外络于肢节。"

②脏腑与五官九窍的联系。目、耳、鼻、舌、前阴和后阴都是十二经脉循行所过的部位，而十二经脉内属于脏腑。这样，五官九窍同内脏之间，亦通过经脉联系起来。

③脏腑之间的联系。十二经脉中每一经都分别络属一脏一腑，有的脏腑还联系多条经脉。如胃经的经别上通于心，脾经注心中，胆经的经别贯心，肾经络心，心经却上肺，肾经入肺，肝经注肺中，小肠经抵胃，肝经挟胃，肺经循胃口，肾经贯肝等。这样，就有了脏腑之间的多种联系。

④经脉与经脉之间的联系。手三阴经与手三阳经，足三阳经与足三阴经阴阳表里两经相接；手三阳经与足三阳经的同名经在头部相接；足三阴经与手三阴经在胸部相接。加上奇经八脉在十二经脉中纵横交错，构成了经脉与经脉之间的多种联系。

（2）通行气血，濡养脏腑组织。

人体各个组织器官均需要气血的濡养，才能维持其正常的生理活动。而气血所以能通达全身，发挥其营养脏腑组织器官、抗御外邪、保卫机体的作用，则必须赖于经络的传注。所以《灵枢·本脏》说："经脉者，所以行血气而阴阳，濡筋骨，利关节者也。"

（3）感应传导作用。

感应传导是指经络系统对于针刺或其他刺激的感觉传递和通导作用。针刺中的"得气"现象和"行气"现象就是经络传导感应作用的表现。

（4）调节机能平衡。

经络能运行气血和协调阴阳，使人体内部机能活动保持相对平衡。当人体发生疾病时，出现气血不和及阴阳偏盛偏衰的证候，即可运用针灸、推拿等治法以激发经络的调节作用，以“泻其有余，补其不足，阴阳平复”。实验证明，针刺有关经络的穴位，可对各脏腑机能产生调整作用，即原来亢进的可使之抑制，原来抑制的可使之兴奋等。

（三）奇经八脉

奇经八脉，是指十二经脉之外的八条经脉，包括督脉、任脉、冲脉、带脉、阴跷脉、阳跷脉、阴维脉、阳维脉。奇是奇异、零余之意，指这八条经脉的分布和作用有异于十二正经，是十二经之余；又因其无络属脏腑的表里配偶关系，故有人认为“奇”应读作“奇偶”之“奇”。

奇经八脉的内容，最早散见于《内经》各篇，到了《难经》才提出了“奇经八脉”这一总称，并做了集中阐述，《针灸甲乙经》记载有关穴位，这些都是其主要的文献依据。明代李时珍总结前人经验，撰写《奇经八脉考》，对临床运用有重要参考价值。

奇经八脉纵横交错于十二经脉之间，具有如下三方面的作用：①进一步密切十二经之间的联系。如“阳维维于阳”，组合所有的阳经；“阴维维于阴”，组合所有的阴经；带脉“约束诸经”，沟通腰腹部的经脉；冲脉通行上下，渗灌三阴、三阳；督脉是“总督诸阳”，任脉为“诸阴之海”等。②调节十二经脉的气血。十二经脉气血有余时，则流注于奇经八脉，蓄以备用；十二经脉气血不足时，可由奇经“溢出”，给予补充。③奇经与肝、肾等脏及子胞、脑、髓等奇恒之腑的关系较为密切，在生理、病理上均有一定的联系。

1. 奇经八脉的循行部位、功能和病证

（1）督脉。

①循行部位。起于胞中，下出会阴，沿脊柱里面上行，至项后风府穴处进入颅内，络脑，并由项沿头部正中线，经头顶、额部、鼻部、上唇，至上唇系带处。

分支：从脊柱里面分出，属肾。

分支：从小腹内部直上，贯脐中央，上贯心，至喉部，再向上到下颌部，环绕口唇，向上至两目中央。

②功能。督脉的“督”字，有总督、督促之意。督脉循身之背，背为最，说明督脉对全身阳经脉气有统率、督促的作用，故有“总督诸阳”和“阳脉之海”的说法。因为督脉循行于背部正中线，其脉气多与手足三阳经交会，大椎是其集中点。另外，带脉出于第二腰椎，阳维交会于风府、哑门。故督脉的脉气与各阳经都有联系。又因督脉循行于脊里，入络于脑，与脑和脊髓有密切的联系，体腔内的脏腑通过足太阳膀胱经背的腧穴受督脉经气的支配，因此脏腑的功能活动均与督脉有关。所以金代医家张洁古认为：督脉“为阳脉之都纲”。

③病证。督脉循身之背，入络于脑，如果督脉脉气失调，就会出现“实则脊强，虚则头重”、腰脊强痛等症，这是督脉经气受阻，清阳之气不能上升之故。由于督脉统阳气，若阴阳之气不相顺接，则可发为“大人癫疾、小儿惊痫”。督脉别络由小腹上行，如脉气失调，亦可发生从少腹气上冲心的冲疝，以及癃闭、痔疾、遗尿、女子不育等。

据《针灸大全》所载八脉八穴，后溪通于督脉。其主治：手足拘挛，震颤，抽搐，中风不语，痫疾，癫狂，头痛，目赤肿痛流泪，腿膝腰背痛，颈项强直，伤寒、咽喉牙齿肿痛，手足麻木，破伤风、盗汗等。

（2）任脉。

①循行部位。起于胞中，下出会阴，经阴阜，沿腹部和胸部正中线上行，至咽喉，上行至颌部，环绕口唇，沿面颊，分行至目眶下。

②功能。任脉的“任”字，有担任、妊养之意。任脉循行于腹部正中，腹为阴，说明任脉对全身阴经脉气有总揽、总任的作用，故有“总任诸阴”和“阴脉之海”的说法。其脉气与手足各阴经交会。足三阴与任脉交会于中极、关元，阴维与任脉交会于天突、廉泉，又冲脉与任脉交会于阴交，足三阴经脉上交于手三阴经脉，因此任脉联系了所有阴经。

任脉起于胞中，有“主胞胎”的功能，它所经过的石门穴称为“丹田”，为男子贮藏精气，女子维系胞宫之所，又为“生气之原”。

③病证。任脉循行胸腹正中，于小腹部与足三阴会，如脉气失调，可发生前阴诸病，如疝气、白带、月经不调、不育、小便不利、遗尿、遗精、阴中痛等。

据《针灸大全》所载八脉八穴，列缺通于任脉，其主治：痔疾，便泄，痢疾，咳嗽，吐气，溺血，牙痛，咽肿，小便不利，胸脘腹部疼痛，噎嗝，

产后中风，腰痛，死胎不下，脐腹寒冷，膈中寒，乳痛，血疾等。

（3）冲脉。

①循行部位。起于胞中，下出会阴后，从气街部起与足少阴经相并，挟脐上行，散布于胸中，再向上行，经喉，环绕口唇，至目眶下。

分支：与足少阴之大络同起于肾，向下从气街部浅出体表，沿大腿内侧进腘窝，再沿胫骨内缘，下行到足底。又有支脉从内踝后分出，向前斜入足背，进入足大趾。

分支：从胞中出，向后与督脉相能，上行于脊柱内。

②功能。冲脉的“冲”字，含有冲要、要道之意。冲脉上至于头，下至于足，贯串全身，为总领诸经气血的要冲。冲脉能调节十二经气血，故有“十二经之海”“五脏六腑之海”和“血海”之称。由于冲脉与任脉相并行，又与督脉相通，其脉气在头部灌注诸阳，在下肢渗入三阴，因此容纳来自十二经脉五脏六腑的气血，成为十二经脉、五脏六腑之海。冲脉与足阳阴会于气冲穴，又与足少阴经相并而行，与胃和肾相联系。胃为“后天之本”“水谷之海”，肾为“先天之本”“原气之根”。冲脉起于胞中，又称“血室”“血海”。妇女月经与冲脉功能有密切联系。《素问·上古天真论》说：“太冲脉盛，月事以时下”“太冲脉衰少，天癸竭，地道不通”。这里的“太冲脉”就是指冲脉。“冲为血海”说明冲脉与妊产胎育密切相关。

③病证。冲脉和任督同源异流，冲脉起于胞中，如脉气失调，则有月经失调、不孕、漏胎、小产等。本经循腹至胸中而散，故发病有气急、胸腹痛、气上冲心等。

据《针灸大全》所载八脉八穴，公孙通于冲脉，其主治：心（胃）痛，胸脘满闷，结胸，反胃，酒食积聚，肠鸣，水气，泄泻，噎嗝，气急，胁胀，脐腹痛，肠风便血，疟疾，胎衣不下，血崩昏迷等。

（4）带脉。

①循行部位。起于季胁，斜向下行到带脉穴，绕身一周，在腹面的带脉下垂到少腹。

②功能。带脉的“带”字，有腰带之意。因其横行于腰腹之间，统束全身直行的经脉，状如束带，故称带脉。带脉的主要功能是约束诸经。它从第二腰椎而出，围腰一周。因此，足部的阴阳经脉都受带脉的约束。由于带脉出自督脉，行于腰腹，腰腹部是冲、任、督三脉脉气所发之处，所以带脉与

冲、任、督三脉的关系极为密切。

③病证。《难经·二十九难》说："带之为病，腹苦满，腰溶溶若坐水中。"如带脉不和，可见妇女月事不调，赤白带下等症。《素问·痿论》说："阳明虚则宗筋纵，带脉不引，故足痿不用。"说明带脉失调，可发生痿症。在王叔和的《脉经》里，也有"诊得带脉，左右绕脐腹，腰脊痛冲阴股"等症的论述。

据《针灸大全》所载八脉八穴，足临泣通于带脉，其主治：中风手足不举，肢体麻木，拘挛，发热，头风痛，项肿连腮，目赤痛，齿痛，咽肿，头旋，耳聋，皮肤风疠瘙痒，筋脉牵引不舒，腿痛，胁肋疼痛等。

（5）阴跷脉、阳跷脉。

①循行部位。跷脉左右成对。阴跷脉、阳跷脉均起于足踝下。阴跷脉从内踝下照海穴分出，沿内踝后直上下肢内侧，经前阴，沿腹、胸进入缺盆，出行于人迎穴之前，经鼻旁，至目内眦，与足太阳经、阳跷脉会合。阳跷脉从外踝下申脉穴分出，沿外踝后上行，经腹部，沿胸部后外侧，经肩部、颈外侧，上挟口角，到目内眦，与手足太阳经、阴跷脉会合，再上行进入发际，向下到耳后，与足少阳胆经交会于项后。

②功能。跷脉的"跷"字，有足跟和跷捷之意。因跷脉从下肢内、外侧上行头面，具有交通一身阴阳之气，调节肢体运动的功能，故能使下肢灵活跷捷。由于阴阳跷脉交会于目内眦，入属于脑，故《灵枢·寒热病》有"阳气盛则瞋目，阴气盛则瞑目"的论述。卫气的运行主要是通过阴阳跷脉而散布全身。卫气行于阳，则阳跷盛，主目张不欲睡；卫气行于阴，则阴跷盛，主目闭而欲睡。说明跷脉的功能关系到人的活动与睡眠。

③病证。《难经·二十九难》说："阴跷为病，阳缓而阴急；阳跷为病，阴缓而阳急。"阴跷脉气失调，会出现肢体外侧的肌肉弛缓而内侧拘急；阳跷脉气失调，会出现肢体内侧肌肉弛缓而外侧拘急。这主要体现在下肢运动功能上。

据《针灸大全》所载八脉八穴，申脉通于阳跷，其主治：腰强直，腿肿，恶风，自汗，头痛，雷头风，目赤痛，眉棱骨痛，手足麻痹，拘挛厥逆，吹乳，耳聋，鼻衄，癫痫，骨节疼痛，遍身肿，满头汗等；照海通于阴跷，其主治：咽喉气塞，小便淋沥，膀胱气痛，肠鸣，肠风下血，黄疸，吐泻，反胃，大便艰难，难产昏迷，腹中积块，胸膈嗳气，梅核气等。

（6）阴维脉、阳维脉。

①循行部位。阴维脉起于小腿内侧足三阴经交会处，沿下肢内侧上行，至腹部，与足太阴脾经同行，到胁部，与足厥阴肝经会合，然后上行至咽喉，与任脉会合。阳维脉起于外踝下，与足少阳胆经并行，沿下肢外侧向上，经躯干部后外侧，从腋后上肩，经颈部、耳后，前行到额部，分布于头侧及项后，与督脉会合。

②功能。维脉的“维”字，有维系、维络之意。《难经·二十八难》说：“阳维、阴维者，维络于身，溢蓄不能环流灌溉诸经者也。”说明阳维有维系、联络全身阳经的作用；阴维有维系、联络全身阴经的作用。阳维脉维络诸阳经，交会于督脉的风府、哑门；阴维脉维络诸阴经，交会于任脉的天突、廉泉。在正常的情况下，阴阳维脉互相维系，对气血盛衰起调节溢蓄的作用，而不参与环流。

③病证。阳维脉发病，出现发冷、发热、外感热病等表证，所以《难经·二十九难》说：“阳维为病苦寒热”；阴维脉发病，则出现心痛、胃痛、胸腹痛等里证，所以又说：“阴维为病苦心痛。”张洁古解释：“卫为阳，主表，阳维受邪为病在表，故苦寒热；营为阴，主里，阴维受邪为病在里，故苦心痛。”《脉经》说：“诊得阳维脉浮者，暂起目眩，阳盛实者，苦肩息，洒洒如寒”“诊得阴维脉沉大而实者，苦胸中痛，肋下支满，心痛”。以上都说明，阳维脉主表证，阴维脉主里证。

据《针灸大全》所载八脉八穴，外关通于阳维，其主治：肢节肿疼，膝部有冷感，四肢不遂，头风，背胯内外骨筋疼痛，头项疼痛，眉棱骨痛，手足热，发麻，盗汗，破伤风，足跟肿，目赤痛，伤寒自汗，表热不解等。内关通于阴维，其主治：中满，心胸痞胀，肠鸣泄泻，脱肛，食难下膈，胁肋疼痛，妇女胁疼心痛，结胸里急，伤寒，疟疾等。

2. 奇经八脉的综合作用

奇经八脉在经络系统中占有极为重要的位置，它对十二经脉、经别、络脉起广泛的联系作用，并有主导调节全身气血的盛衰。

（1）沟通、联络作用。

奇经八脉多数从十二经脉分出，在其循行分布过程中，与其他各经互相交会，沟通了各经络之间的关系。例如，阳维联络各阳经交会于督脉的风府、哑门，阴维联络各阴经交会于任脉的天突、廉泉。手足三阳经，交会于督脉的大椎，足三阴经交会于任脉的关元、中极。督脉、任脉、冲脉之间又互相沟通，冲脉还与足少阴、足阳明相联系，称为十二经脉之海；带脉横绕腰腹，联系着纵行于躯干的各条经脉。这些都说明，奇经八脉对十二经和有关脏腑起着各种不同性质的联系作用。

（2）统率、主导作用。

奇经八脉将性质作用相类似的经络组合在一起，并起统率和主导作用。督脉为“督领经脉之海”“阳脉之海”，任脉为“阴脉之海”，冲脉为“十二经之海”和“血海”，即这种作用。由于督脉是人体诸阳经脉的总汇，同时与肾、脑、肝经有密切联系，故它的功能是督领阳气和真元。任脉具有妊养和总调阴经脉气的功能，因人身以气为阳、血为阴，妇女胎、产、经、带诸病，与阴血关系密切，故有“任主胞胎”之说，说明任脉对诸阴经起主导和统率作用。冲脉起于胞中，与十二经脉五脏六腑有密切关系，故又称“十二经脉之海”和“五脏六腑之海”。督脉主一身之阳气，任脉主一身之阴气，对五脏六腑、十二经脉均有重要影响。带脉则有约束躯体各条经脉，调节其经气的功能。阴阳跷脉主肢体两侧之阴阳，阳跷主持阳气，阴跷主持阴气，对分布于下肢内、外侧的阴经和阳经有着统率和协调的作用。阴阳维脉有“维系”“维络”人身阴经和阳经的功能，阳维脉主宰一身之表，阴维脉主宰一身之里。奇经八脉主要是通过对十二经脉的组合而起到统率和主导的作用。

（3）渗灌、调节作用。

奇经八脉纵横交错于十二经脉之间，当十二经脉和脏腑之气旺盛时，奇经则加以储蓄；当十二经脉生理功能需要时，则奇经又能渗灌和供应，因此奇经起调节和溢蓄正经脉气的作用。《难经·二十九难》曾以湖泊与河流的关系作比喻：“比于圣人图设沟渠，沟渠满溢，流于深湖，故圣人不能拘通也。而人脉隆盛入于八脉而不环周，故十二经亦不能拘之。”《素问·痿论》说：“冲脉者经脉之海也，主渗灌溪谷。”“溪谷”，概指肌肉间的穴位，可见冲脉在渗灌全身气血中起重要作用。李时珍在《奇经八脉考》中说：“其流溢之气，入于奇经，转相灌溉，内温脏腑，外濡腠理。”均说明奇经有溢蓄调节十二经气血渗灌于周身组织的作用。冲任二脉又能涵蓄肾气，《内经》论述肾气充盛，则“任脉能，太冲脉盛，月事以时下”，“血气盛时充肤热身，血独盛则澹渗皮肤、生毫毛”。冲脉上行则“渗诸阳”“灌诸精”，下行则“渗三阴”及“诸络”，以及阴维脉和阳维脉能“灌溉诸经”等，都说明奇经的渗灌和调节气血的作用。

（四）别络、经别、经筋、皮部

1. 十五络脉

十二经脉和任督二脉各自别出一络，加上脾之大络，共计十五条，所以别络又称为“十五络”。别络的名称分别以十五络所发出的腧穴命名。

在十五络脉中，十二经脉的络脉都是从四肢肘膝以下分出，表里经的络脉相互联络，构成了十二经脉在体表的表里联系；任脉之络分布在腹部，督脉之络分布在背部，脾之大络分布在侧身部，这样就加强了人体前、后、侧的统一联系，对全身的无数络脉起着主导作用。另外，从络脉分出的更细小络脉，一般叫作“孙络”；分布在皮肤表面的络脉，叫作“浮络”。络脉与络脉可以相互吻合。络脉从大到小，无数细支遍布全身，能将气血渗灌到人体各部组织中去，这样就使在经络中运行的气血，由线状流行扩展为面状弥散，对整体起营养的作用。

2. 十二经别

十二经别，是十二正经离、入、出、合的别行部分，是正经别行深入体腔的支脉。

十二经别都是从十二经脉的四肢部分别离正经（离），进入体腔（入），然后表里两经并行，经过相为表里的脏腑，其中足三阳经的经别都通过心，最后再浅出体表（出）而上头面，阴经的经别合入阳经的经别，而分别注入六阳经脉（合）。所以十二经别的分布特点，可以用“离”“入”“出”“合”四字来概括，每一对相表里的经别组成一合，十二经别共组成“六合”。十二经别加强了表里经在体内的联系；加强了十二经脉头面的联系；扩大了十二经脉的主治范围；对脏腑具有濡养的作用。

3. 十二经筋

十二经筋，是十二经脉之气结聚散络于筋肉关节的体系。它受经络气血的濡养，并受十二经脉的调节，所以也划分为十二个部分，称为“十二经筋”。

十二经筋联属于十二经脉，行于体表，不入内脏。其循行走向，都是从四肢末端走向头身。如足三阳经筋起于足趾，行外上行结于頄（面部）；足三阴经筋起于足趾，循股内上行结于阴器（腹部）；手三阳经筋起于手指，循臑内上行结于贲（胸部）。它们之间的联系，除如上述手足三阳三阴经筋在头、面、胸、腹部分组结合以外，各经循行于踝、腘、股、髀、臀、腕、肘、腋、臂、肩、颈等关节或筋肉丰盛处，并与邻近的经脉相连接，尤其是足厥阴经筋，除结于阴器外，还能总络诸筋。故十二经筋能连接筋肉、骨骼，利于关节的屈伸活动，保持人体正常的运动功能。

4. 十二皮部

十二皮部，是十二经脉机能活动反映于体表的部位，也是络脉之气散布的所在。《素问·皮部论》说："凡十二经络者，皮之部也。"

十二皮部的分布区域，是以十二经脉在体表的分布范围为依据的。由于皮部居于人体的最外层，是机体的卫外屏障，当机体卫外功能失常时，病邪可通过皮部深入络脉、经脉以至脏腑；反之，当机体内脏有病时，亦可通过经脉、络脉而反映于皮部。由此可见，皮部与内脏也是密切相关的。

（五）经络学说与推拿的关系

1. 阐释病理变化

在正常情况下，经络有运行气血、感应传导的作用，而在发生病变时，经络就成为传递病邪和反映病变的途径。《素问·皮部论》说："邪客于皮则腠理开，开则邪入客于络脉，络脉满则注于经脉，经脉满则入舍于脏腑也。"其指出经络是外邪从皮毛腠理内传五脏六腑的传变途径。由于脏腑之间通过经脉沟通联系，所以经络还可成为脏腑之间病变相互影响的途径。如足厥阴肝经挟胃，注肺中，所以肝病可犯胃、犯肺；足少阴肾经入肺、络心，所以肾虚水泛可凌心、射肺。相为表里的两经，更因或络或属于相同的脏腑，使相为表里的脏和腑在病理上常相互影响，如心火可下移小肠；大肠实热，腑气不通，可使肺气不利而喘咳胸满等。

经络不仅是外邪由表入里和脏腑之间病变相互影响的途径，而且是脏腑与体表组织之间病变相互影响的途径。通过经络的传导，内脏的病变可以反映于体表，表现于某些特定的部位或与其相应的孔窍。如肝气郁结常见两胁、少腹胀痛，是因为足厥阴肝经抵小腹、布胁肋；又如反复外感的小儿，大椎穴通常有细小的青筋浮现，是因为手足三阳经和督脉均交会于大椎穴，而反复外感的小儿，卫阳不足以敷布于表，故在大椎穴上表现为络脉瘀阻。其他如胃火见牙龈肿痛、肝火上炎见目赤等，都是经络传导的反映。

2. 指导疾病的诊断和治疗

（1）指导疾病的诊断。

由于经络有一定的循行部位和络属脏腑，可以反映所属脏腑的病证，所以在临床上，就可根据疾病症状出现的部位，结合经络循行的部位及所联系的脏腑，作为疾病诊断的依据。例如，头痛一症，痛在前额者，多与阳明经有关；痛在两侧者，多与少阳经有关；痛在后头部及项部者，多与太阳经有关；痛在巅顶者，多与厥阴经有关。另外，在临床实践中，还发现在经络循行的部位或在经气聚集的某些穴位处，可有明显的压痛或有结节状、条索状的反应物，或局部皮肤出现某些形态变化也常有助于疾病的诊断。如肠痈可在阑尾穴有压痛；长期消化不良的患者可在脾俞穴见到异常变化等。正如《灵枢·官能》所说的“察其所痛，左右上下，知其寒温，何经所在”，指出了经络对临床诊断确有重要的指导作用。

（2）指导临床治疗。

推拿疗法，主要是对于某一经或某一脏腑的病变，在其病变的邻近部位或经络循行的远隔部位上取穴，通过推拿以调整经络气血的功能活动，从而达到治疗的目的。而穴位的选择，首先必须按经络学说进行辨证，断定疾病属于何经后，再根据经络的循行分布路线和联系范围来选定，这就是“循经取穴”。另外，推拿中的补泻手法，也多体现在迎随补泻上，与经络循行方向密切相关。如捏脊从下向上，随督脉顺行而上，属补，有通督补阳、补益脏腑的作用；反之，推脊从上向下，逆督脉而下，属泻，故有清热泻火的作用。

五、儿科生理病理特点

小儿从出生到成人，处于不断的生长发育过程中，年龄越小，生长发育越快。小儿无论是在形体、生理方面，还是在病因、病理方面，都与成人有着显著不同。因此，不能简单地将小儿看成成人的缩影。有关小儿的生理、病理特点，历代医家论述颇多，归纳起来主要有：生理方面表现为脏腑娇嫩，形气未充；生机蓬勃，发育迅速。病理方面表现为发病容易，传变迅速；脏气清灵，易趋康复。

（一）生理特点

1. 生理特点的表现

（1）脏腑娇嫩，形气未充。

脏腑，是指五脏六腑；娇嫩，是指娇小柔弱。娇小为形态特征，柔弱是质地特征。形，是指形体结构，即四肢百骸、筋肉骨骼、精血津液等；气，是指各种生理功能活动，如脾气、胃气、元气等。充，是指充实完善。脏腑娇嫩，形气未充，概括地说明小儿正处在不断的生长发育过程中，机体各系统和器官的形态尚未发育成熟，各种生理功能尚未健全，脏腑柔弱，对病邪侵袭、药物攻伐的抵抗和耐受能力都较弱。《灵枢·逆顺肥瘦》提到："婴儿者，其肉脆、血少、气弱。"《小儿药证直诀·变蒸》说道："五脏六腑，成而未全……全而未壮。"由于小儿形气未充，肺主一身之气，脾为后天之本，肾为先天之本，因此，古人认为小儿肺、脾、肾三脏尤为不足。

《素问·阴阳应象大论》说："阳化气，阴成形。"清代吴鞠通从阴阳学说出发，认为小儿的机体柔嫩、气血未盛、脾胃薄弱、肾气未充、腠理疏松、神气怯弱、筋骨未坚等特点是"稚阴稚阳"的表现。"阴"泛指一切有形之质；"阳"是指有形之质的各种生理功能。小儿时期的脏腑娇嫩，形气未充，是由于"小儿稚阳未充，稚阴未长也"（《温病条辨·解儿难》），小儿生长发育是阴长而阳充的过程。

（2）生机蓬勃，发育迅速。

生机，是指生命力和活力。生机蓬勃，发育迅速，是指小儿在生长发育过程中，无论是在机体的形态结构方面，还是在各种生理活动方面，都在迅速、不断地向着成熟、完善的方向发展，年龄越小，发育速度越快。

我国现存最早的儿科著作《颅囟经》将小儿生机蓬勃、发育迅速的生理特点概括为"纯阳"，逐渐形成了"纯阳"学说。《颅囟经·脉法》说："凡孩子三岁以下，呼为纯阳，元气未散。""纯"是指小儿先天所禀之元阴元阳尚未耗散，"阳"是指小儿生长发育，如旭日之初升，草木之方萌，蒸蒸日上、欣欣向荣的生理现象。纯阳所指小儿的发育状态，既有功能、有阳气，也有血液、骨髓及各种阴液的生成与壮大，并非指小儿只有阳没有阴。

"稚阴稚阳"和"纯阳"理论，概括了小儿生理特点的两个方面。"稚阴稚阳"是指小儿脏腑娇嫩、形气未充，机体柔弱，阴阳二气均较幼稚和不足；"纯阳"是指小儿在生长发育过程中，生机蓬勃、发育迅速的生理现象。

两者相互补充，相得益彰，全面反映了小儿时期的生理状态。

2. 生理特点与推拿的关系

“脏腑娇嫩，形气未充”说明了小儿对外界环境依存性强，说明哺育与调护极其重要。外界各种因素，从自然气候、环境到哺育者对小儿的态度，如抚摩、拥抱、表情，都能深刻地影响小儿身心。小儿推拿作为一种不打针、不用药的中医外治方法，在中医基础理论的指导下，通过抚触按摩，也能达到极好的治疗效果。小儿推拿既能调身又能调神，其防治疾病和治未病的目的非常明确，有助于小儿身心向健康方向发展。

“生机蓬勃，发育迅速”强调小儿吸收快、代谢快、排泄快，对外界物质与信息接收快、反应快和利用快。所以轻柔的推、摩、运、揉等手法就能引发小儿皮肤形变并被其感知，继而引发反应，这是小儿推拿取效的根本原因。而成人皮厚、茧多、皮下脂肪厚重，一般小儿推法难以深透，必须借助体重，蓄力于掌，倾力而出。故小儿推拿手法要求轻快、柔和，适达病所而止，不可竭力攻伐，其原因就在于此。

（二）病理特点

1. 病理特点的表现

（1）发病容易，传变迅速。

小儿为“稚阴稚阳”之体，其自护、调节、适应、防御能力差。在外易为六淫所侵；在内易被饮食所伤；感官易受声、光、气味干扰。因此，在相同背景下，成人能趋利避害，自我调节，常可保持健康状态，而小儿却易患病。小儿脏腑娇嫩，形气未充，加上生长发育需要，气血精元所求甚多，故肺常不足、脾常不足、肾常虚；生机蓬勃，发育迅速，肝主升发疏泄，少阳之气渐壮，故肝常有余，心智初开，求知欲强，心气旺盛，故心常有余。五脏功能里，不足与有余的存在，也是小儿容易发病的原因。

传变迅速是指小儿在疾病过程中容易发生转化，变化多端。如小儿外感时邪或内伤乳食所致泄泻，初为实证，若失治误治，则可迅速出现阴伤液脱或阴竭阳脱的虚证。常常在一日之内，证型数变，错综复杂。正如《小儿药证直诀》所说：“脏腑柔弱，易虚易实，易寒易热。”

（2）脏气清灵，易趋康复。

“清”是指洁净；“灵”是指灵巧、灵敏。脏气清灵概括了小儿脏腑、气血与经络洁净灵敏的状态。小儿体禀纯阳，生机蓬勃，活力充沛，组织再生和修补的过程较快，病因比较单纯，较少有痼疾顽症、七情五志及药石之伤。所以轻病去除病因，即能痊愈，重病若及时诊治，护理得宜，也容易好转。所以《景岳全书·小儿则》说道："其脏气清灵，随拨随应，但能确得其本而撮取之，则一药可愈。"这是对小儿"脏气清灵，易趋康复"这一病理特点的概括。

2. 病理特点与推拿的关系

"发病容易，传变迅速"要求快速果断处理儿科疾病。小儿推拿无须药物与器械，即时操作性强，又能随时修正穴位与手法，在所有治疗方法中最便捷、最灵活，亦确有实效，易于学习和普及，所以在未病先防和已病防变中具有优势。

小儿"脏气清灵，易趋康复"。小儿推拿之轻柔手法，能激活脏腑之气而起到同样的调治作用，无须受药石之苦，由此看到其优势所在。另外，也要看到小儿易趋康复是在辨证准确、治法得当的前提下获得的。因此，在小儿推拿中，仍需强调辨病辨证明确，治法方案制定准确，操作稳当熟练。

第二节　小儿疾病诊断要点

"用推即是用药，不明何可乱推"，说明小儿推拿，同样具备中医临床"辨证论治"的特点，只有在诊断明确、辨证清楚的情况下，才能运用各种相应的手法进行治疗。中医自古有"望、闻、问、切"四诊，在临证之时，四诊的四个方面不可偏废，不能孤立地看待某一方面，而应做到四诊合参，才能全面、系统地了解病情，做出正确的判断。但是，小儿因其生理特点，在临证之时，常带来诊断上的困难。如《景岳全书·小儿则》云："小儿之病，古人谓之哑科，以言语不能通、病情不易测，故曰宁治十男子，莫治一妇人，宁治十妇人，莫治一小儿。此甚言小儿之难也。"因小儿智力、语言发育尚未完善，或是不能说话，或是虽能言语，但往往词不达意，对于自身疾苦，未能提供确切的信息。另外，《小儿药证直诀·原序》云："小儿脉微难见，医为持脉又多惊啼而不得其审……脉既难凭，必资外证，骨气未成，形声未正，悲啼喜笑变态不常……小儿多未能言，言亦未足取信。"其指出小儿气血未充，脉息不定，在病痛时或是在陌生人面前易哭闹不安，影响

脉诊。对困难有充分认识，也鞭策着历代医家进行积极有益的探索与实践。《幼科铁镜》云："五脏不可望，惟望苗与窍，小儿病于内，必形于外，外者内之著也，望形审窍自知其病。"进而倡导："小儿惟以望为主，问继之，闻则次。"因望诊不易受条件限制或是其他因素干扰，能采集到比较可靠的信息，因此历代医家均十分重视，并总结出丰富的望诊内容。

一、望诊

望诊是医生运用视觉，通过对患儿全身或局部的观察，获得与疾病有关辨证资料的一种诊断方法。《灵枢·本藏》云："视其外应，以知其内藏，则知所病矣。"儿科望诊可分为总体望诊和分部望诊，总体望诊包括望神色、望形态；分部望诊包括察苗窍、看指纹、察二便、辨斑疹。望诊时需注意光线充足、诊室温度及环境适宜，以排除外因干扰或引起患儿哭闹，影响判断。应按顺序进行，先总体望诊后分部望诊。有些望诊会引起小儿不适或抵抗，如察口、察舌，应放在四诊其他项目完成后再进行。望诊应做到心思细密，动作熟练、敏捷，抓住关键问题，既有重点而又全面地诊察。

1. 望神色

（1）望神。"神"有广义和狭义之分。广义的神，是指人体生命活动的外在表现；狭义的神，则是指人的精神。儿科望诊时，通过对小儿的目光、神态、表情、动作、语言、反应等方面综合观察，了解小儿五脏精气盛衰和病情轻重及预后情况。"神"是指人体生命活动的外在表现，能间接反映五脏的功能。《素问·移精变气论》云："得神者昌，失神者亡。"故精神振作、双目有神、表情活泼、面色红润、呼吸调匀、反应敏捷，均为气血调和、神气充沛的表现，见于健康小儿，或虽有病患，也多轻而易愈；反之，精神萎靡、双目无神、面色晦暗、表情呆滞、呼吸不匀、反应迟钝，为患病表现，且病情较重。如《医原·儿科论》云："凡神充色泽者，天真必厚，易养而少病；神怯神瞪，面色惨淡枯瘁，唇红不泽者，禀赋必薄，难养而多病。"

（2）望色。望色是指观察小儿面部气色。《灵枢·邪气脏腑病形》云："十二经脉，三百六十五络，其血气皆上于面而走空窍。"这指出人体经络气血均上于面，因此可以通过面色了解脏腑气血盛衰以及邪气之所在。我国人民属黄色人种，小儿正常面色为微黄、红润而有光泽。受遗传或环境等因素影响可有差异，稍白、稍黄、稍黑等，但总以红黄隐隐、明润含蓄为正常色。

（3）五色主病。“五色”是指青色、红色、黄色、白色、黑色五个颜色，分别配属五脏。《医宗金鉴·幼科心法要诀·四诊总括》云：“五色者，青为肝色，赤为心色，黄为脾色，白为肺色，黑为肾色也。”而对于五色主病的轻重顺逆，又云：“五色明显为新病，其证轻；浊晦为久病，其证重。面部相生为顺者，如脾病色黄，此正色也。若见红色，乃火能生土，故为顺也。若见青色，乃木来克土，故为逆也。余病仿此，若气血充实，又遇部色相生，纵有外邪致病，亦易为治疗，若久病气血虚弱，又遇部色相克，则正气不支，每难治疗。”

①面呈白色，因气血不荣、络脉空虚所致，多为虚证、寒证。若面白无汗、恶寒、涕清，为外寒束表；面白阵阵，伴啼哭不宁，常为中寒腹痛；面白浮肿为阳虚水泛，常见于阴水；面色惨白，四肢厥冷，多为滑泄吐利，阳气暴脱，可见于脱证；面白少华，唇色淡白，爪甲苍白，多为血虚；面白多汗，恶风，易外感，为肺气虚。

②面呈红色，因血液充盈面部皮肤所致，多为热证，有虚、实之分。若面红耳赤，咽痛，脉浮，为风热外感；午后颧红潮热，口唇红赤为阴虚内热，虚火上炎；若两颧艳红如妆、面白肢厥、冷汗淋漓为虚阳上越，是阳气欲脱的危重证候。小儿也有因衣被过暖、活动过度、啼哭不宁、日晒火烤而面红者，不属病态；新生儿面色嫩红，或小儿面色白里透红，为正常肤色。

③面呈黄色，因脾虚失运，水谷、水湿不化所致，多为虚证、湿证。若面色萎黄，形体消瘦，为脾胃功能失调，常见于疳证；面黄无华，脐周阵痛，夜间磨牙，多为肠道寄生虫；面目色黄而鲜明，为湿热内蕴之阳黄；面目黄而晦暗，为寒湿阻滞之阴黄；出生后不久出现的黄疸为胎黄，有生理性与病理性之分。过食胡萝卜、南瓜等亦可引起面黄、手黄，须注意分析鉴别。

④面呈青色，因气血不畅，经脉阻滞所致，多为寒证、痛证、瘀证、惊痫。若面色白中带青，表情愁苦皱眉，多为里寒腹痛；面青而晦暗，神昏抽搐，常见于惊风和癫痫发作之时；面青唇紫、呼吸急促，为肺气闭塞、心阳不振、气血瘀阻。大凡小儿面呈青色，病情一般较重，应注意多加观察。

⑤面呈黑色，因阳气虚衰、水湿不化、气血凝滞所致，多为寒证、痛证、瘀证、水饮证。若面色青黑，手足逆冷，多为阴寒内证；面色青黑晦暗为肾气衰竭；面黑浅淡虚浮，多是肾阳亏虚，水饮内停；面指紫黑，多是心阳虚衰、血脉瘀滞。若小儿常于户外，日晒风吹，肤色黑红润泽、体强无

病，另当别论。

（4）五部配五脏。《小儿推拿广意·指南赋》云："欲知其病，必观乎色。左颊青龙属肝，右颊白虎属肺，天庭高而离阳心火，地阁低而坎阴肾水。鼻在面中脾应唇际。观乎色之所见，知其病之所起。"该段论述指的就是五部配五脏，根据小儿面部不同部位出现的各种色泽变化，结合所属脏腑来推断病变的部位与性质，即五部配五脏的望诊方法。而对于五部的命名则有所不同，《小儿药证直诀·面上证》："左腮为肝，右腮为肺，额上为心，鼻为脾，颏为肾。"现通常以左腮、右腮、额上、鼻、颏为五部。五部配五脏有助于判断病变的具体脏腑定位。然而，疾病变化十分复杂，对于面部脏腑分部的望诊不可过于机械，一定要结合患儿的不同病情灵活运用，并将面部色诊与其他四诊资料进行综合的分析判断。

2. 望形态

"形"是指形体，"态"是指动态。形态是人体气血、筋骨、脏腑、经络等生理功能协调的反映。人是有机的整体，内有五脏六腑，外合皮肉筋骨，所谓肺合皮毛，脾合肌肉，肝合筋，肾合骨，心合血脉，就是这种内外关系的概括。阳主动，阴主静，动态反应反映人体脏腑阴阳的总体平衡状态。故可通过观察患儿的形体以及姿势动态的变化推断了解疾病，包括观察全身及局部。

（1）望形体。望全身包括发育、营养状况；而局部形体包括头囟、身体、四肢、肌肤、毛发、指（趾）甲。观察需按一定顺序进行，以免遗漏。凡发育正常、筋骨强健、肌丰肤润、毛发黑泽、神态活泼者，是胎禀充足、营养良好，属健康表现；若生长落后、筋骨软弱、肌瘦形瘠、皮肤干枯、毛发萎黄、囟门逾期不合、神态呆滞者，为胎禀不足、营养不良，多属有病。

若面浮肢肿，压之凹陷，为水湿潴留；形体肥胖，躯脂满盈，为痰湿郁滞；头方发少，枕秃，囟门迟闭或鸡胸、漏斗胸、肋如串珠、双腿弯曲，见于佝偻病；头大颌缩、前囟宽大、头缝开解，眼珠下垂，见于解颅；囟门早闭，头小，颅顶部尖突高起，多因先天肾精不足；前囟、眼窝凹陷，皮肤干燥，见于婴幼儿吐泄伤阴；皮肤松弛、肌肉不实，为脾胃气虚，多见于厌食、偏食；皮肤干瘦，肤色苍黄，为气血两虚，四肢枯细，四肢膨大，见于疳积。指甲菲薄，苍白质脆，为营血亏虚；指甲紫或呈杵状，为心阳不足，气血瘀滞。

（2）望动态。包括身体各部分的动静姿态变化。正常小儿身体各部分发育正常，活动自如，无痛苦或不适表现。不同疾病常有不同姿态。如小儿喜伏卧者，为乳食内积；喜蜷卧者，或翻滚不安，呼叫哭闹，两手捧腹者，多为腹痛；颈项强直，手指开合，四肢拘急抽搐，角弓反张，为惊风；端坐喘促，痰鸣哮吼，多为哮喘；咳逆鼻煽，胁肋凹陷，呼吸急促，点头呼吸，多为肺炎喘嗽；头偏难正，多为斜颈；运动障碍、姿势异常、肢体僵硬，多见于小儿脑瘫；手足徐动，双目如同落日，牙齿发育异常，常见于核黄疸后遗症。

3. 察苗窍

苗窍即目、耳、口、鼻、舌及前后二阴，亦称九窍，与脏腑关系密切，舌为心之苗，肝开窍于目，肺开窍于鼻，脾开窍于口，肾开窍于耳及前后二阴，为五脏外候。《幼科铁镜·望形色审苗窍从外知内》云："故小儿病于内必形于外，外者内之著也。望形审窍，自知其病。……五脏不可望，惟望五脏之苗与窍。……而苗窍之色与面色相符，则脏腑虚实无有不验者矣。"审察苗窍而测知脏腑病变，为儿科望诊的一个重要内容。

（1）察舌。正常小儿舌体柔软、淡红润泽、伸缩自如，舌面有干湿适中的薄苔。小儿舌质较成人红嫩。新生儿舌红无苔和哺乳婴儿的乳白苔，均属正常舌象。光线、进食后或服药后对舌苔有一定影响。察舌之时，因小儿多难配合，故而更应做到细心敏捷。舌虽为心之苗窍，但五脏六腑都直接或间接地通过经络、经筋与舌相联系，如手少阴心经之别系舌本，足太阴脾经连舌本、散舌下，足少阴肾经挟舌本，足厥阴肝经络舌本，足太阳之筋入结于舌本，手少阳之筋入系舌本等。因此脏腑病变可通过经络气血联系与反映于舌，观舌象而察疾病。临床上望舌，主要为观察舌体、舌质、舌苔三方面的变化。这三个方面既要分看，又要合看，才能结合其他诊法，做出正确的判断。

①舌体。舌体胖嫩，舌边齿痕显著，多为脾肾阳虚，或有水饮痰湿内停；舌体肿大，色泽青紫，可见于气血瘀滞或中毒；舌体淡胖，并有裂纹，多为气血两虚；舌体强硬，多为热盛伤津；急性热病中出现舌体短缩，舌干绛者，则为热甚津伤，经脉失养而挛缩；舌体肿大，板硬不灵，甚则肿塞满口，不能转动吮乳，称为木舌，由心脾积热，火热循经上行所致；舌下红肿突起，形如小舌，称为重舌，属心脾火炽；舌体不能伸出唇外，转动伸

缩不灵、语音不清，称为连舌，因舌系带过短所致，亦称“绊舌”；舌吐唇外，掉弄如蛇，称为弄舌，多为大病之后，心气不足或惊风先兆；若舌常吐唇外，伴见眼裂增宽，表情愚钝者，为智力低下之表现。舌吐唇外，缓缓收回，称吐舌，常为心经有热所致，吐舌不收，心气将绝。时时用舌舔口唇，以致口唇四周灰暗或有脱屑、作痒，称舔舌，多因脾经伏热所致。

②舌质。正常舌质淡红。若舌质淡白为气血虚亏；舌质绛红，舌有红刺，为温热病邪入营入血；舌质红少苔，甚则无苔而干，为阴虚火旺；舌质紫暗或紫红，为气血瘀滞；舌起粗大红刺，状如草莓者，常见于猩红热或川崎病。

③舌苔。苔白为寒，苔黄为热，苔白腻为寒湿内滞，或有寒痰食积。苔黄腻为湿热内蕴，或乳食内停；热性病见剥苔，多为阴伤津亏所致；舌苔花剥，状如地图，时隐时现，经久不愈，多为胃之气阴不足所致。若舌苔厚腻垢浊不化，状如霉酱伴便秘腹胀者，为宿食内积，中焦气机阻滞。当出现异常苔色时，要询问是否吃过某些食物或药品，注意是否染苔。如吃橄榄、乌梅、铁剂等可使苔色染黑；服青黛可使苔色染青；喝牛奶、豆浆可使苔色染白；吃橘子、蛋黄可使苔色染黄；吃有色糖果可染成糖果色，均不可误认为是病苔。

观察舌象，还需注意动态变化。如舌质由淡红转红转绛，提示热证由浅入深；舌苔由白转黄转灰，提示热证由轻转重；舌苔由无到有，说明胃气来复；舌苔由薄转厚，说明食积、湿滞加重；舌苔由厚转薄，说明食积、湿滞渐化。

（2）察目。目为肝之窍，《灵枢·脉度》云：“肝气通于目，肝和则目能辨五色矣。”《灵枢·大惑论》又说“五脏六腑之精气皆上注于目”，眼的各部分分属各脏腑，即瞳仁属肾，称为水轮；黑眼属肝，称为风轮；目眦及血络属心，称为血轮；白睛属肺，称为气轮；眼睑属脾，称为肉轮。故察目之各部，可知脏腑病变。

双眼明亮、黑睛等圆、目珠灵活、开合自如，是肝肾气血充沛之象。若眼睑浮肿，多为水肿之象。上睑下垂，为脾虚气陷；眼睑开合无力，是元气虚惫；寐时眼睑张开而不闭，是脾虚露睛；平时眼睑不能闭，是肾虚之睑废。两目呆滞、转动迟钝，是肾精不足，或为惊风之先兆；两目直视、瞪目不活，是肝风内动。瞳仁白浊，多先天性白内障；白睛黄染，多为黄疸；白睛蓝斑，挑食腹痛，多为虫积。目赤肿痛，是风热上攻。目眶凹陷，啼哭无泪，是阴津大伤。瞳孔缩小或不等或散大，对光无反应，病情危殆。

（3）察口。《灵枢·脉度》云："脾气通于口，脾和则口能知五味矣。"口为脾之窍，所以察口与口味，可了解脾胃等脏腑病变。察口主要观察口唇、口腔、齿龈、咽喉的颜色、润燥及外形变化。

唇色淡白为气血不足；唇色发青为风寒束表或瘀血；唇色红赤为脾热；唇色红紫为瘀热互结。唇色樱红为暴泻伤阴；环唇色青为肝木乘脾；面颊潮红，唯口唇周围苍白，是猩红热征象。

口腔黏膜色淡白为虚为寒，色红为实为热。口腔破溃糜烂，为心脾积热之口疮，若兼见手足皮疹，则为手足口病；口内白屑成片，为鹅口疮。两颊黏膜有针尖大小的白色小点，周围红晕，为麻疹黏膜斑。上下臼齿间腮腺管口红肿如粟粒，按摩肿胀腮部无脓水流出者为痄腮（流行性腮腺炎），有脓水流出者为发颐（化脓性腮腺炎）。

齿为骨之余，龈为胃之络。牙齿萌出延迟，为肾气不足；热病齿燥而干，主胃热伤津，干燥而枯，主肾津耗竭；齿衄龈痛，为胃火上炎或虚火上炎；牙龈红肿，为胃热熏蒸。睡中磨牙，多见胃有积热、消化不良或虫积；新生儿牙龈上有白色斑块斑点，称为马牙。

咽喉为肺胃之门户，是呼吸与饮食通道。咽红恶寒发热是外感之象，咽峡部有疱疹者见疱疹性咽峡炎；咽红乳蛾肿痛为外感风热或肺胃之火上炎；乳蛾红肿溢脓，是热壅肉腐，若兼见皮肤丹痧，则为猩红热；乳蛾大而不红，多为瘀热未尽，或气虚不敛。咽痛微红，有灰白色假膜，不易拭去，为白喉之症。

（4）察鼻。肺开窍于鼻而司呼吸，《灵枢·脉度》云："肺气通于鼻，肺和则鼻能知香臭矣。"察鼻主要观察鼻内分泌物和鼻形的变化。鼻塞流清涕，为外感风寒或阳气虚弱；鼻流黄浊涕，为外感风热或肺胃蕴热；长期鼻流浊涕，气味腥臭，为鼻渊，肺经郁热或肝胆湿热上逆所致；鼻孔干燥，为肺经燥热伤阴；鼻衄鲜红，为肺热迫血妄行或燥邪伤肺；鼻翼翕动，伴气急喘促，见于肺炎喘嗽或哮喘。麻疹患儿鼻准部见疹为麻疹出齐，透发顺利之象。

（5）察耳。《灵枢·脉度》云："肾气通于耳，肾和则耳能闻五音矣。"耳为肾窍，上通于脑，部位属少阳，为宗脉之所聚。小儿耳壳丰厚、颜色红润，是先天肾气充沛的表现；耳壳薄软、耳舟不清，是先天肾气未充的证候，早产儿更常见。耳内疼痛流脓，为肝胆火盛之证。以耳垂为中心的腮部漫肿疼痛是腮腺炎之表现。耳背、发际外若有玫瑰红的丘疹，多为麻疹出疹之兆。

（6）察二阴。肾开窍于二阴，前阴为清窍，后阴为浊窍，察二阴可知病情之寒热虚实。男孩阴囊不紧不弛，稍有色素沉着为正常状态。在患病过程中，阴囊紧缩者多寒；弛纵不收者多热。阴囊肿大透亮，状如水晶，为水疝；阴囊中有物下坠，时大时小，上下可移，为小肠下坠之狐疝；腹痛啼哭而将睾丸引入腹者，俗称“走肾”，多为厥阴受寒；阴囊、阴茎均现水肿，常见于阳虚阴水。新生女婴阴道流少量血性分泌物多为正常生理现象。女孩前阴部潮红灼热瘙痒，常见于湿热下注，亦须注意是否有蛲虫病。

小儿肛门潮湿红痛，多属尿布皮炎。便后肛头脱出者是脱肛，其色鲜红，有血渗出者多属肺热下迫；其色淡而无血者，多属气虚下陷。肛门裂开出血，多因大便秘结，热迫大肠所致。

4. 看指纹

指纹是指虎口至食指（掌侧）桡侧的浅表静脉。看指纹是观察小儿此处静脉的形色变化以了解病情的方法。适用于3岁以内的小儿。《幼幼集成》指出：“三岁以内小儿看指纹。”将小儿食指按指节分为三关，食指第一节（掌指横纹至第二节横纹之间）为风关，第二节（第二节横纹至第三节横纹之间）为气关，第三节（第三节横纹至指端）为命关。观察时，让家长抱小儿向光，医生先用左手拇指和食指固定小儿食指，找到桡侧浅表静脉后，用右手拇指指腹，从小儿食指指尖向指根部以轻柔的力量推擦数次，然后观察静脉的形色变化。正常小儿的指纹大多淡紫隐隐而不显于风关以上，其形态多为斜形、单支，粗细适中。若发生疾病，尤其是危重病症，指纹的浮沉、色泽、部位等可随之发生变化。因而，察指纹对疾病的诊断辨证有一定的参考价值。

临床看小儿指纹时，应注意其浮沉、色泽、长短、形态等方面的变化。辨别要领及意义可高度概括为四句话：“浮沉分表里，红紫辨寒热，淡滞定虚实，三关测轻重。”指纹的浮沉变化，反映着病位的深浅。一般指纹浮显易见者，为病位较浅，可见于外感表证。因外邪袭表，正气抗邪，鼓舞气血趋于表故指纹浮显。指纹沉隐、深而不显者，为病邪入里，可见于外感病的里证阶段或内伤病主。因邪气内伏，阻滞气血，难以外达，故指纹沉隐。指纹色泽的变化，主要反映病邪的性质。若指纹鲜红而浮，多属外感风寒；指纹紫红，多属邪热郁滞；指纹淡红，多为内有虚寒；指纹青色，主疼痛、惊风；指纹青紫，多为瘀热内结；指纹紫黑，为血络郁闭，病属危重。指纹增粗，分支显见者，多属实证、热证，因邪正相争，气血壅滞所致。指纹变细，分支不显者，多属虚证、寒证，因气血不足，脉络不充所致或寒凝收引所致。淡主虚，色淡是气血不足，淡青为体虚有风；滞为实，指纹涩滞不活，推之不畅之意。指纹色淡，推之流畅，主气血亏虚；指纹色紫，推之滞涩，复盈缓慢，主实邪内滞，如瘀热、痰湿、积滞等。纹在风关，示病邪初入，病情轻浅；纹达气关，示病邪入里，病情较重；纹进命关，示病邪深入，病情加重；纹达指尖，称透关射甲，若非一向如此，则示病情重危。

对于看指纹诊断疾病，古代儿科医家看法不一。大多数医家持肯定态度，但也有医家持否定态度。如《幼科铁镜》云："常见透三关竟无病者亦有，病时透三关而必不亡者，此种道理，殊不知解予。"这种情况目前临床也并非少见，因此，察看指纹必须和其他诊断方法结合起来分析，不能作为唯一依据。

5. 察二便

（1）粪便。婴幼儿以乳类食品为主要食物，其粪便性状不同于其他年龄小儿的粪便。新生儿最初三天内排出胎粪。胎粪黏稠，呈深绿色或墨绿色，无臭味。未加辅食的母乳喂养婴儿，大便呈黄色或金黄色，稠度均匀呈膏状，或有颗粒，偶或稀薄而略显绿色，有酸味，但不臭，一般每日2～4次。以牛乳、羊乳等喂养的婴儿的大便呈淡黄色或土灰色，质较硬，有明显的臭味，每日1～2次。糖量增加后大便比较柔软，次数也可增加。混合喂养则大便量增加，硬度比单纯牛乳喂养的稍差，呈轻度褐色，臭味增加。若增加蔬菜、水果等辅食，其粪便与成人相似。初加菜泥时，常有小量绿色便排出。

如大便颜色、性状、次数有明显变化时则视为病态。大便燥结，或如球状则为便秘，属肠燥津亏，多为热盛伤津或胃火偏旺；大便灰白如陶土，为胆道梗阻；大便黑色多为上消化道出血，或是服铁剂、动物血制品；大便中带血丝，多为肛裂或直肠息肉所致；黏液脓血便多为痢疾；大便中见有"奶瓣"或见有不消化之食物残渣且不成形，多为消化不良；泡沫样便，多为风寒所致；大便黏腻不爽，或大便稀薄，色黄秽臭，多为湿热所致；大便呈果

酱色，伴阵发性哭闹，常为肠套叠；完谷不化为脾肾两虚；赤豆汤样便，多为出血性小肠炎；海水样便，多为金黄色葡萄球菌肠炎；豆腐渣样便，多为霉菌性肠炎。

（2）小便。正常小儿的小便为淡黄色。若小便黄赤短少，属实热证，并有刺痛，多为湿热下注之热淋；若小便黄褐如浓茶，伴身黄、目黄，多为湿热黄疸；若小便色红如洗肉水或镜检红细胞增多者为尿血，鲜红色为膀胱湿热或血热妄行，淡红色为气不摄血，红褐色为瘀热内结，暗红色为阴虚内热；若小便混浊如米泔水，为脾肾气虚或湿热下注。小儿色清而量多，伴口渴多饮，常见于消渴或夏季热；小便清长为下元虚寒。

6. 辨斑疹

斑与疹均是全身性疾患反映于体表的征象，在儿科较为常见。不同的疾病所见的斑或疹的形态、分布、出没顺序、颜色等方面各有不同，所以辨斑疹不仅有助于对这类疾病的诊断及鉴别诊断，同时对判断病情的轻重、顺逆也有重要意义。

斑、疹均见于肌肤。前人认为斑为阳明热毒，疹为太阴风热。一般而言，斑，点大成片，不高出皮肤，摸之不碍手，压之不褪色；疹，点小量多，高出皮肤，摸之碍手，压之褪色。斑疹在儿科多见于外感时行疾病，如麻疹、幼儿急疹、风疹、猩红热、水痘等，也见于杂病，如紫癜等。

斑有阳斑、阴斑之分。阳斑为湿热毒邪发斑，多见于温病热入营血，其斑大小不一，色泽鲜红或紫红，常伴发热等症；阴斑多内伤或者伴有外感而发，色淡红者多为气不摄血，色淡紫者多系阴虚内热，色紫红者多属血热夹瘀，色青紫者多是瘀血停滞。临床常见有血小板减少性紫癜、过敏性紫癜、败血症。

疹有丘疹、疱疹之别，以疹内是否有液体而区分。若发热 3 ~ 4 天出疹，疹形细小，状如麻粒，口腔黏膜出现“麻疹黏膜斑”者为麻疹；若低热出疹，分布稀疏，色泽淡红，出没较快，常为风疹；若发热 3 ~ 4 天后热退疹出，疹细稠密，如玫瑰红色，常为幼儿急疹；若恶寒壮热，肤红如锦，稠布疹点，舌绛如杨梅，常为猩红热；若斑丘疹大小不一，如云出没，瘙痒难忍，常见于荨麻疹；若丘疹、疱疹、结痂并见，疱疹内有水液色清，见于水痘。若疱疹相对较大，疱液混浊，疱壁薄而易破，流出脓水，常见于脓疱疮。

二、闻诊

闻诊是医者用听觉和嗅觉来辅助诊查疾病的方法，包括听声音和嗅气味两个方面。《素问·阴阳应象大论》云："五脏不和则五声不顺"；"闻声音而知所苦"。《幼科心法要诀·四诊总括》："心病声急多言笑，肺病声悲音不清，肝病声呼多狂叫，脾病声歌音颤轻，肾病声呻长且细，五音昭著证分明。"可见，听声音也是帮助诊察脏腑病变的重要途径。儿科听声音主要包括小儿的啼哭声、咳嗽声、呼吸声、语言等；嗅气味包括小儿口中之气味及大小便、痰液、汗液、呕吐物等的气味。

1. 听声音

（1）啼哭声。啼哭是婴儿的语言，因其尚未能说话，往往以啼哭来表达自己的需求，也可能是身体不适的表现。若护理不善或是要睡觉、要抚抱也会啼哭。此类啼哭主要表现为啼哭声调一致，哭声洪亮而长，有泪状，以哺乳、饮水或更换潮湿尿布衣着后，抱起亲昵走动，顺其心意后，啼哭即停。若因饥饿引起的啼哭多绵长，伸头转动，口作吮乳之状，得食即止。啼哭声音尖锐，忽缓忽急，时作时止，多为腹痛；哭声重浊为外感病邪；哭声嘶哑甚至哭不出声多为邪毒锁喉（喉炎）；夜卧啼哭，睡眠不安，白天如常者为夜啼；哭声低弱，目干无泪，多是气阴衰竭。一般来说，小儿啼哭以洪亮为实证；哭声微细而弱为虚证；哭声清亮和顺为正常或病轻，哭声尖锐多属病急，哭声细弱无力为病重。

（2）咳嗽声。咳嗽是肺失清肃、肺气上逆的表现，是肺系疾病的主症之一。《医学心悟》云："肺体属金，譬若钟然，钟非叩不鸣，风寒暑湿燥火六淫之邪，自外击之则鸣；劳欲情志，饮食炙煿之火，自内攻之则亦鸣。"这指出了咳嗽的原因所在。《保命集·咳嗽论》云："咳谓无痰而有声，肺气伤而不清也；嗽是无声而有痰，脾湿动而有痰也；咳嗽谓之有痰而有声，盖因伤于肺气，动于脾湿，咳而为嗽也。"从咳嗽声和痰鸣声可辨别其表里寒热。如干咳无痰或痰少黏稠，多为燥邪犯肺，或肺阴受损；咳声清高，鼻塞声重，多为外感；咳嗽频频，痰稠难咳，喉中痰鸣，多为痰热蕴肺，或肺气闭塞。咳声如犬吠者，常见于白喉、急喉风。连声咳嗽，以夜咳为主，咳偶有呕吐，伴鸡鸣样回声者为顿咳（百日咳）。

（3）呼吸声。正常小儿的呼吸均匀平稳。若乳儿呼吸稍促，用口呼吸者，常因鼻塞所致；年长儿长期张口呼吸，常见于腺样体肥大；若呼吸气粗有力，多为外感实证，肺蕴痰热；若呼吸急促，喉间哮鸣者，为邪壅气道，是为哮喘；喉中痰声辘辘，为痰涎壅盛，亦见于婴儿喉软骨发育不良；呼吸急迫，甚则鼻煽，咳嗽频作者，是为肺气闭郁；呼吸窘迫，面青不咳或呛咳，常为异物堵塞气道；呼吸微弱及吸气如哭泣样，节律不齐、暂停，或呼吸时快时慢，深浅不一为肺气欲绝之状。

2. 嗅气味

嗅气味包括病儿口中之气味及大小便、呕吐物等的气味。注意排除因吃某些食物后引起的特殊气味。口气秽臭，多为肺胃积热，浊气上蒸；口气血腥，多见于齿龈、肺胃出血；口气腐臭，兼吐脓痰带血，多属肺痈。脓涕腥臭，多为鼻渊。嗳气酸腐，大便酸腐，多因伤食；臭味不著，完谷不化，多为脾肾虚寒。小便气味臊臭，多因湿热下注；小便清长如水，多属脾肾阳虚。呕吐物酸臭，多因食滞化热；呕吐物臭秽如粪，多因肠结气阻，秽气上逆。

三、问诊

问诊是四诊的一个重要部分，是医者通过口问了解病情的一个重要方面。由于婴幼儿基本不会说话，学龄前期儿童也难以用语言正确表达自己的病情，因此，儿科问诊主要靠询问家长或保育员；学龄期儿童可由自己陈述，也应结合其他四诊资料综合判断。小儿问诊的内容除与成人相同者外，还要注意儿科病的发展特点询问。

1. 问病情

（1）问寒热。主要问寒热的微甚进退，发作时间与持续时间、温度高低。为了辨别寒热性质，也需结合观察、触摸、询问等。如通过患儿头额、胸腹、四肢、手足心等部位的触摸，或哺乳时的感觉，呼吸时鼻气温度来测知小儿是否发热；通过观察其姿态，如依偎母怀、蜷缩而卧、喜暖避冷，测知有无畏寒存在。

小儿恶寒发热无汗，多为外感风寒；发热汗出，多为外感风热；寒热往来，多为邪郁少阳；但寒不热为里寒或是外寒遏表；但热不寒为里热，或因阳盛，或因阴虚等；如大热、大汗、口渴不已为阳明热盛；发热持续、身热不扬，午后热盛，面黄苔腻为湿热内蕴；午后或傍晚潮热，伴盗汗者，为阴虚发热；夜间发热，腹壁手足心热，胸满不食者，多为内伤乳食。另外，夏季发热，持续不退，伴有无汗、口渴、多尿，秋凉后自平，常为夏季热。

（2）问汗。《素问·阴阳别论》云："阳加于阴谓之汗"，指汗是由阳气蒸化津液从汗孔而出的。小儿肌肤嫩薄、腠理疏松，较之成人易出汗。常见入睡时，头额汗出，若汗出不多，又无他症者，不属病态。若因天气炎热、室温过高、穿衣盖被过多、快速进热食、剧烈运动后汗出过多，也属正常生理现象。问汗主要询问汗出的多少、部位、时间等。若在日间汗出，稍动尤甚，不发热者，多为自汗，因气虚卫外不固；入睡后汗出淋漓，醒来汗止，多为盗汗，因为阴虚或气阴两虚所致，常见于大病初愈或维生素 D 缺乏。热病中汗出热不解者，为表邪入里；若口渴、烦躁、脉大、大汗者，为里热实证；若大汗淋漓，面色苍白，四肢厥冷者，为阳气将绝元气欲脱之危象。

（3）问头身。较大儿童能诉说头痛、头晕及身体其他部位的疼痛或不适。头痛而兼发热恶寒为外感风寒；头痛呕吐，高热抽搐，为邪热入营，属急惊风；头晕而兼发热多因外感；头晕而兼面白乏力，多为气血不足；头痛如刺，痛有定处，多为瘀阻脑络。

肢体酸痛而兼发热，多为外感，或邪阻经络，须注意时行感冒；关节疼痛，屈伸不利，须注意外伤及风湿热等；肢体瘫痪不用，强直屈伸不利为硬瘫，多为风痰入络，血瘀气滞；痿软屈伸不能为软瘫，多因肝肾亏虚，筋骨失养。小儿有下肢关节疼痛阵作，发作为时短暂，关节肌肉无变化，亦无其他症状者，可能为生长阶段出现的暂时性络脉不和，俗称"生长痛"，不属病态，临床应观察及鉴别。

（4）问二便。患儿大小便的数量、性状、颜色、气味及排便时的感觉等情况，有些可从望诊、闻诊中获悉，通常是通过问诊了解。若大便酸臭，或如败卵，完谷不化，或腹痛则泻，泻后痛减，多属内伤乳食；若大便溏薄不化，或先干后溏，次数较多，或食后欲便者，多为脾虚运化失职；若便泻日久，形瘦脱肛者，多为中气下陷；若大便呈水样，澄澈清冷，泻下无度者，多属脾肾阳虚；便次多而量少，泻下黏冻，或见脓血，并伴里急后重者，多为痢疾；大便稀溏，颜色灰白者，多为胆道梗阻；便时哭闹不安，多为腹痛。大便困难，几日不解，伴腹胀有矢气者，为肠燥便秘；若大便不通，腹部满硬，无矢气，伴见潮热口渴者，为热结阳明。

小便的多少与饮水量的多少、出汗的多少以及大便的干稀等因素有关。一般而言，小便频而短赤者，多是下焦湿热，或心热移于小肠；小便清长量多，甚或遗尿者，多是肾气不足、下元虚冷；小便淋漓，伴尿急尿痛，多为湿热下注膀胱之热淋；排尿不畅或突然中断，或见尿血鲜红，或排出砂石者，为湿热煎熬之石淋；小便过多，兼多饮多食者，是消渴；小便特少，兼一身浮肿者，是水肿。

（5）问饮食。饮食包括纳食和饮水两方面。小儿能按时饮食、食量正常、不吐不泻者，为脾胃功能良好的表现。若不思饮食，或所食不多，兼见面白神疲，为脾胃虚弱；不思饮食，脘腹胀满，或兼吐泻者，为乳食积滞；善食而不充形骸，嗜食异物，多为疳证、虫证。渴喜冷饮，多为热证；渴喜热饮，或口不渴，多为寒证；渴欲饮水，口舌干燥为胃热津伤；渴不欲饮，或饮亦不多，多为湿热内蕴。多饮多食，形瘦尿多，为阴虚燥热之消渴；多饮少食，舌干便秘，为胃阴不足之厌食。

（6）问睡眠。正常小儿睡眠总以安静为佳。年龄越小，睡眠时间越长。小儿白天如常，夜不能寐，啼哭不休，或定时啼哭者，为夜啼；睡卧不安，烦躁不宁，多属邪热内蕴，心经郁热；寐不安宁，多汗惊惕，常见于佝偻病，脾虚肝旺证；睡中蚧齿，或是虫积，或是胃热兼风；寐而不宁，肛门瘙痒，多为蛲虫；睡中露睛，多为久病脾虚；入夜心怀恐惧而难寐，多为心神失养或惊恐伤神；出现昏睡或嗜睡，在热病中多为邪入心包，或痰蒙清窍所致。

2. 问生长发育史

生长发育史包括体格生长和智能发育，如坐、立、行、语、齿等出现的时间，囟门闭合的时间，体重、身高增长情况。对已入学小儿还应了解学习成绩，推测智力情况。

（1）大运动。新生儿俯卧时能抬头 1～2 秒，3 个月抬头较稳，4 个月抬头很稳。6 个月能双手向前支撑坐，7～8 个月能直腰坐。3 个月开始出现翻身，从仰卧位翻至侧卧位，6 个月完成翻身，即可由仰卧位翻至俯卧位，由俯卧位翻至仰卧位。8 个月可腹爬，10 个月可四肢爬，11 个月可独站，12 个月可独走，15 个月可走稳，2 岁可跑、跳。

（2）精细动作。5 个月双手碰到物品可主动抓握；6～7 个月时出现换手、捏、敲动作；9～10 个月时可用拇指、食指拾物，喜撕纸；12～15 个月学会用匙，乱涂画；18 个月时会叠 2 ~ 3 块积木；2 岁时会叠 6 ~ 7 块积木，会翻书。

（3）语言。新生儿已会哭叫；3 ~ 4 个月会咿呀发音；6 个月能听懂自己的名字；12 个月能说简单的单词，如“再见”“没了”；18 个月能用 15 ~ 20 个字，指认家庭主要成员的称谓；24 个月能认出简单的人、物品和图片；3 岁能指认许多物品，说由 2 ~ 3 个字组成的短句；4 岁会讲述简单的故事情节。

（4）牙齿。人一生有两副牙齿，即乳牙（20 颗）和恒牙（32 颗）。出生后 4 ~ 10 个月乳牙开始萌出，出牙顺序是先下颌后上颌，自前向后依次萌出，唯尖牙例外。乳牙在 2 ~ 2.5 岁出齐。出牙时间推迟或出牙顺序混乱，常见于佝偻病、呆小病、营养不良等。6 岁左右开始萌出第 1 颗恒牙，自 7 ~ 8 岁开始，乳牙按萌出先后逐个脱落，代之以恒牙，最后一颗恒牙（第三磨牙）一般在 20 ~ 30 岁时出齐，也有终生不出者。

2 岁以内乳牙颗数可用以下公式推算：乳牙数＝月龄 – 4（或 6）。

3. 问预防接种史

国家免疫规划疫苗包括卡介苗、乙肝疫苗、脊灰疫苗、百白破疫苗、麻腮风疫苗；其他的有乙型脑炎疫苗、轮状病毒疫苗、HIB 疫苗，以及甲型肝炎疫苗等。需询问接种年龄和反应等。

四、切诊

切诊是医者运用手指切按患者体表以诊察疾病的方法。切诊包括脉诊和按诊两个方面，是诊断儿科疾病的重要手段。对小儿进行切诊时，部分小儿会啼哭叫嚷或是挣扎抗拒，往往影响气息脉象及局部的按诊判断，所以，为了使切诊准确，脉诊与按诊均应在尽可能使患儿安静或是睡眠的状态下进行，医者需手温暖如常，注意动作轻柔，力度适中，特别是在按诊的过程中，需注意小儿的表情变化，以推测病痛所在。

1. 脉诊

《灵枢 · 邪气脏腑病形》说：“按其脉，知其病，命曰神。”健康小儿脉象平和，较成人软而稍数，年龄越小，脉搏越快，因此不同年龄的健康小儿，脉息的至数是不相同的，如按成人正常呼吸定息计算：初生婴儿 ~ 1 岁 7 ~ 8 至，1 ~ 3 岁 6 ~ 7 至，4 ~ 7 岁约 6 至，8 ~ 14 岁约 5 至，或可参考不同年龄组正常小儿呼吸、脉搏次数见表 1-2-1。

表 1-2-1　不同年龄组正常小儿呼吸、脉搏次数

年龄 / 岁	呼吸 / 次	脉搏 /（次 /min）	呼吸：脉搏
新生儿	40 ~ 45	120 ~ 140	1：3
≤ 1	30 ~ 40	110 ~ 130	1：4 ~ 1：3
1 ~ 3	25 ~ 30	100 ~ 120	1：4 ~ 1：3
4 ~ 7	20 ~ 25	80 ~ 100	1：4
8 ~ 14	18 ~ 20	70 ~ 90	1：4

另外，若因啼哭、活动等情况可使脉搏加快，不可轻易认作病脉，而应结合时机，四诊合参，综合判断。

《幼幼集成·小儿脉法》云："小儿三五岁，可以诊视。"3 岁以上的小儿方可进行脉诊。但由于小儿寸口部位较短，较小儿童采用"一指定三关"的方法，即医者用食指或拇指同时按压小儿寸、关、尺三部，并取轻、中、重三种不同指力，即浮、中、沉三候来体会脉象变化。较大儿童可采用成人三指定寸关尺三部的切脉方法，视患儿寸关尺脉位的长短来调节三指的距离。医者先调息呼吸，然后集中注意力切脉。切脉时间一般不少于 1 分钟。

小儿病理脉象，主要分浮、沉、迟、数、有力、无力六种，所谓"六纲脉"，即以浮、沉、迟、数四种脉象辨别表、里、寒、热，以无力、有力分虚实，比较切合临床实际。同时，也应注意滑、弦、结、代、不整脉等病脉。

凡轻按即得、重按稍减而不空者为浮脉，主表证，浮而有力者为表实，浮而无力者为表虚；轻取不应，重按始得者为沉脉，主里证，沉而有力者为里实，沉而无力者为里虚；肥胖小儿亦可见生理性沉脉。脉搏迟缓，来去比正常脉至数慢者，即是迟脉，主寒，迟而有力者为寒实，迟而无力者为虚寒；脉搏快速，来去比正常脉次数多者是数脉，数脉主热，数而有力者为实热，数而无力者为虚热。此外，如脉象来去流利，如盘走珠者为滑脉，为痰食中阻或为实热；脉势较强直硬，如按琴弦者为弦脉，主肝旺或诸痛、惊风、痰饮、疟疾；脉缓而时止，止无定数者为结脉，主气血亏虚或寒凝瘀滞；脉迟数不定，止有常数者为代脉，代脉为脏器虚损；脉律不齐，时缓时数者为心之气血失和。《小儿药证直诀·小儿脉法》所说："脉乱不治，气不和弦急，伤食沉缓，虚惊促急，风浮，冷沉细。"可供临床参考。

2. 按诊

按诊的部位，包括头囟、颈腋、胸腹、四肢与皮肤，一般按自上而下的顺序进行。通过对这些部位的触摸，以观察其大、小、冷、热、硬、实、陷等程度，以了解患儿生长发育和疾病的寒热虚实等证情。

（1）按头囟。看其是否按时闭合，未闭合者，按其大小、凹凸及紧张度。小儿囟门逾期不闭或颅骨按之不坚而有弹性感者，为肾气不足、发育欠佳的表现，常见于佝偻病等；囟门下陷成坑者为囟陷，多因严重吐泻、亡津液所致；囟门隆凸，按之紧张，为囟填，多为风火痰热上攻，肝火上亢，热盛生风。颅骨开解，头缝四破，头大颔缩，囟门宽大者为解颅，多属先天肾气不足，或后天髓热膨胀之故。

（2）按颈腋。正常小儿在颈项、腋下部位可触及少许绿豆大小之臖核（淋巴结），能活动，不硬，不痛，不属病态。若臖核增大，质坚成串，推之不移，按之疼痛，或肿大灼热，为痰热毒结（见于淋巴结炎）；若仅见增大，按之不痛，质坚成串，则为瘰疬（见于淋巴结核）。耳下腮部肿胀疼痛，咀嚼障碍者是痄腮。颈部一侧肌肉硬肿，使头偏向患侧，为肌源性斜颈。

（3）按胸腹。胸骨高凸，按之不痛者为"鸡胸"；脊背高凸，弯曲隆起，按之不痛为"龟背"。左侧前胸心尖搏动处古称"虚里"，是宗气会聚之所。若搏动太强而节律不匀者，是宗气外泄，病情严重；若动而微弱，触之不甚明显者，为宗气内虚；若搏动过速，伴喘促鼻煽者，为宗气不继，病情危重。胸胁触及串珠，两肋外翻，可见于佝偻病。若右上腹胁肋下触及痞块，或按之疼痛，为肝肿大；左上腹胁肋下触及有痞块，为脾肿大，多为气滞血瘀之证。小儿腹部柔软温和，按之不痛为正常。腹痛喜按，按之痛减者为虚痛；腹痛喜热敷为寒痛；腹痛拒按，按之胀痛加剧为里实腹痛。剑突下疼痛多属胃脘痛。儿多啼哭，肚脐外突，按之有声者是脐突；脐周疼痛，按之痛减，并可触及条索状包块者，多为蛔虫症；腹胀形瘦，腹部青筋显露，多为疳证；腹部胀满，叩之如鼓者为气胀；叩之音浊，按之有液体波动之感，多为腹水；右下腹按之疼痛，兼发热，右下肢拘急者多属肠痈。

（4）按四肢。平时手足冷者多阳虚；手足心热者多属阴虚内热或内伤

乳食；高热时四肢厥冷为热深厥深；四肢厥冷，面白唇淡者，多属虚寒；四肢厥冷，唇舌红赤者，多是真热假寒之象。

（5）按皮肤。肤冷汗多为阳气不足；肤热无汗为热闭于内；肤热汗出，为热蒸于外；皮肤干燥，失去弹性，为吐泻伤津耗液之证。肌肤肿胀，按之随手而起，属阳水水肿；肌肤肿胀，按之凹陷难起，属阴水水肿。

第三节 小儿疾病辨证概要

一、八纲辨证

八纲即阴、阳、表、里、寒、热、虚、实，是辨证论治的理论基础之一。通过四诊合参，掌握了临床资料后，根据病位的深浅、病邪的性质及盛衰、人体正气的强弱等，综合分析，归纳为八类证候，称为八纲辨证。对疾病全面了解，要四诊合参；分析疾病而掌握其要领，必须运用八纲辨证，所以，四诊与八纲是紧密相连的。

八纲辨证并不意味着把各种证候截然划分，八纲是相互联系不可分割的。如表里与寒热虚实相联系，寒热与虚实表里相联系，虚实又与寒热表里相联系。疾病的变化，往往不是单纯的，有错杂证候并见，更有真象、假象的区别，其中错杂真假，必须细心鉴别。表里、寒热、虚实也常同时并见，如表热里虚、表寒里实等。因此，八纲辨证不能机械对待，临床需灵活掌握。

（一）辨表里

表里是辨别病位内外及病势深浅的两个纲领。通过表里辨证可察知病情深浅轻重和病理变化的趋势，从而掌握疾病演变的规律，取得治疗的主动权。尤其是小儿特殊的生理病理特点，容易使病变由表入里，所以更需密切观察及处理。

1. 表证

表证是指六淫邪气经皮毛、口鼻侵入时所产生的证候。“表证者，邪气之自外而入者也，凡风寒暑湿火燥，气有不正，皆是也。”由此可见，表证多见于外感病的初期阶段。

常见临床表现有发热恶寒（恶风）、头身疼痛、舌苔薄白、脉浮，兼见鼻塞流涕、咽喉痒痛、咳嗽等。

2. 里证

里证是指疾病深入于里（脏腑、气血、骨髓）的一类证候，多见于外感病的中期、后期或内伤疾病。里证的病因复杂，症状繁多，病位广泛，必须结合脏腑气血和寒热虚实进行辨证。其可分为里寒证、里热证、里虚证和里实证。

（1）里寒证：临床表现为畏寒肢冷、不渴、腹痛、肠鸣泄泻、小便清长、舌苔白、脉沉迟、指纹青紫沉滞等。

（2）里热证：临床表现为发热恶热、口渴引饮、唇红面赤、口舌生疮、大便干结、小便短赤、舌红苔黄燥、脉洪、指纹红紫等。

（3）里虚证：临床表现为少气懒言、不思母乳、哭声无力、大便溏、舌胖嫩、苔白、脉沉弱、指纹沉伏细。

（4）里实证：临床表现为胸腹胀满疼痛、喘息气促、口舌生疮、小便短赤、大便秘结、舌红苔黄燥、脉滑数沉实、指纹深紫滞等。

3. 半表半里证

半表半里证指的是外邪由表内传，尚未完全入于里；或里邪外透，尚未完全至于表，表里之寒热交错互见之证，在临床中较为多见。临床表现为寒热往来、胸胁苦满、心烦喜呕、默默不欲饮食、口苦咽干、脉弦。临床常见的证候可分为：表寒里热、表热里寒、表里俱寒、表里俱热、表虚里实、表实里虚、表里俱虚、表里俱实等。辨证时应区分表里的轻重缓急、标本先后。

（二）辨寒热

辨寒热是辨别疾病性质的纲领，反映出机体阴阳的偏盛与偏衰，张景岳认为“寒热乃阴阳之化也”。阴盛或阳虚表现为寒证，阳盛或阴虚则表现为热证。无论表里还是虚实，均有寒热之分。小儿易寒易热，临床常出现寒从热化、热从寒化，或寒热夹杂的情况。

1. 寒证

寒证是指感受寒邪或阴盛阳虚所表现出的证候。内伤久病，阳气不足，或小儿过服生冷寒凉，阴寒内盛或外感阴寒邪气所致。临床表现不尽一致，常见的症状有：面色苍白，恶寒喜暖，痰、涎、涕清稀，大便溏薄，小便清长，喜偎母怀，多静少言，舌淡苔白，指纹色青沉滞，脉迟或紧等。

2. 热证

热证是指感受热邪或阳盛阴虚所表现出的证候。多因外感火热邪气或机体代谢功能亢进所致阴虚阳亢之证。临床表现也不尽一致，常见的有：发热，面红目赤，烦躁不宁，口唇干燥，痰涕黄稠，大便秘结，小便短赤，舌红苔黄干燥，指纹红紫等。

3. 寒热错杂证

寒热错杂证有上寒下热、上热下寒、表寒里热、表热里寒之不同。

（1）上寒下热：小儿在同一时间内，上部表现为寒，下部表现为热。如既有泛呕清水、恶寒、面白唇淡、咳喘痰稀等上寒的症状，又有小便短赤、大便不畅等下热症状。

（2）上热下寒：小儿在同一时间内，上部表现为热，下部表现为寒。如既见牙龈肿痛、口舌生疮或咳吐黄痰等上热的症状，又见小便清长、大便稀薄等下寒症状。

上寒下热、上热下寒多由寒热错杂、阴阳之气不协调所致。

（3）表寒里热：是表里寒热错杂的一种表现。多因小儿素体有内热，又外感风寒；或外邪传里化热而表寒未解而发的病证。常见的临床表现有恶寒发热、气喘、烦躁、口苦。

（4）表热里寒：表热证未解，误用攻下法导致脾阳损伤或小儿本有里寒而复感风热的病证。临床上既有发热咳嗽、咽喉肿痛的表热证，又有小便清长、大便溏泄、四肢不温的里寒证。

寒热同时并见，除了分清表里上下脏腑经络外，还要分清寒热孰多孰少、标本先后主次，这些鉴别十分重要，是小儿推拿辨证选穴的准绳。

（三）辨虚实

虚实是辨别邪正盛衰的纲领。《素问·通评虚实论》说："邪气盛则实，精气夺则虚。"小儿易虚易实，正气易虚，邪气易实，且常虚实夹杂。通过虚实辨证，我们可以掌握小儿邪正盛衰的情况，为治疗提供依据，避免实虚之误。

1. 虚证

虚证是对人体正气不足的各种临床表现的病理概括。多因小儿先天不足或后天失养，或久病、大病未愈等因素所致。

虚证涉及的范围广，症状表现不一致，主要表现在伤阴和伤阳两方面。

伤阳者，多见面色淡白、形寒肢冷、大便滑脱、遗尿等。伤阴者，以阴血虚的表现为主，故见手足心热、面色颧红或萎黄、潮热盗汗等症。阳虚则阴寒盛，故舌胖嫩；阴虚则阳偏亢，故舌红干少苔。

2. 实证

实证是邪气过盛的表现，是对人体感受外邪，或内脏功能失调而体内病理产物蓄积所产生的各种临床表现的病理概括。

由于疾病邪气的性质和侵袭部位不调，所产生的表现亦不一致。常见的主要有起病急、发热烦躁、痰涎壅盛、大便秘结或下痢、舌红苔黄腻、指纹红紫滞、脉实有力等。

3. 虚实夹杂证

虚实夹杂证，顾名思义即既有虚证，又有实证，夹杂互见。如表虚里实、表实里虚、上虚下实、上实下虚等。兹就上虚下实、上实下虚说明如下。

（1）上虚下实：头晕气短、多汗，动则加甚，或面白唇淡，喘促无力为上虚；腹胀腹痛、下痢脓血，小便赤涩疼痛为下实。

（2）上实下虚：如脾肾虚复感外邪，恶寒发热、咳喘气促、鼻塞口渴为上实；便溏肢冷、小便清长、胃纳差为下虚。又比如小儿夏季热，表现为发热口渴，无汗为上实；尿多尿清为下虚。

（四）辨阴阳

《素问·阴阳应象大论》说：“善诊者，察色按脉，先别阴阳。”《小儿推拿广意》说“夫人之所籍以为生者，阴阳二气也。阴阳顺行，所则消长自然，神清气爽；阴阳逆行，则往来失序，百病生焉。”可见阴阳的重要性。

八纲辨证，阴阳为总纲，阴阳两纲可以对病情进行总的归纳，是对复杂证候的纲领化，因此阴阳两纲可以统率其他六纲，即表里、寒热、虚实，故前人称之为“二纲六变”。由此可见，阴阳辨证在疾病辨证中占有十分重要的地位。证有阴阳，其成因及表现各有不同。

1. 阴证

凡是符合“阴”的属性的证候均称为阴证。里证、寒证、虚证均可概属于“阴”的范畴。不同疾病的临床表现不同，常见的表现：精神萎靡、面色暗淡、形寒肢冷、语声低怯、胃纳差、大便溏、小便清长、舌淡嫩、脉沉细弱、指纹淡。

2. 阳证

凡是符合“阳”的属性的证候均称为阳证。表证、热证、实证均可概属于“阳”的范畴。不同疾病所表现出的阳性证候也不同。常见的临床表现：发热、面色红、烦躁、喘促痰鸣、口气酸臭、大便秘结、小便短赤、舌红绛、脉洪数、指纹深紫。

阴阳、表里、寒热、虚实八大纲领不出阴阳范畴，阴阳有消长、离合等关系，可探究疾病的属性和变化等问题。阴证与阳证是病症的综合概括。

二、脏腑辨证

脏腑辨证是根据脏腑学说的理论，对小儿出现的临床症状、体征进行归纳分析，以判断病变的部位、性质、正邪盛衰情况，是小儿推拿疗法的治疗基础。

北宋钱乙在《小儿药证直诀》中认为小儿脏腑娇嫩，“全而未壮”，确立了五脏辨证体系，创立了五脏证治法则，总结出五脏辨证方法。临床上依据“虚则补其母、实则泻其子”的原理，对虚证用补本经加补母经，对实证用清本经加清子经的方法加以配穴应用。少儿形体未充、脏腑娇嫩，感受外邪或内伤，均易导致脏腑功能失调。另外，由于小儿特殊的生理特点，决定了小儿在发病及病症的表现上与成人有明显的差异，所以脏腑辨证是儿科临床诊断的重要方法。在进行脏腑辨证时，一定要从整体观念出发，除了考虑一脏一腑的变化，还要注意各脏腑间的相互联系和影响。

（一）心与小肠

心与小肠相表里，“心为神之舍”，心主血脉，又主神明，开窍于舌。小肠分清泌浊，有化物的功能。心火移于小肠则会导致小便频数、尿赤尿痛等。

1. 心气虚证

心气虚证是指心气不足，鼓动无力所表现出的证候，以心气及全身功能活动衰弱为辨证要点。多由禀赋不足所致。临床表现：心悸不宁、气短胸闷，动则加剧，面色淡白，自汗，舌淡苔白，脉虚，指纹淡。

2. 心阳虚证

心阳虚证是指心阳虚衰，温运失司，虚寒内生所表现出的证候，即在心气虚的基础上出现虚寒症状。临床表现：气虚的小儿病情进一步加重，气虚及阳，损伤心阳，不能温煦肢体，故兼见畏寒肢冷，舌淡胖或紫暗，苔白滑，脉微，指纹紫滞。

3. 心血虚证

心血虚证是指心血不足，不能濡养心神而表现的证候。临床表现：心悸怔忡，失眠多梦，眩晕，健忘，注意力不集中，面淡白无华或萎黄，唇甲色淡，舌淡，脉细弱，指纹色淡。

4. 心阴虚证

心阴虚证是指心阴亏虚不能濡养心脏而表现出的证候。临床表现：心悸怔忡，失眠多梦，夜啼，五心烦热，午后潮热，盗汗，颧红，舌红少津，脉细数，指纹深红。

5. 心火亢盛证

心火亢盛证是指心火炽热、心神被扰所表现出的证候。小儿多由火热之邪内侵所致。临床表现：心胸烦热，夜卧不安，啼声洪亮，面赤口渴，溲黄便干，或生舌疮，腐烂疼痛，舌红绛，脉数，指纹色绛或暗紫。

6. 痰迷心窍证

痰迷心窍证是指痰浊蒙闭心窍、神志异常所表现出的证候。临床表现：面色晦滞，恶心欲呕，意识模糊，语言不清，喉中有痰声；或者神志痴呆、行为异常；或突然仆地、不省人事，口吐痰涎，两目上视，手足抽搐，口中发出异常声响，舌苔白腻，脉滑，指纹紫滞。

7. 痰火扰心证

痰火扰心证是指痰火扰乱心神、神志异常的证候。多因精神刺激，或外感热邪、热灼液熬为痰，热痰内扰所引起。临床表现：外感病以高热、痰盛、神志不清为辨证要点；内伤杂病中，轻者以失眠心烦为辨证要点，重者以神志狂乱为辨证要点。口渴、烦扰不宁，妄动，夜啼，大便秘结，精神错乱，神昏谵语，舌红，苔黄腻，脉滑，指纹绛。

8. 心脉闭阻证

心脉闭阻证是指心脏脉络痹阻不通所表现出的证候。常由病久正虚以致瘀阻、痰凝、寒滞发作。临床表现：以胸部憋闷刺痛，痛引肩背内臂，时发时止为辨证要点。面色发青，舌暗，或有瘀斑瘀点，脉涩或结代，指纹滞。

9. 小肠湿热证

小肠湿热证是指小肠里热炽盛，泌别清浊失职所表现的证候，多由心热下移小肠所致。临床表现：心烦口渴，口舌生疮，小便黄，尿道灼痛，尿血，舌红，苔黄，脉数，指纹紫。

（二）肺与大肠

肺与大肠相表里。肺主气，司呼吸，主宣发肃降，通调水道，主治节，外合皮毛，开窍于鼻。大肠主传导，排泄糟粕。小儿肺常虚，易感受风、寒、燥、热等外邪，出现鼻塞流涕、咳嗽、喘促、咽痛等症状；大肠有传导和排泄的功能，大肠传导功能失常，一般表现为便秘或泄泻。一般而言，肠热则秘、肠寒则泻，但亦有因热而泻或因寒而秘者，需要临床辨证论治。

1. 肺气虚

肺气虚多因久病咳喘，气的生化不足所致，临床表现：咳喘无力，气喘，动则益甚，痰液清稀，懒言音低，自汗，易感冒，面色淡白，舌淡，苔薄白，指纹淡，脉虚等。

2. 肺阴虚

肺阴不足，虚热内生。肺阴虚多由久咳伤阴，痨虫袭肺或火热病后期阴津损伤所致。临床表现：咳嗽无痰、痰少而黏、口干舌燥、潮热盗汗、手足心热、声音嘶哑、舌红少津、脉细数、指纹红滞。

3. 风热犯肺

风热犯肺多由外感风热侵袭肺卫，肺气失宣所致。临床表现：咳嗽痰黄、咽喉红肿疼痛、鼻塞流黄涕、口渴、舌尖红、苔薄黄、脉浮数、指纹浮紫。

4. 风寒束肺

风寒束肺由风寒之邪袭肺，导致肺气被束，失于宣降所致。临床表现：咳嗽痰白、鼻塞流清涕、发热无汗、微恶风寒、舌淡苔薄白，脉浮紧、指纹浮红。

5. 寒饮伏肺

寒饮伏肺是指小儿素有咳嗽，内有伏饮，感寒引动伏饮，肺气失宣所致的证候。临床表现：咳嗽咳喘，甚则不能平卧、痰稀量多、形寒肢冷、舌淡苔白滑、脉浮紧或弦、指纹淡。

6. 痰湿阻肺

痰湿阻肺由外感湿邪，内犯于肺，聚湿成痰，肺气失宣所致。临床表现：咳嗽痰壅、痰多易咳、胸闷纳呆、神疲困倦、舌苔白腻、脉滑，指纹紫滞而沉。

7. 燥邪犯肺

燥邪犯肺由感受燥邪，侵袭肺卫所致。临床表现：干咳无痰或痰中带血、痰少而黏且难以咳出、口渴咽干、喉痒声嘶、午后潮热、舌红苔白或无苔，脉细数，指纹沉紫。

8. 大肠津亏

大肠津亏是指津液不足，不能濡运大肠所致的证候。多因素体阴亏、久病伤阴或热病伤阴所致。临床表现：大便秘结，难以排出，或数日一行，口干舌燥，常伴口臭，舌红少津，脉细，指纹红滞。

9. 大肠湿热

大肠湿热由湿热之邪侵犯大肠所致。多因外感湿邪或饮食不洁，损伤脾胃导致湿热蕴结大肠所致。临床表现：腹痛腹泻、里急后重或暴注下泻，便色黄且臭。伴见肛门灼热、小便短赤、舌红苔黄而腻、脉滑数或濡数，指纹紫滞或青紫。

10. 肠虚滑脱

肠虚滑脱是指大肠阳虚，不能固摄所致的证候。多因久泻、久痢迁延不愈所致。临床表现：大便失禁、利下无度，甚者脱肛、腹痛隐隐、喜温喜按、舌淡苔薄，脉沉弱，指纹淡。

（三）脾与胃

脾胃位处中焦，互为表里。脾主运化，胃主腐熟，脾升胃降，共同完成食物的消化吸收与输布，为气血生化之源。脾主统血，并主四肢肌肉，在窍为口，其华在唇，在液为涎。脾胃的病理变化多在运化和统摄功能的失常方面，主要症状为：腹胀腹痛，肠鸣泄泻，呕吐、呃逆、脘痛等。脾的病证有虚实之分，临床以虚证多见。这与小儿“脾常不足”有关。

1. 脾气虚证

脾气虚证由素体虚弱或饮食失调，导致脾气不足，运化失司所致。以脾的运化功能减退和气虚为辨证要点。临床表现：不思饮食，腹胀腹泻，肢体倦怠，面色萎黄，舌淡苔白，脉细弱，指纹淡。

2. 脾阳虚证

脾阳虚证由脾气虚进一步发展，导致脾阳虚衰，阴寒内盛，亦可因过食生冷以及肾阳虚导致。以脾失健运和寒象为辨证要点。临床表现：腹胀腹痛，喜温喜按，形寒肢冷，肠鸣便溏，小便不利或小便清长，舌淡苔胖，脉沉迟无力，指纹淡隐。

3. 中气下陷证

中气下陷证由脾气虚进一步发展而来，主要表现为脾气亏虚、升举无力，反下陷。以脾气虚和内脏下垂为辨证要点。临床表现：脘腹坠胀，食后更甚；肛门重坠，甚则脱肛；或便意频数，甚则久痢不止；或小便混浊如米泔。脏腑下垂，可伴气少乏力，声低懒言，头晕目眩，舌淡苔白，脉弱，指纹淡。

4. 脾不统血证

脾不统血证是指脾气亏虚，不能统摄血液所表现出的证候。以脾气虚和出血共见为辨证要点。临床表现：表现为各种出血，便血、尿血、齿衄等。伴见食少便溏，少气懒言，面色无华，舌淡苔白，脉细弱，指纹淡。

5. 寒湿困脾证

寒湿困脾证由寒湿内盛，阳气受困所致。以脾的运化功能障碍和寒湿中阻为辨证要点。临床表现：食少便溏，脘腹痞闷，口淡不渴，头身困重，肌肤面目发黄，肤色晦暗，肢体浮肿，小便短少，舌淡胖，苔白腻，脉濡缓，指纹滞。

6. 湿热困脾证

湿热之邪困阻中焦所致。以脾的运化受阻与湿热内阻为辨证要点。临床表现：脘腹痞闷，食少便溏，身体倦怠，小便黄少，面目肌肤发黄或发痒，或身热起伏，汗出热不解，舌红苔黄腻，脉濡数，指纹滞。

7. 胃阴虚证

胃阴虚证由阴液亏虚，胃失濡润、和降所致。以胃病常见症状，伴有阴虚证为辨证要点。临床表现：胃脘嘈杂易饥，不思饮食，口燥咽干，大便干结，舌红少苔，脉细数，指纹淡紫。

8. 胃热证

胃热证由中焦胃火炽盛所致。以胃病常见症状，伴有热象为辨证要点。临床表现：胃脘灼痛，嘈杂易饥，渴喜冷饮，消谷善饥，口疮口臭，牙龈肿痛，唇齿色红，大便秘结，小便短赤，舌红苔黄，脉滑数，指纹紫红。

9. 胃寒证

胃寒证由寒邪凝滞胃腑所致。以胃脘疼痛，伴有寒象为辨证要点。临床表现：胃脘隐痛，喜温喜按，遇寒加剧，得温则减，口泛清水，舌淡苔白滑，脉迟，指纹青紫。

10. 食滞胃肠证

食滞胃肠证由食滞于胃，不能腐熟所致。以胃脘胀闷疼痛，嗳腐吐酸为辨证要点。临床表现：脘腹胀满，疼痛拒按，呕吐酸腐食物，吐后胀痛得减，或泻下物酸腐臭秽，舌苔厚浊，脉滑，指纹滞。

（四）肝与胆

肝居右胁，络胆，肝经绕阴器，布于两胁。胆附于肝，肝胆经脉相互络属，肝在体为筋，其华在爪，开窍于目，性喜条达而恶抑郁。胆贮藏排泄胆汁，以助消化，并与情志活动有关。小儿生长发育迅速，好动、易惊，古人谓之“小儿肝常有余”。

临床上小儿肝病主要表现为急躁、抽搐、疝气、头痛、耳疾等。而胆病常见口苦、惊悸、发黄，失眠和易惊胆怯等情绪的异常。

1. 肝气郁结证

肝气郁结证由肝失疏泄，气机郁滞而致。以情志抑郁为辨证要点，小儿较少见。临床表现：情志抑郁易怒，胸闷喜太息，食欲不振，胁痛口苦，苔薄白，脉弦，指纹滞。

2. 肝血不足证

肝血不足证由血液亏虚、肝失濡养所致。以筋脉、爪甲、两目、肌肤等失血濡养以及全身血虚的病理现象为辨证要点。临床表现：面白无华，爪甲不荣，眼睛干涩，或视物模糊，或雀盲，手足震颤，肌肉跳动，舌淡苔白，脉弦细，指纹淡。

3. 肝火上炎证

肝火上炎证由肝脏之火上逆所致。以肝脉循行部位的头、目、耳、胁表现的实火炽盛症状为辨证要点。临床表现：头晕胀痛，面红目赤，急躁易怒，口苦咽干，胁肋灼痛，耳鸣耳聋，便秘尿黄，舌红苔黄，脉弦数，指纹紫。

4. 肝风内动证

肝风内动证是指患者出现眩晕欲仆、震颤、抽搐等动摇不定症状的证候，分虚实两类。虚证表现为肝阳化风，实证表现为热极动风。肝阳化风多为肝肾阴亏，肝阳失潜所致；热极生风多为热邪亢盛引动肝风内动所致。临床表现：肝阳化风，眩晕头摇，手足麻木，项强肢颤，语言不利，或卒然昏倒，不省人事，口歪舌强，半身不遂，舌红苔白，脉弦。热极生风，高热抽搐，神昏谵语，颈项强直，甚则角弓反张，牙关紧闭。舌红或绛，脉弦数，

指纹紫红。

5. 寒滞肝脉证

寒滞肝脉证是指寒邪凝滞肝脉所表现出的证候，多因感受寒邪所致。临床表现：少腹冷痛、拘急，得温缓解，遇寒更甚，或见疝气，形寒肢冷，舌淡苔白，脉沉迟，指纹滞。

6. 肝胆湿热证

肝胆湿热证是湿热蕴结肝胆所表现出的证候。多由感受湿热之邪，或脾胃失健，湿邪内生，郁而化热所致。临床表现：面目黄色鲜明，纳差，脘腹痞满，口苦泛恶，或阴囊湿疹，瘙痒难忍，或睾丸肿胀热痛，舌红，苔黄腻，脉弦数，指纹紫。

7. 胆郁痰扰证

胆郁痰扰证是胆失疏泄、痰热内扰所表现出的证候。临床表现：惊悸不寐，烦躁不安，头晕耳鸣，舌红，苔黄腻，指纹滞。

（五）肾与膀胱

肾藏精，主生殖与生长发育，为先天之本，主骨生髓充脑，在体为骨，开窍于耳，其华在发。又主水、纳气，膀胱具有贮尿排尿的作用。故古人谓“小儿肾常不足”“肾病多虚”“肾无实证”。

1. 肾阳虚证

肾阳虚证是肾脏阳气虚衰所表现出的证候。小儿多由先天禀赋不足所致。临床表现：面白，神疲，形寒肢冷，完谷不化，尿频、遗尿、舌淡胖苔白，脉弱，指纹淡。

2. 肾阴虚证

肾阴虚证是肾脏阴液不足所表现出的证候。多由禀赋不足或过服温燥劫阴之品所致。临床表现：形体消瘦，潮热，盗汗，耳聋，口燥咽干，溲黄便干，舌红少津，脉细数，指纹淡。

3. 肾精不足证

肾精不足证是肾精亏损所表现出的证候。多因禀赋不足，先天发育不良或后天调养失宜所致。临床表现：小儿生长发育迟滞，身材矮小，智力和动作迟钝，囟门迟闭，骨骼萎软。舌淡，脉细，指纹淡。

4. 肾气不固证

肾气不固证是肾气亏虚、固摄无权所表现出的证候。多因年幼肾气未充所致。临床表现：神疲乏力，久喘，久咳，二便失禁，或小便频数而清。舌淡，脉微，指纹淡。

5. 肾不纳气证

肾不纳气证是肾气虚衰、气不归元所表现出的证候。临床表现：久病咳喘，呼多吸少，动则喘息益甚，自汗神疲，声音低怯；或喘息加剧，冷汗淋漓，肢冷面青，脉浮大无根；或气短息促，面赤心烦，咽干舌燥。舌红少苔，脉细数，指纹淡。

6. 膀胱湿热证

膀胱湿热证是湿热蕴结膀胱所表现出的证候。临床表现：尿频、尿急、尿痛，尿黄赤而浊，或尿血。舌红苔黄腻，脉数，指纹深。

五脏辨证要点见表 1–3–1。

表 1–3–1 五脏辨证要点

五脏	所主	本病	主色	主脉		辨证	特性
肝	风	大叫、直视、项强、抽搐、哈欠	青色	弦	实	大叫、直视、项强、抽搐	肝常有余
					虚	咬牙、哈欠、徐徐瘛疭	
					热	目青、直视、身反折强直，肢体瘛疭，手舞动	
心	惊、热	惊悸、大热、哭叫、口渴引饮，手足动摇、神乱不安	赤色	数	实	发热，烦渴、哭叫，喜仰卧、惊搐	心为火，为热
					虚	卧而悸动不安	
					热	壮热，心胸热，口中气热，喜冷，目上窜，目内赤，合面而卧，咬牙，欲言不能	
脾	困	体重、困倦、多睡、厌食、泄泻	黄色	迟	实	困倦思睡，身热饮水，泄泻黄赤	脾常不足
					虚	呕吐、泄泻白色，睡露睛，山根青	
					热	目内黄，尿黄	

续上表

五脏	所主	本病	主色	主脉		辨证	特性
肺	喘	喷嚏、流涕、鼻塞、短气、喘急、呼吸不利	白色	浮	实	喘而气盛，咳嗽，胸满闷乱，渴不喜饮，鼻塞流涕，喷嚏	肺常不足
					虚	喘而少气，皮毛干燥，唇色白	
					热	喘急、呼吸不利、鼻干或衄血、手挖眉目鼻面	
					虚热	唇红，颧潮红	
肾	虚、寒	目无精光、畏光、足胫寒，或逆冷	黑色	沉	主虚无实	面浮晦暗或㿠白，尿清长不禁（唯疮、疹、肾实则变黑陷）	肾常虚

三、六淫病因辨证

六淫、疫疠是外感疾病的病因。六淫包括风、寒、暑、湿、燥、火者；疫疠是指传染性极强的致病因素。

（一）风淫证候

风为百病之长，其性清扬，善行数变，特点为：发病迅速、游走不定。临床表现：发热恶风，汗出，鼻塞流涕，咳嗽，风袭经络则有可能发生口眼歪斜等面神经炎的症状；或出现身体强直、抽搐，角弓反张等；风客肌肤，则皮肤瘙痒，或起丘疹、风团，此起彼伏，游走不定；苔薄白，脉浮缓，指纹浮。

（二）寒淫证候

寒为阴邪，其性清冷、收引、凝滞，易伤人阳气，阻碍气血运行。临床表现：发热恶寒，咳喘，鼻塞，流清涕；或腹痛肠鸣，泄泻，呕吐等；或四肢厥冷，手足拘急；舌淡，苔薄白，脉浮紧。

（三）暑淫证候

暑性炎热升散，必见热象，耗气伤津，且暑多夹湿。临床表现：伤暑则恶热，汗出，疲乏，尿黄，舌红，苔白或黄，脉象虚数，指纹紫；中暑则发热，猝然昏倒，口渴，气急，甚或昏迷惊厥，舌绛干燥，脉濡数，指纹紫滞。

（四）湿淫证候

湿性重着，黏滞，病变常缠绵留着。湿淫之邪侵犯人体之后，则伤皮肤、肌肉、筋骨，湿从外受，束于躯壳则成伤湿；云瘴山岚或天阴淫雨，感受其湿蒸之气，似有物蒙之，则见首如裹等冒湿之症。临床表现：伤湿则胸闷头胀，口中黏腻，身体困重，小便清长，冒湿则头如裹，周身不舒，身体倦怠。舌苔白滑，脉濡或缓。

（五）燥淫证候

燥邪干燥，易伤津耗液，有凉燥与温燥之分。临床表现：凉燥多因深秋气寒而燥，人受其邪，故出现头微痛，恶寒，咳嗽、鼻塞、舌干等肺燥的症候；温燥则是初秋气候尚热，燥热迫于肺卫，灼液伤津，故身热有汗，口渴咽干，干咳为主，痰中带血，舌干苔黄脉数，指纹紫。

（六）火淫证候

火属温邪，其性燔灼迫急，津液耗伤，可导致筋脉失润而动风、动血。临床表现：壮热、口渴，面红目赤，烦躁，斑疹，舌红绛，脉洪数，指纹深紫。

（七）疫疠证候

是由瘟疫病毒引起的传染性疾病。属时行病，或叫天行病。《医学正传》说“疫气之发，大则流行天下，次则一方，次则一乡，次则偏著一家”。

1. 瘟疫证候

特点是发病急剧，病情险恶，具有传染性。临床表现：初起憎寒后发热，日后但热不憎寒。二三日后，其脉数，头痛身疼，昼夜发热，苔白如积粉。

2. 疫疹病候

因感染燥热疫毒引起的发疹性病候。初起发热，头痛如裂，斑疹透露，或红或赤，脉数，指纹深紫滞。

3. 瘟黄病候

因感受瘟毒挟湿热而引起卒然发黄的病候。临床表现：初起可见发热恶寒，随即卒然发黄，全身、白睛黄色深，名急黄；严重者变证蜂起，或四肢逆冷，或神昏谵语，或遗尿旁流，舌卷囊缩，循衣摸床。

四、气血津液辨证

气血津液辨证即根据脏腑学说有关气血津液的理论，分析气、血、津液的病变及其所反映的不同证候。

（一）气病辨证

《素问·举痛论》说："百病生于气也"，气的病证很多，但临床常见的证候可概括为气虚证、气陷证、气滞证、气逆证四种。

1. 气虚证

气虚证是人体之气不足导致气的基本功能减退所表现出的虚弱证候。临床表现：少气懒言，安静乏力，头晕，自汗，活动时诸症加剧，指纹淡，舌淡苔白，脉虚无力。

2. 气陷证

气陷证是气虚无力升举以致脏器下陷的证候，多由气虚进一步发展而来。临床表现：除了气虚的表现外，还有久泄久痢、脱肛等，指纹淡，舌淡苔白，脉弱。

3. 气滞证

气滞证是指人体某一脏腑或部位气机阻滞所致运行不畅所表现出的证候。引起气滞的因素常见的有病邪内阻以及阳气虚弱、温运无力等。临床表现常为胀闷、疼痛。对于气滞证的诊断，除掌握胀闷疼痛的病理反应特点外，还须辨明病因、确定病位，尤其是对于小儿，不能准确描述症状，须医者细心观察。

4. 气逆证

气逆证是指气机升降失调、逆而向上所引起的证候。小儿常以肺胃之气上逆和肝气升发太过的病变多见。肺气上逆则表现为咳嗽喘息；胃气上逆则见呃逆、恶心、呕吐；肝气上逆则见昏厥、头痛等。

（二）血病辨证

血行脉中，内流脏腑外至肌肤，若外邪干扰，使血的生理功能失常，则出现寒热虚实的病候。临床血病常见的证候可以概括为血虚证、血瘀证、血热证、血寒证四种。

1. 血虚证

血液亏虚，脏腑百脉失养，表现出全身虚弱的证候为血虚证。常见的因素有先天禀赋不足；或脾胃虚弱，生化乏源；或久病不愈或肠道寄生虫等。临床表现：面色无华或萎黄，唇色淡白，指纹淡紫，舌淡苔白，脉细无力。

2. 血瘀证

血瘀证指的是离经之血不能及时排出和消散，导致血行不畅，壅遏于经脉之内或淤积于脏腑组织器官。由淤血内阻而引起的病变称为血瘀证。引起淤血常见的因素有寒凝、气滞、气虚、外伤等。临床表现：疼痛，痛有定处，拒按，常在夜间加剧；面色黧黑，口唇爪甲紫暗，或皮下紫斑或肤表丝状如缕。指纹滞，舌紫暗，可见瘀斑瘀点，脉象细涩或结代。

3. 血热证

血热证是指脏腑火热炽盛、热迫血分所表现出的证候。以出血和热象为辨证要点。临床可见：咯血、吐血、尿血、衄血，指纹深紫，舌红绛，脉弦数。

4. 血寒证

血寒证是指局部脉络寒凝气滞、血型不畅所表现出的证候，常由感受寒邪引起。临床表现：喜暖恶寒，得温痛减，肤色紫暗发凉，指纹滞涩，舌淡暗苔白，脉沉涩迟。

（三）气血同病辨证

因气和血相互依存，相互滋生，所以在发生病变时，气血常相互影响，既见气病，又见血病，即为气血同病。儿科常见的证候有气血两虚证、气不摄血证等。

1. 气血两虚证

气血两虚证是指气虚与血虚共同存在的证候。临床表现：少气懒言，自汗，面色淡白或萎黄，指纹淡，舌淡而嫩，脉细弱等。其多由久病不愈或先天禀赋不足，气虚不能生血或血虚无以化气所致。

2. 气不摄血证

气不摄血证是指气虚不能统摄血液而见出血的证候。临床表现：吐血、便血，皮下瘀斑，气短乏力，面色无华，指纹淡，舌淡，脉细弱等。儿童紫癜疾病中气不摄血为常见证型，须采用益气摄血法。

（四）津液病辨证

津液是正常水液的总称，有润滑关节、濡养肌肤、滋养脏腑等功能。津液的生成输布主要与肺的通调、脾的运化及肾的气化功能关系密切。若津液

发生病变，可有津液不足证及水液停聚证两方面证候。

1. 津液不足证

津液不足证又称津亏、津伤，是指某些脏腑组织器官或全身失去津液濡润滋养而出现的证候。津液不足产生的原因，不外乎生成不足和丧失过多两方面：脾虚运化无权则津液生化减少；或小儿厌食，津液化生之源匮乏；或热盛伤津、呕吐、泄泻等导致津液大量丧失。临床表现：咽干口燥，唇裂，皮肤无光泽，小便量少，大便干结，舌红少津，脉细数，指纹多紫。

2. 水液停聚证

外感或内伤影响输布、排泄水液功能者，皆能成为水液停聚的病证。其分为水肿和痰饮。

（1）水肿。

体内水液泛滥肌肤，引起面目、四肢、胸腹甚至周身浮肿，称为水肿。分为阳水与阴水。

①阳水。临床常见疾病为急性肾小球肾炎；多为外感风邪、湿热、疮毒，导致肺脾功能失调为主。临床表现：水肿自眼睑开始迅速波及全身，以头面部肿势为主，皮色光亮，按之凹陷随手而起，尿少，常伴恶风、发热，舌苔白。

②阴水。临床常见为肾病综合征、慢性肾功能衰竭；以肺、脾、肾三脏虚弱为本，以脾肾亏虚为主。临床表现：水肿，腰以下为甚，按之深陷难起，面白无华，畏寒肢冷，神疲乏力，小便短少，纳少便溏，舌淡胖，苔白滑，脉沉细无力，指纹淡。

（2）痰饮。

痰饮多由脏腑功能失调、水液代谢障碍导致。其证候分为痰证和饮证。

①痰证：常由外感六淫等导致脏腑功能失调而产生。指的是水液凝结，质地稠厚，停聚脏腑、经络、组织而引起的病症。临床表现：咳喘咳痰，纳呆恶心，神昏癫狂，喉中痰鸣，苔腻，脉滑等。

②饮证：多由脏腑功能衰退或障碍等原因引起。指的是水饮质地清稀，停滞于脏腑组织之间表现出的病证。本条饮证，以饮停于肺、胃肠、胸胁的病变为主，其他饮证可参阅“水肿”“脏腑辨证”中相关内容。临床表现：咳嗽气喘，痰液清稀色白量多，喉中痰鸣，不得平卧，下肢浮肿或脘痞腹胀，泛吐清水，食欲减退，舌苔白滑，脉弦，指纹淡。

第二章 小儿生理解剖

第一节 生长发育规律

从受孕开始生命就形成了，生长和发育就贯穿于胎儿和儿童期的全过程。它也是儿童区别于成人的最重要特点。生长（growth）是指随年龄的增加，身体各器官和系统的长大，主要表现为形态变化（morphological growth）。生长可以通过具体的测量值来表示，是量变。发育（development）是细胞、组织、器官功能上的分化与成熟，是质的变化。生长是发育的物质基础，二者密不可分，共同表示机体连续渐进的动态变化过程。这个过程遵循着一些普遍的规律。

1. 生长发育是连续的、有阶段性的过程

在整个儿童时期，生长发育不断进行，生长速度呈阶段式。例如，生后体重和身高的增加在第一年很迅速，尤其在出生后的前三个月。第一年为生后的第一个生长高峰，第二年以后生长速度逐渐减慢，至青春期生长速度又加快，出现第二个生长高峰，见图 2-1-1。

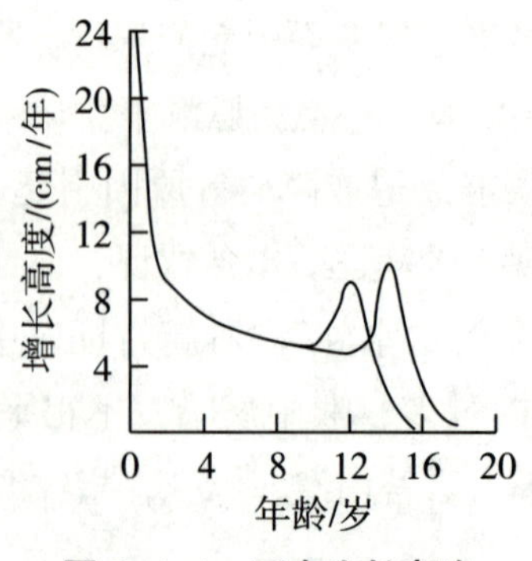

图 2-1-1 两个生长高峰

2. 各器官系统发育不平衡

各器官系统发育顺序遵循一定规律，有各自的生长特点，以适应环境的变化。如神经系统发育较早，脑在 2 岁前发育较快；淋巴系统在儿童期迅速生长，于青春期前达高峰，以后逐渐下降到成人水平；生殖系统发育最晚，在青春发育期以前，生殖系统一直处于幼稚期，到了青春发育期我们的生殖系统开始加速发展，在短短的几年我们的生殖系统便发育成熟；其他系统如心、肝、肾、肌肉的增长与体格生长平行，见图 2–1–2。各系统生长发育的不均衡使生长发育速度曲线呈波浪式。

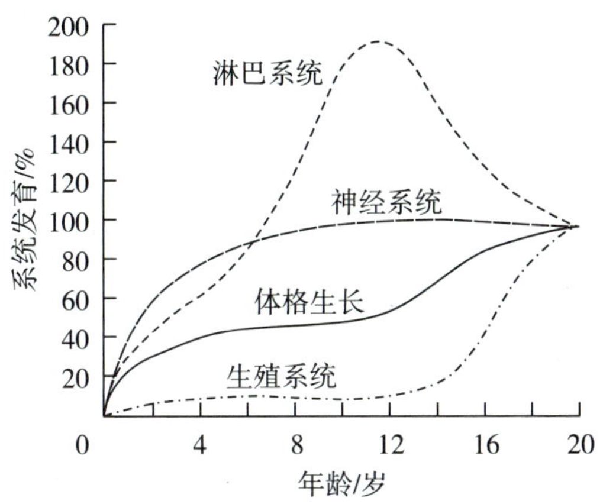

图 2–1–2　各器官系统发育不平衡

3. 生长发育的一般规律

生长发育遵循由上到下、由近到远、由粗到细、由低级到高级、由简单到复杂的规律。如出生后运动发育的规律是：先抬头、后抬胸，再会坐、立、行（从上到下）；从臂到手，从腿到脚的活动（由近到远）；从全掌抓握到手指拾取（由粗到细）；先画直线后画圈、图形（由简单到复杂）；先会看、听、感觉事物，后认识事物，再发展到有记忆、思维、分析、判断（由低级到高级）。

4. 生长发育的个体差异

儿童生长发育虽按一定总规律发展，但在一定范围内受遗传、环境的影响，存在着相当大的个体差异，每个人生长的“轨迹”不会完全相同。因此，儿童的生长发育水平有一定的正常范围，所谓的正常值不是绝对的，必须考虑遗传和生存环境对个体的不同影响，以做出正确的判断。

第二节　影响生长发育的因素

小儿的生长发育具有明显的个体差异，这是由多种影响生长发育因素决定的，这些因素概括起来可分为遗传因素和环境因素两大类，后者包括营养、疾病、父母情况、生活环境、社会因素等。

1. 遗传

细胞染色体所载基因是决定遗传的物质基础。小儿生长发育的“轨迹”（trajectory）特征、潜能、趋势，由父母双方的遗传因素共同决定。种族、家族的遗传信息影响深远，如皮肤、头发的颜色、面貌特征、身材高矮、性发育成熟的迟早、对营养素的需要量等。在异常情况下，严重影响生长的代谢缺陷内分泌障碍染色体畸形等更与遗传直接相关。男女性别也使生长发育各有其规律与特点。如女孩的平均身高较同龄男孩矮，体重较同龄男孩轻；而女孩的语言、运动发育略早于男孩。

2. 营养

小儿的生长发育，无论是宫内还是出生后都需要充足的营养素供给作为物质基础。当营养素供给比例恰当，生活环境适宜，生长潜能就可能得到最好的发挥。宫内生长受限（intrauterine growth restriction，IUGR）的胎儿不仅体格生长落后，严重时可影响脑的发育。大量的流行病学资料显示。宫内生长受限的小儿成年期高血压、糖尿病、肥胖的发生率高于出生体重正常的儿童。生后营养不良，特别是第 1~2 年严重营养不良，影响体格发育，机体免疫、内分泌、神经调节等功能低下。

3. 疾病

疾病对生长发育的阻碍作用十分明显。急性感染常使体重减轻；长期慢性疾病则使体重和身高的发育均受影响；内分泌疾病常引起骨骼生长和神经系统发育迟缓，如先天性甲状腺功能减低症等；先天性疾病，如先天性心脏病时常伴随生长迟缓。

4. 母亲情况

胎儿在宫内的发育受孕母生活环境、营养、情绪、疾病等各种因素影响；如妊娠早期的病毒性感染可导致胎儿先天畸形；妊娠期严重营养不良可

引起流产、早产和胎儿体格生长以及脑发育迟缓；母亲妊娠早期受到某些药物X线照射环境中毒物和精神创伤的影响，可使胎儿发育受阻；TORCH感染是导致胎儿出生缺陷发生的主要生物因素之一。这5种病原感染的范围广、危害大。妊娠期感染不仅危害母体，往往还对胎儿产生严重不良后果，可以导致流产、早产、死胎或胎儿生长迟缓、发育畸形，而且通过产道和母乳还可以引起新生儿感染，如果累及神经系统，可造成不同程度的智力障碍以及各种瘫痪、失聪、失明等后遗症，从而严重影响人口素质。1971年，Nahmias等为了便于记忆将这些疾病英文病名的第一个字母组合起来，概括为TORCH感染：其中T代表弓形虫（toxoplasma）；R代表风疹（rubella）；C指巨细胞病毒（cyto megalo virus，CMV）；H代表疱疹病毒（herpes virus）；O指其他病原（others），如梅毒等。

5. 生活环境

良好的居住环境如阳光充足、空气新鲜、水源清洁、无噪声、居住条件舒适，配合好的生活习惯、科学护理、良好教养、体育锻炼、完善的医疗保健服务等都是促进儿童生长发育达到最佳状态的重要因素。国内外学者均证实由工业化造成环境污染可以影响儿童的生长发育，如铅、镉污染。生活环境对儿童健康的重要作用往往容易被家长和儿科医生忽视。随着社会的进步，生命质量的提高，生活环境的好坏在一定程度上决定儿童生长发育的状况。

6. 社会因素

社会因素的影响是多方面的，主要取决于父母职业、受教育程度和家庭经济状况。已有大量的调查资料显示贫穷、家庭破裂、药物滥用以及酗酒等许多社会因素能直接或间接阻碍儿童的生长发育。儿童被虐待（child abuse）和疏忽（neglect）在世界范围内都是有害儿童身心健康的社会问题。虐待是指故意给予儿童外力的伤害；疏忽则是故意不给儿童适当的照顾。美国每年大约有200万件此类事件发生，严重影响儿童正常的生长发育。

综上所述，遗传潜力决定了生长发育水平，同时这种潜力从受精卵开始就受到一系列环境因素的作用与调节，表现出个体的生长发育模式。因此，生长发育水平是遗传与环境共同作用的结果。

第三节　体格生长

常用来反映儿童体格生长的指标有体重、身高、坐高、头围和胸围五项。

1. 体重

体重（weight）是评价儿童生长最重要的指标之一。包括各器官、系统和体液的总量。体重可以受多种因素，如营养、辅食添加、疾病等的影响。因为体重受环境因素影响较大，常作为生长监测的指标。生后生长曲线是宫内生长曲线的延续。它反映儿童的营养状况，尤其是近期的营养状况。我国2005年九市城区调查结果显示平均男婴出生体重为（3.3 ± 0.4）kg，女婴为（3.2 ± 0.4）kg，与世界卫生组织的参考值一致。新生儿体重有生理性下降，多在出生后3~4日达最低点，以后逐渐回升，至生后第7~10日又达到出生时的体重，但早产儿体重达到出生时体重的速度较慢。体重在出生后前3个月增长最快，一般为每月增长600~1 000 g，3~6个月每月平均增加600~800 g。1岁以内是体重增加的最快速时期，就是所谓的“第一个生长高峰”。

在计算临床药量和输液量时，可用以下的公式简单估算：

<6个月龄婴儿体重：出生体重 + 月龄 ×0.7（kg）;

7~12个月龄婴儿体重：6（kg）+ 月龄 ×0.25（kg）;

1岁时为出生体重的3倍；2岁时为出生体重的4倍；

2岁至青春前期体重：体重（kg）= 年龄（岁）×2+7（或8）。

需要注意的是在进行生长评价时应以儿童实际体重的变化趋势为依据，不能用“公式”计算来评价。

2. 身高

身高（height）是指头、脊柱与下肢长度的总和。主要反映的是长期营养状况，短期内影响生长发育的因素（营养疾病等）对身长影响不明显。它受遗传、种族和环境的影响较为明显。身高的增加同体重一样，也是在生后第一年增长最快。

身高的简单估算：

出生时为50 cm;

1岁时为75 cm;

2 岁时为 85 cm；

2~12 岁：身高（cm）= 年龄（岁）×6+77；

3 岁以下儿童应仰卧位测量，谓身长（recumbent length）；3 岁以上立位测量，谓身高（height）。

3. 坐高

坐高（sitting height）是指由头顶到坐骨结节的高度。3 岁以下取卧位测量，称顶臀长（crown-rump length）。坐高代表头颅及脊柱的发育。坐高 / 身高（%）随年龄增长而下降。出生时为 0.67，14 岁时为 0.53。

4. 头围

头围（head circumference）是自眉弓上缘经枕骨结节绕头一周的长度。它是反映颅骨生长和脑发育的一个重要指标。头围的测量在 2 岁以内最有价值；连续追踪测量比一次测量更为重要；受双亲头围大小的影响。出生时平均头围为 33~34 cm；1 岁时为 46 cm；2 岁时为 48 cm；15 岁时为 54~58 cm，基本同成人头围过小常提示脑发育不良，过大或增长过快则要考虑有无脑肿瘤、脑积水的可能。

5. 胸围

胸围（chest circumference）是自乳头下缘经肩胛下缘绕胸一周的长度。由于受呼吸运动的影响，测量时取呼、吸气测量值的平均值。胸围反映肺和胸廓的发育。孩子在出生时，胸围值小于头围值，随着月龄的增长，胸围值逐渐赶上头围值。一般在 1 岁时，胸围值与头围值相等。但现在由于普遍营养状况较好，很多婴儿在未满 1 岁时胸围就赶上了头围。

6. 上臂围的增长

上臂围（upper arm circumference，UAC）代表上臂围肌肉、骨骼、皮下脂肪和皮肤的检查。1 岁以内上臂围增长迅速。1~5 岁增长缓慢，为 1~2 cm。用上臂围测量能查 5 岁以下小儿营养状况：>135 cm 为营养良好；125~135 cm 为营养中等；<125 cm 为营养不良。

第四节　与体格发育有关的各系统发育

一、骨骼

1. 颅骨

颅骨的发育主要通过头围、骨缝闭合，以及前、后囟闭合时间来衡量。颅骨缝出生时略微分开，3~4 个月闭合；后囟，出生时已闭合或接近闭合，最迟出生后 8 周闭合；前囟，1~1.5 岁闭合，最迟不超过 2 岁（见图 2-4-1）。前囟检查在儿科临床有非常重要的意义，大小、张力的变化均提示某疾病的可能。前区早闭、头围小提示脑发育不良；前囟闭合延迟可见于脑积水、佝偻病和甲状腺功能低下等；前囟张力增加提示颅内高压；当前囟凹陷则提示脱水。

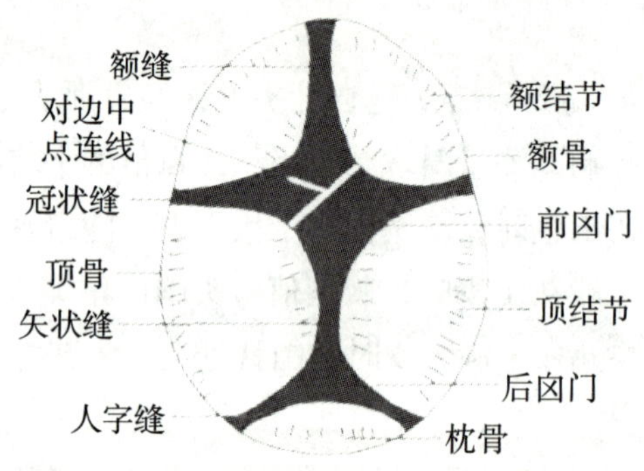

图 2-4-1　前囟发育

2. 牙齿

牙齿的发育与骨骼有一定的关系，但因胚胎来源不完全相同，牙齿与骨骼发育不完全平行。牙胚的发生从胚胎第 6 周开始，逐渐出现 20 个乳牙胚。乳牙共 20 个，一般 6 个月起（4~10 个月）开始出乳牙，2 岁到 2 岁半出齐。2 岁以内乳牙数目约等于月龄减 4~6。在乳牙胚继续发育的同时，从乳牙胚的舌侧长出 20 个恒牙胚，将来发育成为 20 个恒牙，并与乳牙替换。在恒牙胚的两端各在胚胎 10 月出生后 2 年至 5 年分别长出第 1、第 2、第 3 个

恒磨牙胚。6 岁左右开始出恒牙，即第 1 个磨牙。7~8 岁之后乳牙按萌出顺序逐个脱落，换之以恒牙。12 岁左右出第 2 个磨牙，18 岁以后出第 3 个磨牙（智齿），恒牙一般 20~30 岁出齐，共 32 个。出牙时个别小儿出现低热、流涎、睡眠不安、烦躁等反应。较严重的营养不良、佝偻病、甲状腺功能减低症、先天愚型等患儿可有出牙较迟，牙釉质差等。

3. 脊柱

脊柱的生长反映椎骨的发育。新生儿脊柱是直的，没有生理弯曲；3 个月左右随着婴儿抬头出现第一个弯曲，即颈部前凸 6 个月左右会坐时出现第二个弯曲——胸部脊柱后凸；1 岁以后能站立出现第三个弯曲——腰部脊柱前凸；6~7 岁时韧带发育完善，弯曲被固定。这些生理弯曲的形成，能使身体保持平衡并直立行走。坐、立、走的姿势和骨质的病变（如骨结核等）会影响脊柱的发育。

4. 骨的发育

骨的发育包括骨化与生长。在胚胎期即开始进行。骨化有两种形式，一种为膜化骨，包括颅盖诸骨和面骨。膜化骨是间充质细胞演变为成纤维细胞形成结缔组织膜，在膜的一定部位开始骨化，成为骨化中心（ossification center），再逐步扩大完成骨的发育。另一种为软骨内化骨，包括躯干及四肢骨和颅底骨等。软骨内化骨是由间充质细胞演变为软骨原基，后由成骨细胞的成骨活动而形成原始骨化中心的。以后还会出现继发骨化中心。骨化中心不断扩大最后软骨原基全部骨化。原始与继发骨化中心互相愈合而完成骨骼的发育。骨化中心出现的多少可反映长骨的成熟程度。一般通过 X 线测定儿童长骨干骺端骨化中心的数目来判断骨骼发育的成熟程度，即骨龄（bone age）。腕部骨化中心发育顺序：3~4 个月：头状骨、钩骨；2~3 岁：三角骨；3~5 岁：月骨及大、小多角骨；5~6 岁：舟骨；6~8 岁：尺骨远端骨化中心；9~10 岁：豆状骨。8 岁以前腕部骨化中心数约为其岁数加 1。骨龄是一个独立的生长指标，不依赖年龄和生长速度的变化。动态观察骨龄的变化对评价个体的生长态势及小儿内分泌疾病疗效有重要意义。

二、肌肉及皮下脂肪

1. 肌肉系统发育

胎儿期肌肉组织生长较差，出生后随着活动增加逐渐生长，基本与体重增加平行。儿童肌肉纤维较细，间质组织较多。出生后肌肉的生长主要是肌纤维增粗，5 岁以后则肌肉增长明显，并有性别差异。男孩肌肉占体重比例明显大于女孩。肌肉的生长与营养状况、生活方式、运动量密切相关。肌肉生长异常可见于重度营养不良、进行性肌萎缩等病症。

2. 脂肪组织发育

脂肪组织的生长发育主要表现为脂肪细胞数目的增加和体积增大。脂肪细胞数目增加主要在胚胎中后期、出生后第 1 年以及青春期。脂肪组织是机体储存能量的主要场所，在机体需要时动员，释放能量。但是近年来的研究发现，脂肪组织还是一个活跃的内分泌器官。过多的脂肪储存可增加肥胖、高血脂以及心脑血管疾病的危险性。

三、生殖系统的发育

1. 女性生殖器官

女性生殖器官包括卵巢子宫输卵管和阴道。乳房发育是女孩青春期开始的第一个体征，然后是阴毛和腋毛的发育。月经初潮是性功能发育的主要标志。初潮年龄有个体差异，受遗传、营养状况和经济文化水平等因素的影响。在美国 1850—1950 年，初潮年龄每十年降低 2 个月，但现在已达到平衡。

2. 男性生殖器官

男性生殖器官包括睾丸、附睾和阴茎。男孩青春期出现的第一个最显著的第二性征变化是睾丸体积增大，随后是阴茎变长、增粗和阴毛出现，腋毛和胡须在阴毛生长 2 年后出现。第一次射精的平均年龄受心理、文化和生物因素的影响。青春期发育的年龄有很大的个体差异。

第五节　神经、心理发育

儿童神经心理发育主要是指感知、运动语言的发育，以及记忆、思维、情感、性格等心理活动的发展。它与儿童的智力发育密切相关，是儿童健康成长的一个重要方面。

神经、心理发育以神经系统发育和成熟为物质基础。在胎儿期，神经系统发育领先于其他各系统，新生儿脑重已达成人脑重的 25% 左右，此时神经细胞数目已与成人相同，但其树突与轴突少而短。出生后脑重量的增加主要是神经细胞体积的增大和树突的增多加长，以及神经髓鞘的形成和发育。神经的髓鞘化在 4 岁左右完成，在此之前，尤其在婴儿期，各种刺激引起的神经冲动传导速度较缓慢，且易于泛化，不易形成兴奋灶，易疲劳而进入睡眠状态。

一、感知的发育

1. 视感知发育

新生儿已有视觉感应功能，瞳孔有对光反应，在安静清醒状态下可短暂注视物体，但由于眼肌调节能力差，物体太远或太近时都看不清楚。只能看清 15~20 cm 内的事物。新生儿期后视感知发育迅速，1 个月后可凝视光源，开始有头眼协调；3~4 个月时喜看自己的手，头眼协调较好；6~7 个月时目光可随上下移动的物体垂直方向转动；8~9 个月时开始出现视深度感觉，能看到小物体；18 个月时已能区别各种形状；2 岁时可区别垂直线与横线；5 岁时已可区别各种颜色；6 岁时视深度已充分发育。

2. 听感知发育

新生儿出生时鼓室无空气听力差；生后 3~7 日听觉已相当良好；3~4 个月时头可转向声源，听到悦耳声时会微笑；7~9 个月时能确定声源，区别语言的意义；13~16 个月时可寻找不同响度的声源；4 岁时听觉发育已经完善。听感知发育和儿童的语言发育直接相关，听力障碍如果不能在语言发育的关键期内或之前得到确诊和干预则可因聋致哑。国外调查资料显示，新生儿听力障碍的发生率为 1%~3%，而重症监护病房的高危新生儿听力障碍的发生率则可达 2%~4%。新生儿听力筛查是早期发现听力障碍的有效方法。目前，我国正逐步将其纳入常规新生儿筛查内容。

3. 味觉和嗅觉发育

新生儿出生时味觉发育已很完善。他接触的第一种食物是略带甜味的母乳，因此新生儿对于甜的东西是非常敏感的。嗅觉中枢与神经末梢已发育成熟；3~4 个月时能区别愉快与不愉快的气味；7~8 个月开始对芳香气味有反应。

4. 皮肤感觉的发育

皮肤感觉包括触觉、痛觉、温度觉及深感觉等。触觉是引起某些反射的基础。新生儿在眼、口周、手掌、足底等部位的触觉已很灵敏，而前臂、大腿、躯干的触觉则较迟钝。新生儿已有痛觉，但较迟钝；第 2 个月起才逐渐改善。出生时温度觉就很灵敏。

二、运动的发育

运动发育可分为大运动（gross motor）和精细运动（fine motor）两大类。正常儿童大运动发育的里程碑是孩子发育阶段中获得某项大运动功能的年龄，里程碑是一个较宽的范围，它是有一定规律的。所有的发育里程碑是有顺序的，孩子一般获得一个能力后，才能学会下一个能力；发育的过程一般都是沿着从头向脚的方向，如孩子首先学会的是控制头部，然后控制四肢、躯干和腿；孩子学到某些技能后，丧失某些原始的反射和运动。当孩子学会有目的地抓握物体后，必然丧失原始的抓握反射。

1. 大运动的发育

大运动又称大肌肉运动，是指涉及胳膊、腿、足部肌肉或全身的较大幅度的动作，如爬、跑、跳等。大运动发育的里程碑如下：4 个月时抬头很稳；6 个月时能双手向前撑住独坐；8 个月时能坐稳；7 个月能有意识地从仰卧位翻身至俯卧位或从俯卧位至仰卧位；8~9 个月可用双上肢向前爬；11 个月时可独自站立片刻；15 个月可独自走稳；24 个月时可双足并跳；30 个月时会独脚跳。

2. 精细运动的发育

精细运动相对于大运动而言是较小的动作，例如，用大拇指和食指捏起东西等。精细运动发育的里程碑如下：3~4 个月时握持反射消失；6~7 个月时出现换手与捏、敲等探索性动作；9~10 个月时可用拇指、食指拾物，喜撕纸；12~15 个月时乱涂画；18 个月时能叠 2~3 块方积木；2 岁时可叠 6~7 块方积木，会翻书。

三、语言的发育

语言是儿童学习和认识四周事物的媒介，语言的发育要经过发音、理解和表达三个阶段。语言能力正常与否，往往会影响儿童整体发展。新生儿已会哭叫，以后咿呀发音；6 个月时能听懂自己的名字；12 个月时能说简单的单词，如“再见”“没了”；18 个月时能用 15~20 个字，并指认、说出家庭主要成员的称谓；24 个月时能指出简单的人、物名和图片。而到 3 岁时几乎能指认许多物品名，并说有 2~3 个字组成的短句；4 岁时能讲述简单的故事情节。

四、心理活动的发展

1. 社会行为（social behavior）

2~3 个月时婴儿出现社会性的笑，并能以笑、停止啼哭、发音等行为表示认识父母；7~8 个月的小儿可表现出认生、对发声玩具感兴趣等；9~12 个月时是认生的高峰；12~13 个月小儿喜欢玩变戏法和躲猫猫游戏；18 个月的儿童逐渐有自我控制能力，成人在附近时可独自玩很久；2 岁时不再认生，易与父母分开；3 岁后可与小朋友做游戏并能遵循游戏规则。

2. 注意（attention）的发展

婴儿期以无意注意为主，他们的注意力集中的时间不仅短暂，而且很容易被转移。随着年龄的增长逐渐出现有意注意。5~6 岁后儿童能较好地控制自己的注意力。

3. 记忆（memory）的发展

记忆是将所学得的信息“贮存”和“读出”的神经活动过程，可分为感觉、短暂记忆和长久记忆三个不同的系统，长久记忆又分为再认和重现两种，再认是以前感知的事物在眼前重现时能被认识，重现是以前感知的事物虽不在眼前重现，但可在脑中重现。1 岁内婴儿只有再认而无重现，随着年龄的增长，重现能力亦增强。幼年儿童只按事物的表面特性记忆信息，以机械记忆为主。随着年龄的增加和理解，语言思维能力的加强，逻辑记忆逐渐发展。

4. 思维（thinking）的发展

1 岁以后的儿童开始产生思维，在 3 岁以前只有最初级的形象思维；3 岁以后开始有初步抽象思维；6~11 岁以后儿童逐渐学会综合分析、分类比较等抽象思维方法，具有进一步独立思考的能力。

5. 想象的发展

新生儿无想象能力；1~2 岁儿童仅有想象的萌芽。学龄前期儿童仍以无意想象为主，有意想象和创造性想象到学龄期才迅速发展。

6. 情绪、情感的发展

新生儿因出生后不易适应宫外环境，较多处于消极情绪中，表现为不安、啼哭，而哺乳、抱、摇、抚摸等则可使其情绪愉快。婴幼儿情绪表现特点是时间短暂、反应强烈、容易变化、外显而真实。随着年龄的增长，儿童对不愉快因素的耐受性逐渐增加，能够有意识地控制自己，使情绪逐渐趋向稳定。

7. 个性和性格的发展

根据艾里克森的个性发展论，性格是在人的内动力和外环境产生和解决矛盾的过程中发展起来的，具有阶段性：婴儿期（信赖—不信赖）所有生理需要都仰赖成人。如果与成人无依恋关系将产生不安全感和情绪问题；幼儿期（自主—怀疑）开始有自理能力，但仍需依赖成人，故依赖性和违拗性行为交替出现；学龄前期（主动—内疚），自理能力提高，有主动行为，但经常因失败而产生失望和内疚；学龄期（满足—自卑），因学习能力提高和某些行为得到认可而满足，又因经常失败而产生自卑；青春期（自我评价—自我意识混乱），发育接近成人认知能力提高。心理适应能力增强但容易波动，在感情问题、伙伴问题、职业选择、道德评价和人生观等问题上处理不当易发生性格变化。性格的形成有遗传影响，但主要靠生活环境和教育，一旦形成即相对稳定。

第六节　儿童神经心理发育的评价

伴随体格生长，儿童神经心理的发育也趋于完善。神经心理发育包括感知、运动、语言、情感、思维、判断和意志性格等方面，对这些能力的评价

称为心理测试。目前有许许多多种智力测验及智力量表，有测验小儿综合能力的，也有测验某一方面能力的。通常临床上又将这些测验分为筛查性测验和诊断性测验两大类。

1. 筛查性测验（screening tests）

筛查性测验是一些比较简单、快速、经济的方法。有的也适用于群体测试。可以在较短的时间内筛查出发育或智力方面的问题。可疑和异常者应进行诊断量表测验。

（1）丹佛发育筛选测验（Denver developmental screening test，DDST）。将 105 个项目分布在四个能区适用于 0~6 岁的儿童。其结果的判断分为正常（DQ>90）、可疑（DQ=89~68）、异常（DQ<69）。在婴儿早期应用丹佛发育筛选测验有助于及时发现脑瘫等神经系统疾病。

（2）皮博迪图片词汇测验（Peabody picture vocabulary test，PPVT）。其适用于 2 岁半至 18 岁儿童，是智力落后常用的一种智力测验方法。此方法通过听觉词汇来测试语言智能，测试时不需要受试者讲话和操作，适用于某些特殊情况如偏瘫、失语等。测试结果并不会全面反映智力水平，主要侧重言语智力。

2. 诊断性测验（diagnostic tests）

（1）盖塞尔发育测验（Gesell developmental test）。盖塞尔发育量表包括四大行为领域的 63 个行为项目，四大行为领域是运动（大运动和精细动作）、语言（表情、发音、理解和表达语言等）、适应（精细感觉协调运动和适应环境等）、个人社会交往（自理生活游戏和与人交往等）。适用于 4~6 岁的儿童。它是一种诊断量表，具有较为可靠的诊断价值。智能发育水平应用发育商来表示，如果发育商（DO）各领域都低于 65~75，应怀疑有智能发育落后，还需要观察其他临床指标来确定是否有发育落后。

（2）Bayley 婴儿发育量表。适用于 2~30 个月婴幼儿，包括精神发育量表、运动量表和婴儿行为记录。

（3）Wechsler 智能量表。包括儿童智力量表修订版（WISC-R）（适合 6~16 岁儿童）和学龄前与学龄初期智力量表（WPPSI）（适合 4~6 岁半儿童）。测查一般智力水平、言语智力水平、操作智力水平和各种具体能力（如知识计算、记忆、抽象思维等）是智力评估和智力低下诊断的重要方法之一。

需要注意的是心理测试只用于评判儿童神经心理发育水平，不能诊断疾病。智能量表的功能是测验婴幼儿在某一年龄阶段的神经心理功能发展水平，并不能完全预示以后能力的高低。心理测试必须由经过专门训练的专业人员进行；根据目的选择测验；测试过程中与被试儿童建立友好、信任的关系；正确解释测验结果并对结果保密。

第七节　生长发育偏离

一、生长发育评价

正确的评价基于准确的测量数据、定期纵向随访和可信的参照人群值。评价内容包括发育水平、生长速度和匀称程度三个方面。目前，临床常用世界卫生组织（WHO）推荐美国国家卫生统计中心（NCHS）的资料和卫生部推荐 2005 年中国九大城市儿童的体格生长数据为参照人群值。

发育水平（growth level）将某一年龄时点所获得的某项体格生长指标测量值与参考人群值比较，得到该儿童在同质人群中所处的位置，即为此儿童该项体格生长指标在此年龄的生长水平，通常以等级表示其结果。

生长速度（growth velocity）是对某一单项体格生长指标定期连续测量（纵向观察），将获得的该项指标在某一年龄阶段的增长值与参照人群比较，得到该儿童此项体格生长指标的生长速度。

匀称程度（proportion of body）是对体格生长指标之间关系的评价。其常用的评价方法有指数法、离差法等。

1. 指数法（index method）

（1）Kaup 指数：Kaup 指数 = 体重（kg）/ 身高（cm）$^2 \times 10^4$，反映人体营养状况和骨骼、肌肉充实度的指标，尤其适用于婴幼儿。其实际含义是单位面积中所含的体重。正常值为 15~19，>22 为肥胖，10~13 为营养不良。

（2）体重指数：体重指数（body mass index，BMI）= 体重（kg）/ 身高（m）^{2} 它不仅能较敏感地反映体型胖瘦，受身高的影响较小，与皮脂厚度、上臂围等反映体脂累积程度指标的相关性也比较高，因此近年来受国内外学者高度重视，常用于区别正常或肥胖和评价肥胖程度。儿童青少年 BMI

大于或等于同年龄同性别85百分位为超重，大于或等于95百分位应考虑肥胖。目前，国外通过大样本调查已绘制出2~18岁年龄组BMI百分位线表，我国尚缺乏有关数据。

2. 百分位数法

百分位数法的表示方法有多种，其中以百分位数曲线图法（percentile curve）使用最为广泛。按某项发育指标的第3、10、25、50、75、90、97百分位数在坐标图中画出7条曲线，作为评定儿童发育的标准。定期将个体儿童所测体格生长指标数值绘制成一条曲线，与标准曲线比较即可看出儿童的发育水平速度及趋势。生长发育曲线图是联合国儿童基金会为改善世界营养状况、预防营养不良、保护儿童生存倡导的四项适宜技术（GOBI）之一，是目前WHO和许多国家用以评价儿童少年生长发育现状和发展趋势的主要标准。本方法形象直观，反映发育水平准确，特别便于动态观察。

3. 等级评价法

等级评价法是离差法（deviation method）中最常用的一种。它利用标准差与均值的位置远近划分等级。评价时将个体该发育指标的实测值与同年龄、同性别相应指标的标准比较，以确定发育等级。国内最常用的五等级评价标准见表2–7–1。

表2–7–1　五等级评价标准

等级	离差法	百分位数法
上	$>X+2$ SD	$>P_{97}$
中上	$X+$（1 SD~2 SD）	$P_{75\sim97}$
中	$X\pm1$ SD	$P_{25\sim75}$
中下	$X-$（1 SD~2 SD）	$P_{3\sim25}$
下	$<X-2$ SD	$<P_3$

等级评价法的优点是方法简单，易掌握，可准确、直观地了解个体儿童的发育水平高低，但动态变化趋势不够直观。

目前，WHO积极推荐使用年龄别体重（weight for age）、年龄别身高（height for age）和身高别体重（weight for height）对儿童的生长进行评价。

年龄别体重是指相对于某一年龄应有的体重。该指标的下降可反映长期或近期营养不良。

年龄别身高是指相对于某一年龄应有的身高。通常反映过去较长时期或者是慢性营养不良造成的生长迟缓（stunting）。

身高别体重是指相对于某一身高应有的体重。反映近期急性营养不良造成的消瘦状态（wasting state）。

在进行营养不良筛查时，应先使用“年龄别身高”排除生长迟滞者，再用“身高别体重”筛查出消瘦者；两者合并，构成全部营养不良人群。如果不使用“年龄别身高”指标，那些身高、体重发育都差（又瘦又矮）的患儿容易被漏掉，甚至被错误当作正常，从而影响结果的准确性。

单一指标评价儿童生长发育与营养状况时都有局限性，最好采用多种指标综合起来进行评价，才能得到比较全面、客观的结果。

二、生长偏离

体格生长偏离（growth deviation）是指儿童体格生长偏离正常的轨道，主要包括低体重、消瘦、肥胖和身材矮小、高大。幼儿体格生长偏离的原因是复杂的，包括遗传因素、营养因素、疾病因素、体质因素和心理因素等。

第三章 小儿推拿常用穴位

第一节　小儿推拿穴位概说

明清以前小儿推拿多采用成人腧穴，小儿推拿穴位并未形成独立的体系。明代徐用宣的《袖珍小儿方论》第 10 卷《秘传看惊掐筋口授手法》中开始出现小儿推拿特定穴位，如三关、六腑等。《保婴神术》分阴掌和阳掌，各掌均有特定穴位，如内八卦、四横纹、天河水、一窝风、外劳宫等，建立起小儿推拿特定穴位体系，书中出现以脏腑名称命名的心、肝、脾、肺、肾等穴位，但其位置与当今不同，且男女有别。至清代熊应雄著《推拿广意》，将五经穴正式定位于五指螺纹面，奠定了接近现代小儿推拿的“五经穴”。

运用小儿推拿疗法防治小儿常见疾病，不仅要熟练掌握小儿推拿手法的操作和临床应用，还应该熟记小儿推拿穴位的位置、临床应用，掌握穴位的操作方法。

小儿推拿穴位由十四经穴、经外奇穴、经验穴、阿是穴以及小儿推拿本身所特有的特定穴位组成。小儿推拿特定穴位具有下述特点：①穴位表面形态呈点、线、面状，如小天心、一窝风、二扇门、精宁穴等。如同经穴都是孔穴点状；三关、天河水、六腑、坎宫、横竹穴等，是从某点到另一点成为线状；腹部、胁肋、五经穴等，是人体某一部位成面状。②穴位分布上，小儿推拿穴位大多数分布在人体头面和四肢，多数分布于上肢，特别是以双手居多，再次为胸腹、腰背、下肢。③穴位散在分布，不像十四经穴那样有经络线相连。

小儿推拿特定穴位的命名有一定依据，有些是根据人体部位命名，如五指节、脐、腹、脊等；有些是根据脏腑命名，如心经、肝经、脾经、胃经等；有些是根据手法操作形象命名，如二人上马、水底捞明月、打马过天河等；有些是根据穴位作用功能命名，如端正、精宁等；有些是根据五行学说命名，如运水入土、脾土、肝木、肾水等；有些是根据自然界山谷河流命名，如山根、洪池等；有些是根据建筑物体命名，如天庭、三关等；有些是根据动物名称命名，如凤凰展翅、老龙、龟尾等；还有一些是根据哲学名词命名，如手阴阳、内八卦等。了解穴位命名的依据，有助于掌握这些特定穴位。

小儿推拿特定穴位与经络学中的特定穴位是两个不同的概念。前者为小儿推拿学所特有，有特定的部位、名称、操作方法和临床作用，不属于十四经穴；后者是十四经穴的一部分，与经络关系密切，因为有特殊的临床功效而加以命名。

小儿推拿穴位中的部分经穴虽属十四经脉，但由于小儿经脉未盛，受其生理病理特点影响，穴位作用与成人有所不同，其作用原理仍受经络学说指导。

小儿推拿穴位的取穴方法与经络学中取穴方法相同，分为体表标志、折量分寸、指量法取穴三种。小儿推拿穴位有其特殊的位置和作用，在临床应用时有特殊的操作手法。许多穴位都有固定的操作模式和程序。一般线状穴位多用推法、捏法、擦法；点状穴位多用揉法、掐法、按法；面状穴位多用摩法等。

第二节　头面颈部穴位

1. 攒竹

【位置】两眉中间至前发际成一条直线。

【操作】两拇指自眉心交替直推至发际，称推攒竹，又称开天门，推 30 ~ 50 次。

【作用】疏风解表，开窍醒脑，镇静安神。

【临床应用】用于外感发热、头痛等症，多与推坎宫，推太阳合用。若惊惕不安多与清

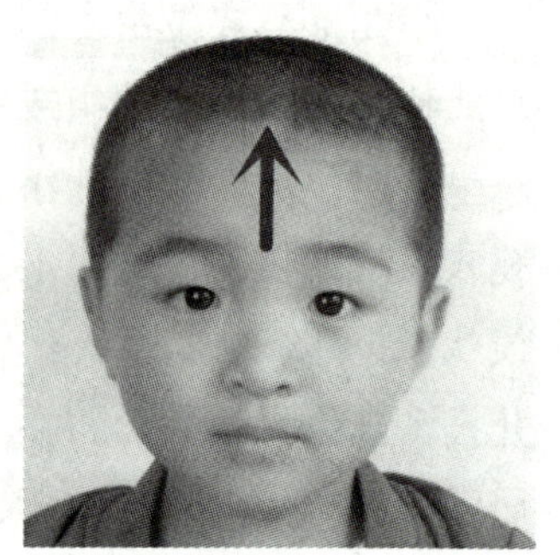

图 3-2-1

肝经，揉百会、掐揉小天心合用。体质虚弱、出汗较多、佝偻病患儿慎用。

2. 坎宫

【位置】自眉头起沿眉梢呈一条直线，左右对称。

【操作】两拇指指腹自眉心同时向眉梢分推，其余四指轻放在头部两侧固定，称推坎宫。推 30 ~ 50 次。

【作用】疏风解表，调节阴阳，醒脑明目，止头痛。

图 3-2-2

【临床应用】用于外感发热、头痛，多与推攒竹、揉太阳、揉耳后高骨组成“治外感四大手法”配合应用；与清肝经、掐揉小天心、清天河水、推涌泉合用治疗迎风流泪、眼目胀痛、目赤肿痛、近视、斜视等。

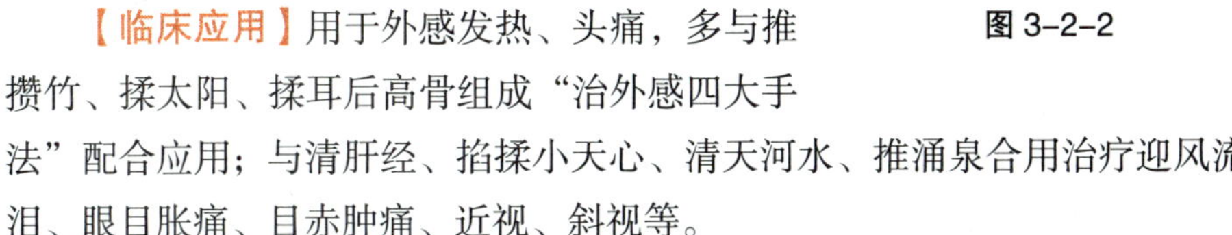

3. 太阳

【位置】外眼角与眉梢连线中点后方凹陷处。

【操作】两拇指桡侧自前向后直推为推太阳。两拇指或中指指腹置于该穴揉动，称揉太阳。如在太阳穴运法，称运太阳。古有向眼方向为补，向耳方向为泻之说。

【作用】疏风解表，调节阴阳，清利头目，止头痛。

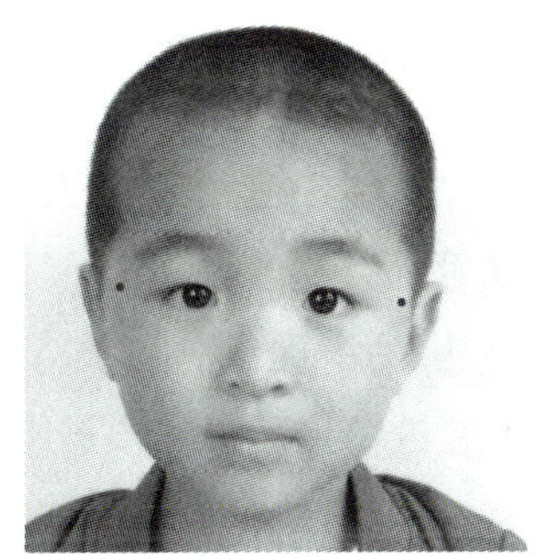

图 3-2-3

【临床应用】主要用于外感发热。外感表实、头痛用泻法；外感表虚、内伤头痛用补法，亦可用于治疗小儿汗症、夜啼、遗尿、小便频数、癫痫等。

4. 山根（鼻根）

【位置】两目内眦连线中点。

【操作】以拇指指甲掐，3 ~ 5 次。

【作用】开窍，醒神定惊。

【临床应用】治疗惊风、昏迷、抽搐等症，多与掐人中，掐老龙等合用。山根也是小儿望诊

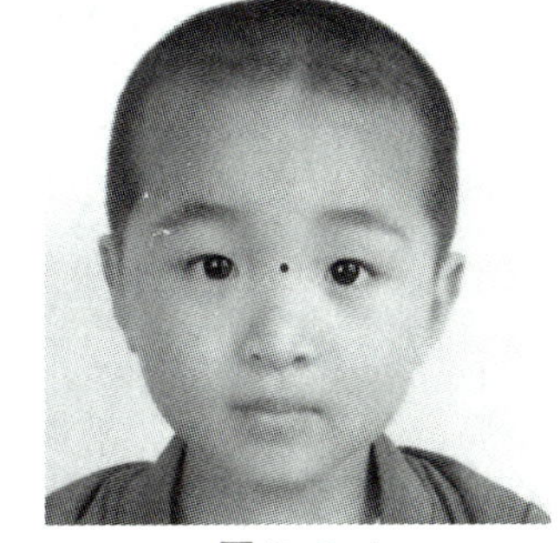

图 3-2-4

的重要部位。饱满为气血充足，色青为肝旺。

5. 人中

【位置】人中沟上 1/3 与下 2/3 交界处。

【操作】以拇指指甲掐人中 10 次左右，或以苏醒为度。

【作用】醒脑开窍。

【临床应用】急救要穴。主要用于中暑、抽搐或惊厥之急救，也用于流涎、睡中磨牙、扁桃体肿大等。

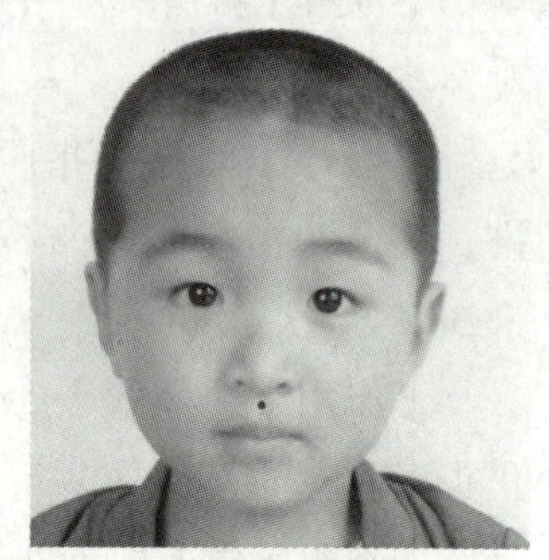

图 3-2-5

6. 百会

【位置】头顶正中线与两耳尖连线的交会处。后发际正中直上 7 寸。

【操作】用拇指螺纹面或掌心，按、揉或按揉，按 3 ~ 5 次，轻揉或按揉 20 ~ 30 次，称按百会、揉百会或按揉百会。

【作用】安神镇惊，升阳举陷。

【临床应用】用于治疗惊风、惊痫、烦躁等症，多与清肝经、清心经、掐揉小天心合用；用于治疗遗尿、脱肛时常与补脾经、补肾经、推三关、揉丹田等合用。灸百会用于虚寒证。

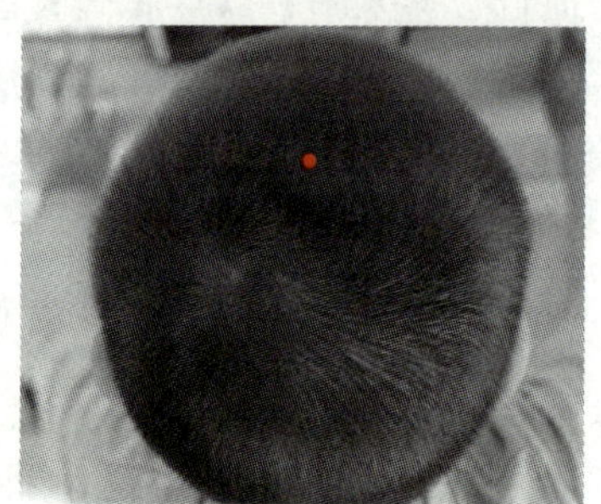

图 3-2-6

7. 高骨

【位置】耳后入发际，乳突后缘高骨下凹陷中。

【操作】以两拇指或中指指端揉，揉 30 ~ 50 次，称揉高骨；或用两拇指推运，运 30 ~ 50 次，称运耳后高骨；或用两拇指指甲压柔，揉按 3 ~ 5 次，称揉按耳后高骨。

【作用】疏风解表，镇静安神，定惊。

【临床应用】用于改善小儿睡眠，治惊风、夜啼、耳鸣耳聋、中耳炎等。治疗感冒头痛，多与推攒竹、推坎宫、揉太阳合用。

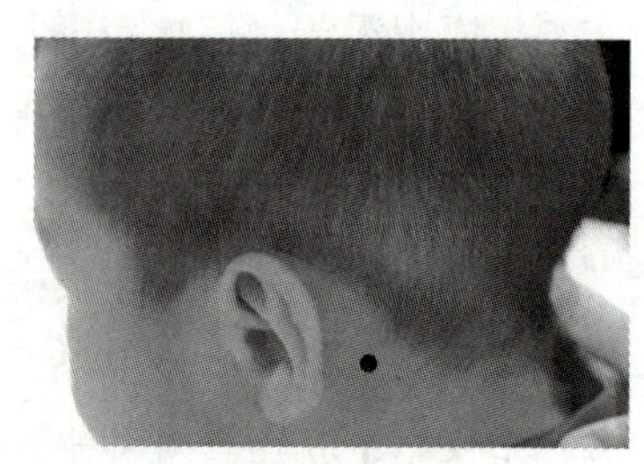

图 3-2-7

8. 风池

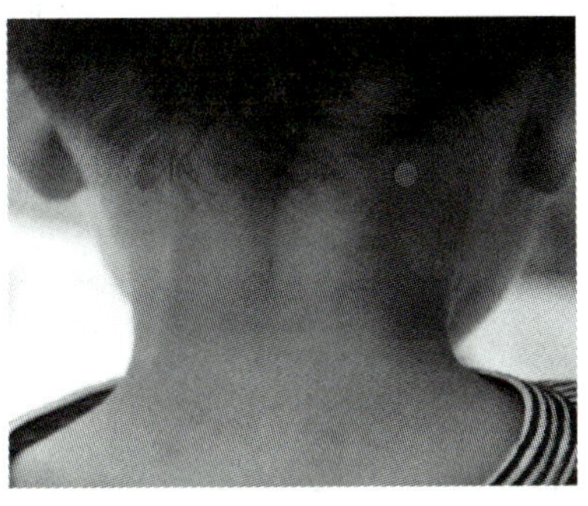
图 3-2-8

【位置】枕骨下，胸锁乳突肌与斜方肌上端之间的凹陷处，平风府穴，左右各一。

【操作】可点、可揉、可拿。用食指或拇指、中指相对用力，拿揉或拿风池 5～10 次，称拿揉风池或拿风池。

【作用】发汗解表，祛风散寒。

【临床应用】配合推攒竹、掐揉二扇门用于治疗感冒头痛，发热无汗之表实症和头目诸疾。

9. 天柱骨

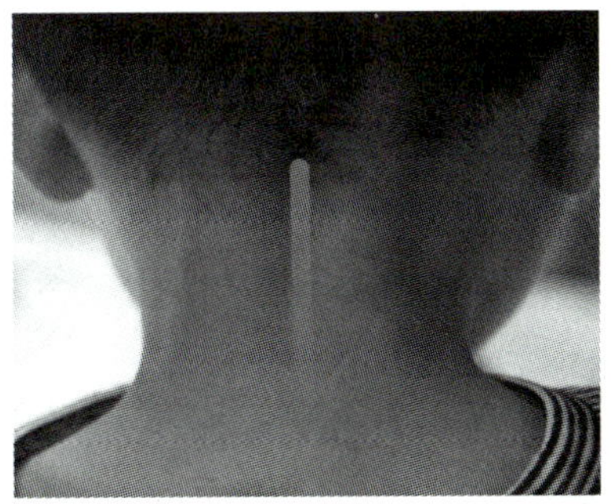
图 3-2-9

【位置】颈后发际正中至大椎穴成一条直线。

【操作】用拇指或食指、中指自上而下直推，推 100～300 次，称推天柱骨，亦可拍，亦可取痧，均以皮肤潮红为度。

【作用】祛风散寒，降逆止呕，清热。

【临床应用】清法代表，用于治疗风热感冒、风热咳嗽、颈项强直等，多与拿风池、掐揉二扇门同用；降法代表，治疗溢乳、恶心、呕吐、呃逆、嗳气、头痛、头晕等，多与横纹推向板门、揉中脘合用。

10. 准头

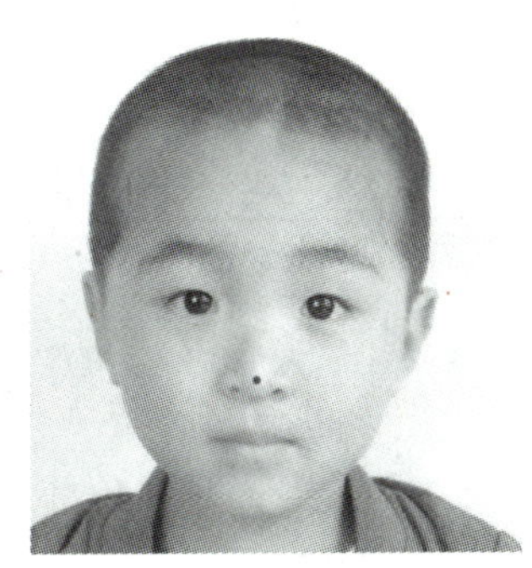
图 3-2-10

【位置】面部，鼻尖正中央。

【操作】拇指指尖掐 3～5 次。

【作用】清热开窍，回阳救逆。

【临床应用】用于治疗昏厥、鼻塞、鼻衄、酒渣鼻、新生儿窒息等，多与掐老龙、掐十宣合用。

11. 迎香

【位置】平鼻翼外缘，当鼻唇沟中取穴。

【操作】按揉、掐揉。按揉 1 ~ 3 分钟。

【作用】宣肺气，通鼻窍。

【临床应用】用于鼻部疾病和伤风感冒等，治疗感冒或慢性鼻炎多与清肺经、拿风池合用，配合“治外感四大手法”效果更好。

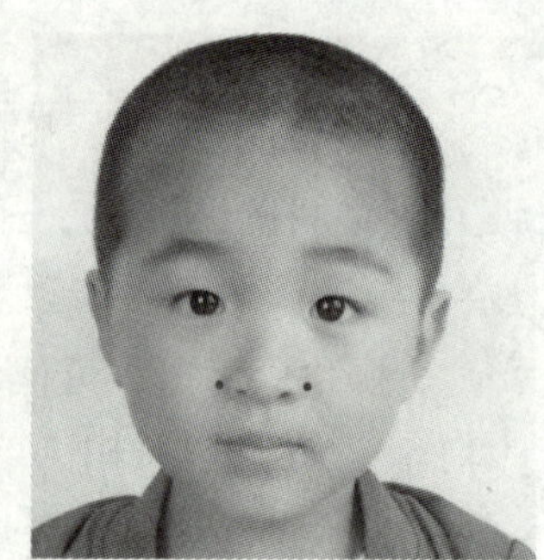

图 3-2-11

12. 耳门

【位置】耳屏上切迹之前方与下颌状突上方的凹陷处，张口取之。

【操作】用拇指或中指的螺纹面进行按揉，按揉 30 ~ 50 次。

【作用】开窍聪耳，泻热活络。

【临床应用】用于治疗耳鸣、耳聋，盯耳等，亦可用于治疗牙痛。

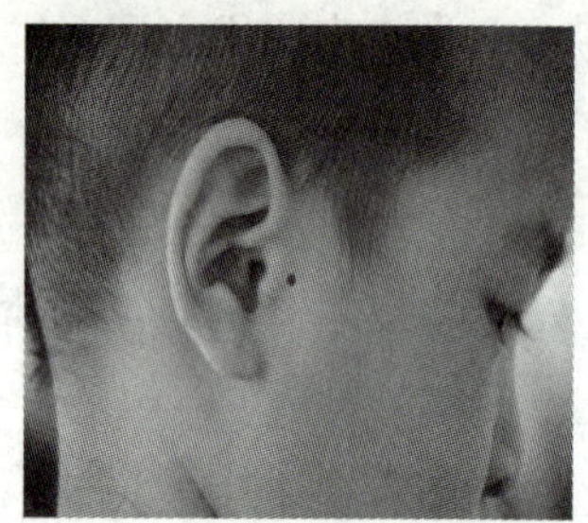

图 3-2-12

13. 桥弓

【位置】在颈部两侧，沿胸锁乳突肌成一条直线。

【操作】用拇指和食指或拇指和中指的螺纹面，相对用力，在患侧胸锁乳突肌处揉、揉捏、提拿，或用拇指推。揉 3 ~ 5 分钟，揉捏 10 次，提拿 3 ~ 5 次。亦可拿桥弓 1 ~ 3 次。

【作用】推桥弓平肝潜阳熄风，拿桥弓提神醒脑。

【临床应用】推桥弓用于治疗头痛、眩晕、惊风、呕吐等；拿桥弓用于治疗神疲、乏力、头晕、健忘等。揉捏用于治疗肌性斜颈。

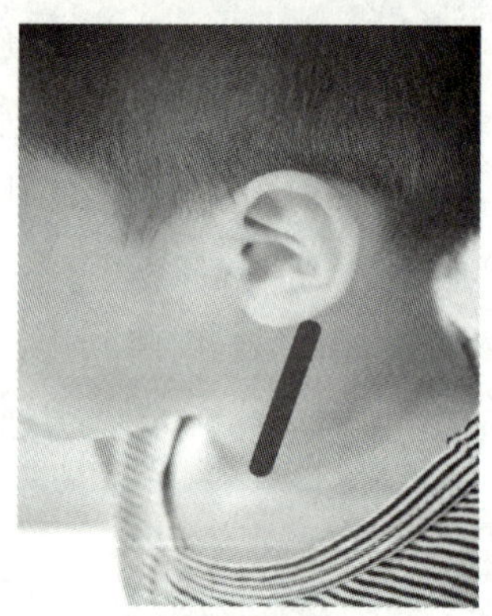

图 3-2-13

14. 牙关（颊车）

【位置】下颌角前上方一横指，用力咬牙时，咬肌隆起处。

【操作】用拇指按或中指揉，按 3 ~ 5 次，

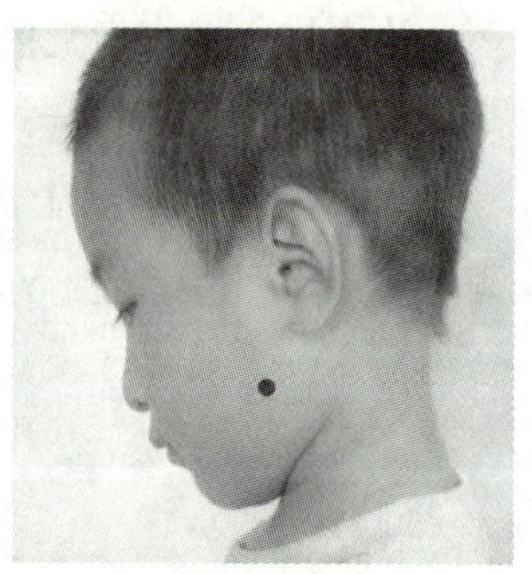

图 3-2-14

揉 30 ~ 50 次，称按牙关或揉牙关。

【作用】利牙关，解痉挛，止流涎，镇痛，开窍。

【临床应用】用于治疗牙周疾病，有健齿之功；与掐人中、掐十宣合用治疗牙关紧闭；揉牙关配合揉迎香治疗口眼歪斜。

15. 承浆

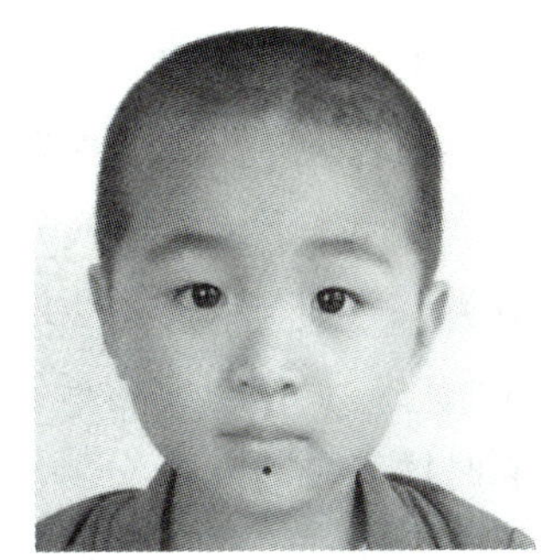
图 3-2-15

【位置】下唇下，当颏唇沟正中凹陷处。

【操作】或揉，或掐。掐 3 ~ 5 次，揉 1 ~ 2 分钟，或揉 3 掐 1，1 ~ 2 分钟。

【作用】生津敛液，舒筋活络。

【临床应用】用于治疗口燥咽干、口舌生疮、鹅口疮、流涎不止、口歪、齿痛等。

16. 印堂

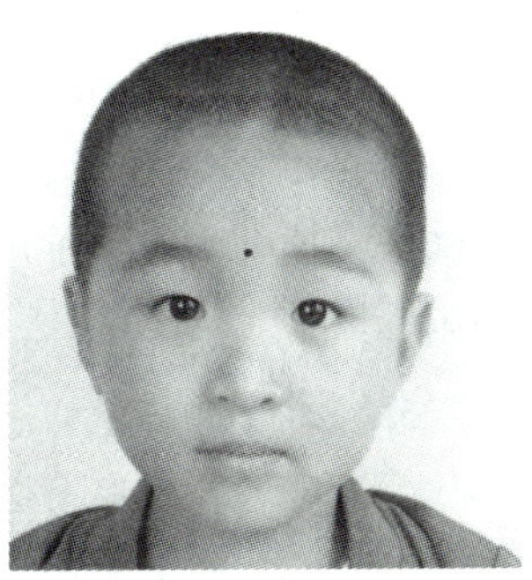
图 3-2-16

【位置】两眉正中连线中点处。

【操作】可揉，可振，可掐。揉 1 分钟，振 10 余秒，掐 10 次。

【作用】镇静，醒脑，疏风。

【临床应用】治惊要穴。治疗惊风常与掐十宣、掐人中、掐承浆合用。

第三节　胸腹部穴位

1. 天突

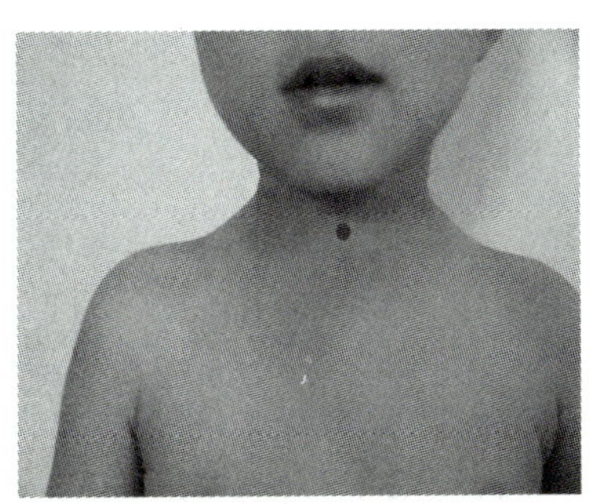
图 3-3-1

【位置】颈部，当前正中线，胸骨上窝中央。

【操作】以中指指腹按或揉天突，按 10 次左右，揉 1 ~ 3 分钟。亦可捏挤天突，10 次。

【作用】理气化痰，止咳平喘，利咽喉，催吐催咳，降逆止呕。

【临床应用】用于治疗喉痒即咳、咽

喉肿痛、胸闷不舒、喘息、呕吐等。对于气机不利、痰涎壅盛或胃气上逆所导致的痰喘、呕吐，多与推揉膻中、揉中脘、运内八卦等合用；配合清天河水、推脊、拿风池，可发汗退热。

2. 膻中

【位置】胸部，前正中线上，平第四肋间，两乳头连线中点取穴。

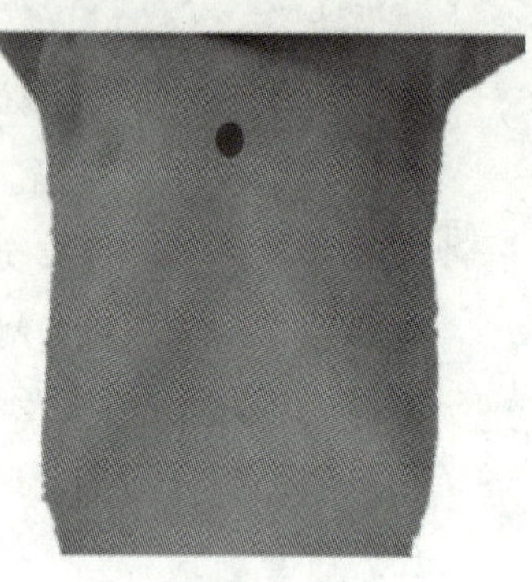

图 3-3-2

【操作】或揉，或分推，或下推。揉约 1 分钟，分推与下推各 20 ~ 40 次。亦可中指置于膻中，食指与无名指置于两乳旁或两乳根，同时揉三穴，1 ~ 3 分钟。

【作用】理气顺气，镇咳化痰，开胸散结。

【临床应用】用于治疗咳嗽、胸闷、喘证、哮证、咽喉肿痛、痰多。治疗喘咳常与推肺经、揉肺腧、分推肩胛骨合用；治疗痰吐不利常与揉天突、按揉丰隆等合用。

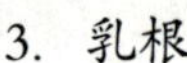

3. 乳根

【位置】乳头直下 2 分。

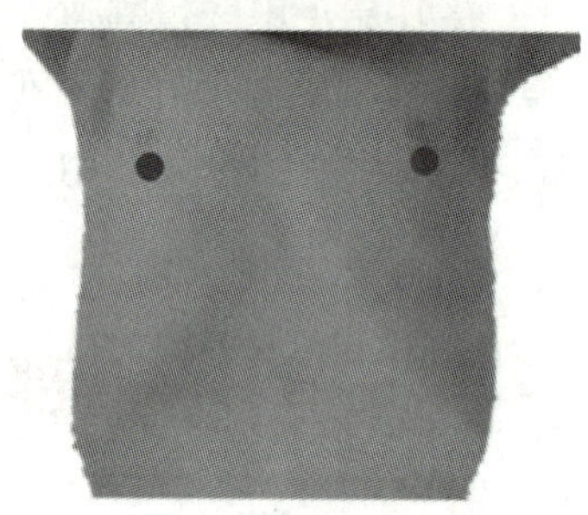

图 3-3-3

【操作】双手拇指或中指指腹，或单手食指、中指分开同时揉两侧乳根，1 分钟。

【作用】宽胸理气，止咳化痰，消食导滞。

【临床应用】用于治疗咳嗽、胸闷、痰喘、胸痛、呕吐等。多与揉乳旁、推揉膻中合用。

4. 乳旁

【位置】乳头外旁开 2 分。

图 3-3-4

【操作】同乳根穴。亦可双手拇指、食指分开，分别置于同侧乳旁和乳根穴，同时揉四穴 1 ~ 2 分钟。

【作用】宽胸理气，止咳化痰。

【临床应用】用于治疗咳嗽、胸闷、痰喘、胸痛、呕吐等。常与揉乳根同时操作，能加强理气化痰镇嗽功效。配合推揉膻中，揉肺俞、揉中府、揉云门对肺不张有效。

5. 胁肋

【位置】躯体两侧，从胁下至肋缘的区域。

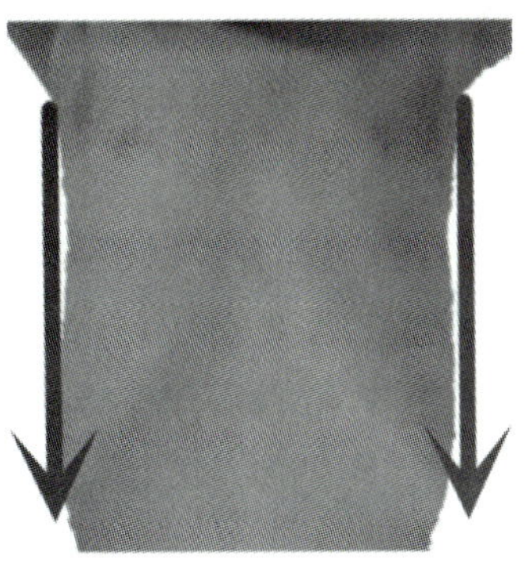
图 3-3-5

【操作】用双手掌从小儿两侧腋下搓摩至天枢处 50～100 次，称搓摩胁肋。

【作用】疏肝解郁，行气化痰，消痞散结。

【临床应用】用于治疗咳嗽、胸胁胀满、胸闷、脘腹疼痛、便秘、口臭、嗳气、腹部包块等。

6. 中脘（胃脘、太仓）

【位置】脐上 4 寸，剑突与脐连线的中点。

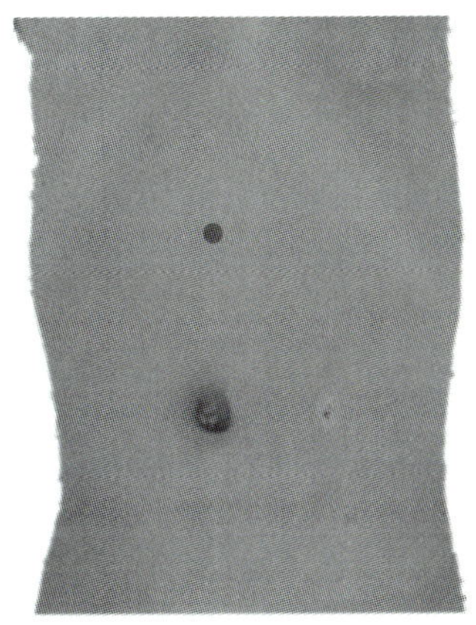
图 3-3-6

【操作】用指端或掌根按揉 100～300 次，称揉中脘；用掌心或四指摩中脘 5 分钟，称摩中脘；用食指、中指指面自中脘向上直推至喉下，或自喉下推至中脘 100～300 次，称推中脘。

【作用】调中和胃，消食化积，健脾。

【临床应用】下推与向下振按为降法代表，用于治疗腹胀、食少等。自下而上推中脘为吐法代表，用于治疗积滞、食物中毒等。振揉能健脾胃，多与按揉足三里、推脾经等合用。

7. 腹

【位置】整个腹部。

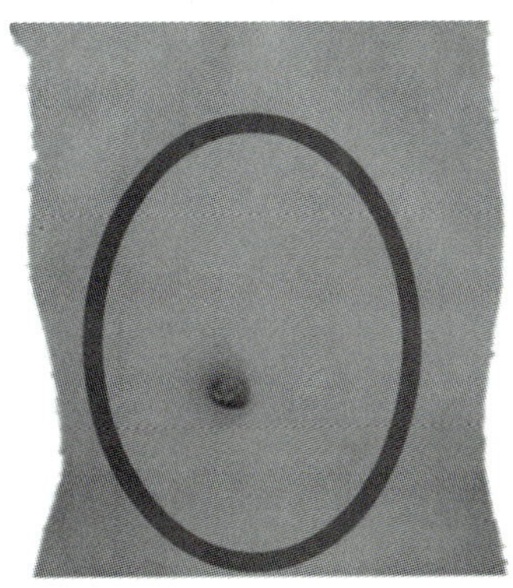
图 3-3-7

【操作】腹部九法。

（1）摩腹。全掌摩腹，顺时针与逆时针各摩 1～3 分钟。

（2）揉腹。以全掌或掌根置于腹部揉

1～3分钟。

（3）振腹。单掌或双掌重叠置于腹部，前臂强直性收缩，高频率震颤，约半分钟。

（4）按腹。单掌或双掌重叠，从上至下依次按压腹部，掌随呼吸起伏，按压3～5遍。

（5）推腹。两拇指指腹从剑突起，分别朝两边分推，边推边从上向下移动，直到脐平面，称分推腹阴阳。操作10遍左右。

（6）挪腹。双手握拳，以拳背置于腹中线两侧，先按压，再内旋；从上至下为1遍，操作3～5遍。

（7）荡腹。取仰卧位，立于患儿右侧。双手重叠（左手在下）垂直于腹正中线，先以掌根将腹推向对侧，再用手指将其拨回，形若波浪荡漾，从上至下为1遍，操作3～5遍。

（8）抄腹。仰卧位或俯卧位。两手掌分别从两侧插入腰下，将腰或腹托起，左右晃动数下，后两手同时向上抛，3～5轻1重。1重时腰或腹刚好抛离床面，自由落下。操作1分钟。

（9）挤碾腹。一只手伸开，置于腹部脂肪堆积处，另一只手握拳置于伸开的手指旁，两手同时向相反方向旋转，使脂肪在两手之间受到挤压。挤碾至皮肤发红为度。

【作用】调理肠道，健脾和胃，理气消食。

【临床应用】分推腹阴阳，能理气消食，降气和胃，善治乳食停滞，胃气上逆引起的恶心、呕吐、厌食、腹胀等症。配合揉板门、运内八卦、摩腹、捏脊等治疗小儿厌食症；摩腹顺时针为泻法，能消食导滞通便，用于治疗便秘、腹胀、厌食等；逆时针摩腹为补法，能健脾止泻，用于治疗脾虚泻、寒湿泻。摩腹常与补脾经、捏脊、按揉足三里合用，作为小儿保健推拿手法。

8. 脐（神阙）

【位置】肚脐正中央。

【操作】可点压、可揉按、可振、可指摩肚脐，10～20次。或五指伸开，罩住肚脐，五指逐渐内收，抓拿起肚脐及其周围皮肤，用力抖动，称抓拿脐或抖脐，10次。

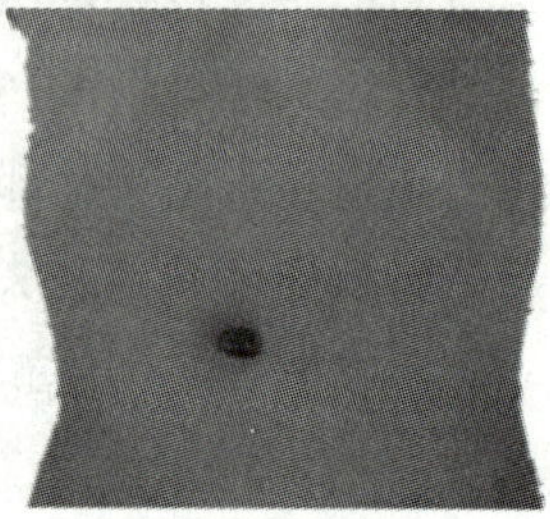

图3-3-8

【作用】益元固本，消积泄浊，温阳散寒，补益气血。

【临床应用】肾虚所致之遗尿、小便频数、五迟五软、解颅、久泻、完谷不化、虚秘、脱肛等。积滞所致之腹泻、肠鸣、腹痛等。还能增益体质，促进智力。临床上常与揉脐、摩腹、推上下七节骨、揉龟尾合用，治疗腹泻效果较好，简称“龟尾七节，摩腹揉脐”。

9. 天枢

【位置】肚脐旁开 2 寸，左右各一。

【操作】可揉，可点按。若中指置于神阙，食指与无名指分别置于天枢，同时揉三穴，称揉脐并天枢。操作 1 ~ 3 分钟。亦以小鱼际横擦，令其发热。

图 3–3–9

【作用】疏调大肠，理气消滞。

【临床应用】消法代表，用于便秘、腹胀、腹泻、腹痛、胃肠炎、肥胖、恶心呕吐等。

10. 丹田

【位置】下腹部，脐下 2 寸与 3 寸间。

【操作】可揉，可摩，可运，可振，各操作 3 分钟左右。可横擦，令其发热。以单手或双手掌重叠放置于小腹，随呼吸起伏，吸气上抬，呼气按压，称气沉丹田，20 次左右。

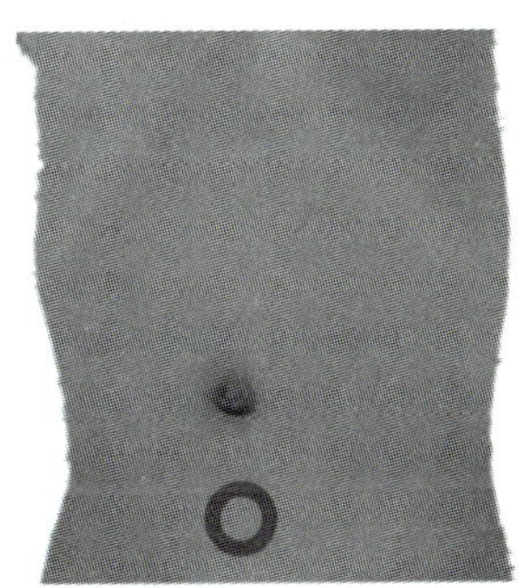

图 3–3–10

【作用】温法代表，用于治疗各种虚证。还能分清别浊。

【临床应用】用于治疗慢性咳嗽、喘证、小便不利、哮喘缓解期，以及体质虚弱等。常与补肾经、推三关、揉外劳宫合用；治疗尿潴留常配合推箕门、清小肠、揉关元，有一定疗效。

11. 肚角

【位置】脐下 2 寸旁开 2 寸左右大筋。

【操作】以拇指与食指、中二指相对，拿捏起脐旁大筋，用力上提，称拿肚角，拿 1 ~ 3 次；亦可用两拇指指腹同时按揉肚角，1 ~ 3 分钟。

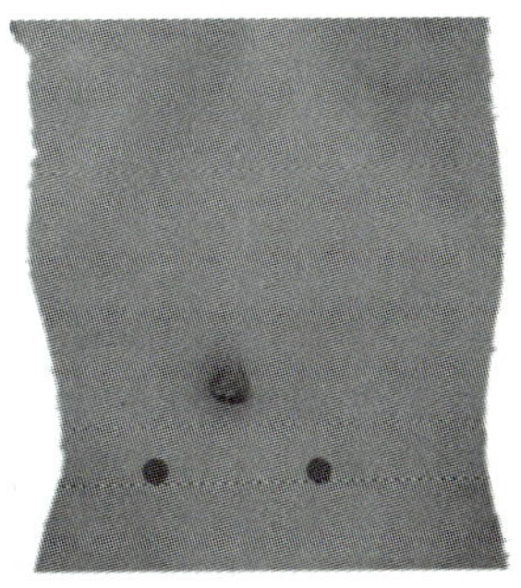

图 3–3–11

【作用】行气，镇痛、镇惊，消导。

【临床应用】消法代表，按揉肚角用于化积通便。肚角为止痛要穴，拿肚角用于治疗各种腹痛。

第四节　腰背骶部穴位

1. 肩井（膊井）

【位置】大椎与肩峰连线的中点处，肩部筋肉处。

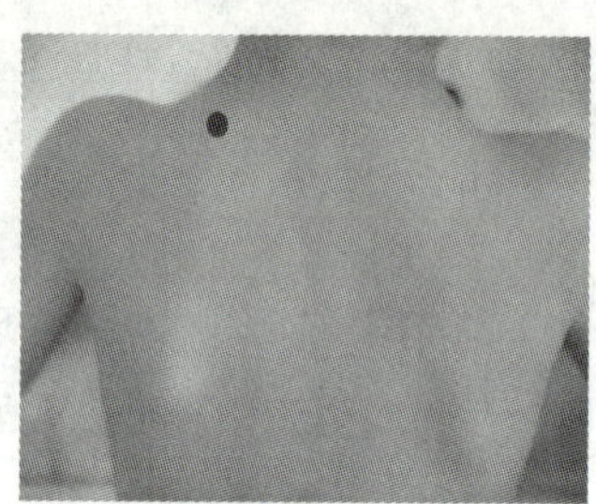
图 3-4-1

【操作】用拇指与食指、中指对称用力提拿 3 ~ 5 次，称拿肩井；用指端按 10 ~ 30 次，称按肩井。

【作用】宣通气血，发汗解表。

【临床应用】多用于治疗后的结束手法，可配合“治外感四大手法”用于治疗感冒；配合拿曲池、合谷治疗臂丛神经损伤、上肢抬举不利等。

2. 大椎

【位置】后背正中线上，第七颈椎棘突下凹陷中。

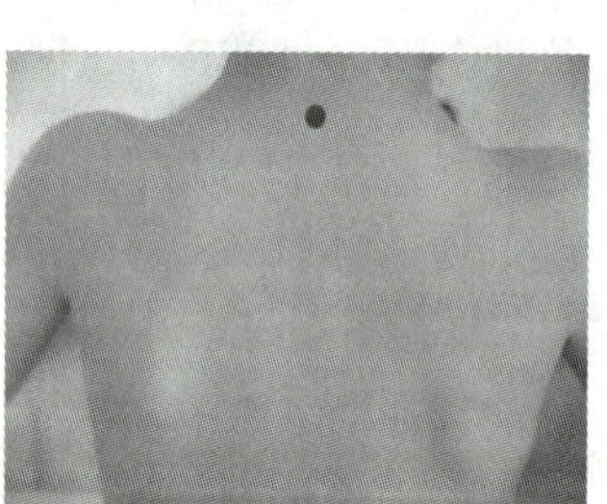
图 3-4-2

【操作】以中指或拇指指腹揉大椎，1 分钟，或捏挤大椎 10 次，或于大椎取痧。

【作用】清热利咽，发汗解表。

【临床应用】主要用于外感及内伤发热、咳嗽、项强等。

3. 风门

【位置】第二胸椎棘突下，旁开 1.5 寸。

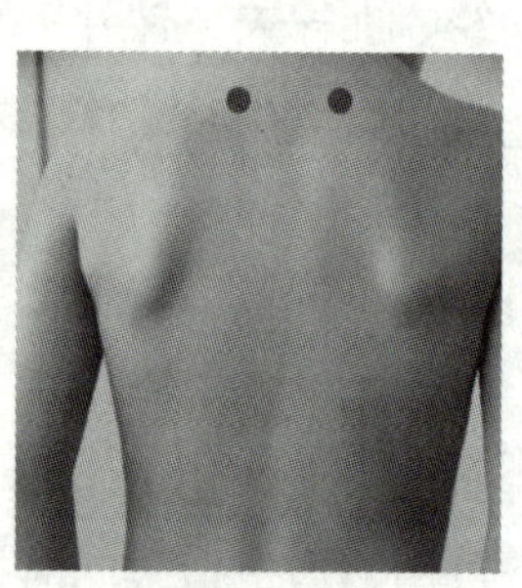
图 3-4-3

【操作】用拇指或食指、中指指端在风门穴揉 20 ~ 30 次，称揉风门。

【作用】解表通络，镇咳平喘。

【临床应用】用于治疗外感风寒、咳嗽气喘，配清肺经、揉肺腧、推揉膻中穴，宣肺解表，镇咳平喘。治疗感冒、咳嗽、气喘、鼻塞等。治疗腰背部肌肉疼痛，与拿委中、拿承山、拿昆仑等合用。

4. 肺俞

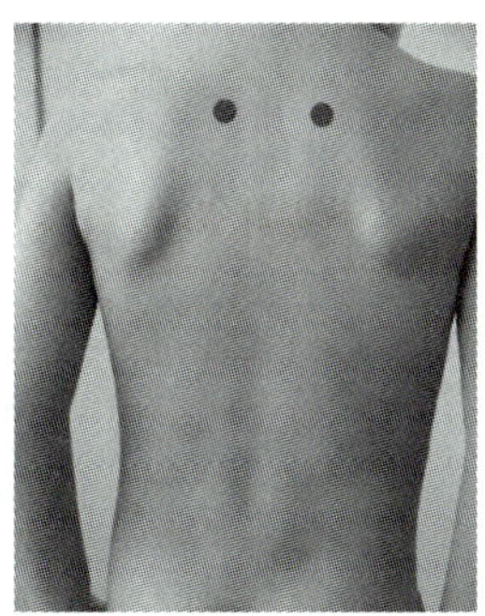
图 3-4-4

【位置】第三胸椎棘突下，旁开 1.5 寸。

【操作】用两拇指或食指、中指端在肺俞穴揉 50 ~ 100 次，称揉肺腧；两拇指分别自肩胛骨内缘从上向下推动 100 ~ 300 次，称推肺俞，或分推肩胛骨。

【作用】调肺气，补虚损，镇咳。

【临床应用】用于外感咳嗽，常配合“治外感四大手法”、清肺经、揉膻中等。疏风解表，宣肺止咳。主治咳喘、痰鸣、胸闷、胸痛、发热等。治疗支气管哮喘，多与推揉膻中、揉天突、搓摩胁肋、运内八卦等合用，以宽胸平喘、降气化痰；如久咳不愈时加补脾经、揉脾俞以培土生金。

5. 脾俞

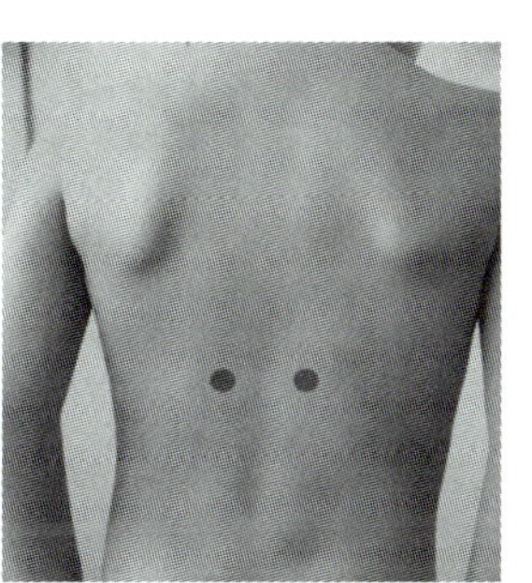
图 3-4-5

【位置】第十一胸椎棘突下，旁开 1.5 寸。

【操作】用两手拇指螺纹面或一手食指、中指指端在脾俞穴揉 50 ~ 100 次，称揉脾俞。

【作用】健脾胃，助运化，祛水湿。

【临床应用】用于治疗呕吐、腹泻、疳积、食欲不振、水肿、慢惊风、四肢乏力等。多与补脾经、按揉足三里合用，治疗脾胃虚弱、乳食内伤，消化不良等症。

6. 肾俞

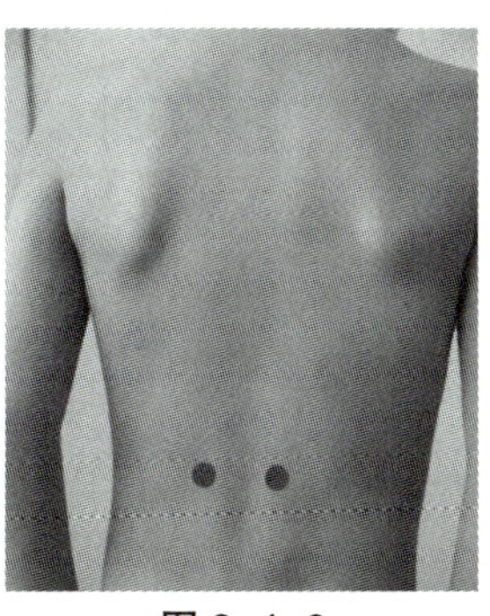
图 3-4-6

【位置】第二腰椎棘突下，旁开 1.5 寸。

【操作】两手拇指螺纹面着力在肾俞穴揉 50 ~ 100 次，称揉肾俞。

【作用】滋阴壮阳，补益肾元。

【临床应用】配合补脾经、揉脐、推上七节骨、推三关、补大肠治疗脾肾阳虚型腹泻；配合揉丹田、擦腰骶部、按揉百会、推三关、补脾经治疗小儿遗尿；配合按腰阳关、拿委中、按足三里及患侧局部的推、揉法治疗小儿麻痹后遗症。

7. 脊柱

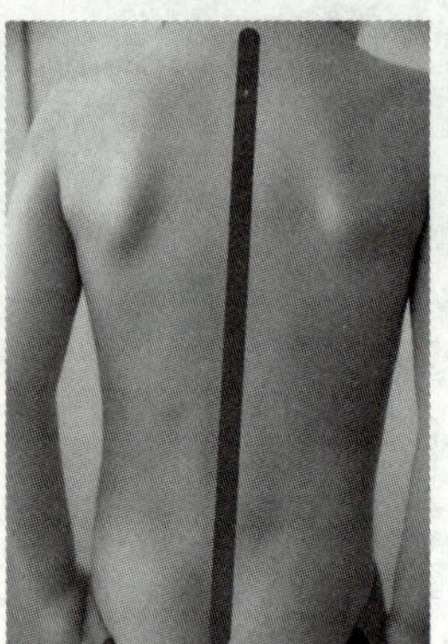
图 3-4-7

【位置】后背正中，整个脊柱，从大椎至长强成一条直线。

【操作】脊柱推拿十法。

（1）捋脊。中指或拇指指腹从上至下推揉，动作缓慢，力度深沉，操作 3 ~ 5 遍。

（2）揉脊。用掌根从上至下揉脊，3 ~ 5 遍。

（3）点脊。拇指或中指指腹置于脊柱两侧从上至下点 3 ~ 5 遍。或于压痛点点 10 次。

（4）按脊。全掌或掌根置于脊柱，从上至下逐一按压，3 ~ 5 遍。

（5）啄脊。五指并拢成梅花形，节律性击打脊柱或两旁，从上至下 3 ~ 5 遍；重点部位定点啄。

（6）推脊。小天心处正对脊柱，从上至下或从下至上缓慢推动，1 分钟。

（7）捏脊。以两手拇指置于脊柱两侧，从下向上推进；边推边以拇指与食指、中指捏拿起脊旁皮肤。

（8）振脊。全掌或掌根吸定于脊柱，静力性震颤，从上至下振 1 ~ 3 遍。

（9）扣脊。拳眼或拳背节律性地击打脊柱，从上至下 3 ~ 5 遍。

（10）擦脊。全掌紧贴脊柱，快速直线往返擦之，透热为度。

【作用】调阴阳，理气血，和脏腑，通经络，培元气，强腰脊，扶正祛邪，促生长发育等。

【临床应用】治疗脾肾要穴，也用于肺系病症。强壮穴，治腰背疼痛，小儿发热等。捏脊是小儿常用的保健手法之一。常与补脾经、补肾经、推三关、摩腹、按揉足三里等合用，治疗先天或后天不足的一些慢性病症；单用可用于治疗小儿疳积、腹泻等症。重推脊，多与清天河水、推六腑等合用以清热；轻推脊，配合按揉百会，掐揉小天心，清肝经，用于小儿惊啼，夜寐不安。

8. 七节骨

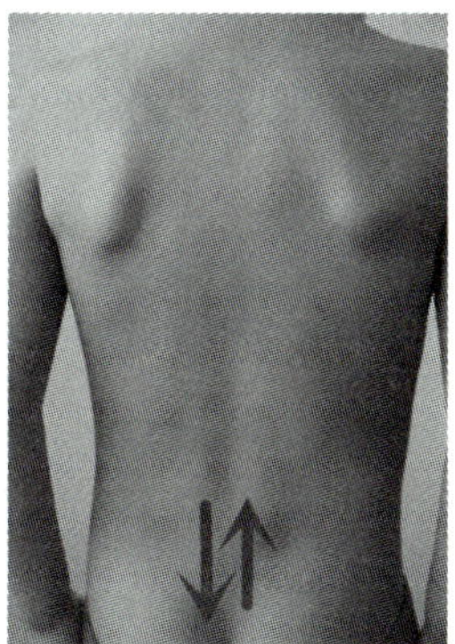
图 3-4-8

【位置】第四腰椎至尾骨尖成一条直线。

【操作】用拇指桡侧面或食指、中指指面自下而上或自上而下直推 100 ~ 300 次，分别称为推上七节骨和推下七节骨。

【作用】推上七节骨为温为补为升，推下七节骨为清为泻为降。

【临床应用】用于治疗便秘、痢疾、身热、汗出、口苦、口臭等。常用于调理二便。推上七节骨，多用于虚寒腹痛、脾虚泻、寒湿泻、久痢等症。临床上常合用按揉百会、揉丹田等，治疗气虚下陷的脱肛、遗尿等症。推下七节骨，多用于治疗肠热便秘或痢疾等症。

9. 龟尾（尾闾、长强、尾尻）

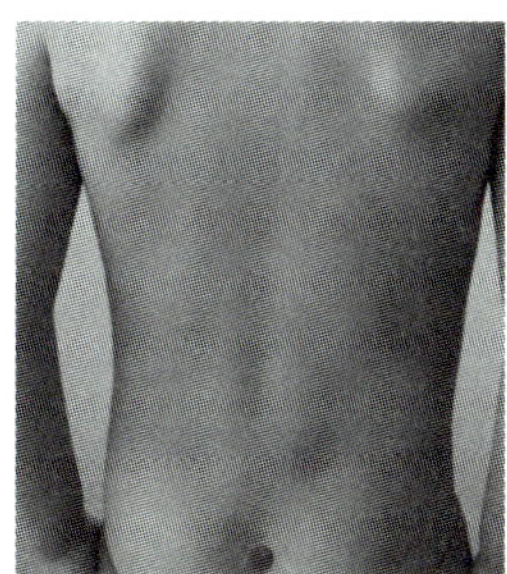
图 3-4-9

【位置】尾椎骨末端。

【操作】可点，可揉，可振，各 1 ~ 3 分钟。

【作用】止泻，通便。

【临床应用】用于治疗各种腹泻，为止泻要穴。也用于治疗便秘、痢疾、脱肛、肛裂、痔漏等。多与揉脐、推七节骨合用治疗腹泻、便秘。

第五节　上肢部穴位

1. 脾经（脾土）

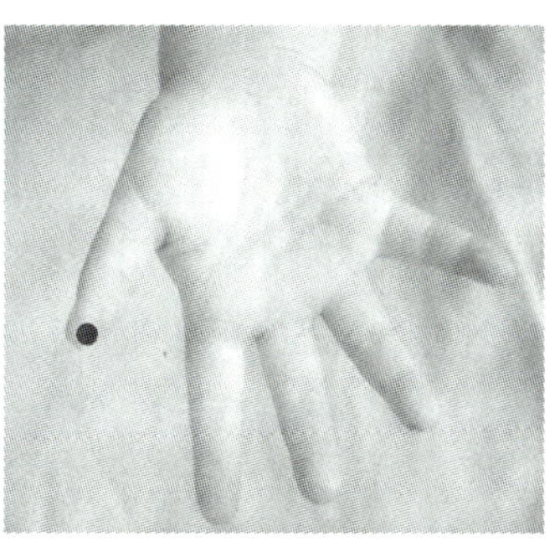
图 3-5-1

【位置】拇指桡侧缘或拇指末节螺纹面。

【操作】将患儿拇指弯曲，循拇指桡侧边缘由指尖向指根方向直推为补，称补脾经；将患儿拇指伸直，自指根向指尖方向直推为清，称清脾经。来回直推为平补平泻。

【作用】健脾胃，补气血，清热利湿，化痰止呕。

【临床应用】补脾经用于治疗脾胃虚弱引起的食欲不振，消化不良、疳积、腹泻、咳嗽、消瘦等，常与揉脾俞、揉中脘、摩腹、捏脊、揉足三里合用；清脾经用于治疗湿热熏蒸、皮肤发黄、恶心呕吐、腹泻痢疾等，多与清胃经、清小肠、揉板门、清大肠合用；与揉板门、运八卦、直推中脘、分腹阴阳合用用于治疗乳食积滞引起的脘腹胀满、嗳气纳呆、矢气臭秽。

2. 肝经（肝木）

【位置】食指末节螺纹面。

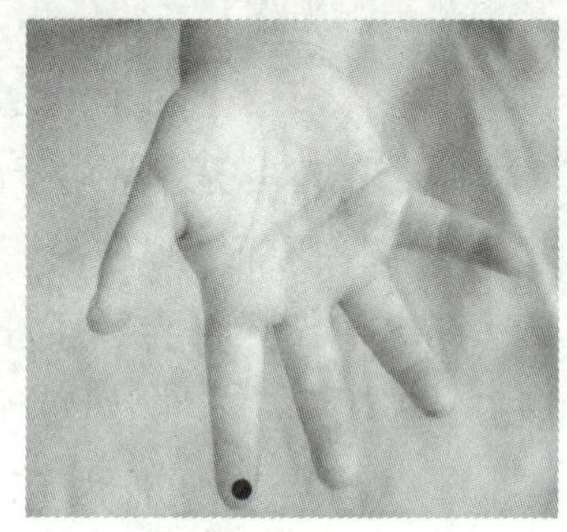
图 3-5-2

【操作】一只手持患儿食指末节，用另一只手拇指螺纹面由指尖向指根直推，或旋推患儿食指螺纹面为肝经；由指根向指尖方向直推，称清肝经，反之为补。补肝经和清肝经统称推肝经。

【作用】平肝泻火，熄风镇惊，解郁除烦。

【临床应用】常用于治疗惊风、抽搐、烦躁不安、五心烦热等症，多与掐人中、掐揉小天心、掐老龙合用。肝经宜清不宜补，若肝虚应补时则需补后加清，或以补肾经代替。

3. 心经（心火）

【位置】中指末节螺纹面。

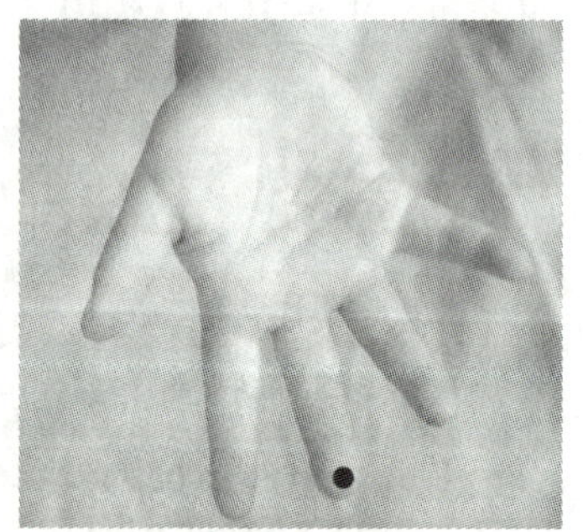
图 3-5-3

【操作】一只手持患儿中指，用另一只手拇指螺纹面旋推患儿中指螺纹面为补心经；由指根向指尖方向推为清心经，反之亦为补。补心经和清心经统称推心经。推 100 ~ 500 次。

【作用】清热退心火。

【临床应用】常用于治疗心火旺盛引起的高热神昏、面赤口疮、小便短赤等，多与清天河水、清小肠等合用。本穴宜用清法，不宜用补法。若气血不足而见心烦不安、睡卧露睛等症，需用补法时，可补后加清，或以补脾经代之。

4. 肺经（肺金）

【位置】无名指末节螺纹面。

【操作】一手持患儿无名指，用另一手拇指螺纹面旋推患儿无名指末节螺纹面为补肺经；由指根向指尖方向推为清肺经，反之亦为补。清肺经和补肺经统称推肺经。推100～500次。

【作用】补益肺气，宣肺清热。

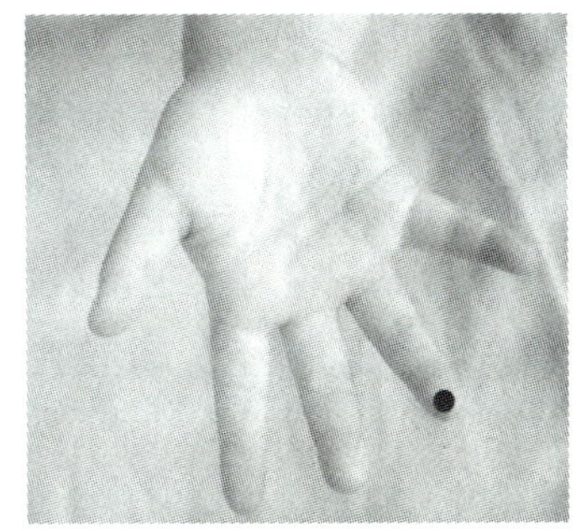

图 3-5-4

【临床应用】补肺经用于治疗肺气虚损，咳嗽气喘，虚寒怕冷等肺经虚寒证，常与补脾经、补肾经、推三关、揉膻中、按揉足三里等合用。清肺经常用于治疗感冒发热、咳嗽气喘、痰鸣等实证，多与清天河水、“治外感四大手法”、按揉天突、推揉膻中、运内八卦等合用。

5. 肾经（肾水）

【位置】小指末节螺纹面。

【操作】一手持患儿小指，用另一手拇指螺纹面旋推患儿小指螺纹面为补肾经；由指根向指尖方向直推，称补肾经；反之为清，称清肾经。补肾经和清肾经统称推肾经。推100～500次。

【作用】补肾益脑，温养下元；清利下焦湿热。

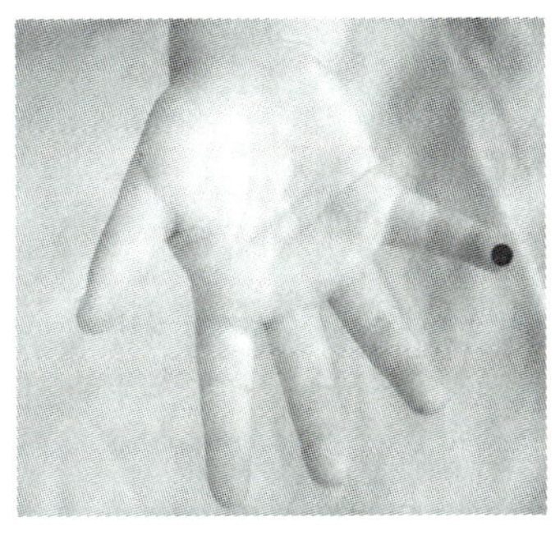

图 3-5-5

【临床应用】补肾经用于治疗先天不足、久病体虚、肾虚久泻、多尿、遗尿、虚汗喘息等症，多与补脾经、补肺经、揉捏肾俞、捏脊、揉足三里、擦腰骶部合用；清肾经用于膀胱蕴热，小便赤涩等症，多与清天河水、清小肠、推箕门合用。

6. 五经

【位置】五手指螺纹面，即脾、肝、心、肺、肾经。

【操作】一手持患儿五指，用另一手拇指或中指从患儿拇指运或掐揉至小指，运50～100次，掐揉3～5次，称运五经和掐揉五经。患儿掌心向下，五指并拢，术者拇指

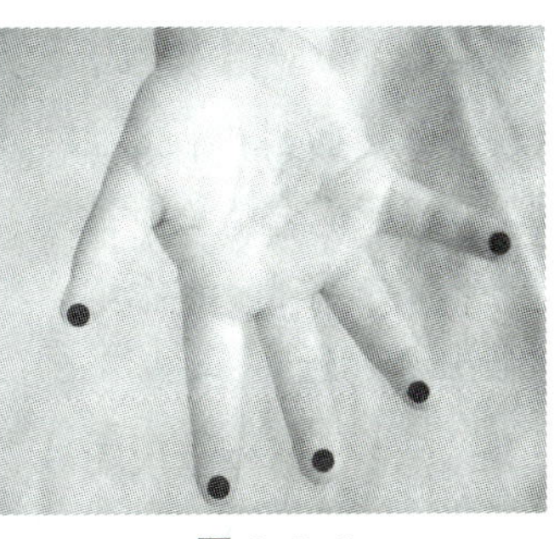

图 3-5-6

放在患儿掌背，其余四指并拢在患儿掌面，向指端方向直推，推 50～100 次，称推五经。可运，可推，可掐，可揉。

【作用】解表退热。

【临床应用】主治外感发热，尤其是对 6 个月以内的婴儿效果较好。掐、揉、运五经，动五脏之气，与相关脏腑经穴配伍，可治疗脏腑相关病变。

7. 大肠

【位置】食指桡侧缘，指尖至指根成一条直线。

【操作】由指尖向指根推为补大肠；指根推向指尖，称清大肠；来回推，称调理大肠。均 3～5 分钟。

【作用】调理肠道，涩肠止泻，清热利湿通便。

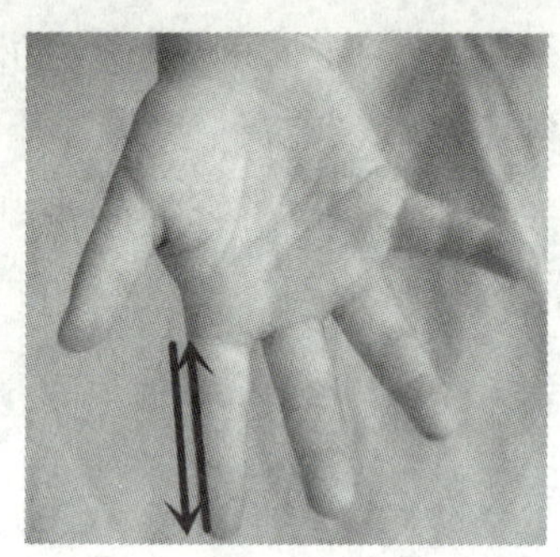

图 3–5–7

【临床应用】补大肠与推三关、补脾经、补肾经、摩腹、揉脐、推上七节骨、揉龟尾合用，可用于治疗虚寒腹泻，脱肛等病症；清大肠与推六腑、清脾经、分推腹阴阳、推下七节骨、揉龟尾合用可用于治疗湿热、积食滞留肠道，身热腹痛，痢下赤白，大便秘结等症。

8. 小肠

【位置】小指尺侧缘，自指尖至指根成一条直线。

【操作】自指尖向指根推为补小肠；反之为清小肠。推 1～3 分钟，临床以清法为主。

【作用】清热利尿，分清别浊。

【临床应用】用于治疗汗证、癃闭、小便短赤、尿痛、小便混浊、腹泻等，也治多尿、遗尿等。配合清天河水，掐揉小天心、清心经有加强清心利尿的作用。

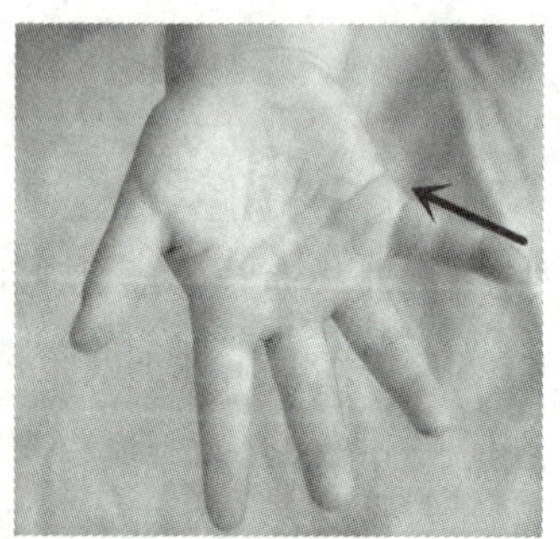

图 3–5–8

9. 肾顶

【位置】小指顶端。

【操作】以中指或拇指指腹按揉，或推，或掐。揉 1～3 分钟，推 1 分钟，掐 10 次。

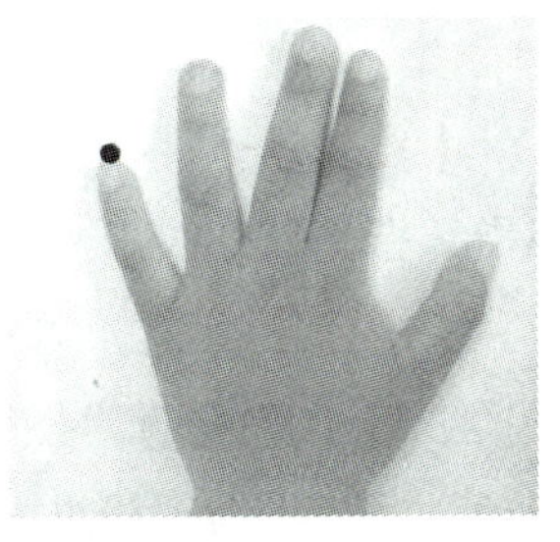

图 3-5-9

【作用】补肾壮骨，敛汗。

【临床应用】用于解颅、五迟五软、自汗、盗汗等。治疗气虚自汗多与补脾经、补肺经、捏脊、摩腹、揉足三里合用；治疗阴虚盗汗，常与补肾经、补肺经、清天河水、揉二人上马合用。

10. 肾纹

【位置】手掌面，小指第二指间横纹。

【操作】掐揉法。掐 3 揉 1，1 分钟。

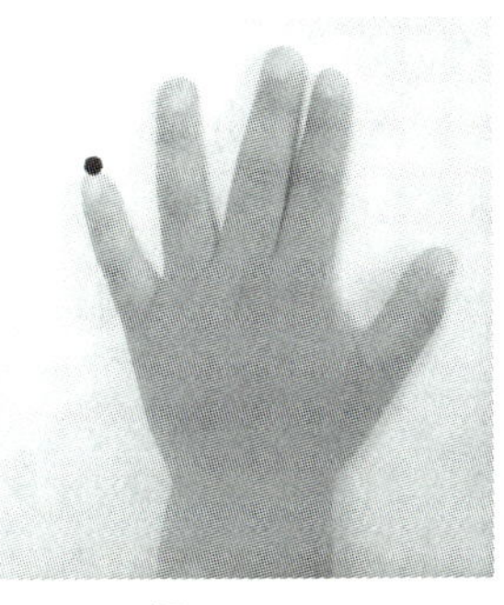

图 3-5-10

【作用】清热明目，散瘀结。

【临床应用】治疗火热上攻之目疾，如目赤肿痛、流泪、眵多、畏光、头痛等，常与揉太阳、清肝经、清心经、掐揉小天心、打马过天河、推六腑、捏脊合用；亦治胃火上攻之鹅口疮、高热、烦躁、便秘等，常与清胃经、清心经、揉总筋、清小肠、清天河水合用。

11. 四横纹

【位置】掌面，食指、中指、无名指、小指第一指间关节横纹。

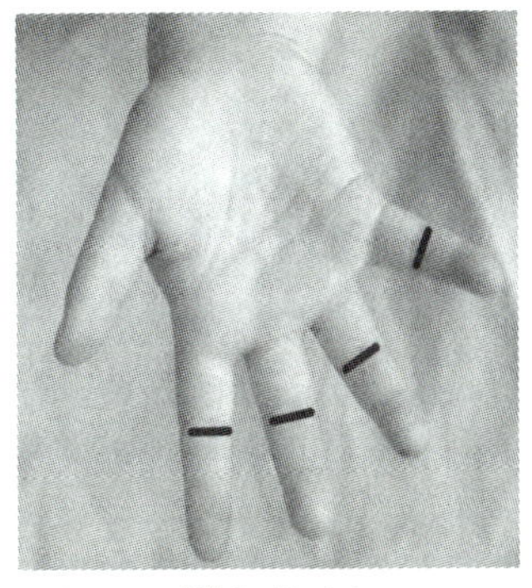

图 3-5-11

【操作】掐揉四横纹：从食指指纹起每捻揉 3 ~ 5 次，以拇指甲掐 1 次，依次掐捻完四指为 1 遍，操作 10 遍。推四横纹：患儿四指并拢，术者以拇指指腹从患儿食指纹路依次横向推至小指纹路，1 ~ 3 分钟。

【作用】化积消疳，退热除烦，散瘀结。

【临床应用】治疗小儿疳积，掐揉四横纹常与补脾经、揉中脘、按揉足三里、捏脊合用；治疗消化不良，常与补脾经、揉板门、揉中脘、分腹阴阳合用；治疗胸闷痰喘，多与推、揉膻中，推肺经，运内八卦，分推肩胛骨配合应用。

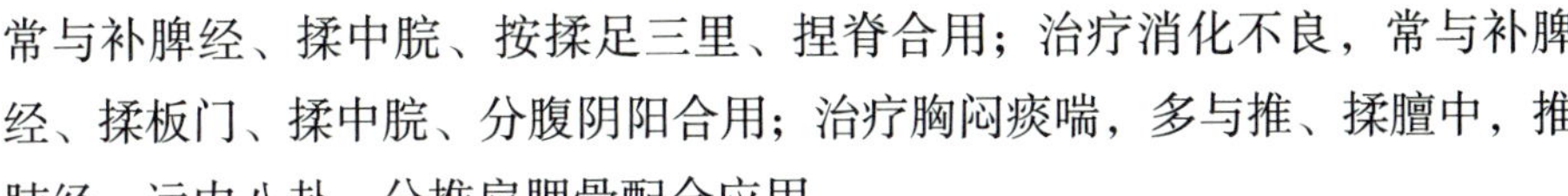

12. 小横纹

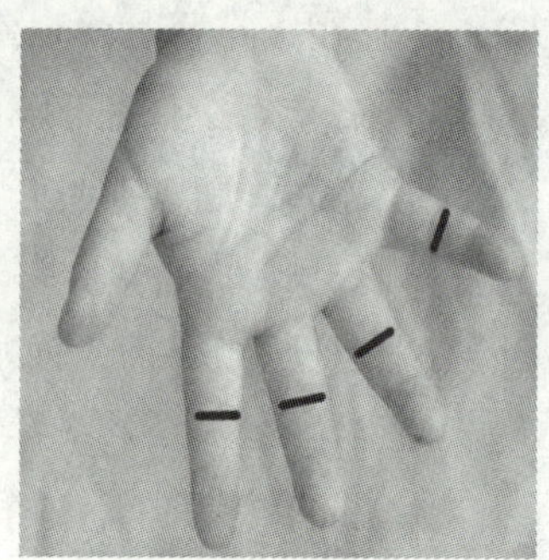
图 3-5-12

【位置】手掌面，食指、中指、无名指、小指掌指关节横纹。

【操作】可揉，可掐，可推。依次于各横纹揉 3 掐 1 为 1 遍，操作 10 遍。横向推 1 ~ 3 分钟。另一法为逐指纵向来回推之，10 遍。

【作用】化积，退热，除烦，消胀，散结。

【临床应用】用于治疗烦躁、发热、口疮、流涎等。

13. 掌小横纹

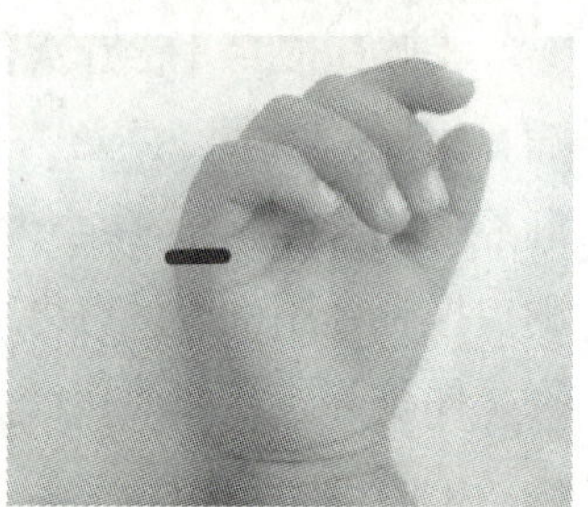
图 3-5-13

【位置】掌面小指根下，尺侧掌纹头。

【操作】可揉，可掐。揉 3 掐 1，操作 1 ~ 3 分钟。

【作用】化痰止咳，开胸，散结。

【临床应用】用于治疗胸闷、气急、咳嗽、痰喘、咽喉不利、鼻窍不通、百日咳等症。治疗咳喘多与揉肺俞、清肺经、揉膻中、分推肩胛骨合用。

14. 胃经

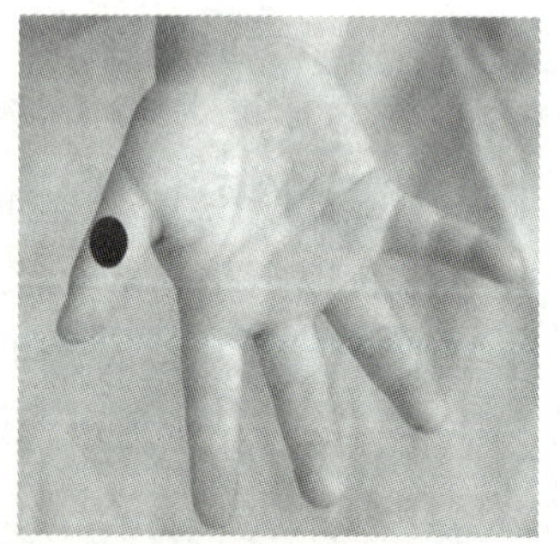
图 3-5-14

【位置】掌面，拇指第一掌骨桡侧缘，赤白肉际。

【操作】以拇指指腹置于第一掌骨桡侧缘，从上至下推，称清胃经，旋推之，称补胃经，操作 1 ~ 5 分钟。

【作用】补胃经能健脾胃，助运化。清胃经具有清中焦湿热，和胃降逆，泻胃火，除烦止渴。

【临床应用】补胃经治疗脾胃虚弱引起的消化不良、食欲不振，多与补脾经、揉中脘、摩腹、揉足三里合用。清胃经治疗上逆呕恶，脘腹胀满，发热烦渴，便秘，纳呆等实证，多与清脾经、清大肠、推天柱骨、推六腑、推下七节骨、揉天枢合用。

15. 板门

【位置】手掌大鱼际平面。

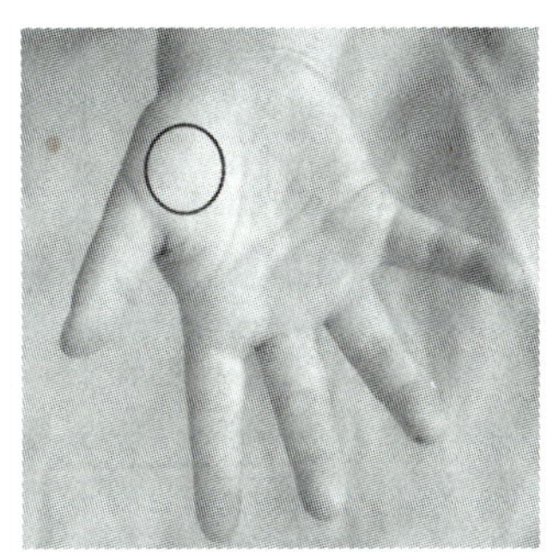
图 3-5-15

【操作】一手持患儿手，用另一手拇指端揉患儿大鱼际，称揉板门或运板门，揉 50～100 次；用推法自拇指根推向腕横纹，称板门推向横纹，反之称横纹推向板门，推 100～300 次。板门穴有揉法、运法、推法。

【作用】揉板门健脾和胃，消食化滞，运达上下之气；板门推向横纹健脾止泻；横纹推向板门降逆止呕。

【临床应用】揉板门用于治疗乳食积滞、腹胀、食欲不振、呕吐、嗳气等症，与补脾经、运内八卦、揉中脘，分腹阴阳合用。板门推向横纹止泻，常配合推脾经、推大肠、推上七节骨同用。横纹推向板门止呕吐，常配清胃经、推天柱骨，直推中脘。

16. 内劳宫（牢宫）

【位置】手掌正中央。约第 3 掌骨中点取穴。

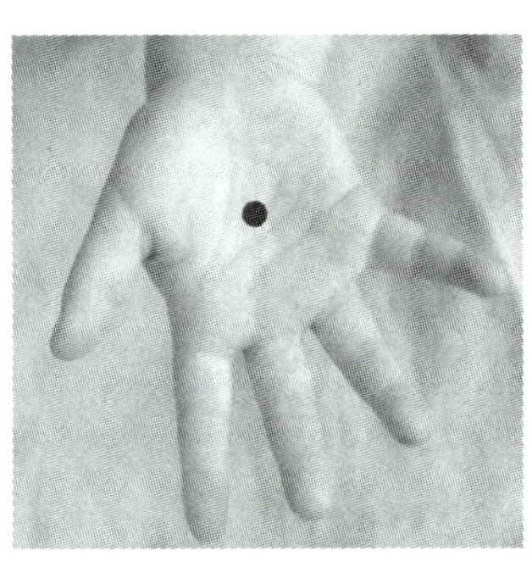
图 3-5-16

【操作】可揉，可掐。揉 3 分钟，掐 10 次。运法为水底捞月法。

【作用】清热，凉血，镇惊，清虚热。

【临床应用】清法代表。治各种发热。尤其对因热而致的口渴、烦躁、口疮、五心烦热、潮热、盗汗、便血、惊风、抽搐等有疗效。多与清心经、掐揉小天心、清天河水、清小肠合用。

17. 内八卦

【位置】以手掌中心为圆心，圆心至中指根距离 2/3 为半径之圆周。

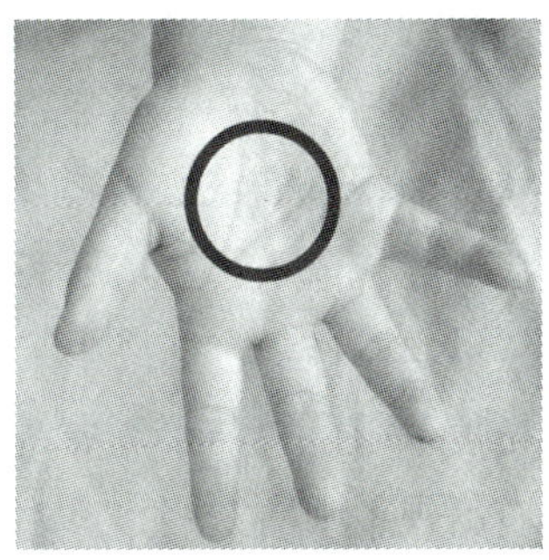
图 3-5-17

【操作】运法有顺运和逆运之分。古有离位不运之说，即用左手拇指盖住离位，右手运至中指根下时，从左手指甲背上滑落，以免动心火。此外，古有运内八卦之法：

（1）乾震顺运：自乾经坎、艮掐运至震，能安魂。

（2）巽兑顺运：自巽经离、坤掐运至兑，能定魂。

（3）离乾顺运：自离经坤、兑掐运至乾，能止咳。

（4）坤坎顺运：自坤经兑、乾掐运至坎，能清热。

（5）坎巽顺运：自坎经艮、震掐运至巽，能止泻。

（6）巽坎逆运：自巽经震、艮掐运至坎，能止呕。

（7）艮离顺运：自艮经震、巽掐运至离，能发汗。

（8）水火既济：自坎至离，自离至坎来回推运，能调剂水火，平衡阴阳。

（9）揉艮宫，用指腹在艮宫揉运，能健脾消食。

【作用】顺运行气消积、化痰、平喘。逆运降逆。

【临床应用】顺运与补脾经、揉板门、揉中脘合用，用于治疗乳食内伤，腹胀，纳呆等症；逆运与补脾经、推肺经、推天柱骨、揉膻中、按揉天突合用，治疗痰喘咳嗽，呕吐。

18. 小天心（鱼际交）

【位置】在大小鱼际交界处凹陷中。

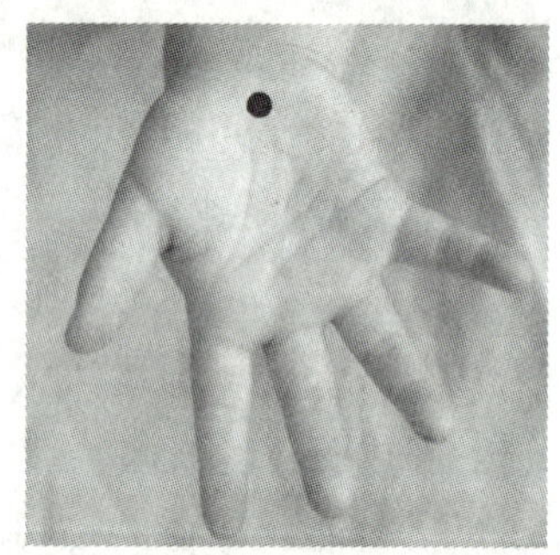

图 3-5-18

【操作】有揉法、掐法、捣法。一手持患儿四指，使其掌心向上，用另一手中指端揉，揉 100 ~ 300 次，称揉小天心；用拇指甲掐 3 ~ 5 次，称掐小天心；用中指指尖或屈曲的指间关节捣 10 ~ 30 次，称捣小天心。

【作用】掐揉小天心有清热、镇惊、利尿、明目的作用。掐捣小天心能镇惊安神。

【临床应用】掐揉小天心用于治疗心经有热而致的目赤肿痛，口舌生疮，惊惕不安或心经有热，移热于小肠，而见小便短赤等症，常与清心经、清肝经、清小肠、清天河水等合用。揉小天心还可用于小儿遗尿、疮疖、疹痘欲出不透等；掐捣小天心常用于小儿惊风抽搐、夜啼、惊惕不安等症。若见惊风眼翻可与掐老龙、掐人中、清肝经等合用。眼上翻者则向下掐、捣；右斜视者则向左掐、捣；左斜视者则向右掐、捣。

19. 总筋

【位置】腕横纹中点。

【操作】可揉，可掐。揉 3 分钟，掐 10 次。

【作用】镇惊，清心火，通调全身气机。

【临床应用】用于急慢惊风、夜啼、多动症、抽动症、睡中磨牙、瞬目、口舌生疮、潮热等。治疗惊风抽搐，常与掐人中、掐老龙合用。

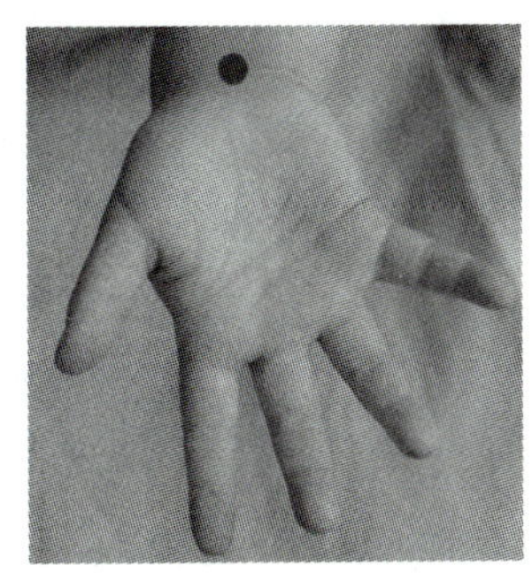

图 3–5–19

20. 大横纹

【位置】仰掌，掌后横纹。近拇指端称阳池，近小指端称阴池。

【操作】用两手拇指指面从小儿掌后横纹中点，由总筋向两旁分推，称分推大横纹，又称分手阴阳；自两旁向总筋和推称合手阴阳。推 30 ~ 50 次。

【作用】分手阴阳能平衡阴阳，调和气血，行滞消食。合手阴阳能行痰散结。

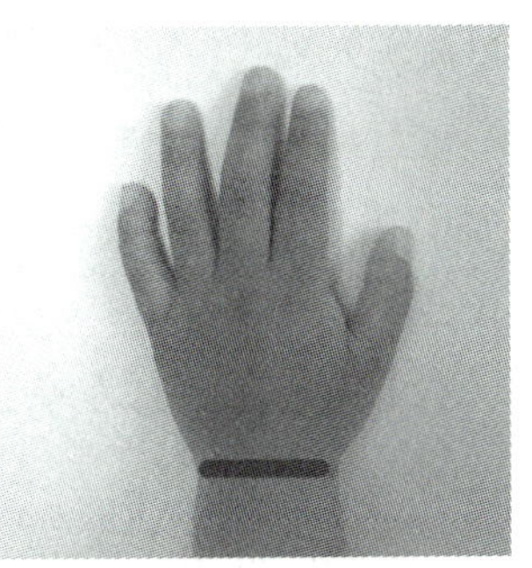

图 3–5–20

【临床应用】分手阴阳多用于阴阳不调、气血不和而致寒热往来、烦躁不安、腹胀、腹泻、呕吐等症，多与推三关、推六腑等合用，若实热症阴池宜重分，虚寒证阳池宜重分。合手阴阳多用于痰结喘嗽，胸闷等症，与推揉膻中、揉肾纹、清天河水合用。

21. 十宣（十王）

【位置】十指尖，距指甲游离缘约 0.1 寸，两手共 10 穴。

【操作】用拇指指甲逐渐掐之，称掐十宣，每穴掐 3 ~ 5 次。

【作用】清热，醒神，开窍，调理五脏。

【临床应用】用于治疗发热、口疮、心烦等，常用于急救，尤其中暑、高热神昏、惊厥等，常与掐老龙、掐人中、掐端正合用。

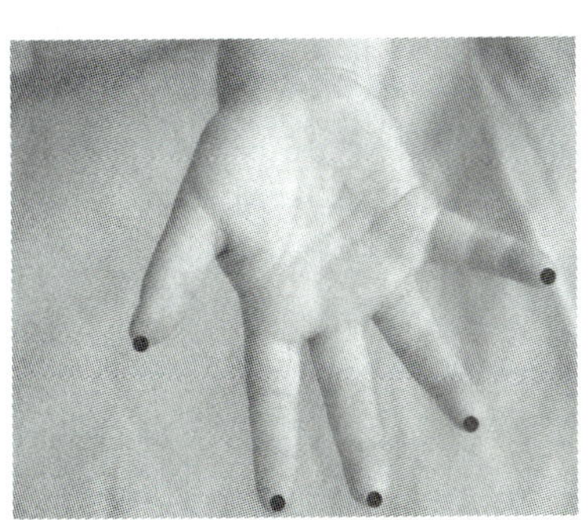

图 3–5–21

22. 老龙

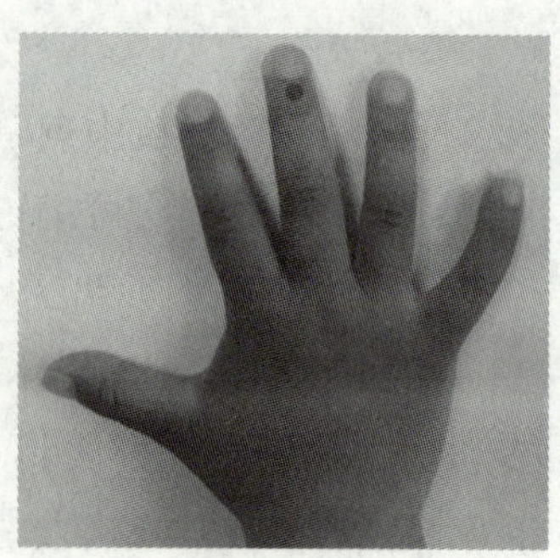
图 3-5-22

【位置】中指背，距中指甲根中点 1 分。

【操作】掐之。3 ~ 5 次。

【作用】开窍醒神，退热止惊。

【临床应用】急救要穴，用于急惊、暴死、昏迷不醒、高热抽搐等。

23. 端正

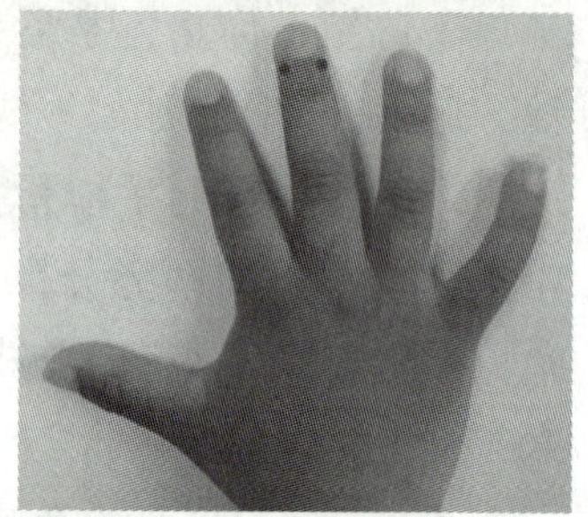
图 3-5-23

【位置】中指甲根桡侧赤白肉际为左端正，尺侧为右端正，两端正距指甲根旁约 1 分许。

【操作】可单掐左、右端正，亦可先捻揉中指 3 次，末次掐左右端正各 1 次，操作 10 遍。

【作用】掐揉左端正升清止泻，掐揉右端正降浊止呕。

【临床应用】左端正为止泻痢要穴，用于痢疾、霍乱、水泻，常与推脾经、推大肠、清小肠、揉天枢、推七节骨合用，也用于斜视、惊风。右端正为止呕要穴，用于恶心、呕吐、鼻衄等，常与清胃经、推天柱骨合用。同时捻掐能顺其升降。

24. 五指节

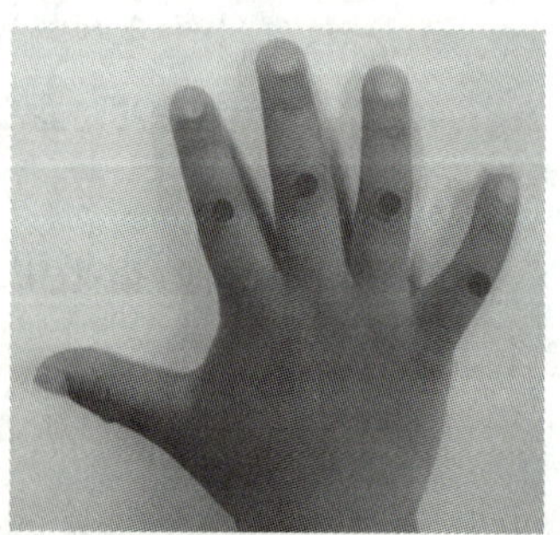
图 3-5-24

【位置】掌背五指中节横纹处。

【操作】可依次掐五指节，3 ~ 5 遍；可各指捻 3 掐 1，3 ~ 5 遍。

【作用】安神，定惊，化痰，通关窍。

【临床应用】治疗惊吓啼多与清肝经、清心经、掐揉小天心配合使用；与惊惕不安、惊风常与掐老龙、掐十宣合用；胸闷、痰喘多与运内八卦，推揉膻中合用。

25. 二扇门

【位置】掌背中指根两侧凹陷中。食指、中指交界处为一扇门，中指与无名指交界处为二扇门。

【操作】以一手指、中二指分开，置于二扇门揉之。或以两拇指指端掐入二扇门，揉3掐1，均1～3分钟。

【作用】发汗解表，温中散寒，退热平喘。

【临床应用】汗法代表，亦可发“脏腑之汗”。用于治疗畏寒、易感冒、无汗、高热、惊风等。

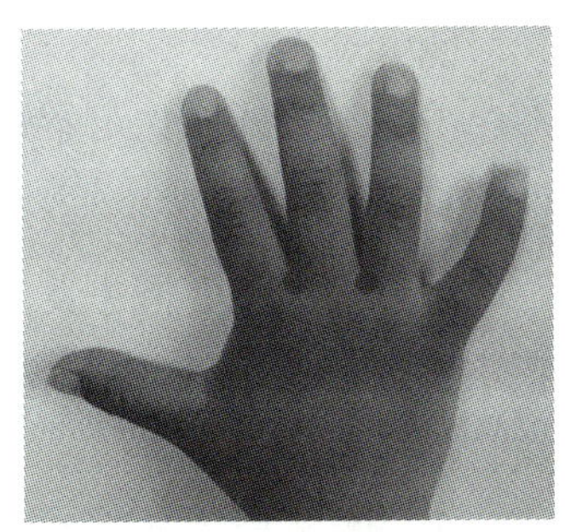

图 3-5-25

26. 二人上马

【位置】手背，第四、五掌指关节后方，两掌骨间凹陷处。

【操作】以中指或拇指指腹揉3分钟；以拇指指甲掐10次。

【作用】滋阴补肾，利水通淋，顺气散结。

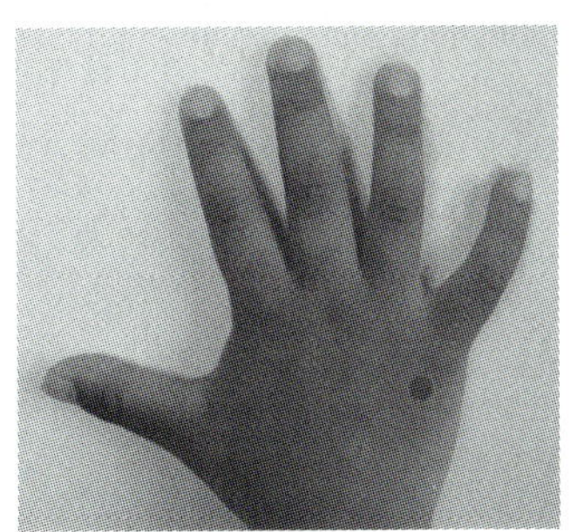

图 3-5-26

【临床应用】补法代表，用于治疗肾阴不足、心肾不交之足痿无力、耳鸣耳聋、齿痛、夜啼等，也用于治疗潮热、盗汗、口干咽燥、小便赤涩、淋痛、癃闭等。

27. 外劳宫

【位置】手背正中央，与内劳宫相对。

【操作】可揉，可掐。可用拇指、食指同时双点内外劳宫，均1～3分钟。

【作用】温阳散寒，升举阳气。

【临床应用】温中有升。其温用于治疗头昏头痛、恶寒肢冷、清涕不止、耳道闭塞，以及完谷不化、心腹冷痛、肠鸣、神疲、遗尿等。其升用于治疗脾胃气虚、脱肛、久泻、久痢、汗出不止、流涎、小便清长、遗尿等。双点内外劳宫，一寒一热，一阴一阳，外劳宫“和脏腑之热气”，内劳宫“热汗立止何愁雪”。若反复感冒，适应性差，寒热失调宜内外劳宫双点。

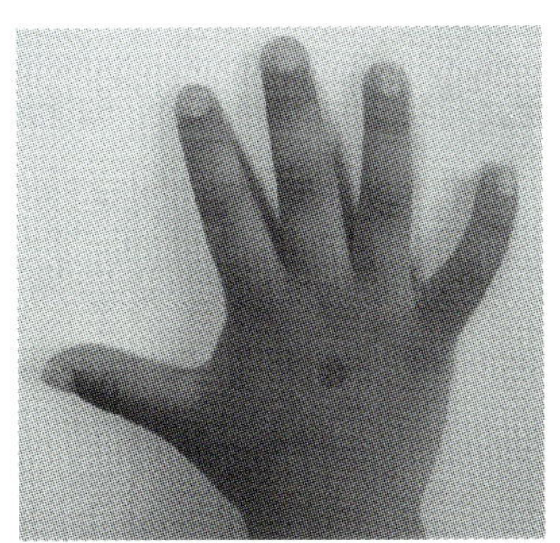

图 3-5-27

28. 威灵

【位置】掌背，第二、三掌骨中央之凹陷。

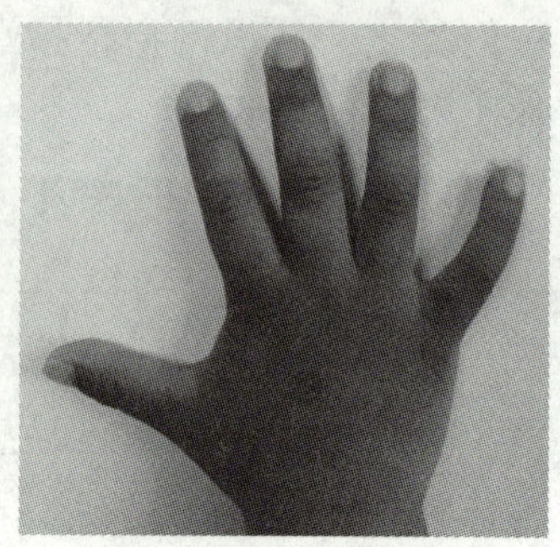
图 3–5–28

【操作】一手握患儿四指，用另一手拇指指甲掐之，掐后继揉，掐 3 ~ 5 次，或醒后即止，称掐威灵。

【作用】镇惊，开窍醒神，行气散结，化痰消症。

【临床应用】用于治疗高热神昏、急惊、昏迷不醒、头痛等。常与掐人中、掐精宁合用。

29. 精宁

【位置】掌背，第四、五掌骨中央之凹陷。

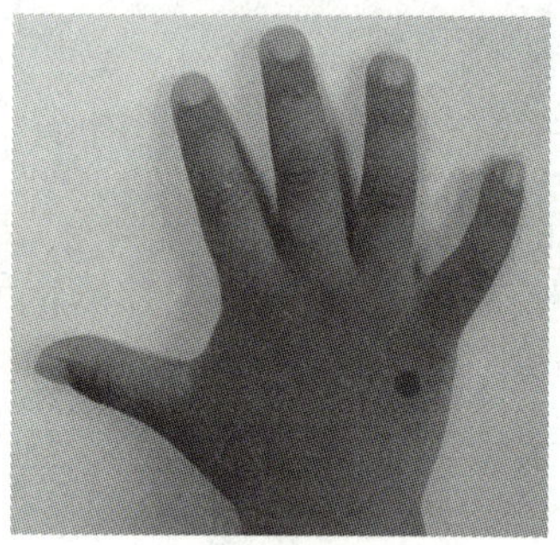
图 3–5–29

【操作】一手握患儿四指，使其掌背向上，用另一手拇指指甲掐之，掐 3 ~ 5 次，掐后继揉，称掐精宁。

【作用】镇惊，开窍醒神，行气散结，化痰消症。

【临床应用】用于治疗高热神昏、急惊、昏迷不醒、头痛等。

30. 外八卦（外八方）

【位置】手背，与内八卦相对的圆形穴位。

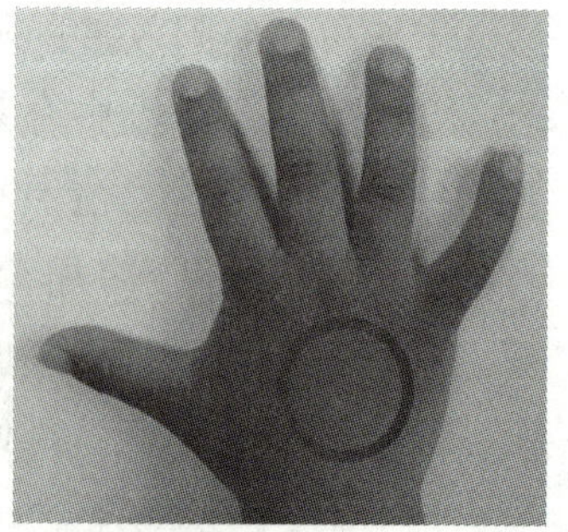
图 3–5–30

【操作】运法，一手握患儿四指，使其掌背向上，用另一手拇指做顺时针方向推运，运 100 ~ 300 次，或 1 ~ 3 分钟。

【作用】宽胸，理气，散结。

【临床应用】用于治疗胸闷、气急、腹胀、大便秘结等气滞气结之证，常与运内八卦、推揉膻中、摩腹等合用。

31. 一窝风

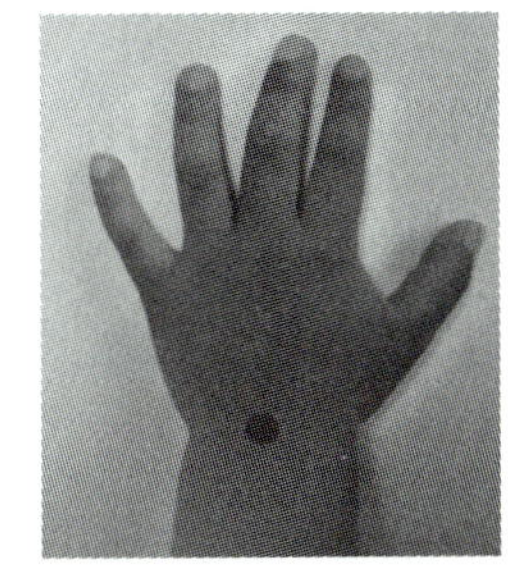
图 3-5-31

【位置】手背，掌横纹中央之凹陷。

【操作】掐揉之。一手拇指指腹按一窝风，食指或中指指腹按总筋，另一手摇其腕关节称摇一窝风。掐 3～5 次，揉 3 分钟，顺时针与逆时针各摇 50 圈。

【作用】温经散寒，活血止痛，利关节。

【临床应用】温法代表，温通力强，用于治疗各种腹痛、咳嗽、呕吐、寒疝、四肢逆冷等。治疗食积腹痛时常与拿肚角、推三关、揉中脘等合用。

32. 膊阳池

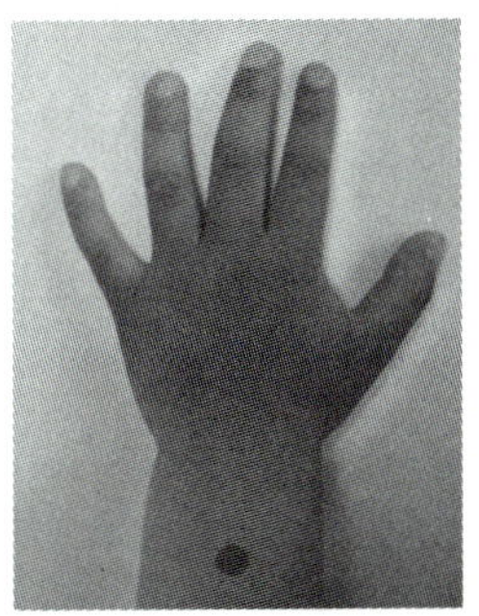
图 3-5-32

【位置】手背，一窝风上 3 寸许。

【操作】一手握患儿手腕，使其掌背向上，用另一手拇指或中指揉 100～200 次，称揉膊阳池；揉后用拇指指甲掐 3～5 次。

【作用】疏风解表，通降二便，止头痛。

【临床应用】用于各种感冒、头痛、身痛、无汗、咳喘等。用于大便秘结，或热结旁流，或虫积、气聚等致大便不畅，以及小便赤涩、短少等。

33. 三关

【位置】前臂桡侧，腕横纹至肘横纹成一条直线。

【操作】从腕横纹推向肘横纹，称推上三关，操作 3～5 分钟。

【作用】补气行气，温阳散寒，发汗解表。

【临床应用】温法代表，治一切寒证，如头冷痛、流清涕、泪水清冷、

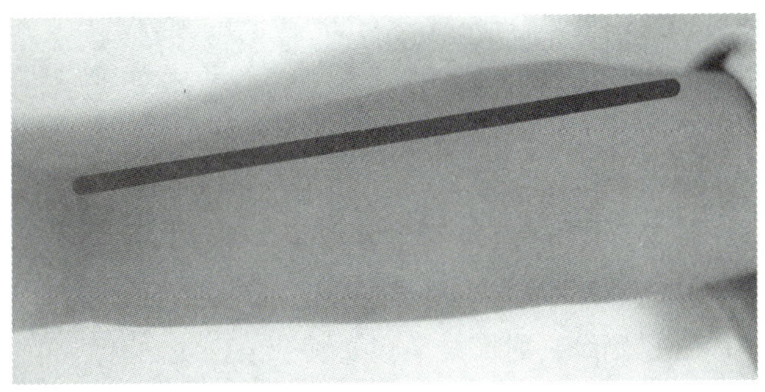
图 3-5-33

流涎、畏寒肢冷、阴疽、瘾疹不出、心腹冷痛。补法代表，治阳气不足之证，如身体虚弱、神疲气怯、面色无华、食欲不振、头昏、少气懒言等，常与补脾经、补肾经、揉丹田、捏脊、摩腹等合用。长于提升，用于治疗感冒无汗、汗出不畅、高热、疹子等。

34. 天河水（天河）

【位置】前臂内侧正中，总筋至洪池（曲泽）成一条直线。

【操作】（1）清天河水。一手拇指按于内劳宫，另一手拇指或食中二指向上推天河水。

（2）大推天河水。从内劳宫向上推至肘横纹。推和大推天河水均以局部红赤为度。

（3）取天河水。从洪池（曲泽）向掌心方向推，推至掌心，运数次后，向上一拂而起，1 分钟。

（4）打马过天河。先运内劳宫数遍，后以一手拇指按于内劳宫，一手食指、中指交替或并拢从下向上拍打天河水，以局部红赤，或微出汗为度。

【作用】清热解表，泻火除烦。

【临床应用】清法代表，治各种热证，实热虚热均适宜。能凉血，治斑疹、紫癜、皮肤干燥瘙痒等。清天河水用于外感，以透发为主，常与推攒竹、推眉弓、揉太阳合用；大推天河水和打马过天河，清热力量较强；取天河水为阴虚津伤而设，多用于虚热。

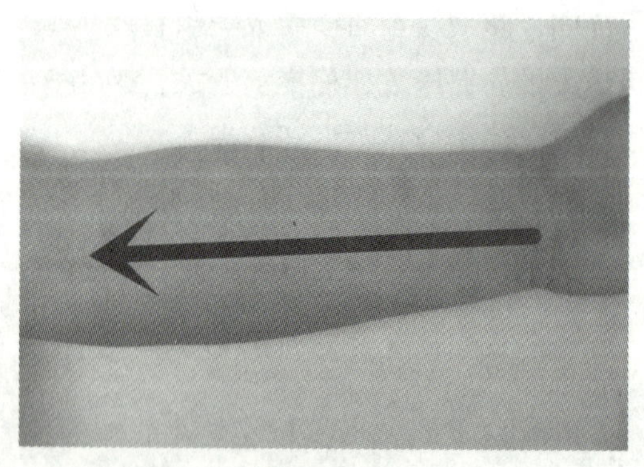

图 3–5–34

35. 六腑

【位置】前臂尺侧缘，肘横纹至腕横纹一条直线。

【操作】一手握其手腕，另一手食指、中指下推六腑，100 ~ 500 次，

或 3 ~ 5 分钟。

【作用】通腑，泻热，解毒。

【临床应用】下法代表，用于治疗各种积滞之腑气不通，以痞、满、燥、实、坚为特征，也用于热毒上攻之咽喉肿痛、重舌、木舌、热痢、目赤眵多、浊涕等，即釜底抽薪。清法代表，用于各种热证，如口臭、胃中灼热、牙龈肿痛、小便短赤、口舌生疮、大热、大汗、大渴、烦躁等。

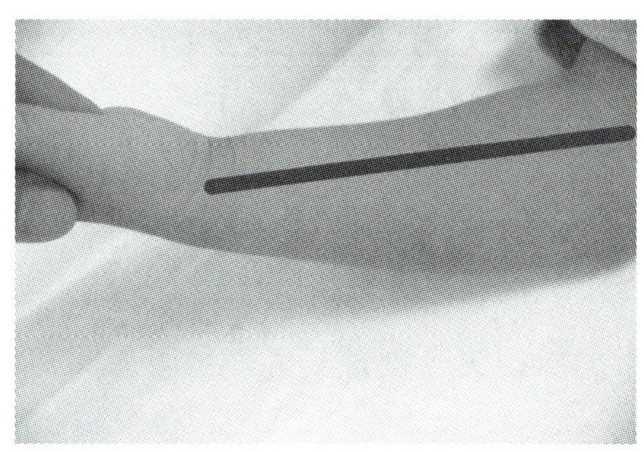

图 3–5–35

第六节　下肢部穴位

1. 箕门

【位置】大腿内侧，髌骨上缘至腹股沟成一条直线。

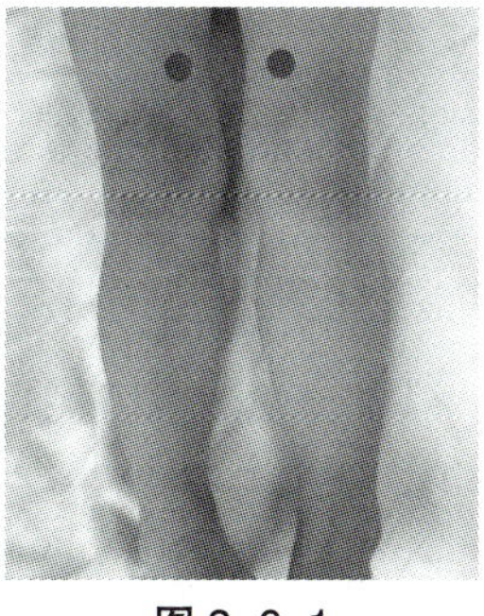

【操作】以食指、中指指腹自髌骨上缘推至腹股沟，称推箕门，100 ~ 300 次。以食指、中指、无名指、小指并拢。蘸凉水从下至上拍箕门，至局部潮红为度。

图 3–6–1

【作用】清热利尿。

【临床应用】治疗尿潴留，多与揉丹田、按揉三阴交合用；治疗心经有热所致小便赤涩不利，多与清小肠合用；治疗尿闭则自上往下推；治疗水泻无尿则自下往上推，有利小便，实大便的作用。

2. 百虫（血海）

【位置】髌骨内上缘 2.5 寸许。

【操作】可按揉、以拇指或中指指腹揉 3 按 1，1 ~ 3 分钟。以拇指指腹置于百虫，食指、中指二指或四指置于大腿外侧，同时拿起大腿前侧肌肉称拿百虫。

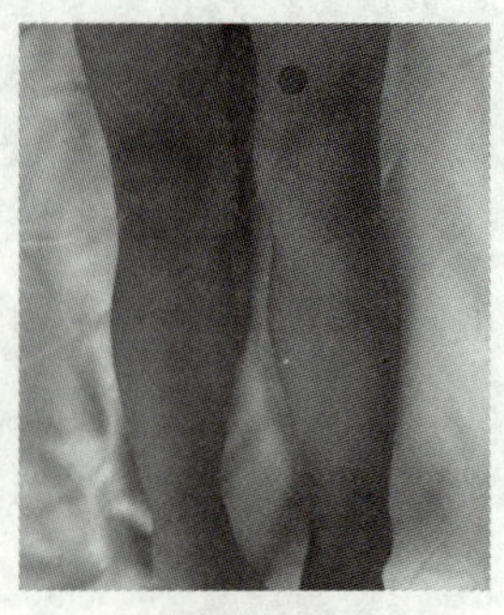
图 3–6–2

【作用】疏通经络，止抽搐，透疹子。

【临床应用】用于治疗下肢萎软、足膝无力、膝痛，常与拿委中、按揉足三里合用，也用于治疗惊风、抽搐、感冒无汗、寒热往来，以及各种疹子。

3. 膝眼（鬼眼）

【位置】屈膝，髌韧带两侧凹陷位置。左右各一。

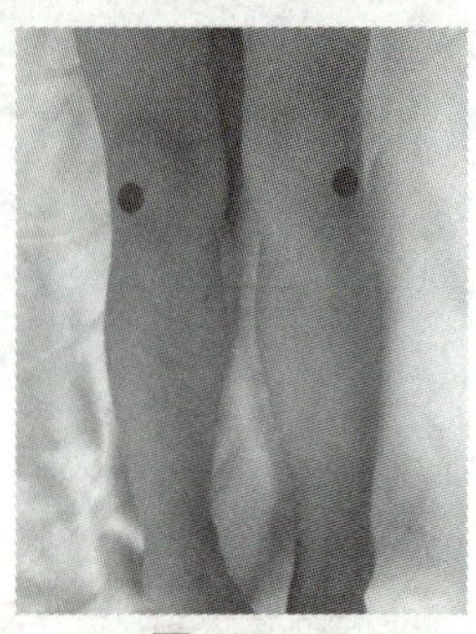
图 3–6–3

【操作】用双手拇指指腹分别置于内外膝眼，同时点或揉之，1 分钟。

【作用】利关节，止惊风，通经络。

【临床应用】用于治疗下肢痿软、足膝无力、膝痛，也用于治疗急慢惊风、抽搐。

4. 足三里

【位置】外膝眼下 3 寸、胫骨嵴旁开 1 寸处。

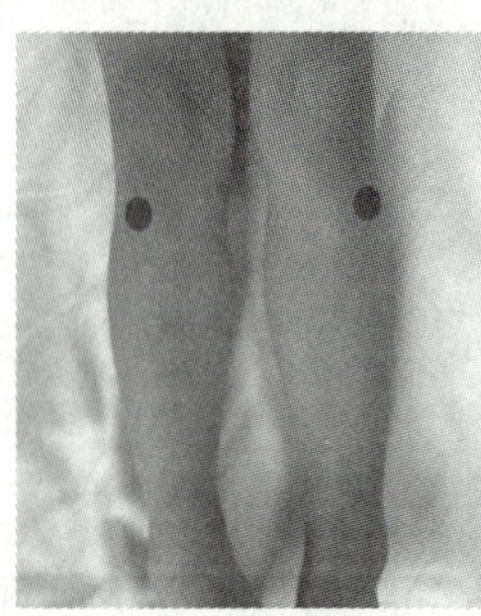
图 3–6–4

【操作】以拇指指腹按揉，3 分钟。

【作用】补益脾胃，和胃化积。

【临床应用】用于治疗脾胃及全身虚弱等证，如消瘦、无迟五软、反复感冒、自汗、哮证缓解期、下肢痿痹，也用于治疗恶心呕吐、腹痛腹泻、厌食、疳积、腹胀等。可与捏脊、摩腹合用，作为小儿常用保健手法。

5. 前承山

【位置】小腿胫骨旁，与后承山相对。

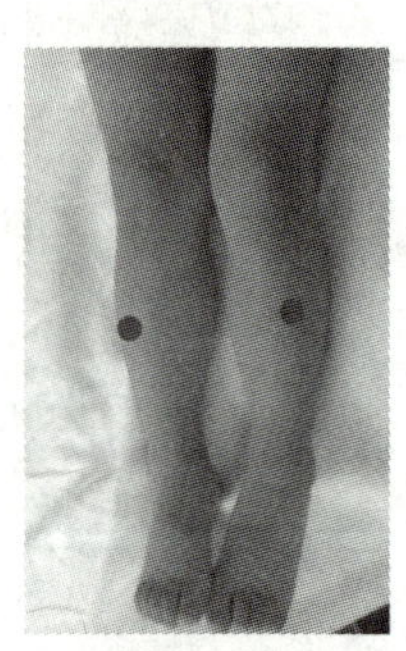
图 3–6–5

【操作】拇指指甲掐 3 ~ 5 次，称掐揉前承山；用拇指螺纹面揉 30 次，称揉前承山。

【作用】熄风定惊，行气通络。

【临床应用】常与拿承山、按百虫、掐解溪合用治疗

角弓反张、下肢抽搐；揉前承山能通络活血、纠正畸形，配合掐解溪、拿委中治疗小儿麻痹症、肌肉萎缩症。

6. 三阴交

【位置】内踝直上3寸，胫骨后缘凹陷中。

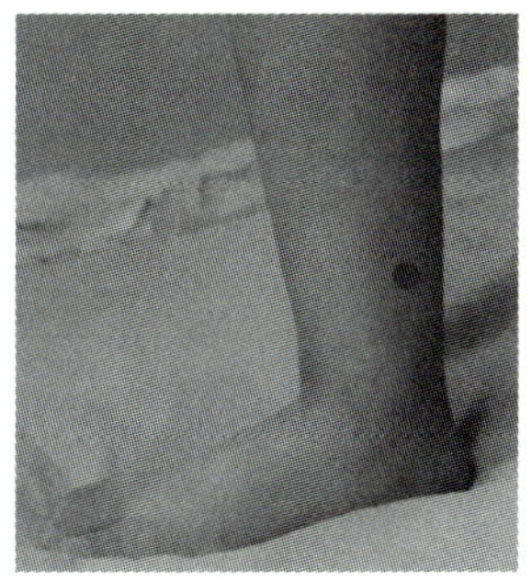

图 3-6-6

【操作】以拇指或中指指腹点揉三阴交，揉3点1，1分钟。以拇指指腹上下擦之令热。

【作用】养阴清热，通调水道。

【临床应用】主要用于治疗泌尿系统疾病，如遗尿、癃闭、小便频数涩痛不利等，常与揉丹田、补脾经、揉肾俞、推箕门合用；亦可用于治疗下肢痹痛、瘫痪等。按揉三阴交也有健脾胃、助运化的功效，用于治疗小儿消化不良症。

7. 解溪

【位置】踝关节前横纹中，趾长伸肌腱和拇长伸肌腱之间。

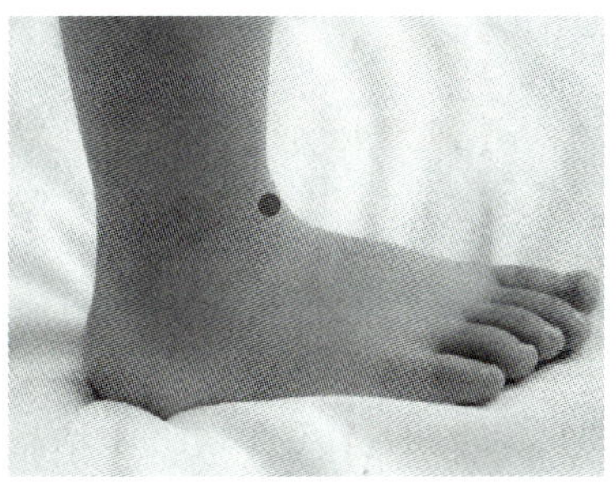

图 3-6-7

【操作】用拇指指甲掐或指端揉，掐3～5次，揉50～100次。

【作用】解痉、止吐泻。

【临床应用】主治惊风、吐泻；对踝关节屈伸不利和足下垂久揉有效。

8. 大敦

【位置】足大趾外侧爪甲根与趾关节之间。

【操作】用拇指指甲掐5～10次。

【作用】解痉熄风。

【临床应用】常配合掐十宣、掐老龙等，治疗惊风、四肢抽搐等症。

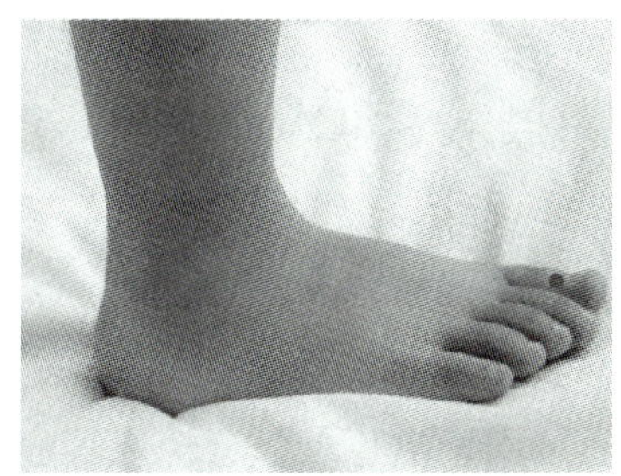

图 3-6-8

9. 丰隆

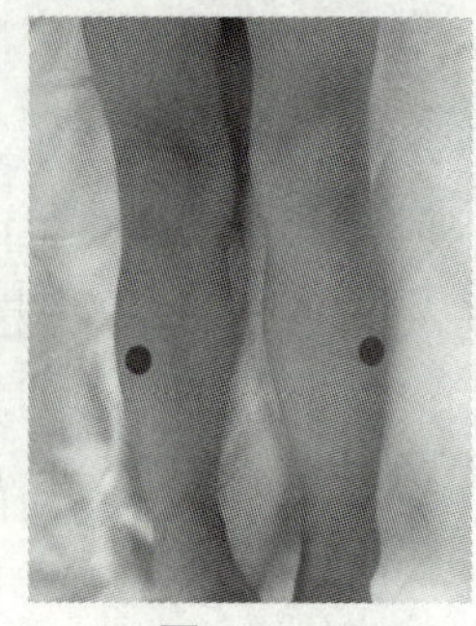
图 3-6-9

【位置】外踝上 8 寸，胫骨前缘外侧 1 寸许，胫腓骨之间。

【操作】用拇指或中指指腹揉之，约 1 分钟。

【作用】化痰、平喘、和胃。

【临床应用】化痰要穴，用于治疗痰浊所致的痰鸣、气喘、咳嗽，常配合揉膻中、运内八卦，也可用于治疗下肢痿痹。

10. 委中

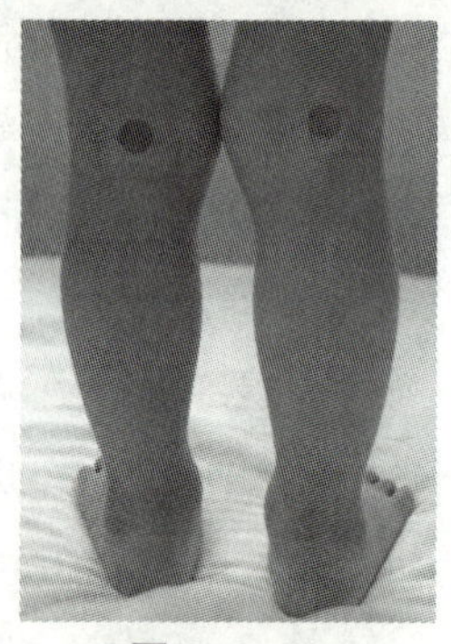
图 3-6-10

【位置】腘窝中央，股二头肌腱与半腱肌腱之间。

【操作】以拇指指腹置于委中，其余四指扶于膝旁拿揉，每拿揉 5 次扣拨 1 次，1 分钟。

【作用】定惊，止抽搐，坚筋骨。

【临床应用】用于治疗急慢惊风、斜视、多动症、抽动症，也用于治疗腰背疼痛，下肢痿软无力。

11. 后承山（承山）

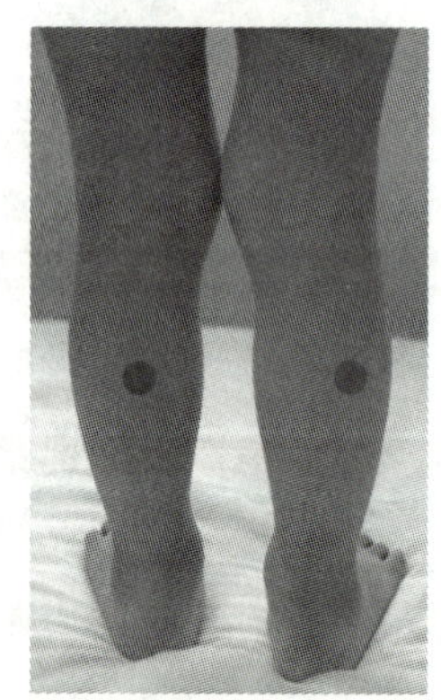
图 3-6-11

【位置】腓肠肌交界之尖端，“人”字形凹陷处。

【操作】用食指、中指指端在后承山穴处用力拨该处的筋腱 3 ~ 5 次，称拿承山。

【作用】通经活络、止痉熄风。

【临床应用】常与委中合用治疗惊风抽搐，下肢痿软，腿痛转筋。

12. 仆参

【位置】外踝下凹陷中。外踝后下方，昆仑直下，跟骨外侧，赤白肉际处。

【操作】以拇指指甲掐仆参 10 次。以拇指与食指、中指指腹相对拿捏仆参 10 次。

【作用】益肾健骨、舒筋活络，安神定志。

【临床应用】配合拿委中用于治疗腰腿痛；与按揉或拿后承山配合治疗霍乱转筋，足痿不收；还可用于治疗晕厥、惊风等症。

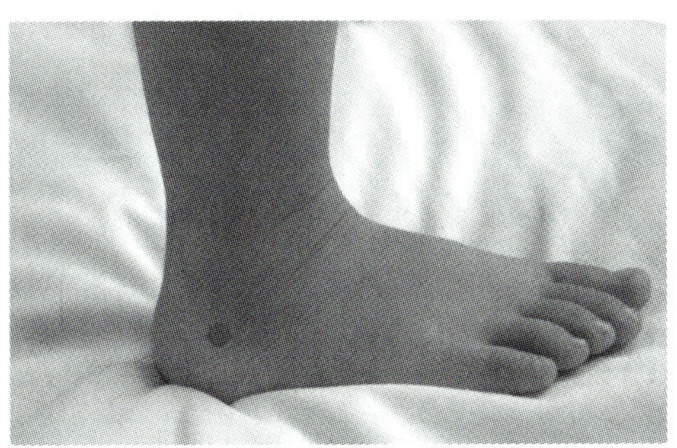

图 3–6–12

13. 昆仑（上昆仑）

【位置】外踝后缘和跟腱内侧的中间凹陷处。

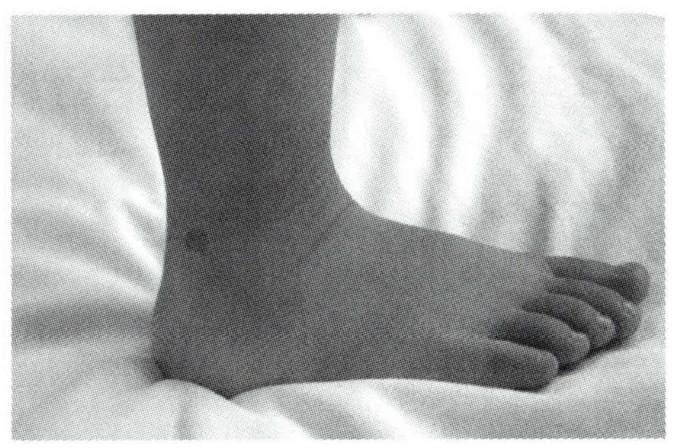

图 3–6–13

【操作】拇指指端用力，掐 3 ~ 5 次，称掐昆仑。

【作用】解肌通络，强腰补肾。

【临床应用】主治头痛、惊风。常与拿委中、拿承山等合用治疗腰痛，下肢痉挛，跟腱挛缩等病症；与拿仆参合用治疗足跟痛，足内翻等病症。

14. 涌泉

【位置】位于足掌，前 1/3 与中 1/3 交界处的凹陷中。

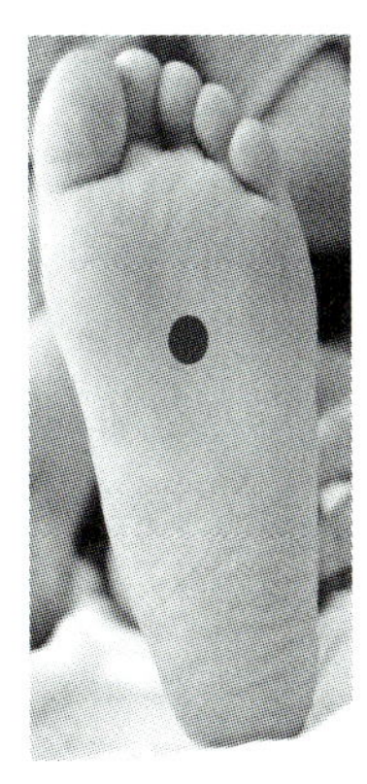

图 3–6–14

【操作】可摩，可揉，可捣，可擦。各 1 ~ 3 分钟。

【作用】引火归元，滋阴补肾，除烦。

【临床应用】治疗阴虚火旺之潮热、盗汗、夜啼。治疗肝阳上亢之多动症、抽动症、睡中磨牙、语言障碍。治疗火热上扰之目赤、目干涩、近视、异常瞬目、耳鸣、耳聋、呕吐等。

第四章 小儿推拿手法

第一节 小儿推拿治疗概要

一、小儿推拿疗法的特点

小儿推拿的对象以 0 ~ 6 岁婴幼儿为宜。但在实际运用中，年龄在 14 岁以下也可取得一定的疗效。

小儿推拿手法操作时间及次数，应根据小儿的年龄、体质、病情及手法等因素而定。一般而言，年长、体质壮实者手法宜重、时间稍长、次数宜多，年幼、体虚者手法宜稍轻、时间稍短、次数宜少。治疗次数一般每天 1 次，急性病可每日 2 次，如高热等；慢性病可隔日 1 次，每次操作时间 15 ~ 20 分钟，一般不超过 20 分钟，应根据具体情况灵活掌握。

小儿推拿用穴，除常用的十四经穴和经外奇穴与成人相同外，大多数为小儿特定穴位。这些穴位形态呈“点”“线”“面”状，多分布在两肘关节以下和头面部，以两手居多。

小儿推拿操作按一定的顺序进行，一般有以下几种方法：①先头面，次上肢，再胸腹、腰背，最后下肢；②先主穴，后配穴；③先进行刺激较轻的手法，后进行刺激重的手法。上肢部穴位不分男女，可根据个人习惯与操作方便选择左右手，一般保健调理或病症单一者，单侧施术即可，如病情较重者，可两侧操作。

二、小儿推拿治疗的原则

中医学整体观念和辨证论治是对小儿推拿操作有普遍指导意义的治疗规律。治疗方法是由治疗原则所规定的，根据不同疾病情况，不同时间、地点、个体，其病理变化和病情转化不尽相同，因此针对不一样的症状，应采取不一样的治疗原则。常用的治疗原则有以下几种。

1. 调整阴阳

调整阴阳，是针对机体阴阳偏盛偏衰的变化，采取损其有余、补其不足的原则，使阴阳恢复相对平衡的状态。从根本上讲，人体患病是阴阳间协调平衡遭到破坏，出现了偏盛或偏衰的结果，故调整阴阳，“以平为期”是中医治疗疾病的根本法则。

2. 扶正祛邪

扶正是培补正气以治愈疾病的治疗原则，祛邪是消除病邪以治愈疾病的治疗原则。一般情况下，扶正用于虚证，祛邪用于实证。若属虚实错杂证，则应扶正祛邪并用，但这种兼顾并不是扶正与祛邪各半，而是要分清虚实的主次缓急，以决定扶正祛邪的主次、先后。总之，应以“扶正不致留邪，祛邪不致伤正”为度。

3. 治病求本

寻求疾病的根本原因，也就是求病根在什么地方，由什么原因引起的，并针对根本原因进行治疗的辨证论治原则。任何疾病的发生、发展，总是通过若干症状而显示出来的，但这些症状只是疾病的现象而不是本质。只有通过辨证综合分析，透过现象寻找到本质，找出原因，才能确定适当的治疗方法。一般情况下，治本是一个根本原则。但如标病甚急，则应采取“急则治标，缓则治本”的法则。

4. 因时、因地、因人制宜

疾病的发生、发展与转归受多方面因素的影响，如时令气候、地理环境、体质强弱、年龄大小等。因而在治疗上需依据疾病与气候、地理、患者三者之间的关系，制定相适宜的治疗方法，才能取得预期的治疗效果，这是中医学的整体观念和辨证论治在治疗上的体现。

三、小儿推拿的介质

推拿时，为了减少对皮肤的摩擦损害，或者为了借助某些药物的辅助作用，可在推拿部位的皮肤上涂些液体、膏剂或撒粉末，这种液体、膏剂或粉末统称为推拿介质，也称推拿递质。由于推拿介质对皮肤的刺激性较小，毒副作用也较小，所以，在小儿推拿中应用尤为广泛。

使用推拿介质的意义，一是借助和发挥药物的作用，增强推拿的调理和治疗效果，例如风寒感冒常用葱汁作介质，可以起到增强散寒解表的作用。二是润滑保护小儿皮肤，防止损伤皮肤，例如小儿推拿常用滑石粉作介质，起便于操作，提高手法的作用。随着推拿医学的发展，推拿介质的种类不再拘泥于膏剂，还有水剂、油剂、酒剂、粉剂等，施术完毕一般不必立即洗净，应有一定的敷着渗透作用时间。小儿推拿常用的介质有以下几种。

（1）爽身粉，即市售爽身粉。具有润滑、减少摩擦、保护小儿肌肤的作用，爽身粉吸水力强。较好的爽身粉可以替代滑石粉使用。

（2）滑石粉，即医用滑石粉。作用与爽身粉相似，一年四季，各种疾病均可使用，是小儿推拿最常用的一种介质。

（3）凉水，即可食用的清洁凉水。具有润滑肌肤、清凉退热的作用。多用于小儿外感发热。

（4）葱、姜水。把生姜或葱白捣烂如泥状，去渣取汁使用。具有润滑肌肤、辛温发散的作用。多用于冬、春季节的感冒风寒表证。

（5）薄荷水。取少量薄荷叶，用水浸泡后去渣取汁使用。或取5%薄荷脑5克，加入100毫升5%酒精配制而成。具有辛凉解表、清暑退热、润滑肌肤的作用。多用于夏季小儿发热、咳嗽等病症。

（6）鸡蛋。取出鸡蛋蛋清部分使用。具有清热润肺、润滑肌肤、祛积消食的作用。多用于小儿积食、热性病等。

（7）荷叶汁。将鲜荷叶捣烂去渣取汁。具有清热解暑、开阳的作用。多用于小儿夏季中暑、不思乳食、头昏胀痛。

（8）猪胆汁。取猪胆汁。具有消肿散结、清热通便的作用。多用于小儿便秘、高热、腹胀、腹痛等。

（9）麻油，即食用麻油。具有润滑的作用。多用于治疗痧气。

（10）藿香汁。将鲜藿香叶、茎捣烂去渣取汁。具有理气和中、清热解暑的作用。多用于小儿暑湿头痛、恶心等。

（11）外用药酒。根据病情需要，选用不同中药浸泡于高浓度酒，数日后使用。如：生麻黄 20 g、红花 15 g、桑枝 9 g、防风 6 g、白芷 6 g、羌活 3 g、独活 3 g、全虫 3 g 用高度白酒 1 500 mL 浸泡 2 周，取液备用。多用于小儿麻痹后遗症。

四、小儿穴位的定位方法

小儿推拿除运用十四经穴及经外奇穴外，本身还有许多特定的穴位。这些穴位不仅有“点”状，还有“线”状及“面”状，且以双手居多，正所谓“小儿百脉汇于两掌”。在进行小儿推拿的时候，找穴位是最重要的步骤，想要疗效好，就得找对穴位的位置。小儿穴位定位方法有以下几种。

1. 指寸定位法

利用自身手指作为测量穴位的尺度，中医称为“同身寸”。此法为小儿推拿取穴方法中最简便、最常用的方法。

（1）拇指同身寸。以小儿拇指指关节的横度作为 1 寸，多用于四肢部的直寸取穴（见图 4-1-1）。

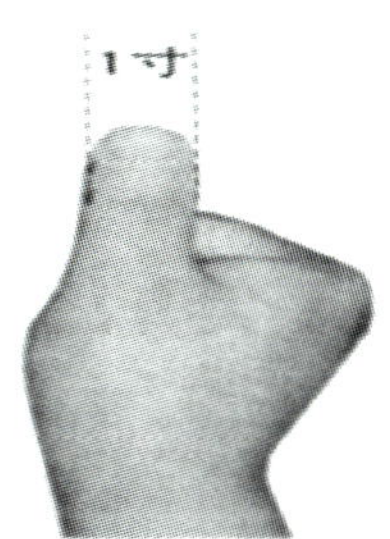

图 4-1-1　拇指同身寸

（2）中指同身寸。以小儿中指中节屈曲内侧两端横纹头之间为 1 寸，多用于四肢部取穴的直寸和背部取穴的横寸（见图 4-1-2）。

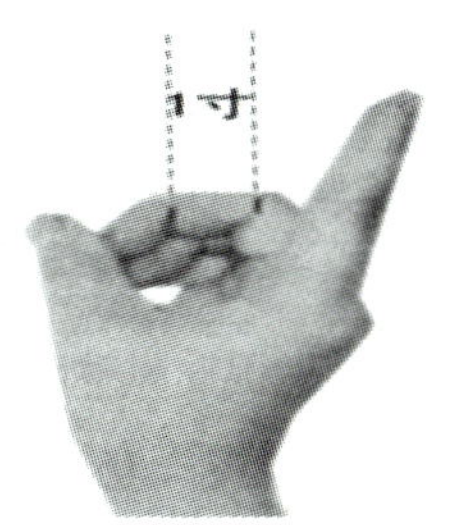

图 4-1-2　中指同身寸

（3）横指同身寸。又名“一夫”法。将小儿食指、中指、无名指和小指并拢，以中指中节横纹处为准，四指横量作为 3 寸，多用于四肢及腹部的取穴（见图 4–1–3）。

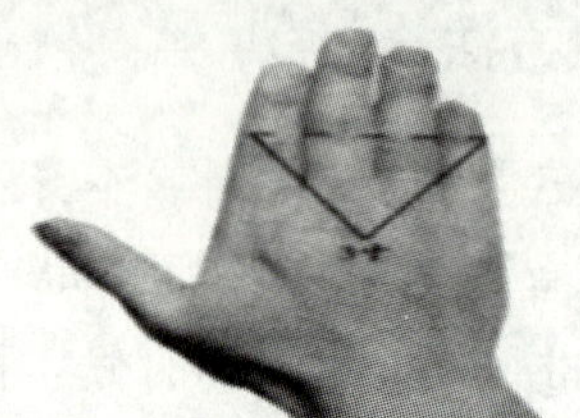

图 4–1–3　横指同身寸

2.“骨度”分寸定位法

表 4–1–1　分寸定位法

部位	起止点	骨度分寸	说明
头面部	眉间（印堂）到前发际正中	3	用于确定头部经穴的纵向距离
	前发际正中到后发际正中	12	
	后发际正中到第七颈椎棘突下（大椎）	3	
	前额两发角（头维）之间	9	用于确定头前部经穴的横向距离
	耳后两乳突（完骨）之间	9	用于确定头后部经穴的横向距离
胸腹胁部	胸骨上窝（天突）到胸剑结合（岐骨）	9	用于确定胸部任脉经穴的纵向距离
	胸剑结合（岐骨）到脐中（神阙）	8	用于确定上腹部经穴的纵向距离
	脐中（神阙）到耻骨联合上缘（曲骨）	5	用于确定下腹部经穴的纵向距离
	两乳头之间	8	用于确定胸腹部经穴的横向距离
	腋窝顶点到第十一肋游离端（章门）	12	用于确定胁部经穴的横向距离

续上表

部位	起止点	骨度分寸	说明
背腰部	肩胛骨内缘到后正中线	3	用于确定背腰部经穴的横向距离
	肩峰缘到后正中线	8	用于确定肩背部经穴的横向距离
上肢部	肘横纹（平肘尖）到腕掌（背）侧横纹	12	用于确定前臂部经穴的纵向距离
	腋前、后纹头到肘横纹（平肘尖）	9	用于确定臂部经穴的纵向距离
下肢部	耻骨联合上缘到股骨内上髁上缘	18	用于确定下肢内侧足三阴经经穴的纵向距离
	胫骨内侧髁下缘到内踝尖	13	用于确定下肢足三阴经经穴的纵向距离
	臀横纹到膝中	14	用于确定下肢后侧经穴的纵向距离
	股骨大转子到膝中	19	用于确定下肢外侧经穴的纵向距离
	膝中到外踝尖	16	

3. 体表标志定位法

体表标志定位法主要是指分布于全身体表的骨性标志，可分为固定标志和活动标志两种。

（1）固定标志。固定标志是指利用五官、毛发、指甲、乳头、脐窝和骨节凸起、凹陷及肌肉隆起等固定标志来取穴的方法。比较明显的标志：如鼻尖取素髎；两眉中间取印堂；两乳之间取膻中等。两骨分歧处，如锁骨肩峰端与肩胛冈分歧处取巨骨；胸骨下端与肋软骨分歧处取中庭。此外，肩胛冈平第三胸椎棘突，髂嵴平第四腰椎棘突。

（2）活动标志。活动标志是指利用关节、肌肉、皮肤随活动而出现的孔隙、凹陷、皱纹等活动标志来取穴的方法。如耳门、听宫、听会等应张口取穴；下关应闭口取穴。又如，曲池宜屈肘于横纹头外侧端处取之，外展上臂时肘峰前下方的凹陷中取肩髃；取养老时，应正坐屈肘，掌心向胸，当尺骨小头桡侧骨缝中取之等。

五、小儿推拿的注意事项

（1）推拿室内环境要求。保持室内空气流通，温度适宜，清净整洁。推拿后注意保暖，避免风寒，忌食生冷食物。

（2）操作者态度和蔼，耐心仔细，认真操作，随时留意小儿的反应。保持双手清洁，操作前洗手，切勿佩戴首饰品，修剪指甲，保持双手温暖，避免小儿着凉等。

（3）推拿时间应根据患儿年龄大小、病情轻重、体质强弱及手法特性而定。一般操作时间在20分钟以内，亦可根据病情灵活变动，一般每天操作一次，高热等急性病可每天两次。

（4）操作时先用柔和手法，争取小儿配合，再按要求操作，尽可能避免小儿哭闹时操作，小儿哭闹时可暂缓推拿。

（5）操作上肢穴位时，习惯只推一侧，无男女之分。其他部位双侧穴位，两侧均可操作。

（6）操作时应配合推拿介质，以防擦破皮肤，同时提高操作疗效。

（7）对于惊厥的小儿，经治疗后，如症状仍未减轻，应使其侧卧，同时保持呼吸道通畅，以防窒息，并及时送往专科就诊。

（8）小儿过饥过饱，均不利于推拿疗效，最佳操作时间宜在饭后1小时进行。

六、小儿推拿的禁忌证

（1）急性传染病，如水痘、猩红热、肺结核、肝炎等。

（2）出血性疾病或出血倾向疾病，如大便出血、尿血、白血病、血小板减少性紫癜、过敏性紫癜等。

（3）各种恶性肿瘤局部。

（4）各种皮肤病患处及皮肤破损处，如烧伤、烫伤、擦伤、皮肤炎症、疔疮、脓肿等。

（5）各种明显感染性疾病，如丹毒、骨结核、骨髓炎等。

（6）极度虚弱的危重患儿及严重的心、肺、肝、肾等疾病。

（7）骨折早期和截瘫初期。

（8）诊断不明，不知其治疗原则的疾病。

七、小儿推拿意外的预防与处理

1. 软组织损伤

软组织损伤包括皮肤、皮下组织、肌肉、肌腱、韧带、关节附件。皮肤损伤是操作中最为常见的。

预防及处理：要求加强手法基本功的练习，正确掌握各种手法的动作要领，提高手法的熟练程度。

2. 晕厥

小儿突感头晕、心慌、恶心、面色苍白、肢冷，甚至昏迷不省人事的现象。预防及处理：对于紧张的小儿，应让其放松后再操作；体质虚弱、空腹、初次接受推拿的小儿，操作时不宜力度过重，时间也不宜过长。对于症状轻者，一般能自行恢复。当发生晕厥时，首先要立即停止推拿，使患儿平卧饮以温开水或葡萄糖水，或掐合谷、人中等穴。必要时送往医院进行输液或输氧。

八、紧急救护常识

1. 心肺复苏操作步骤

（1）心脏骤停临床表现。突然昏迷，呈“潮式呼吸”或呼吸停止；瞳孔散大；心跳停止，不能触摸到脉搏，如果婴幼儿的颈动脉不好摸到，可以摸桡动脉。

（2）与急救中心联系。马上与急救中心进行电话联系，告知患者情况和地点。

（3）心肺复苏。在救护车到达之前，积极进行心肺复苏的抢救。

2. 口对口人工呼吸

（1）先将婴幼儿的头部略向后倾 15° 左右，以使其呼吸道畅通，检查喉内有无异物。

（2）操作者先深吸一口气，如患者是 1 岁以下婴儿，将嘴覆盖婴儿的鼻和嘴。如果是较大的婴幼儿或者儿童，用口对口封住，拇指和食指紧捏患儿的鼻子，保持其头后倾，将气吹入，同时可见患儿的胸廓抬起。停止吹气后，放开鼻孔，使患儿自然呼气，排出肺内气体。重复上述操作，儿童 18 ~ 20 次 / min，婴儿可稍快。

3. 胸外心脏按压术

如口对口呼吸无效，要立即实施胸外心脏按压。胸外心脏按压是现场抢救最基本的首选方法，是心肺复苏关键措施之一，必须立即进行。在按压前先抬高患儿下肢，解开衣领和衣扣，可增加静脉回流，复苏抢救在血液循环系统恢复之前，即可以摸到脉搏之前不能停止。救助 1 岁以下的婴儿时，用一只手垫着背部，支撑起婴幼儿的头颈，用另一只手的两个手指，按压胸骨下段的位置，每分钟至少 100 次，压下的深度为 1.5 ~ 2.5 厘米。1 次人工呼吸配合 5 次按压。救助 2 岁以上婴幼儿，将其放置在一块平地上，一只手掌部压迫胸骨的下段，每分钟至少 100 次，压下的深度为 2.5 ~ 3.5 厘米。1 次人工呼吸配合 5 次按压，最好两人配合。

4. 气管异物的急救方法

（1）原因和临床表现。由于进食不当，造成异物进入气管，常见异物类型如硬币、纽扣、电池、葡萄、蚕豆、黄豆、花生等，还有果冻等软质东西。发现孩子呛咳，口唇、面色紫绀，呼吸困难，要及时处理，将异物排出。如处理不当或处理不及时，可造成婴儿窒息死亡。

（2）抢救措施。

异物进入气管后，引起呛咳，成人常会错误地直接给婴儿拍背，这样反而容易使异物进入气管的深部。正确的处理方法如下。

①把孩子抱起来，一只手捏住孩子颧骨两侧，手臂贴着孩子前胸，让其脸朝下，趴在救护人膝盖上，在孩子背上轻拍 1 ~ 5 次，观察孩子是否将异物吐出。

②如果还没有吐出来，把孩子翻身过来使患儿骑在抢救者的大腿上，面朝前，抢救者将两手的中指或者食指放在患儿胸廓下和肚脐上的腹部快速向上冲击压迫，要轻柔，直到异物排出。边急救边送医院，以免耽误治疗时间。

第二节　小儿推拿手法基本原则

一、小儿推拿手法的特点

小儿具有“稚阴稚阳”和“纯阳之体”的生理特点，因此手法特别强调轻快柔和、平稳着实，要求做到“轻而不浮，快而不乱，慢而不断，重而不滞”。小儿推拿与成人推拿都具有简、便、效等特点，而且小儿推拿更加容易掌握。有时仅用某类手法的一二种，如成人手法中的指按、掌按、肘按等，小儿推拿操作中多用指按，不用肘按；有的手法为小儿推拿所特有，如旋推法、直推法，成人推拿一般不用或少用。小儿推拿与成人推拿的最大区别在于复式手法操作。

在实际操作中，小儿推拿手法经常和具体穴位结合在一起。如推天河水、捣小天心、推上七节骨等。同时，在操作中，手法刺激的强弱、操作方向及频率和次数，均能影响补泻效用，直接影响甚至决定疗效。如摩腹，顺时针摩腹为泻法，能消食导滞通便，用于治疗便秘、腹胀、厌食等；逆时针摩腹为补法，能健脾止泻，用于治疗脾虚泻、寒湿泻等。

二、小儿推拿手法的基本要求

小儿推拿手法的基本要求为柔和、轻快、平稳、着实。

（1）柔和。指手法用力和缓、灵巧。柔和与力度有关，但柔和不等于轻手法，重手法同样可以柔和。

（2）轻快。对手法力度和频率的要求。要求轻而不浮，频率多在 200 次 / min。

（3）平稳。指手法操作时，力度、频率、幅度基本保持一致，手法间的转换不能太突然。

（4）着实。指手法贴紧皮肤，具体要求轻而不浮，重而不滞。

三、小儿推拿的补泻方法

1. 手法的强弱

根据手法作用于体表上力的大小，或刺激的强弱区分手法补泻。手法刺激弱、力量小、轻快柔和的为补法；手法刺激强、力量大的为泻法。

2. 手法操作的方向

小儿穴位具有“点”“线”“面”的规律，手法操作分为直线和旋转两种方向。直线的操作多用于推法。如手上的脾经、肝经、心经、肺经，其补泻方向一致，向指尖方向推为泻，向指根方向推为补。唯独肾经相反，旋推为补。有些特定穴位在经络上的补泻规律则为：顺经为补，逆经为泻。

3. 手法操作的频率和次数

适当的频率和次数能使疾病痊愈得更快，反之，次数少，时间短，则可能达不到治疗效果；而次数过多，频率过快则会对身体造成损害。年龄越大，体质越强，疾病为实证则手法操作次数越多频率越快；年龄越小，体质越弱，疾病属虚证则手法操作次数越少频率越慢。另外主穴操作的时间较长，配穴操作的时间较短。一般刺激重的手法次数偏少，如掐、摇等手法，只需 3 ~ 5 次即可。总之，手法的频率和次数要灵活掌握，辨证论治。

第三节　小儿推拿基本手法

一、推法

推法，作为小儿推拿的主要手法，是术者运用手指或掌作用在人体经穴上，沿特定方向做环形、弧形或直线的推动。临床常用推法有直推法、旋推法、分推法、合推法。

1. 直推法

（1）操作。术者用拇指桡侧缘或指腹，或食指、中指指腹在体表经穴上轻快地做单方向直线推动，谓之直推法（见图 4–3–1、图 4–3–2）。

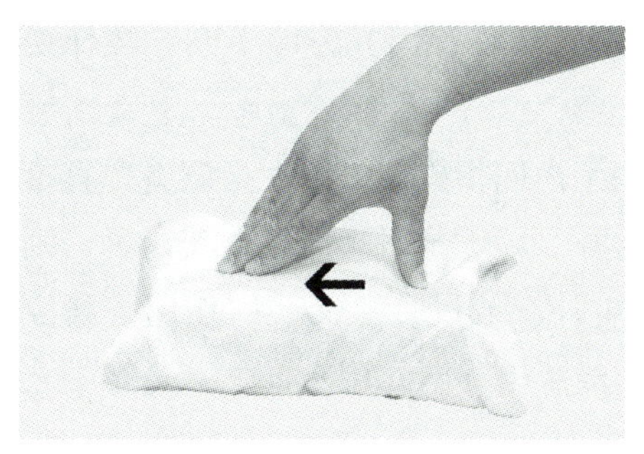

图 4–3–1　拇指直推

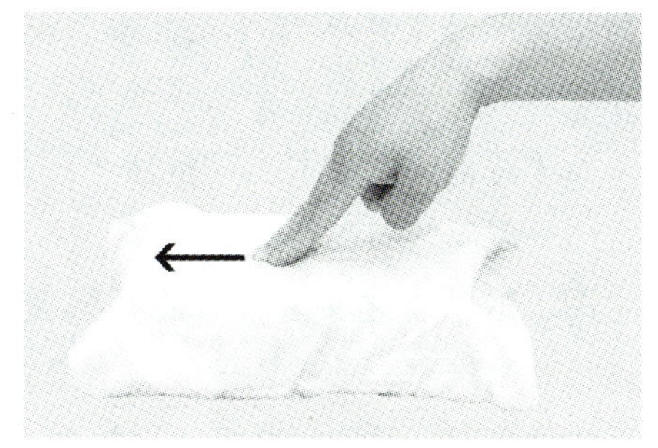
图 4–3–2　食指、中指推法

（2）技术要点。

①直线且单方向推行，不得歪斜或来回。

②用拇指桡侧缘或指腹做直推法时，手握空拳，拇指做内收外展活动；用食、中二指指腹做直推法时，肘关节做屈伸活动。

③手法要轻快，动作要连贯，一扫而过，以求力达表皮而不波及皮下组织。

（3）注意事项。

①各种推法皆需辅以介质，若选用液体介质，需做到干湿适宜。

②注意根据小儿病情调整直推手法的方向、力度的大小、频率的快慢。

（4）临床运用。

①常用于线性穴位及五经穴。线性穴如开天门、推天柱骨、推脊、推六腑、推箕门；五经穴如清肝经、清心经、清肺经等。

②直推法应用广泛，而其临床效果多与所选穴位之特性及推动之方向密切相关。如向下推七节骨，能泻热通便；向上推七节骨，可温阳止泻。

③顺着肌肉纤维方向直推，可用于治疗小儿筋伤。

（5）文献摘录。

《推拿按摩卷·小儿推拿广意》："凡推法必似线行，毋得斜曲，恐动别经而招患也。"

《秘传推拿妙诀》："凡推俱用指蘸汤水，推之太湿恐不着实，太干恐推伤皮肤，要干湿得宜。"

《幼科推拿秘书》："推者，一指推去而不复返，返者，向外为泻，或大指，或三指，穴道不同……"

《小儿推拿学概要》："推法中分补（由指尖向指根推）、泻（由指根向指尖）及平补平泻（来回推，又称清法）三种，因其方向不同，故作用亦异。”

《厘正按摩要术》：“推法……其手法手内四指握定，以大指侧着力直推之……夏禹铸曰：往上推为清，往下推为补。周于蕃曰：推有直其指者，则主泻，取消食之义。推有曲其指者，则主补，取进食之义，内伤用香麝少许，和水推之，外感用葱姜煎水推之，抑或葱姜香麝并用水推之，是摩中之手法最重者。凡用推必蘸汤以施之。”

2. 旋推法

（1）操作。

术者用拇指指腹着力于特定穴位上，做环旋移动，谓之旋推法（见图 4–3–3）。旋推与揉法相似，但较揉法而言，旋推法手法轻巧，在体表有摩擦移动，且不带动皮下组织，而揉法恰恰与之相反，其体表吸定不动，无体表摩擦，却力透皮下，带动皮下肌肉组织揉动。

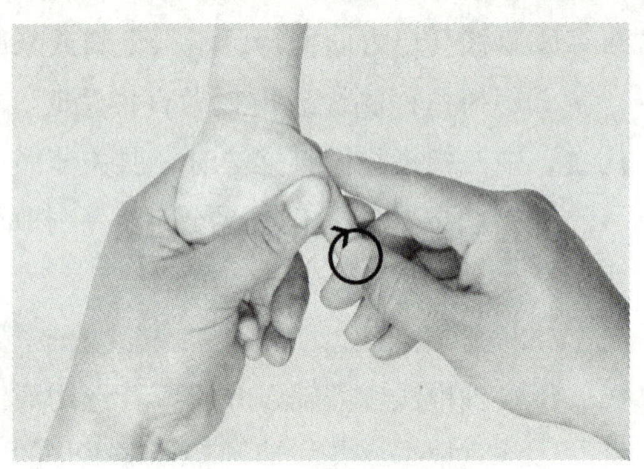

图 4–3–3 旋推法

（2）技术要点。

①术者肩、肘、腕放松，发力于拇指，着力于治疗部位做小范围回旋运动。

②用力较轻快，不带动皮肉经脉。

（3）注意事项。

①旋推方向虽然有顺、逆时针之分，但小儿推拿之旋推手法，多以顺时针为主。

②规定旋推为补法。

③常配合使用水、滑石粉等推拿介质。

（4）临床运用。

①主要应用在“五经穴”。

②补脏腑气血的重要手法。如旋推脾经可健脾胃、补气血，以治疗食欲不佳、脾虚腹泻等病症；旋推肺经可补肺气，以治疗肺虚咳嗽、虚汗等病症。

（5）文献摘录。

《里正按摩要术》："旋推为补。"

《小儿按摩经》："脾土：屈指左转为补，直推为泻。"

《幼科铁镜》："曲者乃旋转而推也，于其指之正面旋推为补，直推为泻。"

3. 分推法

（1）操作。

术者双手由中间向两边做分向推动，谓之分推法，又称分法、分阴阳（见图 4-3-4、图 4-3-5）。

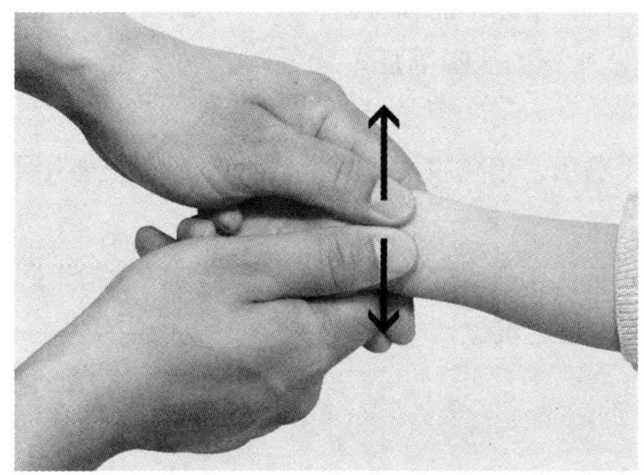

图 4-3-4　分推腕阴阳

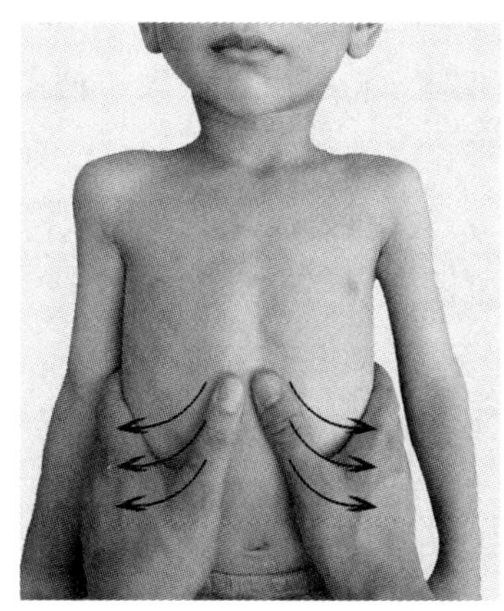

图 4-3-5　分推腹阴阳

（2）技术要点。

①一般使用双手拇指桡侧缘或指腹，或食指、中指指腹或手掌，自穴位中间向两边运动。

②双手用力均匀，动作协调柔和。

③直线分推频率快，幅度小；弧形分推频率稍慢，幅度大。

（3）注意事项。

①分推时做到沉肩垂肘，手法灵活不呆滞。

②节奏要轻快，手法要平稳。

（4）临床运用。

①常用于前额、大横纹、胸腹部、背肩胛等部位。如分额阴阳、分腕阴阳、分肺俞等。

②起理气血、和阴阳之功。如分推坎宫以祛风解表、止头痛；分推膻中可理气宽胸、化痰止咳；分推腹阴阳则健脾和胃、理气消食；分推腕阴阳有平阴阳、和气血、消滞食之功效等。

（5）文献摘录。

《保赤推拿法》："分者，医以两手之指，由儿经穴划向两边也。"

《小儿按摩经》："分阴阳：曲儿拳于手背上，四指节从中往两下分之，分利气血。"

《小儿推拿广意》："推坎宫，医用两大指自小儿眉心分过两旁是也。"

《幼科推拿秘书·推拿手法》："盖小儿之病，多因气血不和，故一切推法，必先从阴阳分起，诸症之要领，推此不能和气血，凡一切膨胀泄泻，如五脏六腑有虚，或大小便不通，或惊风痰喘等症，皆可治之。至于乍寒乍热，尤为对症。"

《厘正按摩要术》："将两手蘸汤，于胸腹两边分推数十次，亦为分阴阳之法。"

《秘传推拿妙诀》："……而唯阴阳有分之说，以医人用左右两大指于阴阳穴处向两边分，故谓之分，而亦谓之推也。"

4. 合推法

（1）操作。

与分推法相对而言，术者以拇指指腹分别从穴线两边向中间靠拢。又称合法、和法（见图 4–3–6）。

（2）技术要点。

①术式与分推法相反，但仅有横向合推，并无弧形合推。

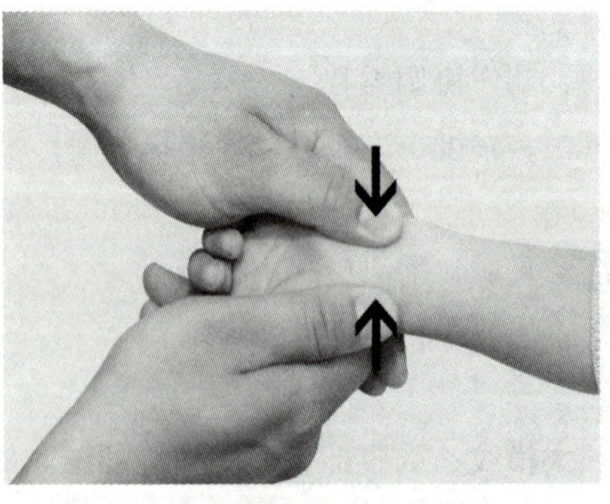

图 4–3–6

②动作幅度小。

（3）注意事项。

①受手法操作影响，临床应用较少。

②合推时注意不要推挤皮肤。

（4）临床运用。

常用于合推大横纹，有理气血、和阴阳之效。例如，和阴阳配合揉肾纹、清天河水用于治疗痰结喘嗽、胸闷等病症，起行痰散结的作用。

（5）文献摘录。

《保赤推拿法》："和者，医以两手之指，由儿两处经穴，合于中间一处也。"

《小儿按摩经》："和阴阳，从两下合之，理气血用之。"

《推拿三字经》："和阴阳，以我两大拇指从阴阳处合之。"

二、揉法

以掌或指吸定于治疗部位上，顺时针或逆时针用力旋动，谓之揉法。以指端着力揉称为指柔法，以大鱼际部着力揉称为大鱼际揉法，以掌根着力揉称为掌根揉法。

【操作】

1. 指揉法

术者以拇指，或中指，或食指、中指、无名指指腹着力于治疗部位上，腕部放松并做主动的环形运动，带动指腹在治疗部位上做轻柔、小幅度的环形揉动，并使皮下组织一起揉动。其中以拇指指腹着力，称为拇指揉法；以中指指腹着力，称为中指揉法（见图 4–3–7）；以食指、中指、环指指腹着力，称为三指揉法（见图 4–3–8）。

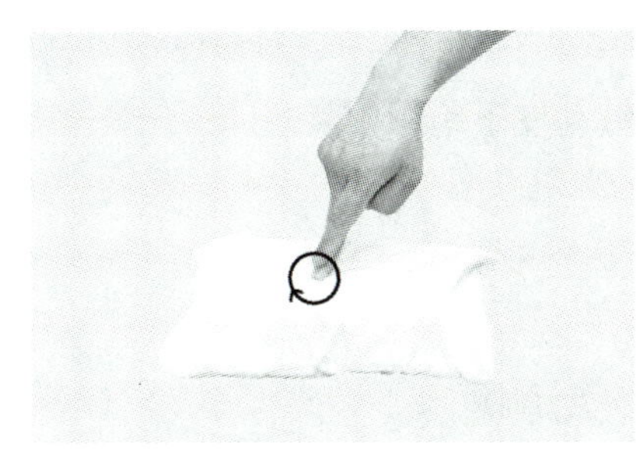

图 4–3–7　中指揉法

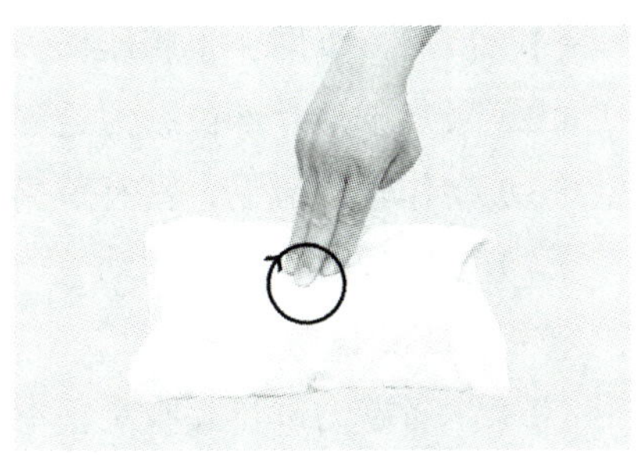

图 4–3–8　三指揉法

2. 大鱼际揉法

术者以大鱼际着力于治疗部位上，用力稍向下压，腕部放松，以前臂带动腕关节做小范围回旋运动，同时带动皮下组织一起揉动（见图 4-3-9）。

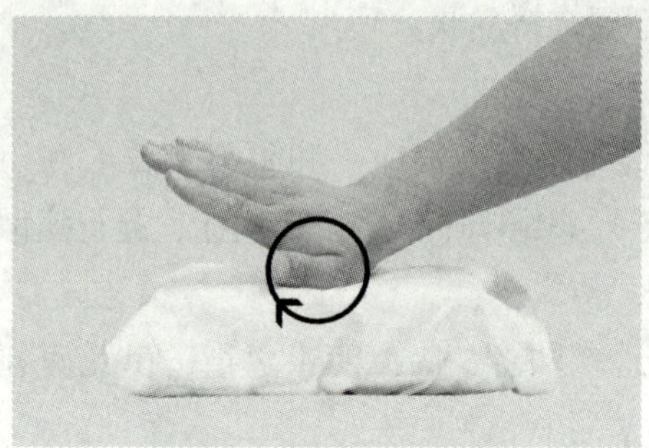

图 4-3-9 大鱼际揉法

3. 掌根揉法

术者以掌根着力于治疗部位上，用力稍向下压，腕部放松，以前臂带动腕关节做小范围回旋运动，同时带动皮下组织一起揉动（见图 4-3-10）。

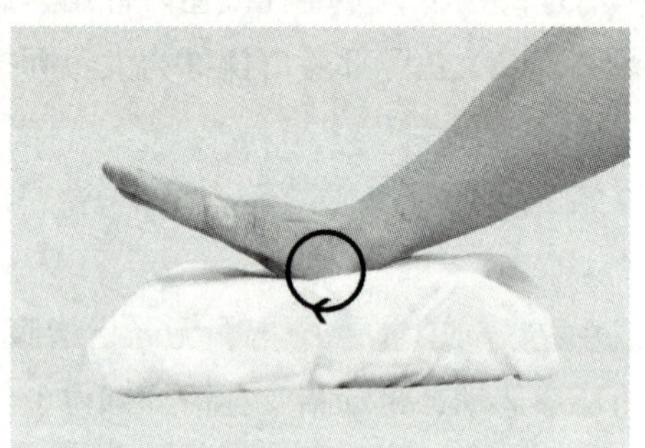

图 4-3-10 掌根揉法

【技术要点】

（1）沉肩、垂肘、手腕放松。

（2）吸定于治疗部位，力透皮下，带动皮下组织回旋。

（3）动作轻柔流畅，富有节律。

（4）多以顺时针方向揉动。

【注意事项】

（1）术者着力部位要吸定，不能有表皮摩擦。

（2）根据小儿病情及时调整揉动频率、方向和刺激量。

【临床运用】

（1）本法舒适柔和，刺激少，全身适用，临床应用广泛。

（2）指揉法，偏向于全身点状穴位，如拇指或中指揉天突穴、二指揉天枢穴，而食指、中指、环指三指揉以治疗小儿先天性肌性斜颈；大鱼际揉法偏向于面部；掌根揉法，其作用面大，消散力强，偏向于腹部、腰臀部及四肢肌肉丰厚之处，如掌揉中脘穴。

（3）有调和脏腑、宽胸理气、通腹止痛、消积散结、活血散瘀、消肿止痛之效。

（4）常与按法、擦法、掐法配合使用。如揉掐四横纹。

【文献摘录】

《保赤推拿法》：“揉者，医以指按儿经穴，不离其处而旋转之也。”

《幼科推拿秘书》：“揉涌泉……左揉止吐，右揉止泻。”“……揉天枢，用大将二指，双揉齐揉，中脘全掌揉，曲池、阳池将指揉，脐与龟尾，皆搓掌心。用三指揉之，或用二指，视小儿大小。”

《厘正按摩要术》：“周于蕃曰：揉以和之，揉法以手宛转回环，宜轻宜缓，绕于其上也。是从摩法生出者，可以和气血，可以活经络，而脏腑无闭塞之虞矣。”

三、按法

按法，又名抑法。术者用手指、手掌，或肘部，或屈曲的指间关节突起部按压治疗区，向下缓慢用力，按而留之，按之不动。依据着力部位不同，分为指按法、掌按法和肘按法。小儿忌用肘按法，此处不作详说。

【操作】

1. 指按法

指按法分拇指按法和中指按法两类。

（1）拇指按法。术者手握空拳，拇指伸直，以拇指指间关节掌面抵食指中指节桡侧缘，固定拇指，协同发力，用拇指指尖端或指腹面着力，吸定在治疗区上，向下垂直用力，缓慢下压，停留一定时间，然后放松，再次缓慢用力下压，如此反复（见图 4–3–11）；或以拇指指尖端或指腹着力，其余四指握住受术部位下方，令拇指与其余四指相对用力，缓慢加压，停顿一定时间，然后放松，如此反复（见图 4–3–12）。

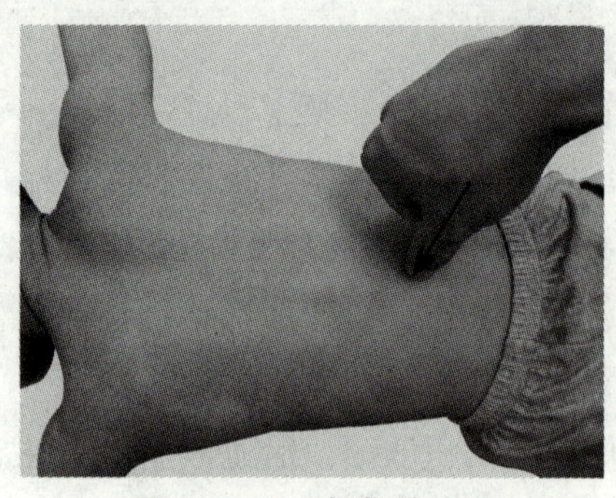

图 4–3–11　拇指按法 1

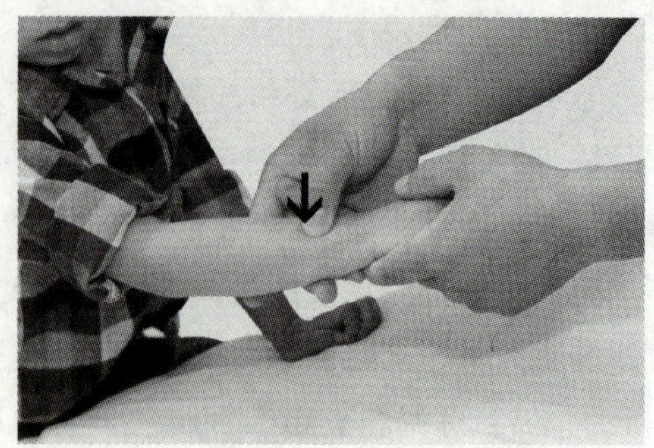

图 4–3–12　拇指按法 2

（2）中指按法。术者手握空拳，中指指间关节伸直，掌指关节稍屈曲，稍悬腕，以中指指腹或指尖端着力，吸定于治疗区上，向下垂直用力，缓慢下压。余同拇指按法（见图 4–3–13）。

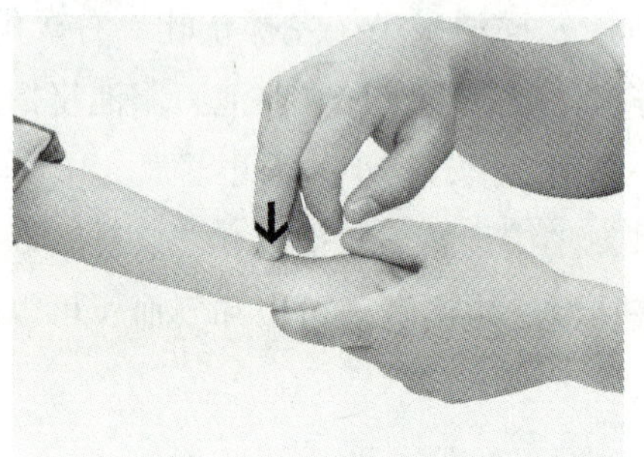

图 4–3–13　中指按法

2. 掌按法

术者腕关节背伸，以掌根、鱼际或全掌作用于治疗区，向下垂直用力，缓慢下压，停留一定时间，言“按而留之”（见图 4–3–14）。余同指按法。小儿忌用双掌重叠按法。

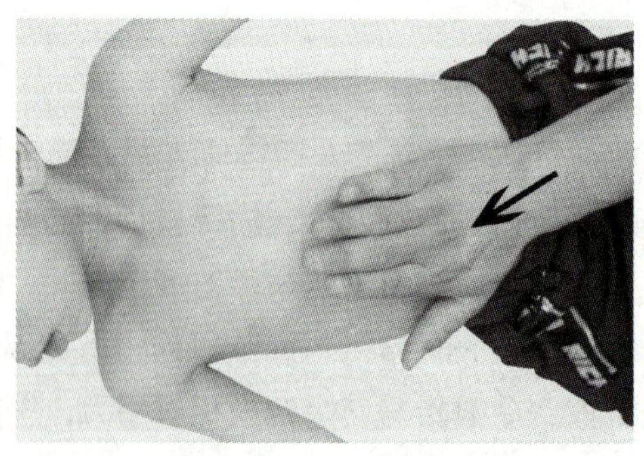

图 4–3–14　掌按法

【技术要点】

（1）垂直向下，不宜斜向。

（2）按压力由轻到重，缓慢增加，以求力达治疗区的深部。

（3）按压力达到一定深度时，常出现酸胀感，稍作停留，再缓慢放松。不宜突然放松。

（4）可与揉法相配合，组成复合手法，令手法刚柔相济，缓解按法的酸胀不适。

【注意事项】

（1）小儿形体未坚，切忌迅猛用力。

（2）中病即止，不能太过。

（3）可通过观察小儿表情来判断是否受力，从而调整刺激量。

【临床应用】

（1）指按法有缓急止痛之效，常用于治疗各种急性疼痛。如按揉合谷、下关、颊车治疗牙痛。

（2）掌按法接触面积大，刺激强，操作方便，效果好，常用于腹部、腰背部及脊柱等面积大且平坦的部位。如掌按腹部治疗腹胀腹痛。

（3）按法是温补法的代表手法，如按肾俞、按小腹而起温阳补气、散寒止痛之功。

【文献摘录】

《素问·举痛论》："按之则热气至，热气至则痛止矣。"

《素问·阴阳应象大论》："……其剽悍者，按而收之……气虚宜掣引之。"

《素问·调经论》："……肌肉坚紧，荣血泣，卫气去，故曰虚，虚者聂辟气不足，按之则气足以温之，故快然而不痛。"

《厘正按摩要术》："周于蕃曰：按而留之者，以按之不动也。"

《推拿指南》："按法，此法亦名拿法，用手在穴上抑之，使下也。"

四、摩法

摩法，是最早应用于推拿治疗的手法之一。以食指、中指、无名指、小指指腹，或手掌面，或大鱼际肌腹，着力于治疗部位上，做轻柔、环形且有节律的平移摩擦运动。摩法的动作与揉法相似，但摩法用力较轻，仅在体表做轻柔摩擦运动；而揉法则用力较重，力透皮下以达到“肉动而皮不动”的效果。

依据不同着力面，分为指摩法、大鱼际摩法和掌摩法。

【操作】

1. 指摩法

术者沉肩垂肘，四指并拢，以其指腹着力于治疗部位，以肩关节带动前臂做顺时针（顺摩）或逆时针（逆摩）环形旋摩转动（见图 4-3-15）。

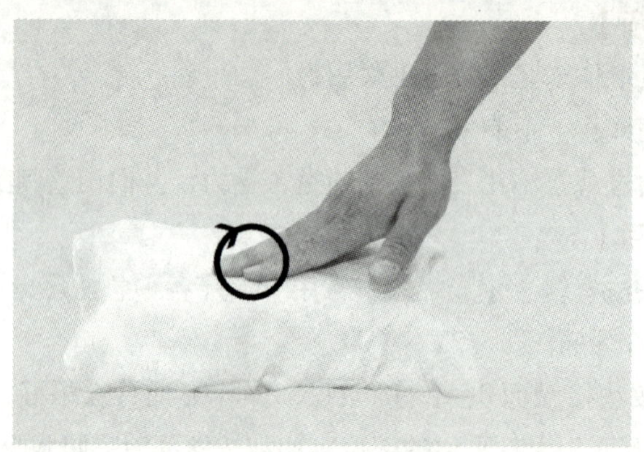

图 4-3-15　指摩法

2. 大鱼际摩法

术者沉肩垂肘，四指自然伸直，腕微屈，拇指内收，以大鱼际肌腹着力于治疗部位，以肩关节带动前臂做顺时针（顺摩）或逆时针（逆摩）环形旋摩转动（见图 4-3-16）。

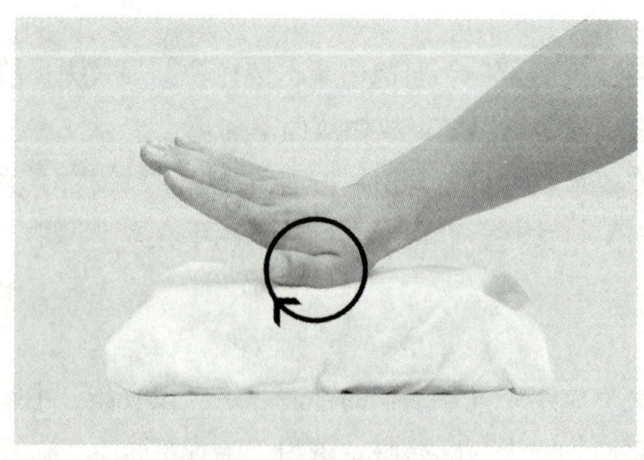

图 4-3-16　大鱼际摩法

3. 掌摩法

术者沉肩垂肘，腕稍屈，以全掌面着力于治疗部位上，以肩关节带动前臂做顺时针（顺摩）或逆时针（逆摩）环形旋摩转动（见图 4–3–17）。

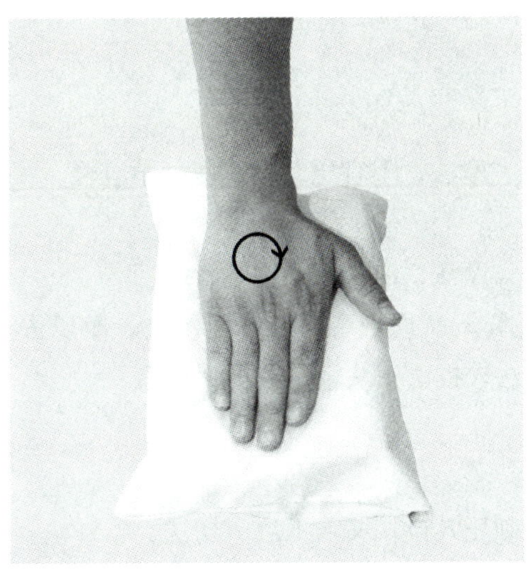

图 4–3–17　掌摩法

【技术要点】

（1）肩、肘、腕放松，肘关节自然屈曲、掌指自然伸直，做缓和协调的环形抚摩运动。

（2）仅做体表环形摩擦，不带动皮下组织，这也是摩法和揉法的本质区别。

（3）摩法在做环形摩擦时，要求在四周均匀用力，不可一边力重一边力轻。

（4）指摩法稍轻快，掌摩法稍重缓。

【注意事项】

（1）手法要轻巧灵活，不可拖擦，做到“皮动肉不动”。

（2）应根据病情选择并使用不同的介质。

【临床运用】

（1）摩法全身适用，常用于胸胁及脘腹部。

（2）用于治疗胁肋胀痛、胸闷气滞、脘腹胀痛等症，具有疏肝理气、消积导滞、调节胃肠蠕动等功能。

（3）根据操作手法的频率及运动方向，决定补泻作用，如有“急摩为泻，缓摩为补”“顺摩为补，逆摩为泻”之说，仅供参考。

（4）在腹部做摩法时，顺时针操作可通调肠腹积滞，起到通便泻热的作用；逆时针操作可温中止泻，有温补下元的作用。故有“顺时针为泻，逆时针为补”之说。

【文献摘录】

《石室秘录》：“摩法，不宜急，不宜缓，不宜轻，不宜重，宜中和之义施之。”

《医宗金鉴》：“摩法，前人以药物摩者多。”

《厘正按摩要术》：“周于蕃曰：按而留之，摩以去之。又曰：急摩为泻，缓摩为补。摩法较推法则从轻，较运则从重。”

五、掐法

掐法，用指甲刺压穴位。又名爪法、切法、指针法。临床一般采用拇指甲掐法，常用以急救。

【操作】

术者拇指屈曲以指甲中锋垂直着力于治疗穴位上，其余四指于一侧协助，前臂缓慢发力，令指甲向下按压（见图 4–3–18、图 4–3–19）。

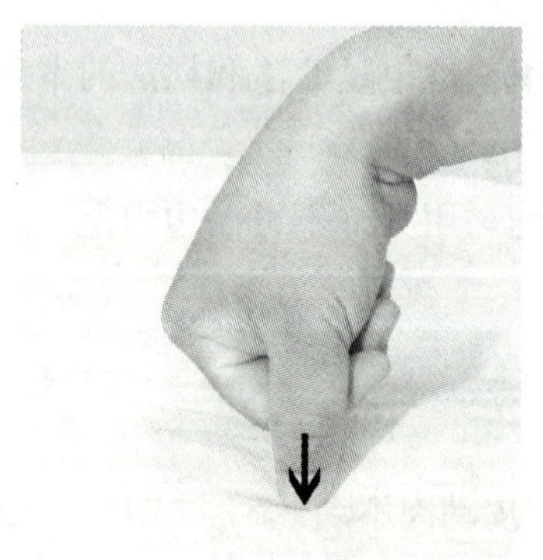

图 4–3–18　掐法

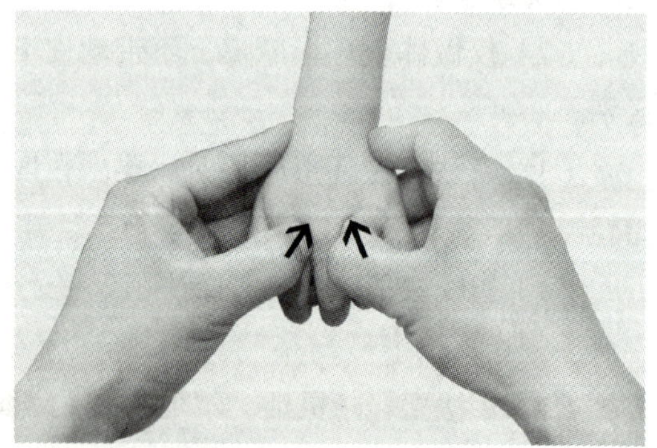

图 4–3–19　掐二扇门

【技术要点】

（1）拇指微屈，手握空拳，以拇指指甲着力，吸定于体表穴位上，缓慢进行按压。

（2）操作时指甲应与穴位垂直，不能抠动，以免抠破皮肤。

（3）一般中病即止，不宜反复长时间使用。

【注意事项】

（1）用力宜缓，切忌突然使用暴力。

（2）掐后常配以局部揉法，以减轻指掐引起的疼痛不适感。

【临床运用】

（1）本法为强刺激手法，适用于头面及手足穴位，如人中、十宣等疼痛感强的穴位，常用于治疗抽搐、昏厥等病症。

（2）有醒脑开窍、回阳救逆之功效。如掐百会、掐人中、掐合谷、掐涌泉等。

【文献摘录】

《幼科推拿秘书》："掐者，用大指甲将病处掐之，其掐数亦如推数。"

《厘正按摩要术》："周于蕃曰：掐由甲入也。夏禹铸曰：以指代针也……法以大指甲按主治之穴，或轻或重，相机行之。""掐由甲入，用以代针，掐之则生痛，而气血一止，随以揉继之，气血行而经络舒也。"

《保赤推拿法》："掐者，医指头在儿经穴轻入而向后出也。"

六、捏法

用手指捏拿治疗部位的肌肤，称为捏法。小儿推拿特指捏脊法，是用捏法沿脊柱或两旁进行操作的推拿手法。《肘后备急方》言："拈取其脊骨皮，深取痛引之，从龟尾至顶乃止。未愈更为之。"说的就是此法。因常用于治疗小儿积滞，故又称捏积法。

【手法】

1. 拇指后位捏脊法

小儿俯卧，暴露备捏部位，术者以双手拇指桡侧吸定并顶住脊柱两旁的皮肤，食中二指在前按住，拇指、食指、中指同时配合用力将皮肤捏起，双手同时捏起，交替捻动前行（见图 4-3-20）。

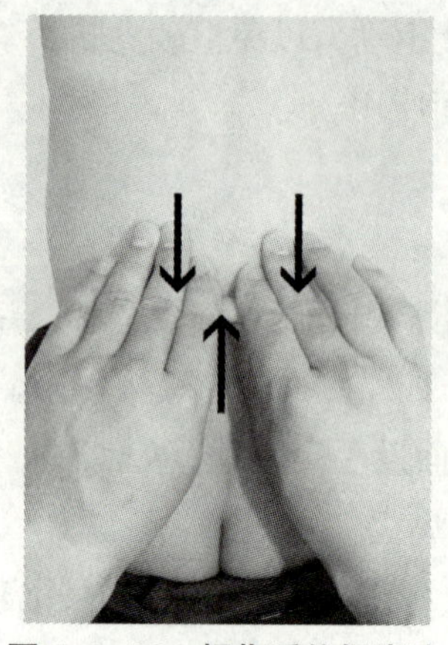
图 4-3-20　拇指后位捏脊法

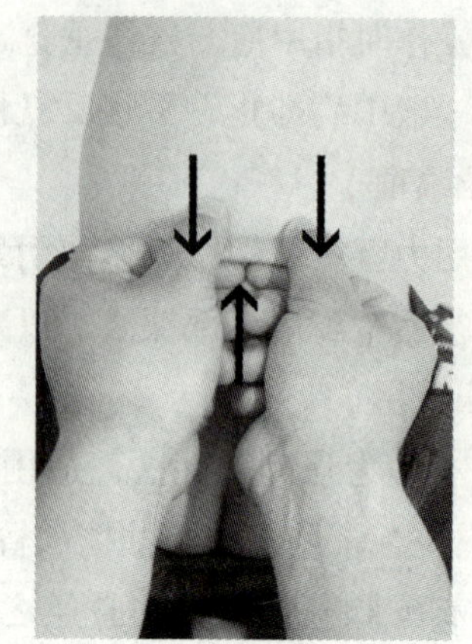
图 4-3-21　拇指前位捏脊法

2. 拇指前位捏脊法

小儿俯卧，暴露备捏部位，术者拇指伸直，其余四指呈屈曲状重叠，并以食指中节桡侧顶住脊柱皮肤，双手拇指在前，四指合力将皮肤捏起，双手同时捏起，交替捻动前行（见图 4-3-21）。

【技术要点】

（1）先轻抚背部，让小儿放松，缓和小儿情绪，再做捏脊。

（2）操作手法一般由小儿龟尾穴起，沿脊柱两侧上至大椎穴止。

（3）捏起的皮肤厚度要适中，太厚不易向上捻动推进，太薄容易滑脱和不易“得气”。

（4）为加强临床效果，常使用“捏三提一法”，即最后一遍操作时，每捏捻 3 下，向上提拉 1 下。

【注意事项】

（1）室内温度要适宜。因小儿捏脊时需要全部暴露背部，避免着凉。

（2）捏拿时要指面着力，不要指端着力抠掐，亦不可拧转皮肤，否则容易造成疼痛。

（3）要顺脊柱的正中线前行，不可歪斜。

（4）提拉皮肤时，为防止手法过重而造成小儿不适，故小儿不追求“嗒嗒”声。

（5）操作最后要捏按相应背俞穴。

【临床运用】

（1）捏脊手法可刺激脊柱两旁的背俞穴和脊柱中间的督脉，有调阴阳、

通经络、和脾胃、运气血的功效，以及改善脏腑功能、增强机体抗病能力的作用。

（2）临床常用于治疗小儿食欲不振、厌食、消化不良、疳积、便秘、腹泻、佝偻病、睡眠欠佳等病症。

（3）此法亦常作为小儿家庭保健方法，能增强食欲，改善体质。

七、运法

用拇指，或食指、中指二指指腹，或掌面，着力于一定治疗穴位，做轻柔缓慢的由此及彼的弧形或环形的推摩运动。运法和旋推法都是成弧形或圆形状操作，但运法的幅度较大，旋推法的幅度较小。

【操作】

术者辅手固定治疗部位，令其朝上暴露，推手用拇指，或食指、中指二指指腹，或掌面，着力于治疗部位，做轻柔缓慢的由此及彼的弧形或环形的推摩运动（见图 4-3-22）。

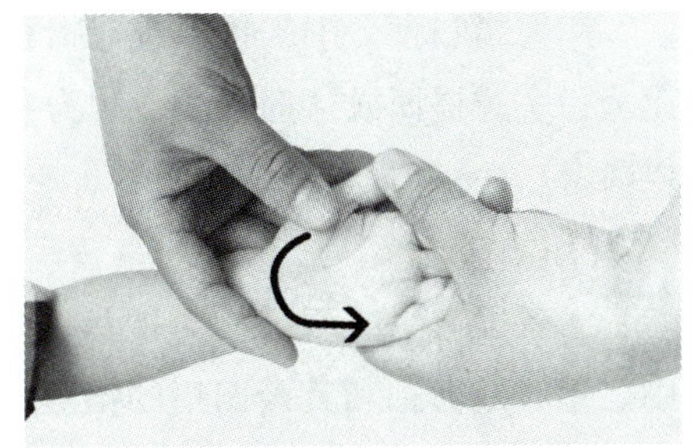

图 4-3-22

【技术要点】

（1）沉肩、垂肘，腕部放松，术者着力部位贴紧体表。

（2）操作时，用力均匀和缓，宜轻不宜重，仅在皮肤轻摩，不带动皮下组织运动，手法较摩法轻。

（3）频率宜缓不宜急，较摩法慢。

【注意事项】

（1）动作要流畅，不要中断或中途停止。

（2）根据小儿情况，选用不同介质。

【临床运用】

（1）运法刺激轻柔和缓，是小儿推拿手法中最轻的一种，常用于小儿头、面、手、腹特定穴，有疏通气血、宣通经络之功效。如运太阳、运内八卦、运丹田等。

（2）运有转运、搬运之意，可平衡治疗区起点与终点的关系，如运土入水和运水入土。

（3）运动方向与补泻作用相关，如运太阳则“往耳转为泻，往眼转为补”，运内劳宫则“左运止吐，右运止泻”。要根据病情和穴位功效选择。

【文献摘录】

《保赤推拿法》：“运者，医以指于儿经穴，由此往彼也。”

《推拿仙书》：“运者，医人用右手大指推也……周环旋转，故谓之运。”

《厘正按摩要术》：“摩法较推则从轻，较运则从重。”

《秘传推拿妙诀》：“运者，亦医人以右手大指推也，但如八卦自乾上推起至兑上止，周环旋转故谓之运。又如运土入水，自脾土推至肾水止，运水入土自肾水推至脾土止，旧有土入水、水入土之说，故谓之运，而实皆谓之推也。”

八、拿法

用拇指和食、中二指，或拇指和其余四指的指腹，在一定施术部位相对用力，实施提捏或揉捏手法，称为拿法。亦有“捏而提起谓之拿”之说，可供参考。

【操作】

术者以单手或双手的拇指和食、中二指，或拇指和其余四指的指腹，在一定施术部位相对用力，做一紧一松，持续不断地提捏或揉捏（见图 4–3–23）。

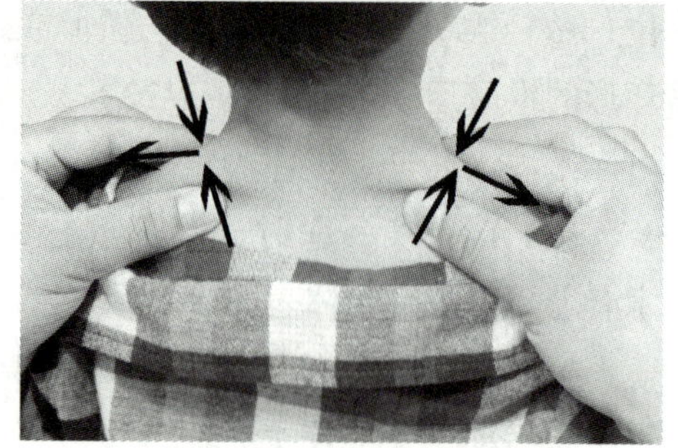

图 4–3–23

【技术要点】

（1）沉肩垂肘，腕关节微屈曲，操作动作柔和灵巧且富有节律。

（2）指面着力，不能指甲着力，以免抠掐治疗部位，引起疼痛不适。

（3）拿力要绵绵不断，由轻到重，再由重到轻，缓慢变化。

（4）双手操作拿法时，要提拿与放松交替，做到一手松时另一手紧。

【注意事项】

（1）操作时，不可突然发力或使用暴力，亦不可拿起不放。

（2）拿法操作后常配合揉法，以缓解不适感。

【临床运用】

（1）常用于颈项、肩部、四肢、腹部、肌肉丰满部位的穴位、筋经部，

是刺激性较强的手法之一。

（2）有舒筋通络止痛之效，能有效地消除疲劳，缓解疼痛、酸胀等不适，如拿颈项部、肩部、四肢等。

（3）可祛风散寒，无论风寒风热，皆能拿之有效，如拿头部、拿风池、拿肩井等。

（4）能行气活血，解痉止痛，如腹痛拿肚角、小腿转筋拿承山等。

（5）通过选用不同的部位或穴位，拿法在临床中应用非常广泛。如拿肩井，常作为推拿治疗的收功手法，能提升气机、振奋精神等。

【文献摘录】

《秘传推拿妙诀·字法解》："拿者，医人以两手指或大指或各指于病者应拿穴处或掐或捏或揉，皆谓之拿也。"

《小儿推拿广意》："拿，用手指紧握其病所在，如捉物，然后或用运、揉、搓、摩以散之。"

九、搓法

用双手掌夹持治疗部位，做相对用力、方向相反的快速来回揉搓并（或）缓慢上下移动的操作手法。

【操作】

小儿坐位，上肢放松，自然下垂。术者立其侧，双手掌夹持小儿肩前和肩后，做相对用力、方向相反的快速来回揉搓，由肩下至腕部，再由腕部上至肩部，如此反复数次（见图4-3-24）。

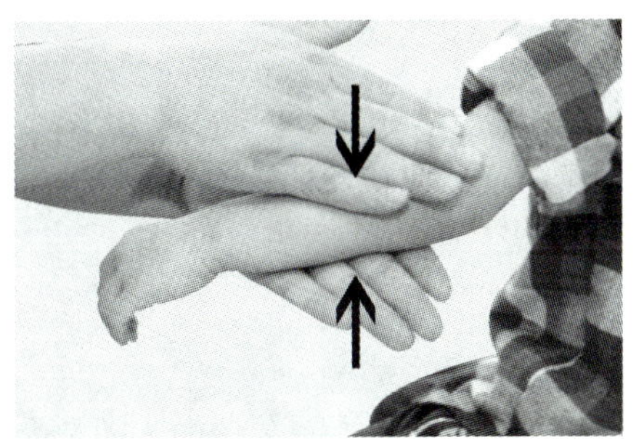

图 4-3-24

临床上，不同治疗部位应用搓法时，体位要求及操作手法都会有所不同。如搓大腿取仰卧位，搓小腿取仰卧屈膝位，搓腰取坐位。目的是要受术者肢体放松，术者操作方便。

【技术要点】

（1）双手掌相对用力，夹持松紧适度，搓动自然而不呆滞。

（2）往来搓动，频率要快，力度要均匀；上下移动，速度宜稍慢。做到"快搓慢移"。

【注意事项】

（1）操作忌用蛮力、暴力，以免造成皮肤或肌腱损伤。

（2）受术部位需自然放松。

（3）小儿哭闹时，搓胸胁部易造成岔气伤，应避免。

【临床运用】

（1）常用于四肢、躯干等柱状部位。

（2）搓四肢有舒筋通络、行气活血、缓解肌肉痉挛、放松肢体之功效。如脑瘫患儿搓下肢可缓解下肢痉挛。

（3）搓胸胁部有顺气化痰、疏肝理气的作用。如咳嗽或百日咳搓摩胁肋部以顺气化痰。

（4）临床常配合抖法使用，作为推拿治疗的结束手法。

【文献摘录】

《保赤推拿法》："搓者，医者在儿经穴，往来摩之也。"

《厘正按摩要术·立法》："搓以转之，谓两手相合而交转以相搓也。或两指合搓，或两手合搓，各极运动之妙，是从摩法生出者。"

《厘正按摩要术》："搓食指……大指中指合而直搓之，能化痰。"

十、擦法

术者用手掌、指或大小鱼际，着力于一定治疗部位，做直线快速往返的摩擦运动，谓之擦法。根据施术部位的不同，可分为掌擦法、指擦法、大鱼际擦法、小鱼际擦法（见图 4-3-25 ~ 图 4-3-28）。

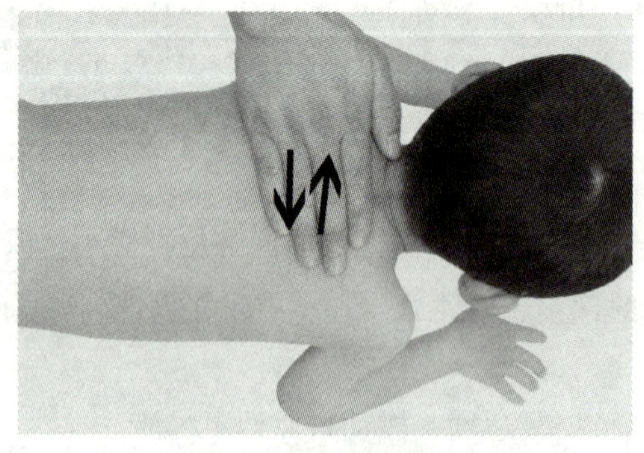

图 4-3-25　掌擦法

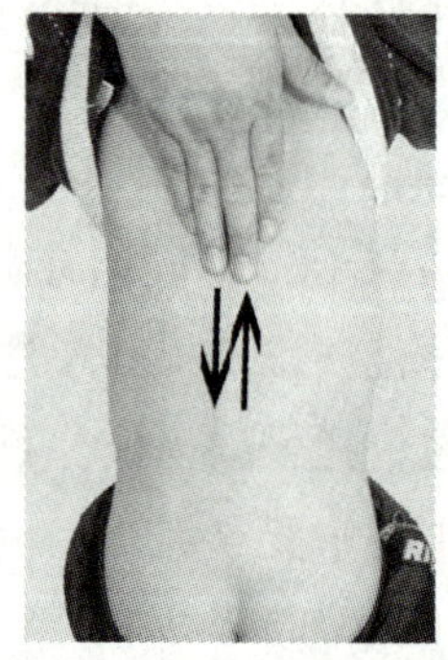

图 4-3-26　指擦法

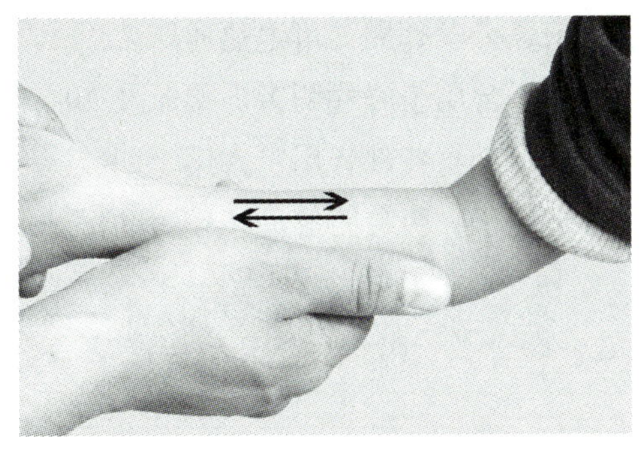

图 4-3-27　大鱼际擦法

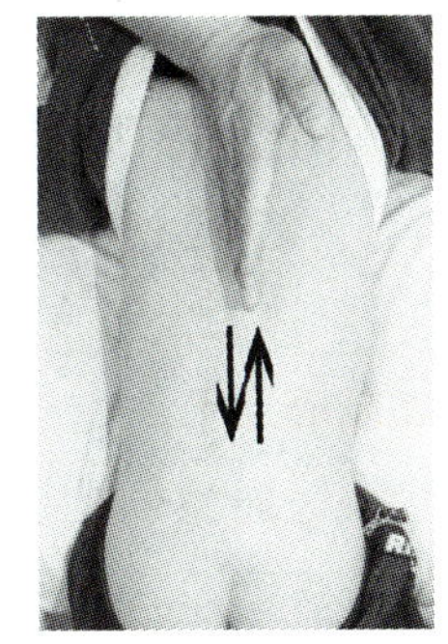

图 4-3-28　小鱼际擦法

【操作】

术者以手掌面、指腹、大鱼际或小鱼际着力，在一定的经络、特定穴，或治疗部位的体表上，稍做下压用力，以肩或肘关节作为支点，做肩肘关节的屈伸运动，带动施术部位在小儿体表做上下或左右方向的直线快速往返的摩擦运动，令其产生一定的温热刺激。以全掌着力为掌擦法；以食指、中指、环指着力为指擦法；以小鱼际着力为小鱼际擦法；以大鱼际肌腹着力为大鱼际擦法。

【技术要点】

（1）操作时，施术部位始终保持紧贴皮肤，均匀用力，切勿重压。

（2）直线往返，动作幅度宜大，摩擦距离尽量拉长，且手法连贯不断而有节奏。

（3）指擦法乃特例，摩擦往返距离宜小。

（4）治疗以透热为度。除指擦法外，其他擦法产热度顺序为：掌擦法 < 大鱼际擦法 < 小鱼际擦法。

【注意事项】

（1）术者操作时要自然呼吸，不可屏气。

（2）一般要使用介质。

（3）需暴露施术部位，不可隔着衣物操作。

（4）操作时间不宜过长，且操作后不可再于相同部位施以其他手法，以免损伤皮肤。故常在治疗最后使用擦法。

【临床运用】

（1）本法有较强的温热效应，适用于全身各部位。

（2）具有温通经脉，散寒止痛，行气活血，温阳益气，健脾和胃等功效。

（3）指擦法接触面积小，常用于鼻旁、耳周，可温热通窍。

（4）小鱼际擦法，温热效应最强，常用于脊柱两旁、腰骶及四肢。

（5）大鱼际擦法，温热效应中等，全身各部皆用，常用于四肢。

（6）掌擦法，温热效应缓和，常用于胸腹腰胁等面积较大的部位。

【文献摘录】

《韩氏医通》："凡小疾有痛处，即令壮夫揩擦至热，或按之拿之，令气血转移，其疾可却。"

《理瀹骈文》："面属阳明胃，晨起擦面，非徒为光泽也，和气血而升阳益胃也。"

《寿亲养老新书》："其穴在足心之上，湿气皆从此入。日夕之间，常以两足赤肉更次用一手握指，一手摩擦。数目多时，觉足心热。"

十一、捻法

用拇指和食指捏住一定治疗部位做来回揉搓、如捻线状的手法，称为捻法，为推拿辅助手法。

【操作】

术者用拇指指腹和食指指腹或桡侧缘，捏住治疗部位，相对用力做快速来回搓揉动作，如捻线状（见图 4-3-29）。

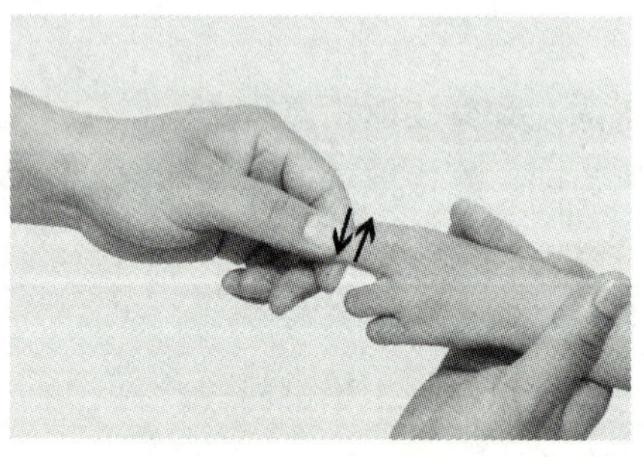

图 4-3-29 捻法

【技术要点】

（1）捻转速度要快，但在治疗部位的移动要慢。

（2）拇指、食指两指捻动时做到揉劲多，搓劲少。

（3）手法灵活连贯，柔和有力。

【注意事项】

两指夹持治疗部位时，用力要适宜，做到稍加用力，却灵活而不呆滞。

【临床运用】

（1）常用于手指、足趾等四肢小关节及浅表肌肤部位。

（2）具有滑利关节、消肿止痛、调和气血、理筋通络的功效。

（3）临床运用如手指、足趾扭伤、肿胀、屈伸不利等辅助手法；又如先天性肌性斜颈治疗时，在患侧胸锁乳突肌用捻法，以理筋通络。

【文献摘录】

《保赤推拿法》：“捻者，医以两指摄儿皮，微用力而略动也。”

《诸病源候论·鼻病诸候》：“手捻两鼻孔，治鼻中患。”

《医宗金鉴》：“再捻筋结，令其舒平。”

《石室秘录·摩治法》：“手足疼痛者……执其两手捻之者千下而后已。”

十二、摇法

被动环形活动受术关节的一种手法，称为摇法。

【操作】

术者一手托握或扶住受术关节的近端，以作固定；另一手托握受术关节的远端，协同用力做轻柔的、幅度范围由小到大的顺时针或逆时针的环形旋转运动（见图 4–3–30、图 4–3–31）。

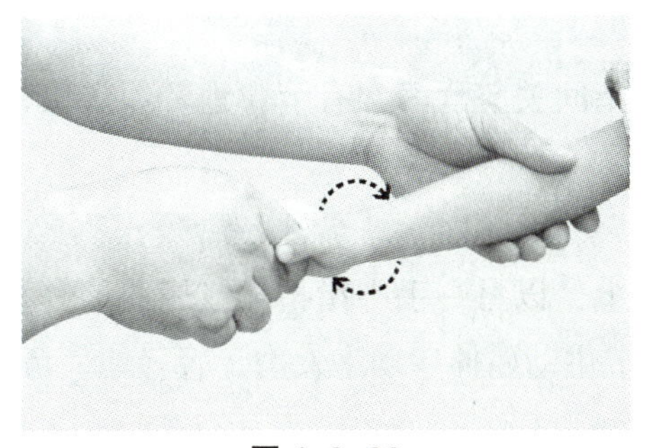

图 4–3–30

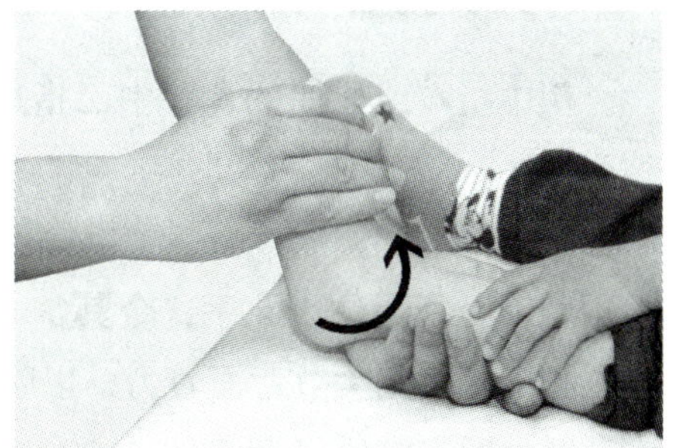

图 4–3–31

【技术要点】

（1）诱导小儿放松，取舒适且便于操作的体位，手法要平稳缓和。

（2）摇动范围由小到大，但是要控制在正常生理活动范围之内。

（3）摇动速度要慢，数次后可稍微加快。

【注意事项】

（1）切忌使用暴力，小儿反抗或啼哭时，应停止操作。

（2）手法要协调、稳定，除被摇动关节外，其他部位不应随之晃动。

【临床运用】

（1）适用于全身各关节部，常用于肩、肘、腕、指、髋、膝、踝、趾等关节。

（2）具有舒筋通络、解除粘连、恢复关节活动度等作用。可用于筋伤、骨伤、神经损伤等疾病引起的关节活动障碍，如落枕的颈部活动障碍、脑性瘫痪的肢体活动障碍、臂丛神经损伤的上肢活动障碍等。

（3）需矫正关节方向时，向矫正方向摇。如纠正足内翻畸形时，宜向外摇动。

（4）文献载有“寒证向里摇，热证向外摇”之说。

【文献摘录】

《保赤推拿法》：“摇者，或于四肢及颈腰部关节。”

《厘正按摩要术》：“将小儿手从轻从缓摇之……能化痰。”

《小儿按摩经》：“赤凤摇头：以两手捉儿头而摇之，其处在耳前少上，治惊也。”

《推拿捷径》：“摇者，活动之谓也，手法宜轻不宜重。”

十三、捣法

用中指端或屈曲的食、中二指近端指间关节背面，有节律地轻叩穴位，称为捣法。

【操作】

术者一手握住小儿手，令其掌心朝上，以另一手中指指端或屈曲的食、中二指近端指间关节背面着力，以腕关节主动屈伸运动来发力，轻轻地、富有节律地叩击穴位（见图4-3-32、图4-3-33）。

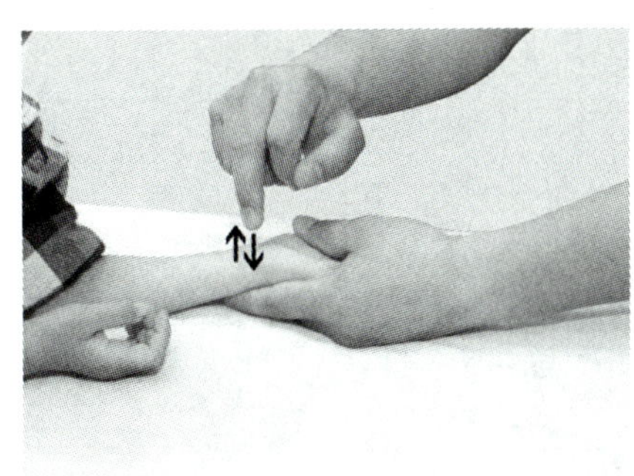
图 4-3-32

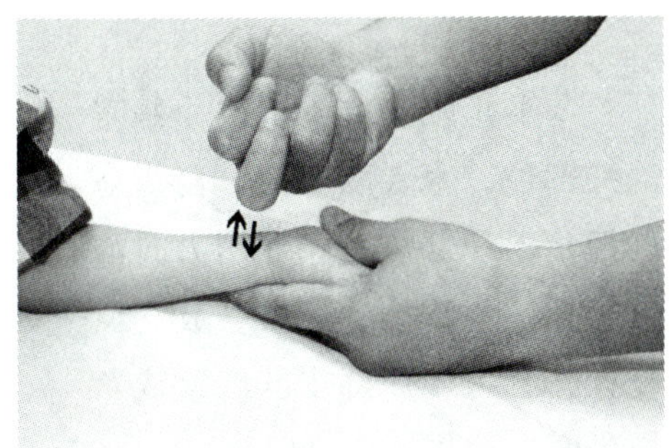
图 4-3-33

【技术要点】

（1）肩、肘关节自然放松，以腕关节主动屈伸运动来发力。

（2）捣击穴位时要准，用力要稳，且富有弹性。

（3）捣击时，接触时间要短，瞬间作用，快下快上。

【注意事项】

（1）注意修剪指甲，避免捣击时造成皮肤破损。

（2）捣击时起落间距不宜太长。

（3）避免使用暴力。

【临床运用】

（1）临床常用于点状穴位，如捣小天心，有镇惊安神的作用，用于治疗惊风、抽搐、夜啼、多动等。

（2）亦有用于头面部，与弹法同功，有醒脑开窍的作用，用于治疗抽动症、多动症等。

【文献摘录】

《推拿三字经》："揉二马，捣小天心，翻上者，捣下良（捣者打也），翻下者，捣上强，左捣右，右捣左。"

《李修德小儿推拿技法》："……如患喘实火惊悸，也可直捣（直上直下地捣下），有镇降的疗效。"

十四、捏挤法

术者用双手拇食指分别捏住治疗部位，继而同时向中心用力挤推，一挤一放，如此反复，称为捏挤法。

【操作】

令小儿取卧位或坐位，暴露治疗部位，术者两手拇、食指对称捏住治疗部位，相对用力向治疗部位中心挤推，一挤一放，反复操作，致使局部皮肤红紫或紫黑为度（见图 4–3–34）。

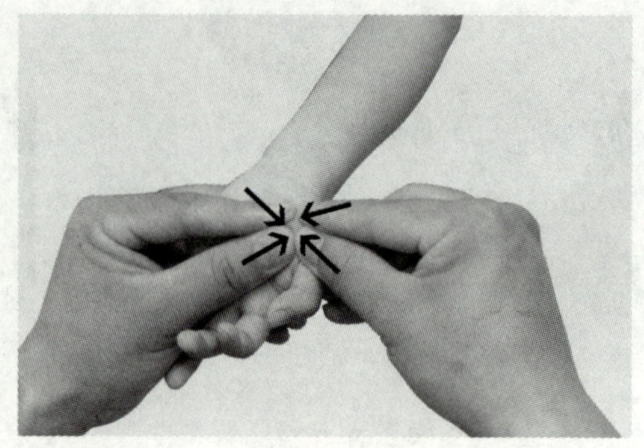

图 4–3–34

【技术要点】

（1）双手对称用力推挤，四指成正方形布局，穴位或治疗点居于中心。

（2）捏住的皮肤要稳，不产生表皮摩擦，但可推挤皮下组织。

（3）一挤一放，松紧适宜，节律性强。

【注意事项】

（1）推挤时用力要均匀，切忌暴力，避免用指甲抠掐。

（2）不可挤破皮肤。

（3）常在推拿结束的时候使用。

【临床运用】

（1）属于强刺激手法，刺激量较取痧弱，效果却相当好。可用于中暑、发热、感冒等病症，以散其郁热，如捏挤大椎穴解表退热。

（2）也可以用于治疗厌食、呕吐、腹泻等胃肠道症状，如捏挤天枢、神阙可消食散结，捏挤委中穴治疗呕吐、腹胀等。

（3）广泛应用于民间，对于急症、实热症有明显的疗效。

【文献摘录】

张汉臣在《实用小儿推拿》中说："以两手拇、食指在选定部位固定捏住，然后再使两手拇食指一齐用力向中心挤捏，然后放松，反复操作，使局部皮肤色红或紫红色或黑紫色为度，称为捏挤。"

十五、刮法

术者用手指或边缘光滑的器具，在一定穴位或部位上，做单方向直线的刮动，称为刮法。

【操作】

小儿取舒适体位，暴露受术部位，术者用手指（拇指桡侧缘或食指、中指指腹）或边缘光滑的器具（刮痧板、汤匙、硬币等）蘸上液体介质（清水、麻油、刮痧油等），紧贴皮肤，稍加用力做单方向直线的快速推擦移动（见图 4-3-35、图 4-3-36）。

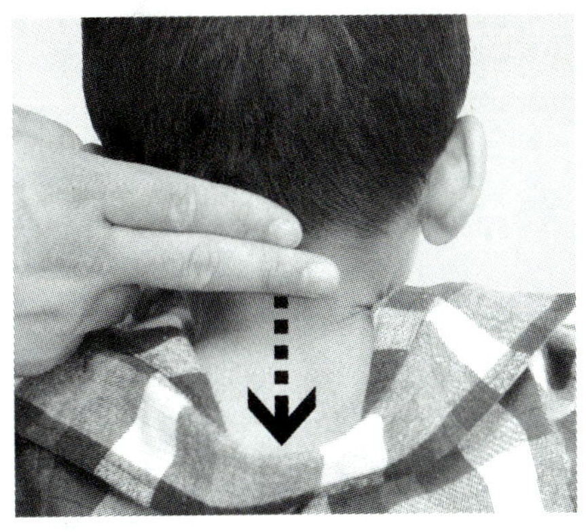
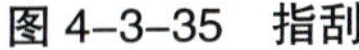

图 4-3-35 指刮

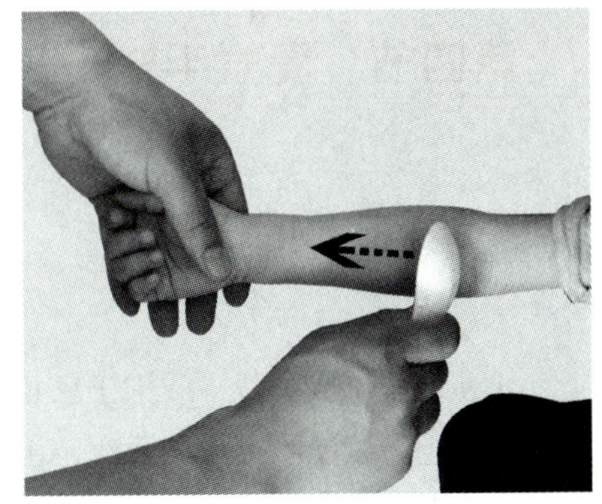

图 4-3-36 器具刮

【技术要点】

（1）操作时，着力部位要紧贴皮肤，作用于皮肤的力要均匀，轻重适宜。

（2）要使用起润滑作用的液体介质，以保护皮肤。

（3）根据治疗部位或穴位不同，确定刮动的方向，操作时沿直线单方向移动，不可歪斜。

（4）以局部皮肤出现紫红色瘀斑为度。

【注意事项】

（1）不可刮破皮肤。

（2）操作用力以小儿耐受为度。

（3）刮后注意避风寒。

【临床运用】

常用于颈项部、肩部、背部脊柱两侧、肘窝、腘窝等，有发散郁热之功效，用于治疗中暑、感冒等病症。

【文献摘录】

《保赤推拿法》："刮者，医指挨儿皮，略加力而下也。"

《景岳全书·杂证谟》："盖以五脏之系，咸附于背，故向下刮之，则邪气亦随之而降。"

《张氏医通》："举世有用水搭肩背及臂者，有以苎麻水湿刮之者，有以瓷碗油润刮之者……"

第四节　复式手法

一、运土入水

【操作】

小儿取坐位或卧位，或抱于家长怀中，术者以辅手握紧小儿的手指，令其掌心朝上；以推手拇指用运法，由小儿拇指指腹的脾经穴起，沿拇指掌面桡侧、大鱼际桡侧、小天心、小鱼际尺侧缘、掌小横纹，运至小指指腹的肾经穴止。因脾属土，肾属水，故名运土入水（见图 4-4-1）。

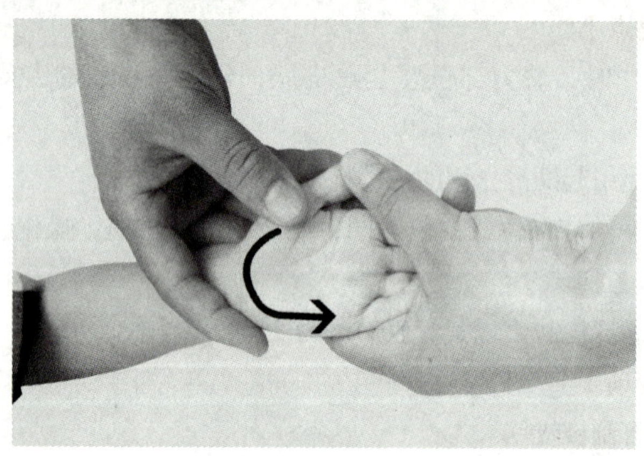

图 4-4-1　运土入水

【作用】

清脾胃之湿热，补肾水之不足。

【临床运用】

（1）用于土盛水枯之证。治疗小儿消化不良、腹胀、泄泻、小便赤涩等病症。

（2）偏向于新症、实证。

【文献摘录】

《推拿按摩卷·小儿推拿广意》："运土入水，丹田作胀，眼睁，为土盛水枯，推以滋之。"

《推拿按摩卷·小儿推拿秘书》："运土入水（补），土者，脾土也，在大指；水者，坎水也，在小天心穴上。运者从大指上，推至坎宫，盖因丹田作胀，眼睁，为土盛水枯，运以滋之，大便甚效。"

《厘正按摩要术》："由脾土起，经艮、坎、乾三宫旁过，至肾水止为运土入水。治泄泻。"

《小儿按摩经·手诀》："照前法（运水入土法）返回是也。肾水频数无统用之，又治小便赤涩。"

二、运水入土

【操作】

小儿取坐位或卧位，或抱于家长怀中，术者以辅手握紧小儿的手指，令其掌心朝上；以推手拇指用运法，由小儿小指肾经穴起，沿手掌边缘、掌小横纹、小天心、大鱼际桡侧缘，运至拇指指腹脾经穴止。因肾属水，脾属土，故名运土入水（见图 4-4-2）。

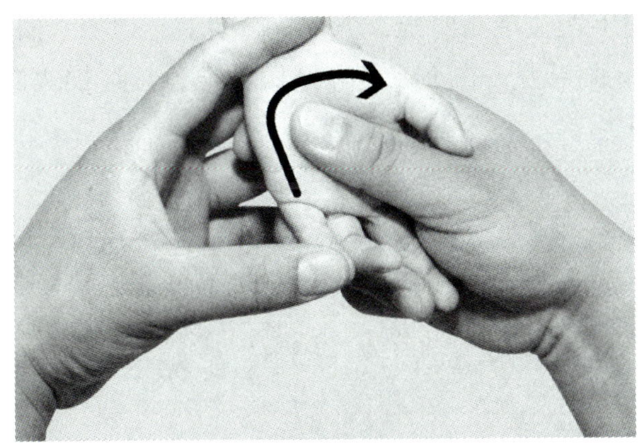

图 4-4-2 运土入水

【作用】

健运脾胃，润燥通便。

【临床运用】

用于水盛土枯之证。治疗脾胃虚弱之食欲不振、食谷不化、腹泻、便秘、疳积等。

【文献摘录】

《推拿按摩卷·小儿推拿秘书》："运水入土（泻），土者，胃土也，在板门穴上，属艮宫；水者，肾水也，在小指外边些。运者以我大指，从小儿小指侧巅，推往乾坎艮也。此法能治大小便结，身弱肚起青筋，痢泄诸病，盖水盛土枯，运以润之，小水勤动甚效。"

《小儿按摩经·手诀》："以一手从肾经推去，经兑、乾、坎、艮至脾土按之，脾土太旺，水火不能既济，用之，盖治脾土虚弱。"

《推拿按摩卷·小儿推拿广意》："运水入土，身弱肚起青筋，为水盛土枯，推以润之。"

三、水底捞明月

【操作】

小儿取坐位或卧位，或抱于家长怀中，术者以辅手握住小儿四指，令其掌心朝上，推手食、中二指固小儿的拇指，紧接着用推手拇指指腹由小儿小指指尖，推向手掌根部坎宫穴，经小鱼际达到小天心，再转向劳宫穴，同时一拂而起，如捞明月之状（见图 4-4-3）。

术者以辅手握住小儿四指，令其掌心朝上，用冷水滴入小儿掌心，以推手拇指指腹着力，在小儿劳宫穴做旋推，且边推边向掌心吹凉气（见图 4-4-4）。

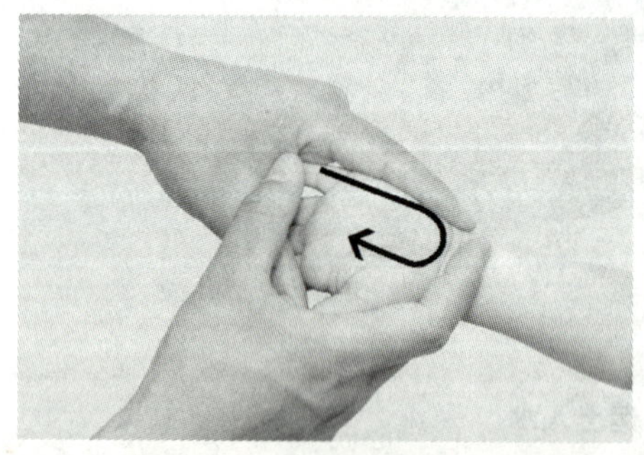

图 4-4-3　水底捞明月 1

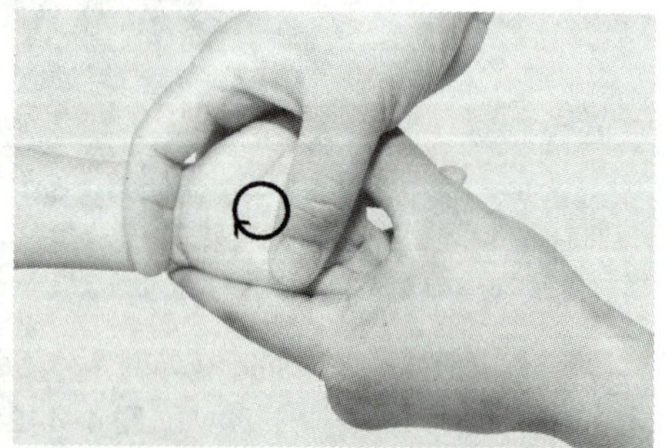

图 4-4-4　水底捞明月 2

【作用】

为寒凉之大法，可清热凉血，除烦宁心。

【临床运用】

小儿高热，大热。尤其适用于高热神昏、烦躁不安、热入营血的各类实证。文献载录“水底捞月”“水里捞明月”“水中捞月”等名称，共计6种操作方法。

【文献摘录】

《推拿按摩卷·幼科推拿秘书》：“水底捞月，此退热必用之法也。水底者，小指边也。明月者，手心内劳宫也。此法以我手拿住小儿手指，将我大指，自小儿小指旁尖，推至坎宫，入内劳轻拂起，如捞明月之状。再一法，或用凉水点入内劳，其热即止。盖凉入心肌，行背上，往脏腑，大凉之法，不可乱用。”

《幼科铁镜》：“用冷水旋推旋吹为水底捞明月。”

《小儿推拿方脉活婴秘旨全书》：“水底捞明月主化痰、潮热无双。”“水底捞明月法：大凉。做此法，先掐总筋，清天河水，后以五指皆跪，中指向前，众指随后，如捞物之状，以口吹之。”

《厘正按摩要术》：“水中捞月法，法主大凉。”

《万育仙书》：“水底捞月，此大寒法。医以大指曲仰，用背节于内劳宫右旋数回，竟推入天河；或用中指背节运转亦得，若左运则属热矣。”

《秘传推拿妙诀·卷上·手上推拿法》：“水里捞明月，凡诸热证热甚，以水置病者手中，医人用食指杵从内劳宫左旋，如擂物状，口呵气，随指而转数回，径推上天河，又仍前法行数次，此退热之良法也，但女右旋。”

四、打马过天河

【操作】

小儿取坐位或卧位，或抱于家长怀中，术者辅手握小儿四指，令其掌心朝上，推手先以其拇指指腹在小儿内劳宫穴施以运法；接着用食指、中指由小儿总筋起沿天河水密集击打至洪池穴（见图4-4-5）。也可以用食指、中指，由内关穴起，循天河水弹击到洪池穴。一般操作10～20次。

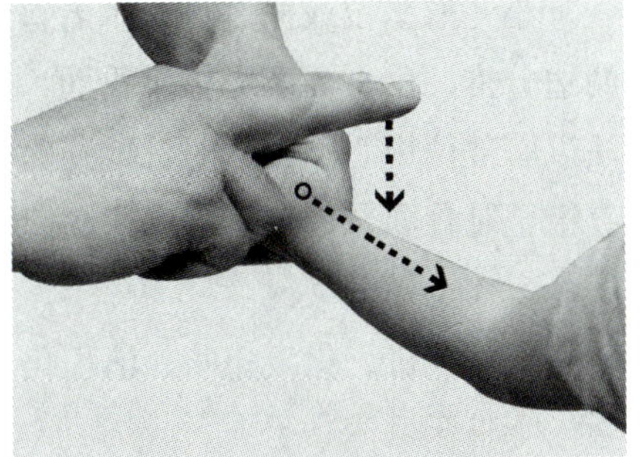

图4-4-5　打马过天河

【作用】

本法能清凉退热，通经行气。

【临床运用】

用于治疗高热神昏、烦躁谵语、上肢麻木等实热症。本法又名“打马过河”“打马过天门”，常见文摘有6种操作说法，但临床以《万育仙书》所载手法常用。

【文献摘录】

《万育仙书》：“打马过天河，温和法，通经行气。先右运劳宫，后以左手拿儿大、小二指，向后用食指、中指、无名指三指从天河打至手弯止。”

《按摩经》：“打马过河：温凉。右运劳宫毕，屈指向上，弹内关、阳池、间使、天河边，生凉退热用之。”

《小儿推拿广意》：“打马过天河法：此法性凉去热。医用左大指掐儿总筋，右大中指如弹琴，当河弹过曲池，弹九次。再将右大指掐儿肩井、琵琶、走马三穴，掐下五次是也。”

《小儿推拿方脉活婴秘旨全书》：“打马过天河止呕，兼乎泻痢。”“打马过天河：温凉。以三指在上马穴边，从手背推到天河头上。与捞明月相似。”

《保赤推拿法》：“打马过天河法：……主凉，能去热病。”

《幼科推拿秘书》：“打马过天河，此能活麻木，通关节脉窍之法也。马者，二人上马穴也，在天门下。其法以我食将二指，自小儿上马处打起，摆至天河，去四回三，至曲池内一弹。如儿辈嬉戏打破之状。此法退凉去热。”

五、开璇玑

【操作】

小儿取坐位或仰卧位，术者首先用双手拇指从璇玑穴开始，沿肋间隙往两边分推，由上而下分推至季肋，接着从鸠尾穴向下直推至脐部，再用指摩法以脐部位中心，做顺时针或逆时针地推摩小儿腹部，继而从小儿脐部向下直推至耻骨联合，最后令小儿取俯卧位，做推上七节骨（见图4–4–6）。

【作用】

宣通气机，化痰止咳，消积化食。

【临床运用】

用于治疗小儿胸闷、气促、食积、腹胀、呕吐、腹泻、高热抽搐、昏迷

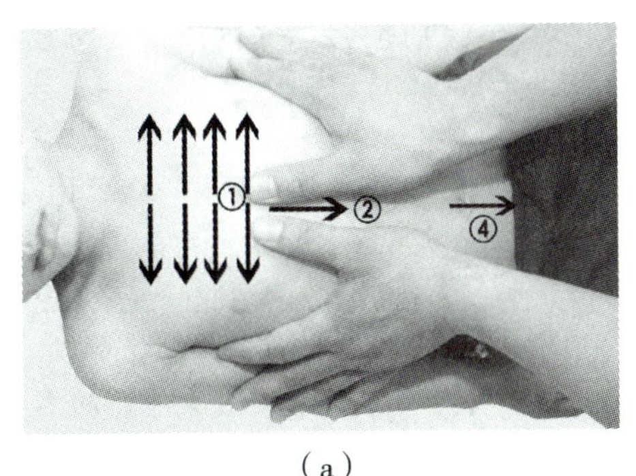

（a）

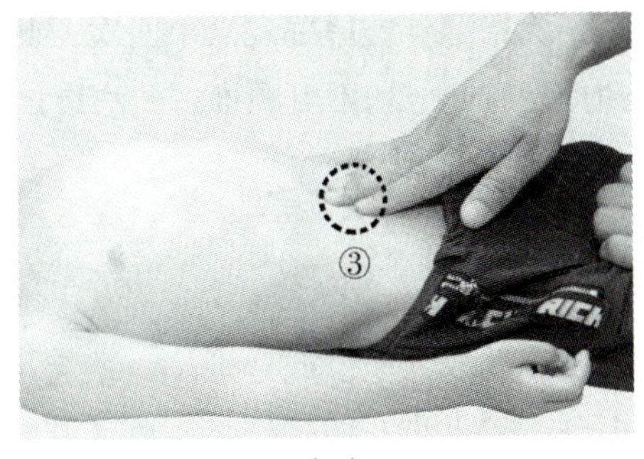

（b）

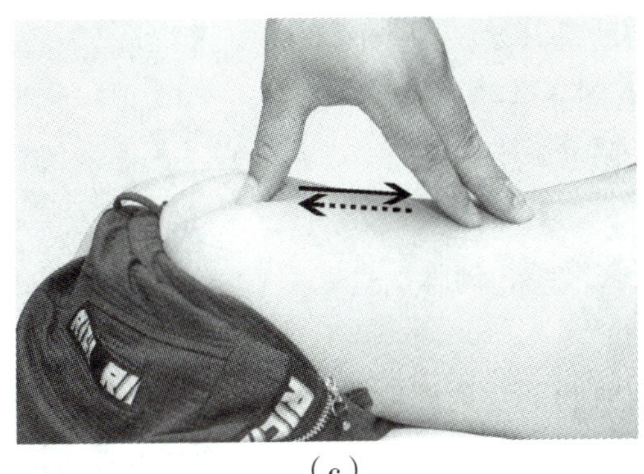
（c）

图 4-4-6 开璇玑

不醒等。开璇玑，手法操作从上而下，可开通上、中、下三焦之气机，对呼吸系统、消化系统及泌尿生殖系统皆能产生作用，起效范围广泛。

【文献摘录】

《中国推拿》："两拇指自患儿胸肋由上而下分推，分推至季肋后，从胸骨柄下端向脐处直推，直推后再用右掌摩揶儿腹，摩揶后从脐向下直推，最后推上七节。"

《幼科集要》："武宁杨光斗曰：璇玑者，胸中、膻中、气海穴（在脐下）也。凡小儿气促，胸高，风寒痰闭，夹食腹痛，呕吐泄泻，发热抽搦，昏迷不醒，一切危险急症，置儿密室中，不可当风。医用两手大指蘸姜葱热汁，在病儿胸前左右横推，至两乳上近胁处，三百六十一次。口中计数，手中推周天之数，乃为奇。璇玑推毕，再从心坎用两大指左右分推至胁肋六十四次。再从心坎推下脐腹六十四次。再用热汁入右手掌心，合儿脐上，左挪六十四次，右挪六十四次。挪毕，用两手自脐中推下少腹六十四次。再用两大指蘸汁推尾尻穴六十四次，此法乃备。虚人泄泻者，逆推尾尻穴，至命门两肾间，切不可顺推，此法屡试屡验。”

六、按弦走搓摩

【操作】

小儿取独坐位或抱坐位，抬起小儿双上肢，较大小儿能配合者，可让其双手交叉搭在肩上。术者在小儿身后，两手五指并拢，从两腋下胁肋部开始，由上而下搓摩至肚角为止（见图 4–4–7）。本操作手法参考《幼科推拿秘书》所载。

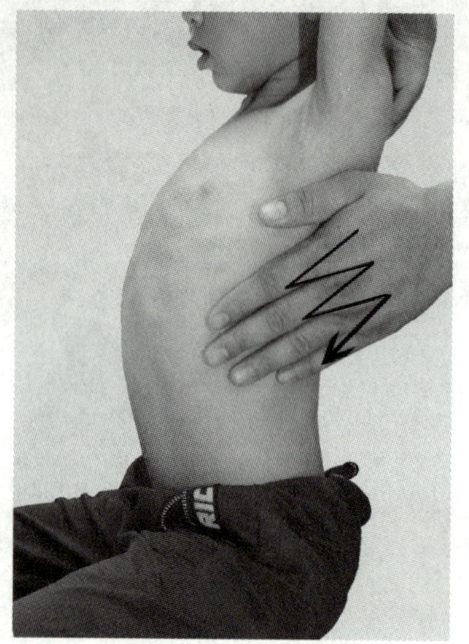

图 4–4–7　按弦走搓摩

【作用】

理气化痰，行气散结，健脾消食。

【临床运用】

此法适用于两胁肋至肚角部位，用于治疗小儿咳嗽痰多，气喘，食积，食滞，腹胀，腹痛，肝脾肿大等病症。

【文献摘录】

《幼科推拿秘书》：“按弦走搓摩，此法治积聚，屡试屡验。此运开积痰、积气、痞疾之要法也。弦者，勒肘骨也，在两胁上。其法着一人抱小儿坐在怀中，将小儿两手抄搭小儿两肩上，以我两手对小儿两胁上搓摩至肚角下，积痰积气自然运化。若久痞则非一日之功，须久搓摩方效。”

《小儿推拿方脉活婴秘旨全书》：“按弦走搓摩法：先运八卦；后用二大指搓病人掌、三关各一搓；二指拿病人掌，轻轻慢慢如摇，化痰甚效。”

《小儿推拿广意》：“医用左手拿儿手，拿向上，右手大食二指，自阳穴上轻轻按摩至曲池，又轻轻按摩至阴穴止，如此一上一下九次为止。阳证关轻腑重，阴证关重腑轻。再用两手从曲池搓摩至关腑三四次。医又将右大食中指掐儿脾指，左大食中掐儿月斗肘，往外摇二十四下，化痰是也。”

《小儿按摩经》：“按弦走搓摩，动气化痰多。”“按弦搓摩：先运八卦，后用指搓病人手，关上一搓，关中一搓，关下一搓，拿病人手轻轻慢慢而摇，化痰可用。”

七、揉脐及龟尾并擦七节骨

【操作】

让小儿取仰卧位，术者先用一手的食指、中指、无名指三指并拢揉肚脐或以手掌揉肚脐；继而托揉龟尾穴；最后令小儿俯卧位，以拇指指腹或食指、中指、无名指三指指腹推擦七节骨（见图 4-4-8）。

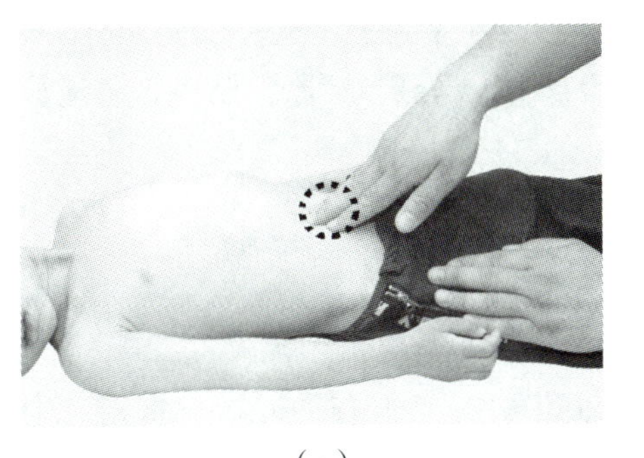

（a）

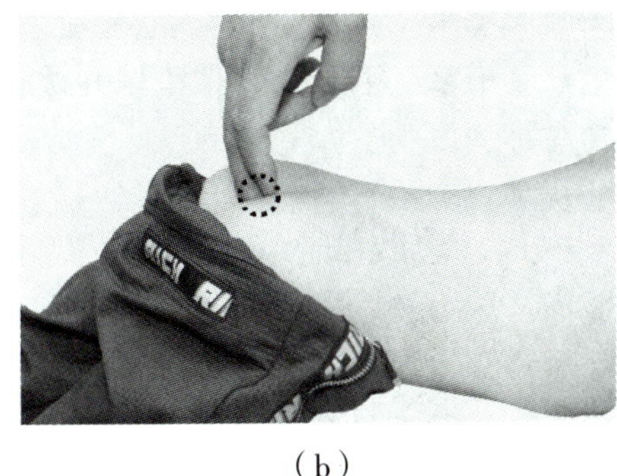

（b）

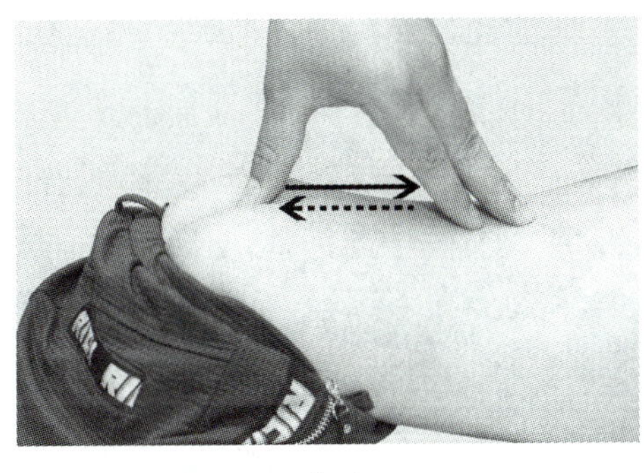

（c）

图 4-4-8　揉脐及龟尾并擦七节骨

【作用】

通调任督二脉之经气，能升能泻。

【临床运用】

用于治疗泄泻、痢疾、便秘等病症。补泻手法关键在于推擦七节骨的方向，由第四腰椎向尾骨端方向推，为泻，常用于新证、实证；从尾骨端向第四腰椎方向推，为补，常用于虚症、久病。

治疗痢疾时，要先泻后补，先去大肠热毒，第二次治疗方可用补法。

【文献摘录】

《幼科推拿秘书》："揉脐及龟尾并擦七节骨：此治痢疾、水泻甚效。此治泻痢之良法也。龟尾者，脊骨尽头闾尾穴也；七节骨者，从头骨数第七节也。其法以我一手，用三指揉脐；又以我一手，托揉龟尾。揉讫，自龟尾擦上七节骨为补，水泻专用补。若赤白痢，必自上七节骨擦下龟尾为泄。推第二次，再用补。盖先去大肠热毒，然后可补也。若伤寒后，骨节痛，专擦七节骨至龟尾。"

《推拿三字经》："揉龟尾并揉脐，治水泻，乌痧，膨胀，脐风，急慢惊风等证。"

八、总收法

【操作】

小儿取坐位，术者以辅手食指掐按小儿肩井穴，右手拇指、食指、中指捏住小儿同侧食指或无名指，做以小儿肘关节为中心的摇动（见图4-4-9）。

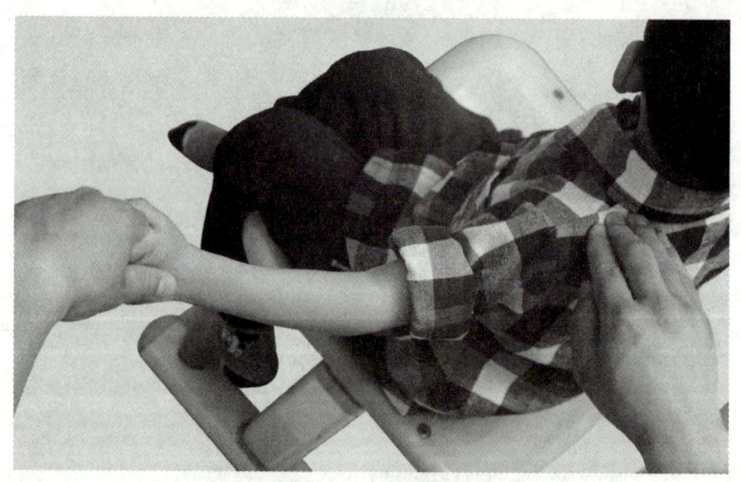

图 4-4-9　总收法

【作用】可通行一身之气血，亦可提神，常作为收功手法。

【临床运用】

用于小儿推拿的结束手法，亦可以用于治疗久病体虚、内伤外感等病症。

【文献摘录】

《幼科铁镜》："肩井穴是大关隘，掐此开通血气行，各处推完将此掐，不愁气血不周身。"

《幼科推拿秘书》："诸症推毕，以此法收之，久病更宜用此，久不犯。其法以我左手食指，掐按儿肩井陷中，乃肩膊眼也，又以我右手紧拿少儿食指、无名指，伸摇如数，病不复发矣。"

第五章 常见病症推拿治疗

第一节 发热

一、概述

发热是小儿常见的临床症状，是指感受六淫之邪或温热疫毒之气，导致体温异常升高，并持续不降，伴有恶寒、面赤、烦渴、脉数等临床表现的一种并发病症。中医认为外感与内伤等病造成小儿阴阳失调而出现体温异常升高的发热症状，一般分为外感发热、肺胃实热、阴虚内热三种，儿科临床上一般以外感发热比较多见。西医方面通常以由于多种炎症、传染性疾病等引起的发热为主诉，如上呼吸道感染、急性扁桃体炎和支气管肺炎等。

二、病因病机

1. 外感发热

由于小儿体质偏弱，抗邪能力不足，加之冷热不知调节，家长护理不周，容易为风寒外邪所侵，邪气侵袭体表，卫外之阳被郁而致发热。

2. 阴虚内热

小儿体质偏弱，抗病能力不足，先天不足或者后天营养失调或久病伤阴而致肺肾不足，阴液亏损引起发热。

3. 肺胃实热

多由于外感误治或乳食内伤造成肺胃壅实，郁而化热。

三、临床诊断

1. 诊断要点

本证以发热为主，体温超过正常标准，腋温 37.5 ~ 38 ℃为低热，38.1 ~ 39 ℃为中热，39.1 ~ 40 ℃为高热，大于 40 ℃为超高热。详细询问病史及伴随症状，因季节、气候、地区、环境的不同而感邪发病。

2. 治疗原则

以清热为主，外感者应驱除外邪佐以发散解表；肺胃实热者，佐以清泻里热，理气消食；阴虚者，佐以滋阴。

四、临床表现

1. 外感发热

风寒症为恶风寒，发热，虽身热而欲近衣被，头痛怕冷，咽痒无汗，鼻塞流清涕，苔薄白，指纹红。风热证为恶风寒，发热，微汗出，口干，咽痛，鼻塞流黄涕，面红，头痛，烦躁，苔薄黄，指纹红紫。

2. 阴虚内热

四体瘦弱，时多发热，一日三次至五次，多见午后或入夜发热，手足心热，潮热盗汗，颧红，容易哭闹，脾气暴躁，大便干硬，胃纳欠佳，舌红干少苔，脉细数，指纹淡紫。

3. 肺胃实热

高热，面红气促，口干咽痛，不思饮食，便秘，烦躁，渴而欲冷饮，舌红苔燥，指纹深紫。

五、推拿治疗

1. 外感发热

（1）治疗原则：疏风解表，发散外邪。

（2）处方：推攒竹、推坎宫、揉太阳、清肺经、清天河水。

风寒者：加拿风池、推三关、揉二扇门。

风热者：加推脊、清天河水。

方义：清肺经、清天河水宣肺清热；推攒竹、推坎宫、揉太阳疏风解表，发散外邪；风寒者加推三关、掐揉二扇门、拿风池发汗解表，驱散风寒；风热者加推脊、清天河水以清热解表。

若兼伴鼻塞重：加揉双侧迎香穴 2 分钟。

若兼见脘腹胀满，不思乳食，嗳酸呕吐：加揉中脘，推揉板门分腹阴阳。

若兼见烦躁不安、睡卧不宁、惊惕不安者：加清肺经，掐揉小天心，掐揉五指节。

若兼见咳嗽：用驱风油揉天突穴及膻中穴 2 分钟及双侧肺俞穴 2 分钟。

2. 阴虚内热

（1）治疗原则：滋阴清热。

（2）处方：补脾经、肺经，揉上马，推天河水，推涌泉，运内劳宫。

方义：补肺经，揉上马滋肾养肺，滋补阴液，配清天河水、运内劳宫以清虚热；补脾经，按揉足三里健脾和胃，增进饮食；推涌泉引热下行以推虚热。

若兼见自汗盗汗：加揉肾顶、补肾经。

若兼见烦躁不眠：加清肝经、清心经、按揉百会。

3. 肺胃实热

（1）治疗原则：清泻里热，理气消食。

（2）处方：清肺经、清胃经、清大肠、揉板门、运内八卦、清天河水、推六腑、揉天枢。

方义：清肺经、清胃经以清肺、胃两经实热，配清大肠、揉天枢疏调肠腑结滞以通便泻火；清天河水、推六腑清热除烦；揉板门、运内八卦理气消食。

六、其他辅助治疗

1. 一般降温治疗

（1）热水泡脚：用 40 ℃的热水进行双脚泡洗，泡至全身微微出汗即可，最好泡脚前喝点热水。

（2）温水擦浴：用温热毛巾擦颈部及背部或腹股沟，擦至微微发汗。

（3）石膏粉外敷双侧涌泉穴：用 20 g 石膏粉和适量白醋调成糊状，放在棉垫上敷在双侧涌泉穴上。

（4）双侧耳尖放血：消毒耳朵皮肤后，用一次性针头，快速扎入耳尖

穴，挤出几滴血。

（5）柴胡注射液滴鼻：每个鼻孔滴进两滴柴胡注射液。

2. 饮食疗法

尽量多补充水分，比如喝米汤、蜂蜜水、粥等。

第二节　咳嗽

一、概述

咳嗽是肺系疾病的主要症状，由于六淫外邪侵袭肺系，或者其他脏腑有病损及于肺，肺气不利引起。临床以咳嗽、咳痰为主要表现。有声无痰为咳，有痰无声为嗽，有声有痰谓之咳嗽。本病相当于西医学所称气管炎、支气管炎。一年四季均可发生，以冬、春二季发病率高，任何年龄小儿皆可发病。

二、病因病机

小儿咳嗽发生的原因，主要为感受外邪，其中又以感受风邪为主。《活幼心书·咳嗽》指出："咳嗽者，固幼数类，但分寒热虚实，随证疏解，初中时未有不因感冒而伤于肺。"其指出了咳嗽的病因多由外感引起。此外，肺脾虚弱是本病的主要内因。咳嗽的病变部位在肺，常涉及脾，病理机制为肺失宣肃。肺为娇脏，其性清宣肃降，上连咽喉，开窍于鼻，外合皮毛，主一身之气，司呼吸。外邪从口鼻或皮毛而入，邪侵于肺，肺气不宣，清肃失职而发生咳嗽。由于小儿生理特点为脾常不足，故容易脾虚生痰，或咳嗽日久不愈，耗伤正气，转为内伤咳嗽。

三、临床诊断

1. 诊断要点

（1）好发于冬、春二季，常因气候变化而发病。

（2）病前多有感冒病史。

（3）以咳嗽为主要临床症状。

（4）肺部听诊：两肺呼吸音粗糙，或闻及痰音。

2. 治疗原则

咳嗽治疗，分清外感、内伤。外感咳嗽，多为实证，应该祛邪利肺。内伤咳嗽，多属邪实正虚，治以祛邪止咳，扶正补虚，标本兼顾。

四、临床表现

1. 外感咳嗽

（1）风寒咳嗽。咳嗽有痰，鼻塞流涕，恶寒，头痛，涕清痰稀色白，恶寒重而无汗，苔薄白，脉浮。

（2）风热咳嗽。咳嗽有痰，痰黄稠，稍怕冷而微汗出，口渴，咽痛，发热，苔薄黄，脉浮数。

2. 内伤咳嗽

（1）痰湿蕴肺。咳嗽反复发作，咳声重浊，痰多，痰腻，色白，常伴疲倦食少，腹胀，大便溏，舌苔白腻，脉濡滑。

（2）痰热郁肺。咳嗽气粗，喉中有痰声，痰多厚咳吐不爽，或有热腥味，或血痰，面赤，或身热，口干黏，欲饮水，舌红苔薄黄腻，脉滑。

（3）肺阴亏耗。干咳，咳嗽声短促，或痰中带血丝，低热，午后颧红盗汗，口干，形体消瘦，舌质红，少苔，脉细数。

五、推拿治疗

1. 外感咳嗽

（1）风寒咳嗽。

①治疗原则：疏风解表，宣肺止咳。

②处方：推攒竹、推坎宫、揉太阳、清肺经、运内八卦、推揉膻中、揉乳旁、揉乳根、揉肺俞、分推肩胛骨。

③方义：推攒竹、推坎宫、揉太阳疏风解表散寒；推揉膻中、运内八卦宽胸理气、化痰止咳；清肺经、揉乳旁、揉乳根、揉肺俞、分推肩胛骨宣肺镇咳化痰。

（2）风热咳嗽。

①治疗原则：疏风清热、宣肺止咳。

②处方：清天河水、清肺经、按天突穴、推揉膻中、擦双侧肺俞穴。

③方义：清天河水、清肺经疏风清热，止咳；按天突穴、擦双侧肺俞穴、推揉膻中宽胸理气，镇咳化痰。

2. 内伤咳嗽

（1）痰湿蕴肺。

①治疗原则：健脾养肺，镇咳化痰。

②处方：补脾经、补肺经、运内八卦、推揉膻中、揉乳旁、揉乳根、揉中脘、揉肺俞、揉足三里。

③方义：补脾经、补肺经健脾养肺；推揉膻中、运内八卦宽胸理气，化痰止咳；揉乳旁、揉乳根、揉肺腧宣肺止咳；揉中脘、揉足三里健脾胃，助运化。

（2）痰热郁肺。

①治疗原则：清热肃肺、豁痰止咳。

②处方：揉丰隆、揉天突、揉膻中、运内八卦、揉肺俞、揉脾俞、清天河水。

③方义：清天河水、揉丰隆清热豁痰；揉膻中、运内八卦宽胸理气，理气化痰；揉肺俞、揉脾俞健脾祛痰，理气肃肺。

（3）肺阴亏耗。

①治疗原则：滋阴润肺、化痰止咳。

②处方：揉上马、补肾经、补脾经、推揉膻中、运内八卦。

③方义：揉上马、补脾经、补肾经能滋肾养肺，滋阴补液；揉膻中、运内八卦宽胸利膈，理气化痰。

六、辅助治疗

1. 穴位敷贴

可用镇咳化痰药物打粉后用蜜糖混合，放在棉垫上，外敷天突、膻中、双侧肺俞、双侧脾俞等穴位。

2. 耳穴压豆

可用王不留行籽贴于肺、脾、风溪、内分泌等部位。

3. 驱风油疗法

可用驱风油滴于天突穴、膻中穴搓至微微发热。

4. 艾灸疗法

可用艾条悬灸双侧肺俞、双侧足三里、膻中穴位。寒气较重者可用隔生姜灸。

第三节 哮喘

一、概述

哮喘是小儿时期的常见肺系疾病，是一种反复发作的痰鸣气喘疾病。哮是指声响言，喘是指气息言，哮必兼喘，故统称哮喘。临床发作时以喘促气急，喉间痰鸣，呼气延长，严重者不能平卧，呼吸困难，张口抬肩，唇口青紫为特征。常在清晨或夜间发作或加剧。本病发作有明显的季节性，冬季及气候多变时容易发作。另外，本病有明显遗传倾向，初发年龄多见在 1 ~ 6 岁。大多数患儿可经过治疗缓解，在正确的治疗调护下，随着年龄的增长大多可以治愈。但长时间反复发作会影响肺功能，甚至造成肺肾两虚，喘息持续难以缓解。

中医所称的哮喘相当于西医所称喘息性支气管炎、支气管哮喘。

二、病因病机

哮喘病因既有外因，也有内因。内因责之于肺、脾、肾三脏功能不足，导致痰饮留伏，隐伏于肺窍，成为哮喘之夙根。外因责之于感受外邪，接触异物、异味以及嗜食咸酸等。

小儿肺脏娇嫩，脾常不足，肾常虚。肺气虚，则治节无权，水津失于输布，凝液为痰；脾虚不能为胃行其津液，运化失司，湿聚为痰，上储于肺；肾气虚，不能蒸化水液，使水湿上泛为痰，聚液成饮。所谓痰之本水也，源于肾；痰之动湿也，主于脾；痰之末饮也，贮于肺。

现代医学认为本病主要是机体过敏状态所致，过敏原（如花粉、油漆、鱼虾、细菌等）致细小支气管平滑肌痉挛而产生一系列症状。

三、临床诊断

1. 诊断要点

（1）常突然发作，发作之前，多有喷嚏、咳嗽等先兆症状。发作时喘促，气急，喉间痰鸣，咳嗽阵作，甚至不能平卧，烦躁不安，口唇青紫。

（2）有反复发作病史，发作多与某些诱发因素有关，如气候变化、受凉受热、进食或接触某些过敏物质。

（3）多有婴儿期湿疹史、家族哮喘史。

（4）肺部听诊：发作时两肺闻及哮鸣音，吸气时明显，呼气时延长。

2. 治疗原则

本病应按发作期和缓解期分别施治。发作期当攻邪以治其标，治肺为主，分辨寒热虚实、寒热夹杂而随证施治。缓解期当扶正以治其本，调其肺、脾、肾等脏腑功能，消除伏痰夙根。哮喘属于顽痰，适宜采用多种疗法综合治疗。

四、临床表现

1. 发作期

（1）寒性哮喘。咳嗽气喘，喉间哮鸣，痰多白沫，形寒肢冷，鼻流清涕，面色淡白，恶寒无汗，舌淡红，苔白滑，脉浮滑。

（2）热性哮喘。咳嗽喘息，声高息涌，喉间痰鸣，咳痰稠黄，胸膈满闷，身热，面赤，口干，咽红，尿黄，便秘，舌红苔黄，脉滑数。

2. 缓解期

（1）肺脾气虚。多反复感冒，气短自汗，咳嗽无力，神疲懒言，形瘦纳差，面白少华，便溏，舌质淡，苔薄白，脉细软。

（2）脾肾阳虚。动则喘促咳嗽，气短心悸，面色苍白，形寒肢冷，脚软无力，腹胀纳差，大便溏泄，舌质淡，苔薄白，脉细弱。

（3）肺肾阴虚。咳嗽时作，喘促乏力，咳痰不爽，面色潮红，夜间盗汗，消瘦气短，手足心热，夜尿多，舌质红，苔花剥，脉细数。

五、按摩治疗

1. 发作期

（1）寒性哮喘。

①治疗原则：温肺散寒，化痰定喘。

②处方：掐揉二扇门，拿列缺，各 2 分钟；运内八卦 2 分钟；肃肺、抱肚和捶背法。

③方义：掐揉二扇门、拿列缺发散力强，解表驱寒；运内八卦能开胸顺气；肃肺、抱肚和捶背法振胸动膈，化痰顺气。

（2）热性哮喘。

①治疗原则：清肺涤痰，止咳平喘。

②处方：清肺经、推揉膻中、揉天突、搓磨胁肋、揉肺俞、运内八卦。

③方义：揉天突、搓摩胁肋降气引痰；推揉膻中、运内八卦、揉肺俞、清肺经宽胸宣肺，降气平喘化痰。

2. 缓解期

（1）肺脾气虚。

①治疗原则：健脾益气，补肺固表。

②处方：补肺经、脾经；脊柱推拿；搓小腹和腰骶。

③方义：补脾经以补脾气，助运化；补肺经补肺气，固卫表；脊柱推拿搓小腹和腰骶，透热为度，热气上升，脏腑皆得温煦。

（2）脾肾阳虚。

①治疗原则：健脾温肾，固摄纳气。

②处方：补肺经、肾经；脊柱推拿。

③方义：补肺经补肺气，固卫表；补肾经以补益肾气，助元阳；脊柱推拿透热为度，热气上升，脏腑皆得温煦。

（3）肺肾阴虚。

①治疗原则：养阴清热，补益肺肾。

②处方：补肺经、肾经；揉膻中；揉上马，推天河水；推涌泉穴。

③方义：补肺经补肺气，固卫表；补肾经以补益肾气，助元阳；揉膻中以顺气化痰；揉上马能滋阴补肾；推天河水以退内热潮热；揉涌泉穴能引火归元，退虚热。

六、其他疗法

1. 艾灸疗法

用点燃的艾条回旋灸双侧肺俞穴、肾俞穴各 2 分钟，每天 3 次，灸至局部微红。

2. 穴位敷贴

用健脾补肾的药物（白术、肉桂、细辛、白芥子等药物）研末后用蜂蜜调成糊状贴敷在肾俞、脾俞、肺俞穴位上。

3. 耳穴压豆

用王不留行籽贴于一侧耳穴，取穴为肺、脾、肾、内分泌、风溪等耳穴上，按压至发热为度，双耳交替，2 天换药一次。

第四节　反复呼吸道感染

一、概述

感冒、扁桃体炎、支气管炎、肺炎等呼吸道疾病是小儿常见病，若在一段时间内反复感染发病则成为反复呼吸道感染。本病多见于 6 个月至 6 岁的小儿，1 ~ 3 岁幼儿更为常见，冬、春季气候变化剧烈尤易反复不已，夏天有自然缓解的趋势，一般到学龄期前后明显好转。若反复呼吸道感染，治疗不当，容易发生喘咳、水肿、痹症等病症，严重影响小儿发育生长。古代医籍中的虚人感冒、体虚感冒与本病证接近。中医学在扶正祛邪、增强抗病能力、改善体质方面具有一定的优势。

二、病因病机

小儿反复呼吸道感染多因正气不足、卫外不固，造成屡感外邪、邪毒久恋，稍愈又作，反复不已之势。

禀赋不足，体质柔弱；喂养不当，调护失宜；少见风日，不耐风寒；用药不当，损伤正气；正虚邪伏，遇感乃发。

三、临床诊断

1. 诊断要点

每年呼吸道感染 10 次以上。上呼吸道感染第 2 次距离第 1 次间隔 7 天以下。

2. 治疗原则

在呼吸道感染发作期间，应按不同的疾病治疗，同时适当照顾小儿正虚的体质特点。迁延期以扶正为主，兼以驱邪，正复邪自退。恢复期当以固本为主，或补气固表，或运脾和营，或补肾壮骨。本节所述，以恢复期治疗为主，此时要抓住补益的时机，使“正气存内，邪不可干”，以达到减轻或减少发作的效果。

四、临床表现

1. 营卫失和、邪毒留恋

反复感冒，恶寒怕热，不耐寒凉，平时汗多，肌肉松弛；或伴有低热，咽红不消退，扁桃体肿大；舌淡红，苔薄白或花剥，脉浮数无力，指纹紫滞。

2. 肺脾两虚，气血不足

屡受外邪，咳喘迁延不已；或愈后又作，面黄少华，厌食；或食肥甘生冷，肌肉松弛；或大便溏薄，咳嗽多汗，唇口色淡，舌质淡红脉数无力，指纹淡。

3. 肾虚骨弱，精血失充

反复感冒，甚则咳喘，面白无华，肌肉松弛，动则自汗，夜寐则盗汗，睡不安宁，五心烦热，立、行、齿、发、语迟；或鸡胸龟背，舌苔薄白，脉数无力。

五、推拿治疗

1. 营卫失和、邪毒留恋

（1）治法：扶正固表，调和营卫。

（2）处方：揉一窝风、分阴阳、揉小横纹、推清板门。

（3）方义：揉一窝风、疏风散寒；分阴阳、揉小横纹、推清板门能调和营卫。

2. 肺脾两虚，气血不足

（1）治法：健脾益气，补肺固表。

（2）处方：补脾经、补肺经、推揉膻中、擦肺俞。

（3）方义：补脾经能健脾胃补气血，补肺经、擦肺俞能补益肺气，推揉膻中可理气固表。

3. 肾虚骨弱，精血失充

（1）治法：补肾壮骨，填阴温阳。

（2）处方：擦肾俞、捏脊、补肾经。

（3）方义：擦肾俞能滋阴壮阳，补益肾元；捏脊、补肾经能填阴温阳。

六、其他疗法

1. 艾灸疗法

用点燃的艾条回旋灸双侧肺俞穴、肾俞穴各2分钟，每天3次，灸至局部微红。

2. 穴位敷贴

用健脾补肾的药物（白术、肉桂、细辛、白芥子等药物）研末后用蜂蜜调成糊状贴敷在肾俞、脾俞、肺俞穴位上。

3. 耳穴压豆

用王不留行籽贴于一侧耳穴，取穴为肺、脾、肾、内分泌等耳穴上，按压至发热为度，双耳交替，2天换药一次。

第五节　湿疹

一、概述

湿疹是小儿常见的一种过敏性皮肤病，又称“奶癣”“胎敛疮”“黄肥疮”“浸淫疮”。其临床特点为多形性皮疹，对称分布，自觉剧烈瘙痒，病情易反复，可多年不愈。

二、分类、病因及临床特点

表 5-5-1　湿疹分类、病因及临床特点

分类	病因	临床特点
禀性不耐，胎火内蕴	《外科启玄·胎毒疮恋眉疮》曰：“在胎腹之中，其母过食五辛酒肉厚味，遗毒于胎，则生子故有是疮。”母体胎火湿热，遗于小儿，发为湿疹	见密集丘疹、丘疱疹，基底潮红，灼热瘙痒，抓破后流水、糜烂，结痂，哭闹不宁，舌红苔黄，指纹紫
外感湿热，浸淫肌肤	小儿先天不足，卫外不固，腠理疏松，风湿热邪客于肌肤而发	皮肤细粒红疹，水湿或脓液渗出，烦躁不安，皮肤红赤、伴小便短少，易感冒，舌红苔黄腻，指纹紫
脾失健运，湿邪内困	过食肥甘辛辣，湿邪内蕴，郁久化热；或喂养调理失当，胃积食停饮，脾失健运，湿热蕴积，外泛肌肤发病	或皮疹，或水疱色暗，渗液多，或结痂，伴大便稀溏、纳差，舌淡苔腻，指纹红
血虚风燥，肌肤失养	湿热内蕴易阻遏气机，气郁化火必耗伤阴血；病情缠绵，渗液日久，阴血亦伤，营血不足，湿热稽留，以致血虚风燥，肌肤失养，故见丘疹	反复发作，皮疹干燥、皮肤粗糙、色素沉着，瘙痒，舌淡少苔，指纹紫

三、治疗

（一）一般治疗

1. 普通治疗常规

新生儿科湿疹，应注意病因的查找，大部分可能是牛奶过敏所致；也要注意遗传代谢病的筛查，避免耽误患儿的治疗。护理时，一般要注意避免感染，如有感染，应外用抗菌药；哭闹不安时，可用炉甘石洗剂止痒。

2. 中药治疗

健脾渗湿冲剂，用于脾虚湿盛；防参止痒颗粒，用于风湿热。

3. 外治疗法

（1）中药水煎外洗：仅有潮红、丘疹，或少许水疱而无渗液时，可选

用清热止痒的中药苦参、白鲜皮、黄檗、地肤子等煎汤温洗；若水疱糜烂、渗出明显时，可选用清热解毒收敛的中药黄檗、生地榆、马齿苋、野菊花等煎汤外洗并湿敷。

（2）三黄洗剂：外敷患处，每日 3 次。适用于仅有潮红、丘疹，或少许水疱，并无渗液时。

（3）青黛膏：外擦患处，每日 3 次。适用于渗出液减少时，外涂可保护皮损，促进角质新生，消除炎症。

（4）艾灸法：主穴为患处阿是穴；配穴取曲池、血海、合谷。每日 2 次，每次 15 分钟。点燃艾条，施灸时以温热感为度，采用回旋灸法，切忌灸起水疱。

（二）推拿治疗

1. 分类与推拿治疗

（1）禀性不耐，胎火内蕴。

①治疗原则：清热利湿解毒。胎粪不畅者，通利大便，排除胎粪。

②选穴。

· 主穴与功效。清脾经、清肺经、清天河水清热利湿解毒；揉龟尾、推下七节骨通利大便排除胎粪。

· 配穴：不思饮食，烦躁不安者加揉中脘、足三里、推六腑、捏脊。胎粪不畅者加顺运内八卦配阳池、清大肠、摩腹；小便不利者加二人上马穴配小肠。

③主穴操作。

· 清脾经：术者将患儿拇指伸直，自指根向指尖方向直推为清。次数：100 ~ 200 次（见图 5–5–1）。

· 清肺经：术者一手持患儿无名指，用另一手拇指由指根向指尖方向推。次数：100 ~ 200 次（见图 5–5–2）。

· 清天河水：术者一手握患儿手腕，使其掌心向上，用另一手食指、中指指面从小儿腕横纹推向肘横纹。次数：100 ~ 200 次（见图 5–5–3）。

· 揉龟尾：术者用拇指指端或中指指端揉龟尾穴。次数：100 ~ 200 次（见图 5–5–4）。

· 推下七节骨：术者用拇指桡侧面或食指、中指面自上而下直推。次数：100 ~ 200 次（见图 5–5–5）。

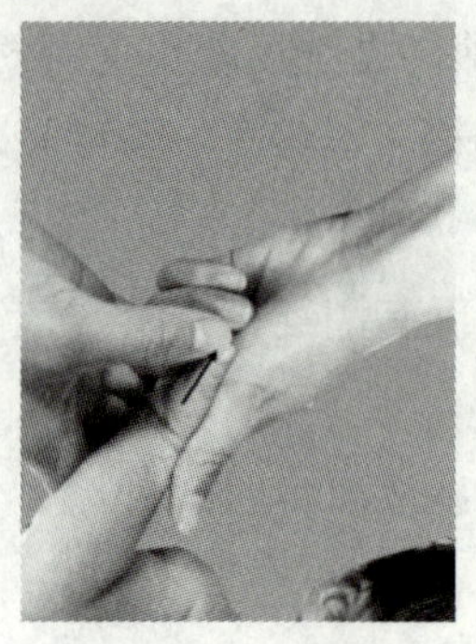
图 5-5-1　清脾经

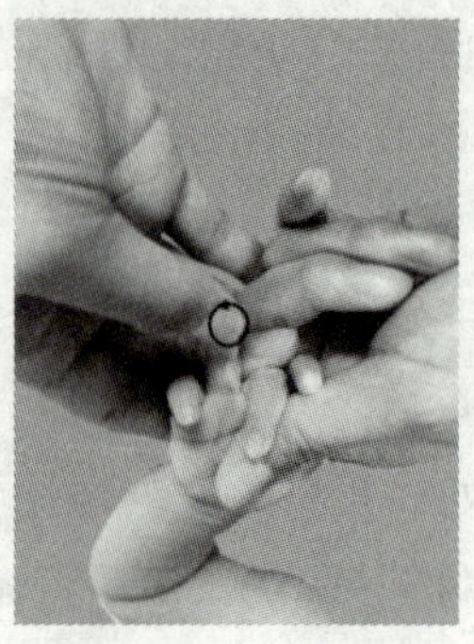
图 5-5-2　清肺经

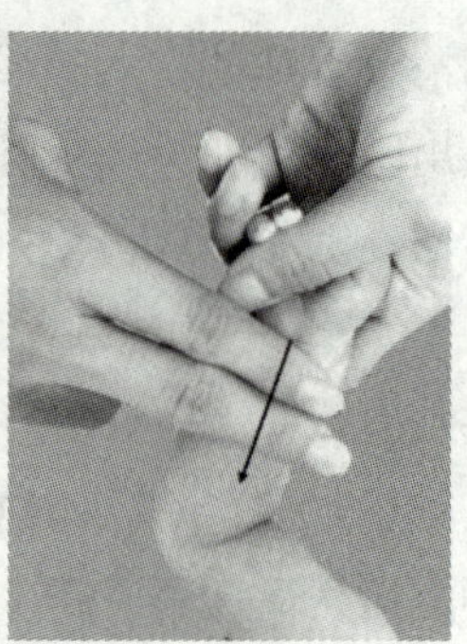
图 5-5-3　清天河水

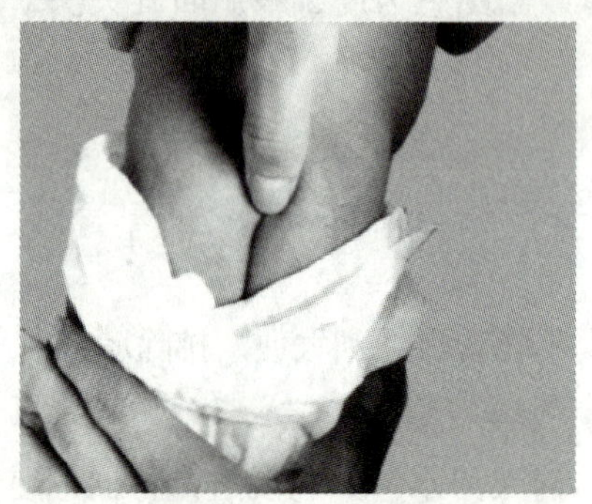
图 5-5-4　揉龟尾

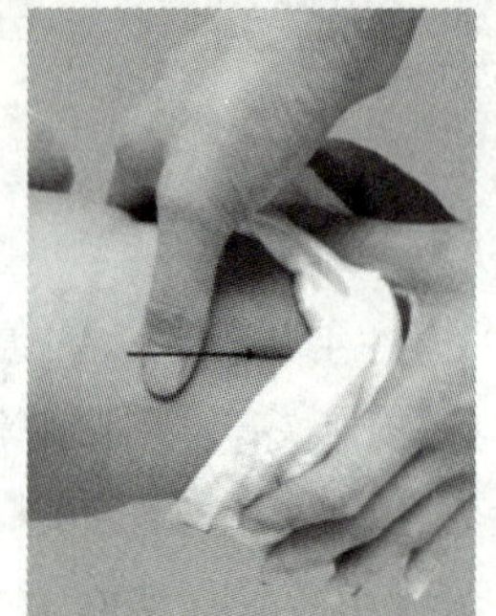
图 5-5-5　推下七节骨

（2）外感湿热，浸淫肌肤。

①治疗原则：清热利湿，祛风止痒。

②选穴。

· 主穴与功效。清脾经、清肺经、清天河水、推上三关清热利湿；拿血海、擦膈俞、掐合谷祛风止痒。

· 配穴：烦躁不安者加拿风池、肩井、列缺。胎粪不畅者加顺运内八卦配阳池、清大肠、摩腹；小便不利者加二人上马穴配小肠。

③主穴操作。

· 清脾经：术者将患儿拇指伸直，自指根向指尖方向直推为清。次数：100 ~ 200 次（见图 5-5-6）。

· 清肺经：术者一手持患儿无名指，用另一手拇指由指根向指尖方向推。次数：100 ~ 200 次（见图 5-5-7）。

· 清天河水：术者一手握患儿手腕，使其掌心向上，用另一手食指、中指指面从小儿腕横纹推向肘横纹。次数：100 ~ 200 次（见图 5-5-8）。

·推三关：术者一手握患儿手腕，用另一手拇指桡侧面或食指、中指指面从小儿手腕推向肘部。次数：100 ~ 200 次（见图 5–5–9）。

·拿血海（拿百虫）：术者用拇指和食指、中指对称提拿血海穴。次数：3 ~ 5 次（见图 5–5–10）。

·横擦膈俞：术者用小鱼际着力于膈俞穴，做快速的直线来回摩擦。次数：100 ~ 200 次（见图 5–5–11）。

·掐合谷：用拇指指甲掐合谷穴。次数：3 ~ 5 次（见图 5–5–12）。

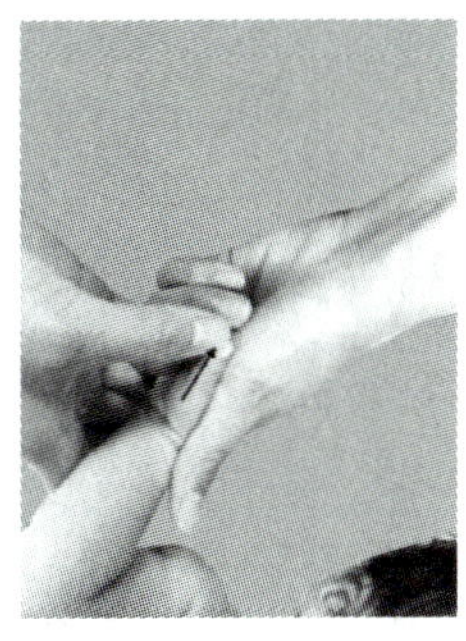
图 5–5–6　清脾经

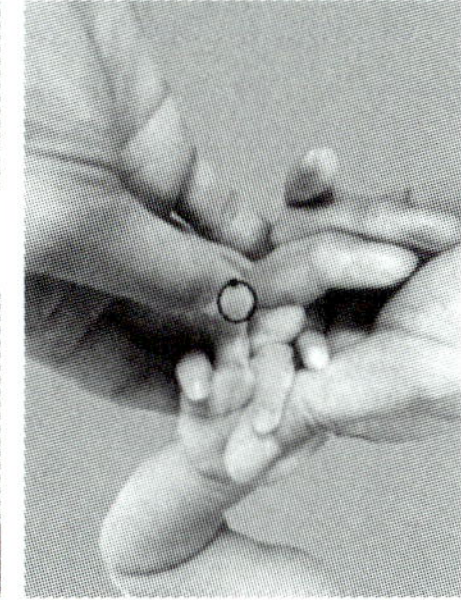
图 5–5–7　清肺经

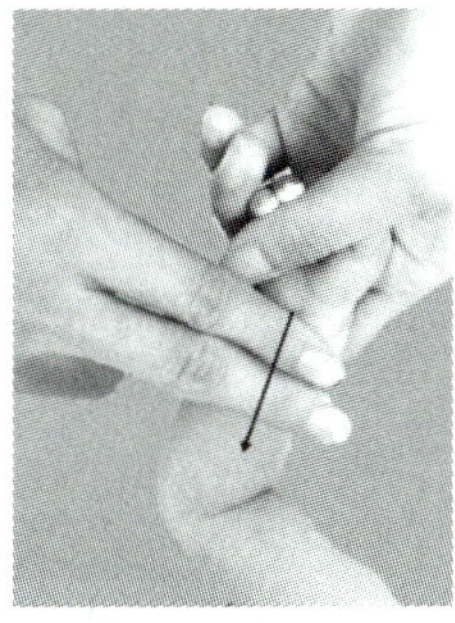
图 5–5–8　清天河水

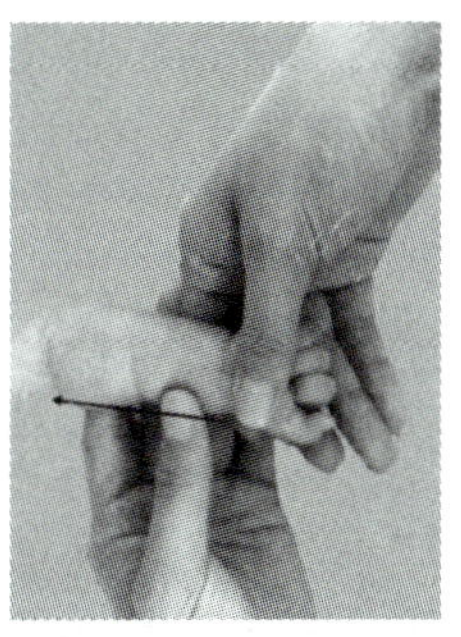
图 5–5–9　推三关

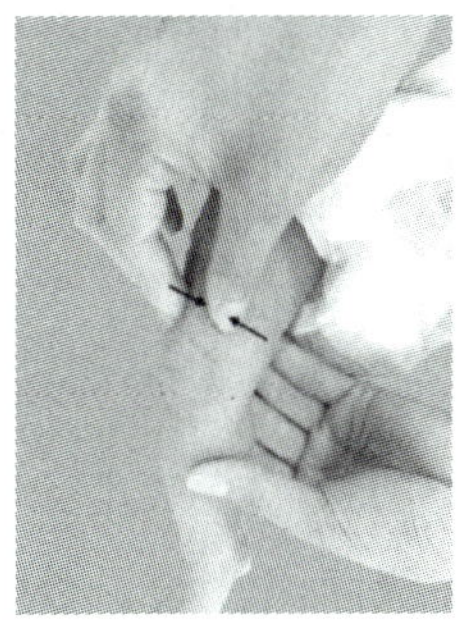
图 5–5–10　拿血海

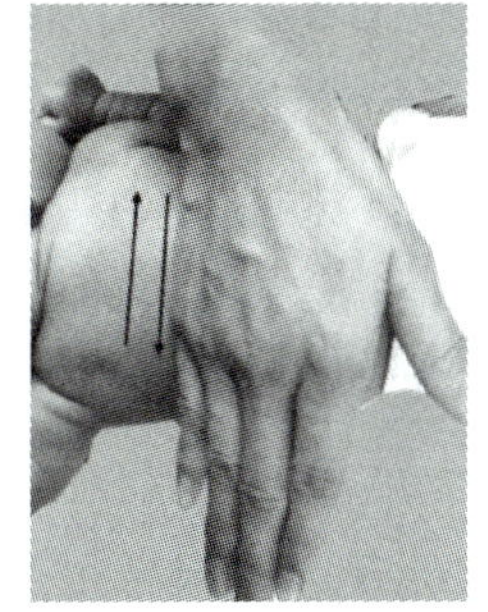
图 5–5–11　横擦膈俞

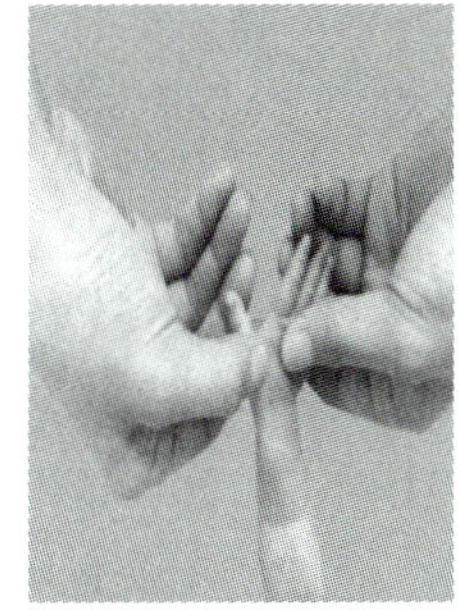
图 5–5–12　掐合谷

（3）脾失健运，湿邪内困。

①治疗原则：健脾祛湿，祛风止痒。

②选穴。

·主穴与功效。清补脾经、清补肺经、双清肠、轻抚脊、推三关；揉脾俞、推六腑祛风止痒。

·配穴。烦躁不安者加拿风池、清肝经、列缺。胎粪不畅者加顺运内八卦配阳池、清大肠、摩腹；小便不利者加二人上马穴配小肠。

③主穴操作。

·清、补脾经：术者将患儿拇指屈曲，循拇指桡侧边缘由指尖向指根方向直推为补，称补脾经。将患儿拇指伸直，自指根向指尖方向直推为清，称清脾经。次数：100～200 次（见图 5-5-13、图 5-5-14）。

·清、补肺经：术者一手持患儿无名指，用另一手拇指螺纹面旋推患儿无名指末节螺纹面为补肺经。由指根向指尖方向推为清肺经，反之亦为补。次数：100～200 次（见图 5-5-15、图 5-5-16）。

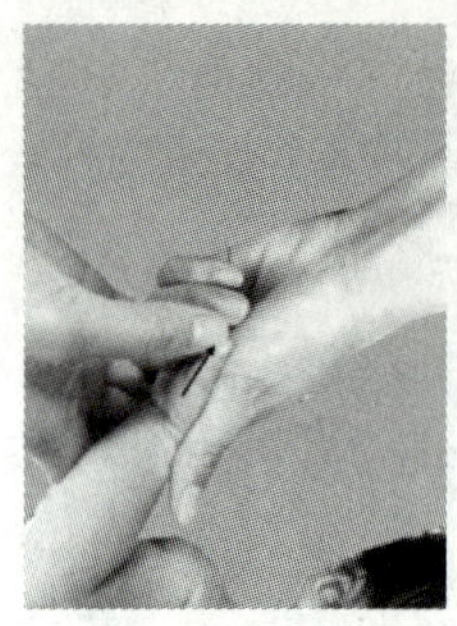
图 5-5-13　清脾经

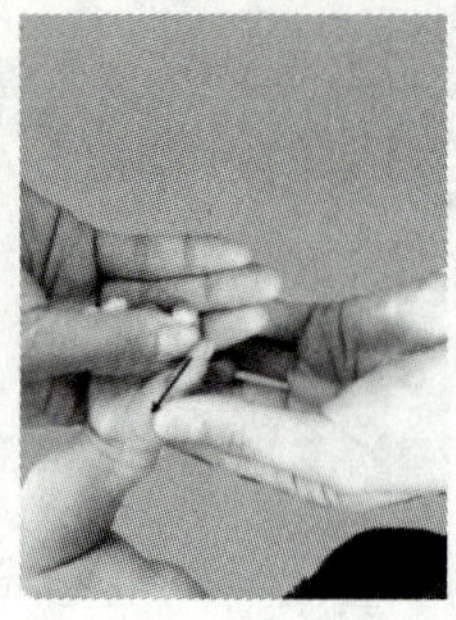
图 5-5-14　补脾经

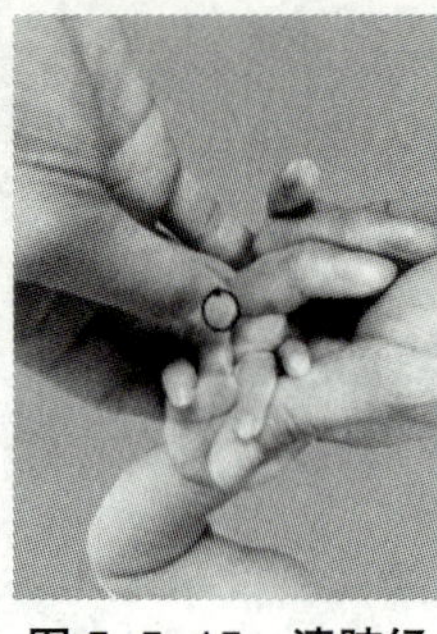
图 5-5-15　清肺经

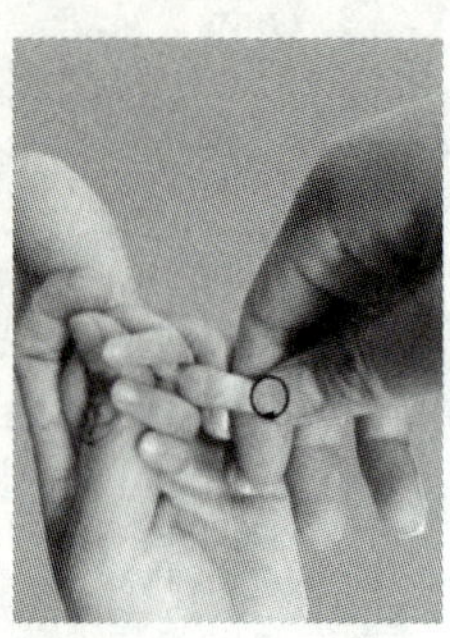
图 5-5-16　补肺经

·双清肠：术者一手持患儿食指，暴露桡侧缘，用另一手拇指螺纹面从患儿虎口直线推向食指指尖，为清大肠。术者一手持患儿小指，暴露尺侧缘，用另一手拇指螺纹面或食指桡侧缘冲小儿指根推向指尖为清，称为清小肠。次数：100～200 次（见图 5-5-17、图 5-5-18）。

·轻抚脊：用五指指腹来回轻抚脊柱。时间：3～5 分钟（见图 5-5-19）。

·推三关：术者一手握患儿手腕，用另一手拇指桡侧面或食指、中指指面从小儿手腕推向肘部。次数：100～200 次（见图 5-5-20）。

·揉脾俞：术者用两拇指或食指、中指端在脾俞穴揉。次数：50～100 次（见图 5-5-21）。

·推六腑：术者一手握住患儿手腕，用另一手拇指或食指、中指指面自小儿肘部推向手腕。次数：100～200 次（见图 5-5-22）。

图 5-5-17　清大肠

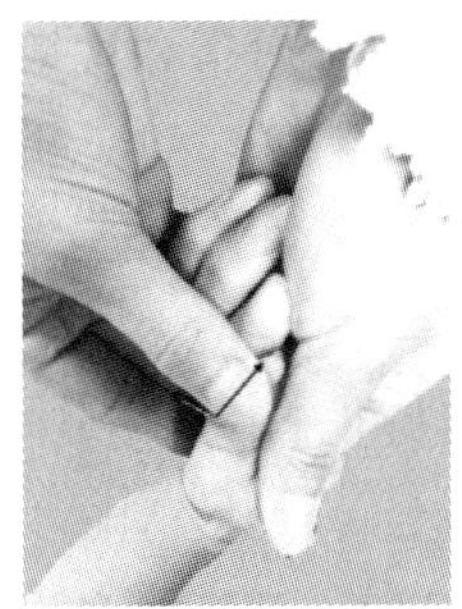
图 5-5-18　清小肠

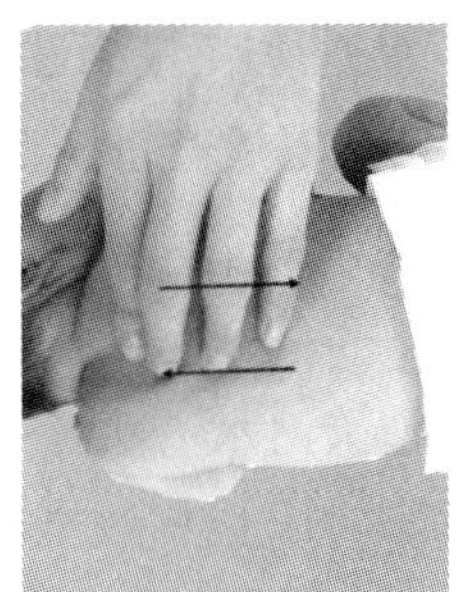
图 5-5-19　轻抚脊

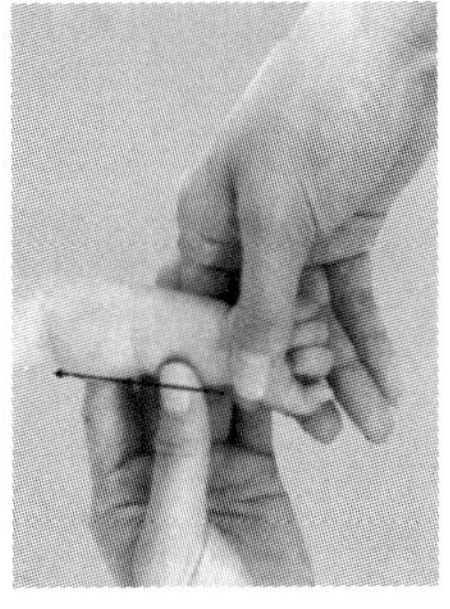
图 5-5-20　推三关

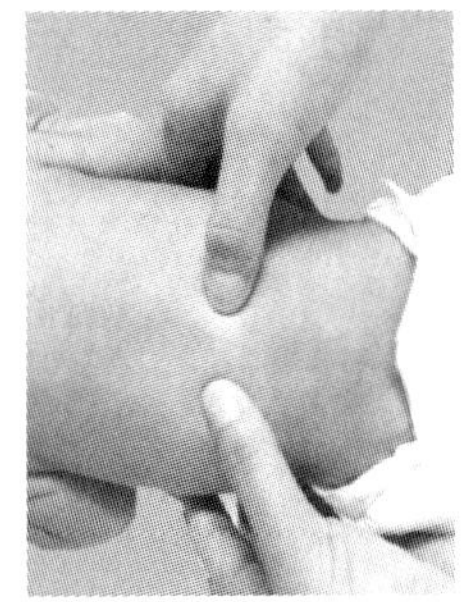
图 5-5-21　揉脾俞

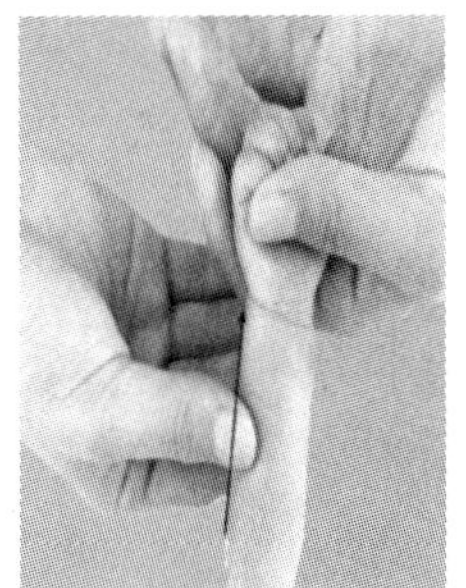
图 5-5-22　推六腑

（4）血虚风燥，肌肤失养。

①治疗原则：养血润肤，祛风止痒。

②选穴。

· 主穴与功效。揉二人上马、揉三阴交、横擦膈俞、拿血海健脾养血润肤；清肺经、清天河水、推下七节骨、推箕门祛风止痒。

· 配穴。烦躁不安者加拿风池、揉小天心；厌食便溏者加揉板门。揉中脘、揉足三里。

③主穴操作。

· 揉二人上马：用拇指、中指相对用力揉上马穴。次数：100 ~ 200 次（见图 5-5-23）。

· 揉三阴交：术者用拇指或食指端揉三阴交穴。次数：100 ~ 200 次（见图 5-5-24）。

· 横擦膈俞：术者用小鱼际着力于膈俞穴，做快速的直线来回摩擦。时间：1 ~ 2 分钟（见图 5-5-25）。

·拿血海（拿百虫）：术者用拇指和食指、中指对称提拿血海穴。次数：3～5次（见图5–5–26）。

·清肺经：术者一手持患儿无名指，用另一手拇指由指根向指尖方向推。次数：100～200次（见图5–5–27）。

·清天河水：术者一手握患儿手腕，使其掌心向上，用另一手食指、中指指面从小儿腕横纹推向肘横纹。次数：100～200次（见图5–5–28）。

·推下七节骨：术者用拇指桡侧面或食指、中指面自上而下直推。次数：100～200次（见图5–5–29）。

·推箕门：术者用食指、中指指面自膝盖内侧上缘至腹股沟做直推法。次数：100～200次（见图5–5–30）。

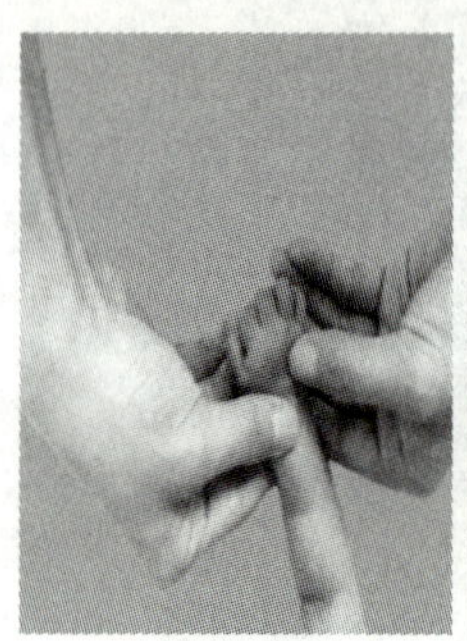

图5–5–23 揉二人上马

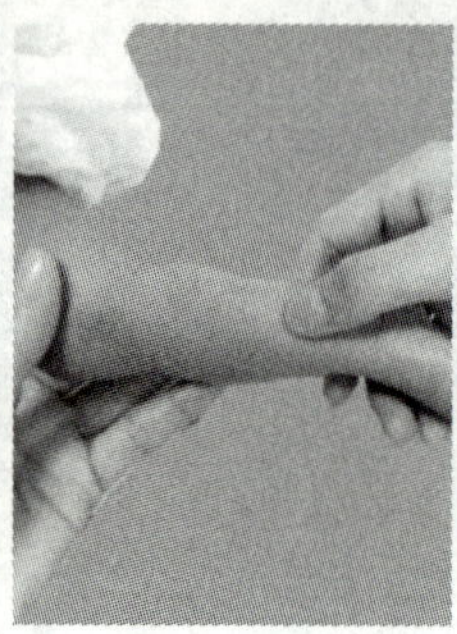

图5–5–24 揉三阴交

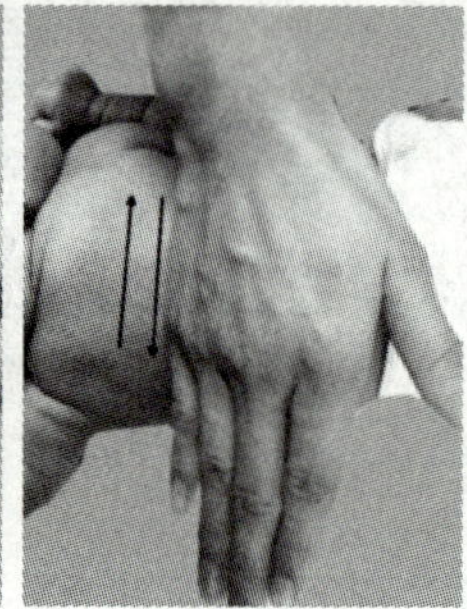

图5–5–25 横擦膈俞

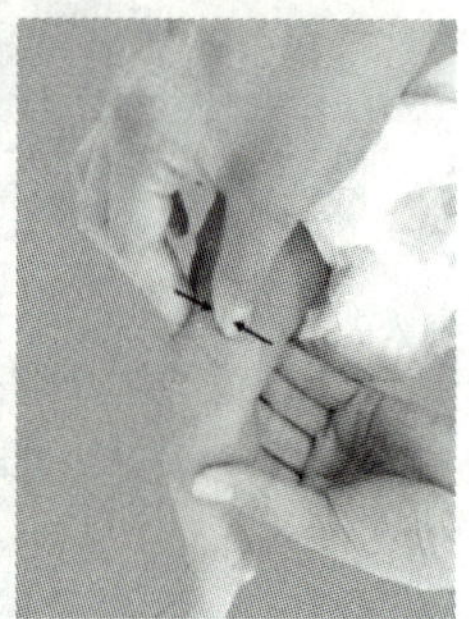

图5–5–26 拿血海

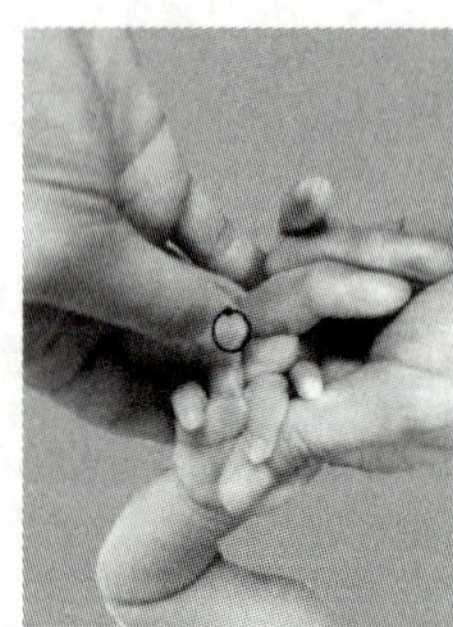

图5–5–27 清肺经

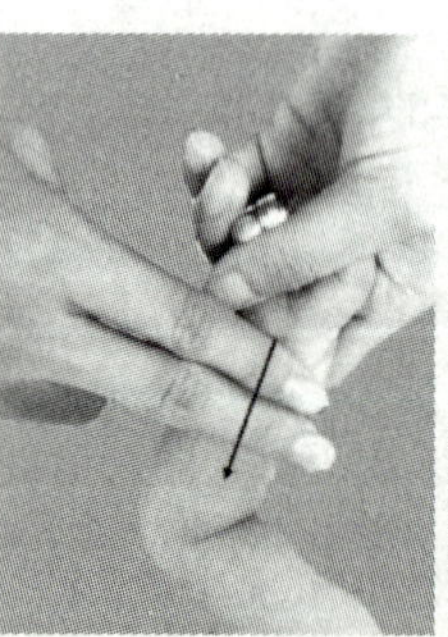

图5–5–28 清天河水

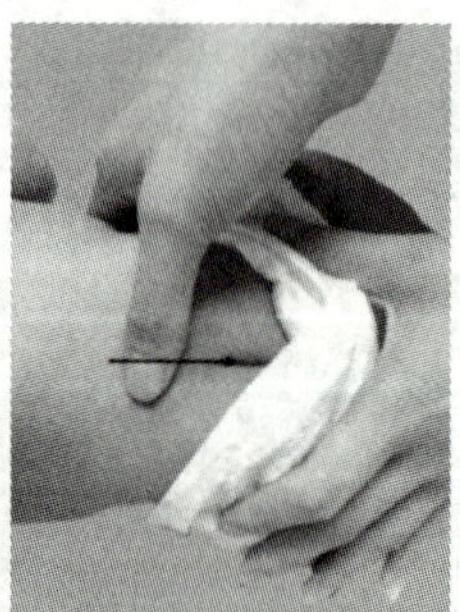

图5–5–29 推下七节骨

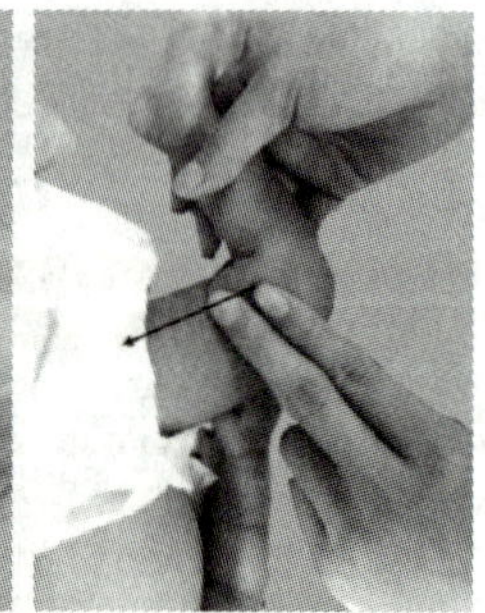

图5–5–30 推箕门

2. 注意事项

（1）新生儿皮肤娇嫩，推拿时易擦伤皮肤引起不必要的感染，加重病情，因此手法宜轻快，推拿时间宜短，多选择润滑介质，推拿时应保持温暖。

（2）给孩子穿纯棉质的衣服。避免碱性肥皂、化妆品或香水等对孩子的刺激；有部分孩子对毛发会有过敏反应，所以家里最好不要养宠物。

第六节　腹痛

一、概述

腹痛是指胃脘部以下、耻骨联合以上的部位发生以疼痛为主要表现的病症，多由脏腑气机不利、经脉失养而成，儿科临床上极其常见。《黄帝内经》已提出寒邪客于肠胃可引起腹痛。张仲景对腹痛已有较为全面论述，在诊法上提出："病者腹满，按之不痛为虚，痛者为实。"腹痛为小儿常见症候，可见于任何年龄与季节。婴幼儿不能言语，多表现为无故啼哭。如《古今医统·腹痛》说："小儿腹痛之病，诚为急切。凡初生二三月及一周内，多有腹痛之患。无故啼哭不已或夜间啼哭之甚，多是腹痛之故。"现在小儿腹痛则多因虚寒引起。

二、病因病机

1. 感受外邪

感受外邪一般以感受寒邪为主，小儿腹部容易为风寒冷之邪所侵袭，寒主收引，性凝不散，搏结肠间，以致气机阻滞，不通则痛。

2. 乳食积滞

由于饮食不节，暴饮暴食，或过食生冷食物，停滞中焦，气机受阻，而致腹痛。

3. 虫积

由于饮食不洁，容易感染蛔虫，阻滞气机，而气滞作痛。

4. 脾胃虚寒

小儿脾胃容易虚弱，或久病脾虚，而致脾阳不足，寒湿中阻，而致虚寒腹痛。

三、临床诊断

1. 诊断要点

腹痛，在胃脘以下、肚脐旁以及耻骨以上部位发生的疼痛。常有反复发作史，发作时可以自行缓解。疼痛性质，有钝痛、胀痛、刺痛、掣痛的不同，但小儿常难说清楚。腹痛之疼痛时作时止、时轻时重；若疼痛持续不止，或逐渐加重，要注意排除器质性疾病的腹痛。伴随腹痛症状一般不多，可有啼哭不宁、腹胀、肠鸣、腹胀、嗳气等。

2. 治疗原则

腹痛治疗，以调理气机，疏通经脉为主。根据不同的证型分别治以温散寒邪、消食导滞、通腑泄热、温中补虚。除内服药外，还常用推拿、外治等方法配合治疗，可提高疗效。

四、临床表现

1. 寒痛

腹痛急暴，哭叫不安，常在受凉或饮食生冷后发生，遇冷更剧，得热较舒，面色青白，或兼大便清稀，舌淡苔白滑，指纹淡红。

2. 伤食痛

腹部胀满疼痛，拒按，厌食，嗳腐吞酸，恶心呕吐，矢气频作，腹泻或便秘，苔厚腻，脉滑。

3. 虫痛

腹痛突然发作，以脐周为甚，时发时止，有时可在腹部摸到蠕动之块状物，时隐时现，有鞭虫病史，小儿消瘦，食欲不佳，或喜食异物；如蛔虫窜行胆道则痛如钻顶，时发时止，伴见呕吐。

4. 虚寒腹痛

腹痛隐隐，喜温喜按，面色萎黄，形体消瘦，食欲不振，易发腹泻，舌淡苔薄，指纹色淡。

五、推拿治疗

1. 寒痛

（1）治疗原则：祛除寒邪，温中止痛。

（2）处方：揉一窝风，揉外劳宫，拿肚角。

（3）方义：揉外劳宫助阳除寒；揉一窝风、拿肚角散寒理气止痛。

2. 伤食痛

（1）治疗原则：消食导滞，和中止痛。

（2）处方：补脾经、清大肠、揉中脘、揉天枢、分腹阴阳、拿肚角。

（3）方义：补脾经、揉中脘、分腹阴阳健脾和胃，消食导滞，理气止痛；清大肠，揉天枢可疏调肠腑积滞；拿肚角可止痛。

3. 虫痛

（1）治疗原则：温中行气，安蛔止痛。

（2）处方：揉一窝风、揉外劳宫、摩腹、揉脐。

（3）方义：摩腹、揉脐健脾和胃，行气止痛；揉一窝风、揉外劳宫以温中安蛔。

4. 虚寒腹痛

（1）治疗原则：温补脾肾，益气止痛。

（2）处方：补脾经、补肾经、揉中脘、按揉足三里。

（3）方义：补脾经、补肾经温补脾肾，益气止痛；揉中脘、按揉足三里健脾和胃，温中散寒，增进食欲。

六、辅助治疗

1. 穴位敷贴

可用止痛理气药物打粉后用蜜糖混合后放在棉垫上，外敷中脘、下脘、双天枢、双侧足三里、双侧脾俞等穴位。

2. 耳穴压豆

可用王不留行籽贴于脾、胃、风溪、内分泌等。

3. 驱风油疗法

可用驱风油滴于神阙穴、中脘穴，双侧天枢穴搓至微微发热。

4. 艾灸疗法

可用艾条悬灸双侧脾俞、双侧足三里、中脘、下脘、天枢等穴位。寒气较重者可用生姜或者附子饼放于神阙穴上进行隔物艾灸。

5. 脐贴疗法

寒痛可在肚脐上贴丁桂儿脐贴，温经散寒止痛。

第七节　呕吐

一、概述

呕吐是因胃失和降，气逆于上，胃内容物由胃中上逆，经口而出的一种病证，可发生在多种疾病的过程中。古人将有声有物谓之呕，有物无声谓之吐，有声无物谓之哕。由于呕和吐常同时发生，很难截然分开，故称呕吐。哕，俗称干呕，与此虽有区别，但在辨证论治上大致相同。

本病症在任何年龄和季节都可发生，而以婴幼儿及夏季易于发生。常急性起病，治疗及时一般可治愈，如损伤胃气，胃纳失常，可耗损津液，导致气血亏虚，部分患者病程较长，可迁延致慢性。

呕吐是儿科临床常见症状，引起呕吐的原因很多，如消化道功能紊乱、胃炎、消化道溃疡、阑尾炎、胆囊炎肠梗阻等消化系统疾病，或肝炎、伤寒等急性传染病，或颅脑疾患及肾炎等，临床可参考本病证进行辨证论治。

二、分类、病因及临床特点

表 5-7-1　呕吐的分类、病因及临床特点

分类	病因	临床特点
伤乳伤胃	小儿脾胃功能薄弱，喂养不当，乳食过饱，导致中脘积滞，脾胃升降、纳运功能失常，发为呕吐	呕吐未经消化乳片残渣，气味酸秽，口气臭秽，不思乳食，腹胀，大便气味酸臭，小便黄，烦躁、睡眠不安，舌质红，苔厚腻，指纹紫滞
外邪犯胃	感受风、寒、暑、湿、燥、火六淫邪气，直犯胃经，胃失和降，发为呕吐。由于季节不同，感受的邪气亦会不同，但一般以受寒者居多	突然呕吐，腹胀腹痛，可伴有鼻塞流涕等，舌苔腻，指纹浮滞

续上表

分类	病因	临床特点
胃热气逆	胃为阳土，性喜凉润，如感受暑热邪气，或过食性热或肥甘厚腻食物，或乳母平素嗜食厚味肥腻食品，以致乳食积热，热毒蓄积于胃，胃热气逆，发为呕吐	食入即吐，呕吐频繁，呕吐物酸腐气臭，呕吐声洪，口渴多饮，烦躁哭闹，舌红，苔黄，指纹紫滞
脾胃虚寒	病后体虚，脾胃虚弱，中阳不振，胃虚不能盛受水谷，脾虚不能化生精微，运化升降失常，胃气上逆，发为呕吐	食后良久方吐，或朝食暮吐，暮食朝吐，呕吐无力，呕吐物多清涎稀水，气味不重，或干呕，伴面色苍白，精神疲倦，四肢欠温，不思乳食或食少不化，或食后腹胀，腹痛便溏，舌质淡，苔白，指纹淡

三、治疗

（一）一般治疗

1. 新生儿科治疗

（1）病因治疗，首先排除外科性呕吐，以免延误手术时机，再针对病因治疗，如合理喂养、控制感染、降颅压等。

（2）对症治疗，病情轻者一般不需要特殊处理，如新生儿不能正常进食，能量和液体供应不足，易并发脱水、血液浓缩高胆红素血症、低血糖症等。另外，由于新生儿吞咽动作协调差，容易发生误吸，导致吸入性肺炎。因此，应及时检查处理，缩短病程，减少并发症的发生。

（3）禁食治疗，呕吐轻者不需禁食，呕吐严重者在确诊前应禁食，给予肠道外营养，保证能量。

（4）体位治疗，内科性呕吐患儿可采取前倾仰卧位，头抬高 30°。

2. 外治疗法

（1）吴茱萸、厚朴、粗盐各 15 g 一起炒热后用布袋包扎敷脐，1 日 1 次，具有降逆止呕的作用，适用于脾胃虚寒证、肝气犯胃证，乳食积滞证可加莱菔子 15 g 一起炒热敷脐。

（2）新鲜生姜切成厚度 0.1 ~ 0.3 cm，直径 1 cm 的姜片，以胶布固定于双侧太渊穴及脐部神阙穴，外用透明胶布固定，1日更换1~2次，用于风寒犯胃、脾胃虚寒证等。

（3）中药大黄、黄连、黄芩、黄檗各10 g研末，清水调和拌匀后揉成硬币大小药饼，外敷双侧天枢穴，1日1次，用于胃热气逆证。

（4）中成药藿香正气口服液或保济口服液，采用中频治疗仪贴敷治疗双侧天枢穴，1日1~2次，分别适合风寒犯胃证或乳食积滞证。

（5）吴萸子5 g，生白矾10 g，细末备用。每次取3~5 g，用姜汁和醋适量调糊，睡前敷双足涌泉穴，次日起床后揭去。

（6）肉桂、砂仁、吴茱萸粉，用肉桂油调敷贴神阙、中脘、足三里。

（二）推拿治疗

1. 分类与推拿治疗

（1）伤乳伤胃。

①治疗原则：消乳和胃降逆。

②选穴。

· 主穴与功效。补脾经、揉中脘、按揉足三里健脾和胃；揉板门消食化滞，和胃降逆；推天柱骨、横纹推向板门降逆止呕。

· 配穴。大便秘结者加清大肠、揉膊阳池、推下七节骨。

③主穴操作。

· 补脾经：术者将患儿拇指屈曲，循拇指桡侧缘由指尖向指根方向直推为补。次数：100~200次（见图5-7-1）。

· 揉中脘：术者用指端或掌根按揉中脘穴。次数：100~200次（见图5-7-2）。

· 按揉足三里：术者拇指指端按揉足三里穴。次数：50~100次（见图5-7-3）。

· 揉板门：术者一手持患儿手，用另一手指拇指端揉小儿大鱼际，称揉板门或运板门。次数：50~100次（见图5-7-4）。

· 推天柱骨：术者用拇指或食指、中指指面自上而下直推。次数：100~200次（见图5-7-5）。

· 横纹推向板门：用推法自腕横纹推向拇指指根称横纹推向板门。次数：100~200次（见图5-7-6）。

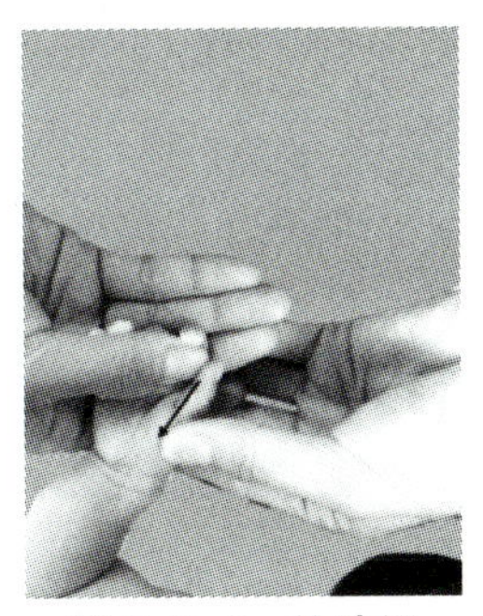
图 5–7–1 补脾经

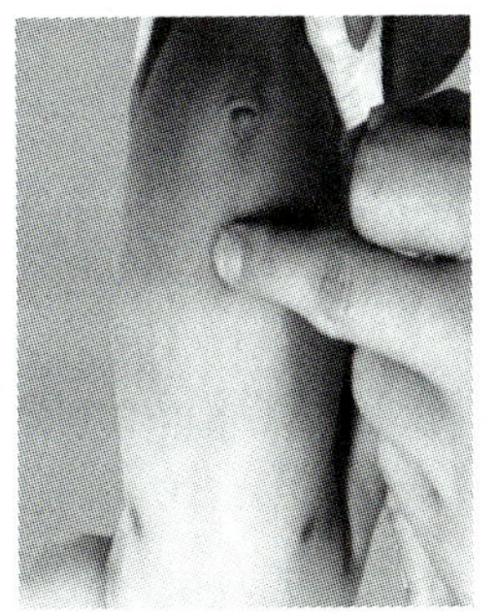
图 5–7–2 揉中脘

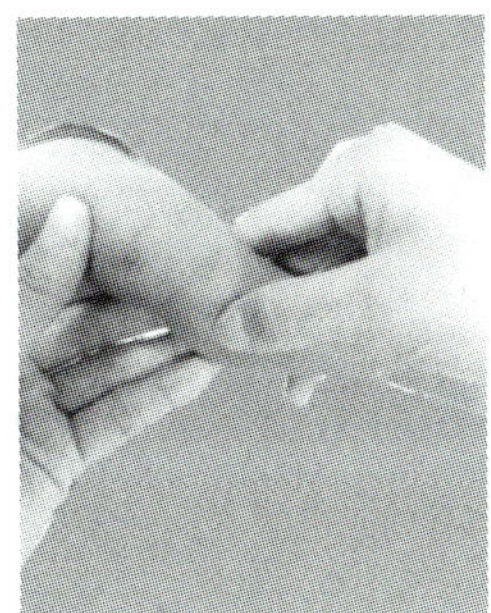
图 5–7–3 按揉足三里

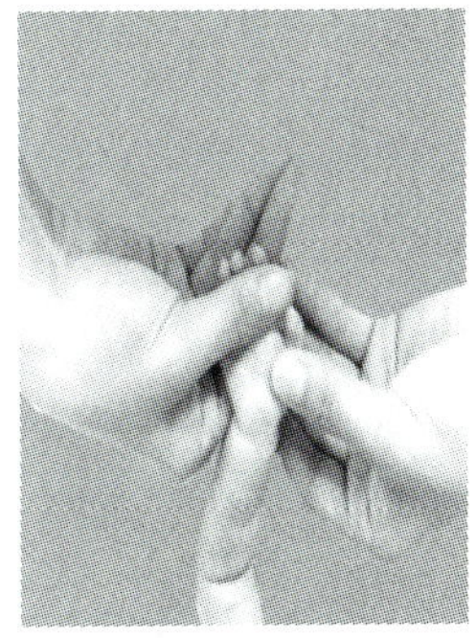
图 5–7–4 揉板门

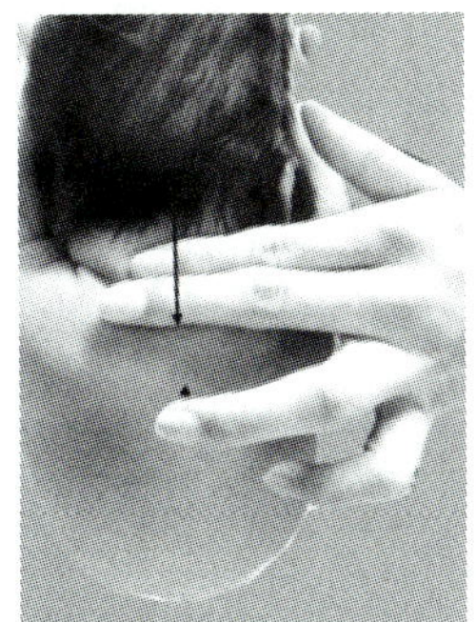
图 5–7–5 推天柱骨

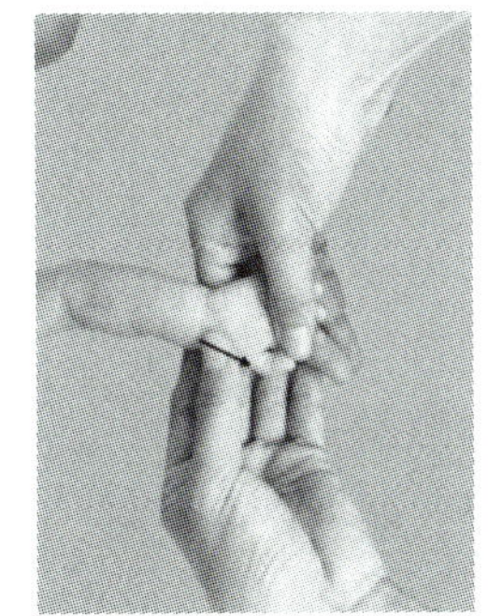
图 5–7–6 横纹推向板门

（2）外邪犯胃。

①治疗原则：和胃降逆止呕。

②选穴。

·主穴与功效。推板门、推膻中、揉中脘、按揉足三里和胃降逆；开天门、分推坎宫、推太阳、清大肠、揉外劳宫清犯胃之邪。

·配穴。风寒犯胃者加推运耳后高骨、揉二扇门；风热犯胃者加清天河水、揉内劳宫、清胃经；暑湿犯胃者加清脾经、推六腑；腹痛者加拿肚角。

③主穴操作。

·推板门：用推法自拇指指根推向腕横纹称板门推向横纹。反之称横纹推向板门。次数：100 ~ 300 次（见图 5–7–7）。

·推膻中：用食指、中指自胸骨切迹向下推至剑突。次数：50 ~ 100 次（见图 5–7–8）。

·揉中脘：术者用指端或掌根按揉中脘穴。次数：100 ~ 200 次（见图 5–7–9）。

·按揉足三里：术者拇指指端按揉足三里穴。次数：50～100次（见图5-7-10）。

·开天门：术者两拇指自眉心交替直推至前发际，称推攒竹，又称开天门。次数：30～50次（见图5-7-11）。

·分推坎宫：术者用两拇指自眉心沿两侧眉梢做分推，其余四指轻放在头部两侧固定之。次数：30～50次（见图5-7-12）。

·推太阳：术者用两拇指桡侧自太阳穴向后直推。次数：30～50次（见图5-7-13）。

·清大肠：术者一手持患儿食指，暴露桡侧缘，用另一手拇指螺纹面从患儿虎口直线推向食指指尖。次数：100～200次（见图5-7-14）。

·揉外劳宫：术者一手握小儿手，使其掌心向下，用另一手拇指或中指揉之。次数：100～300次（见图5-7-15）。

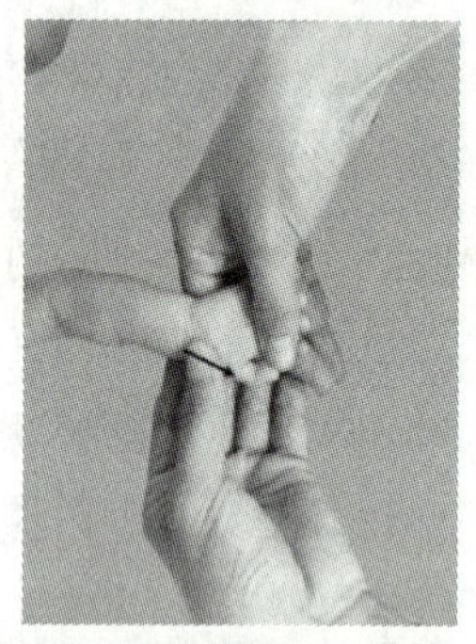

图5-7-7　横纹推向板门

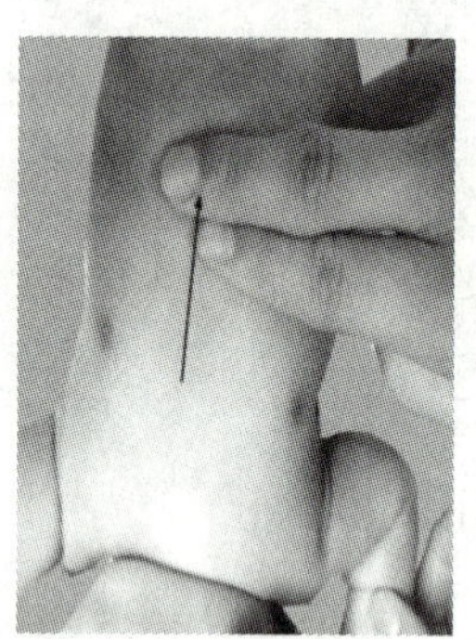

图5-7-8　推膻中

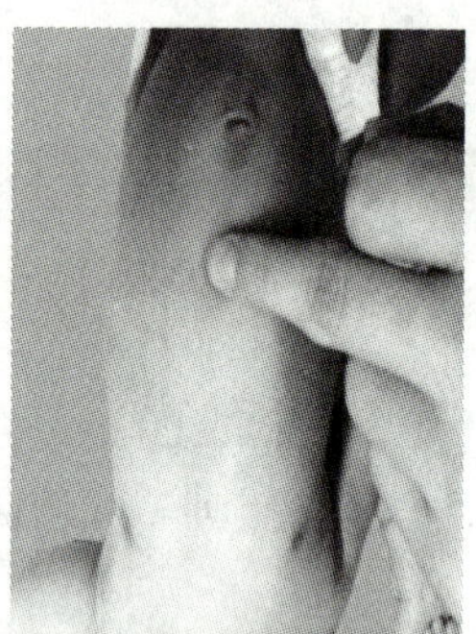

图5-7-9　揉中脘

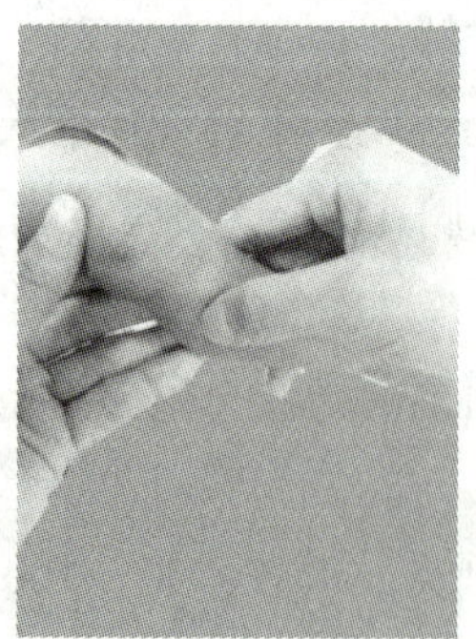

图5-7-10　按揉足三里

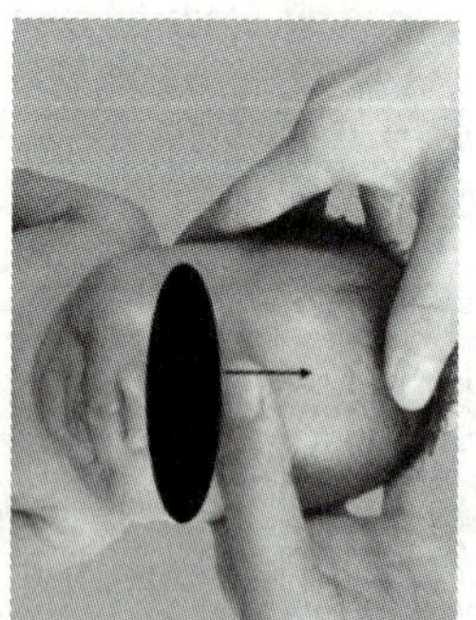

图5-7-11　开天门

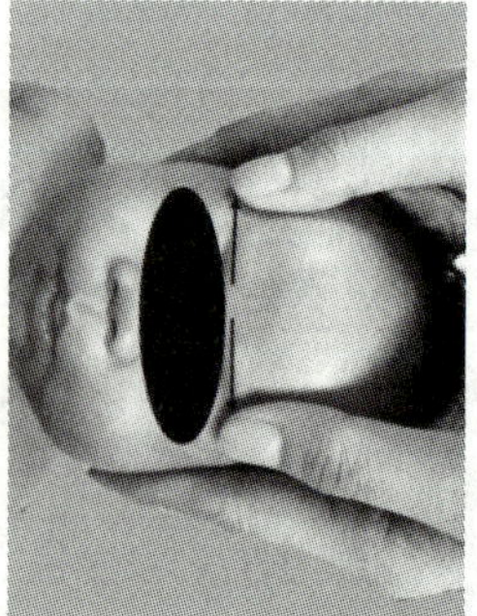

图5-7-12　分推坎宫

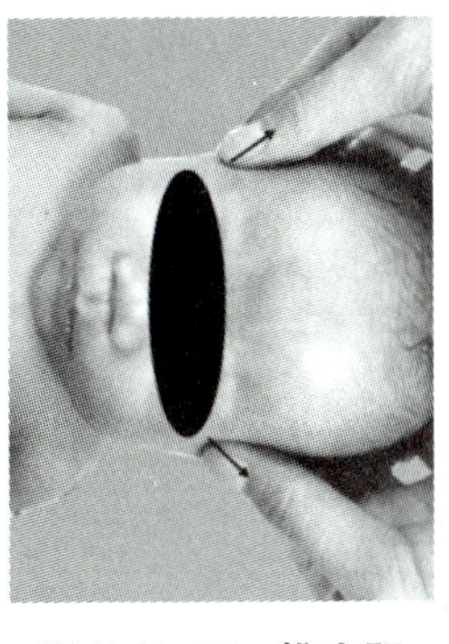

图 5-7-13 推太阳

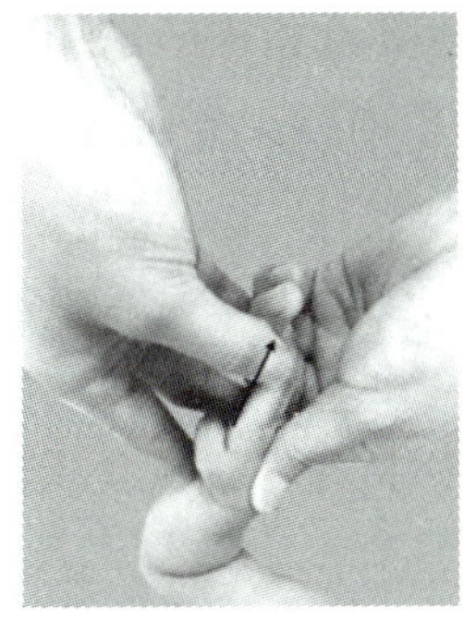
图 5-7-14 清大肠

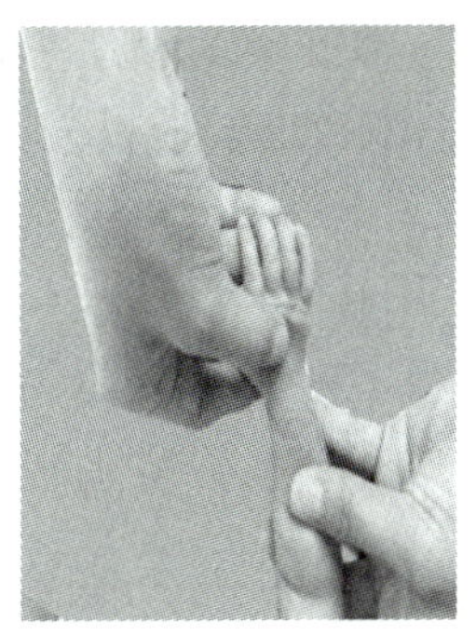
图 5-7-15 揉外劳宫

（3）胃热气逆。

①治疗原则：清热泻火，和胃降逆。

②选穴。

· 主穴与功效。掐合谷、揉小天心、推六腑、清肝经、揉一窝风、推四横纹、揉板门、清天河水清热泻火；清肺经、清胃经、分腹阴阳、逆运内八卦和胃降逆。

· 配穴。大便秘结者加清大肠、揉膊阳池、推下七节骨。

③主穴操作。

· 掐合谷：用拇指指甲掐合谷穴。次数：3～5 次（见图 5-7-16）。

· 揉小天心：术者一手持患儿四指，使其掌心向上，用另一手中指端揉。次数：100～200 次（见图 5-7-17）。

· 推六腑：术者一手握住患儿手腕，用另一手拇指或食指、中指指面自小儿肘部推向手腕。次数：100～200 次（见图 5-7-18）。

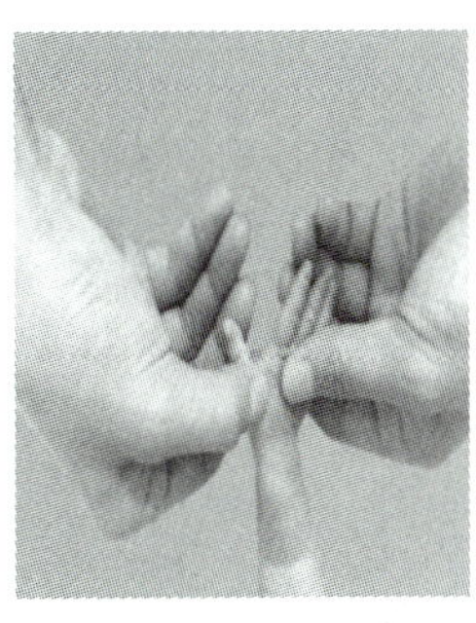
图 5-7-16 掐合谷

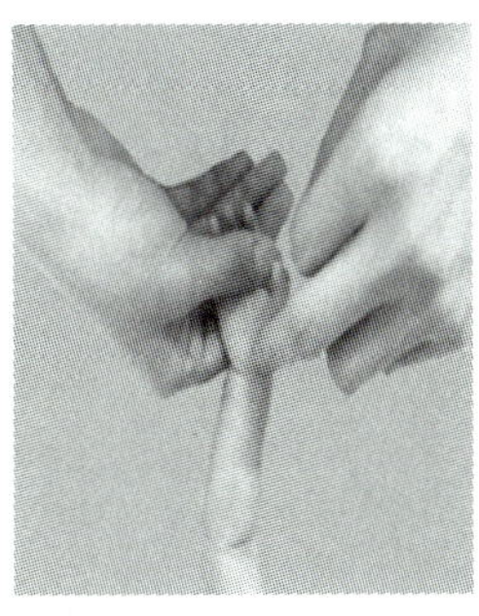
图 5-7-17 揉小天心

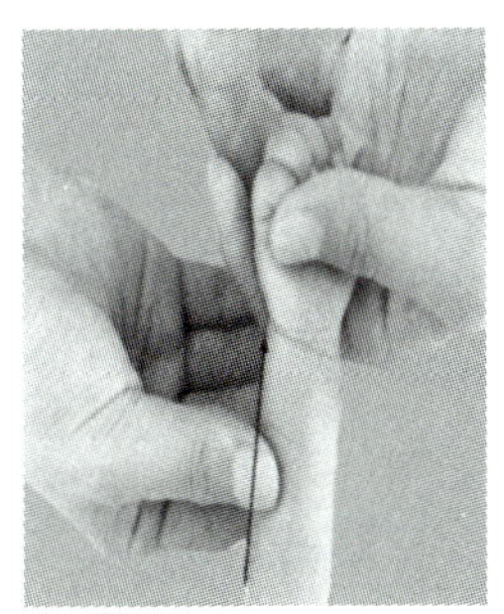
图 5-7-18 推六腑

·清肝经：术者一手持患儿食指末节，用另一手拇指螺纹面旋推患儿食指螺纹面为补肝经，由指根向指尖方向直推。次数：100 ~ 200 次（见图 5-7-19）。

·揉一窝风：术者一手持患儿手掌，使其掌背向上，用另一手中指或拇指揉之。次数：100 ~ 200 次（见图 5-7-20）。

推四横纹：术者将患儿四指并拢，从食指横纹，推向小指横纹处。次数：50 ~ 100 次（见图 5-7-21）。

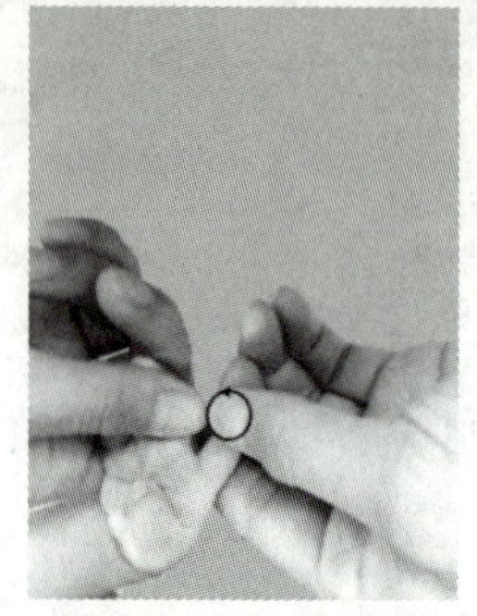

图 5-7-19　清肝经

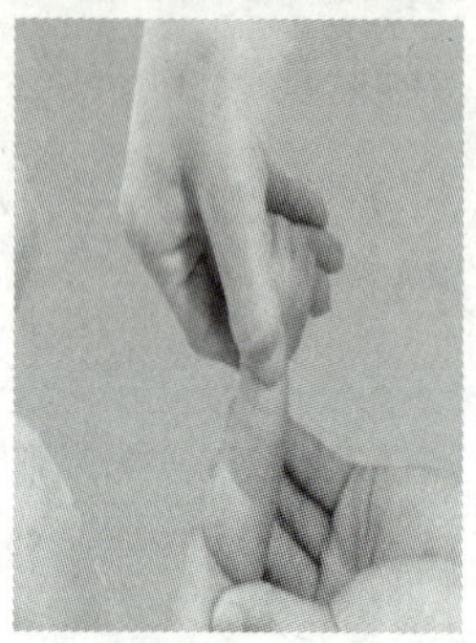

图 5-7-20　揉一窝风

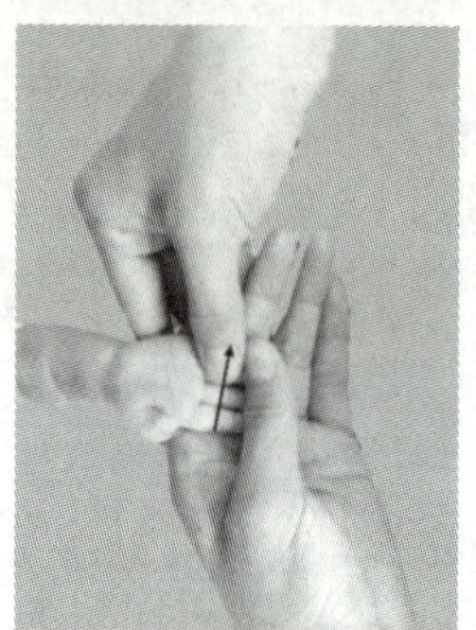

图 5-7-21　推四横纹

·揉板门：术者一手持患儿手，用另一手指拇指端揉小儿大鱼际。次数：50 ~ 100 次（见图 5-7-22）。

·清天河水：术者一手握患儿手腕，使其掌心向上，用另一手食指、中指指面从小儿腕横纹推向肘横纹。次数：100 ~ 200 次（见图 5-7-23）。

·清肺经：术者一手持患儿无名指，用另一手拇指由指根向指尖方向推。次数：100 ~ 200 次（见图 5-7-24）。

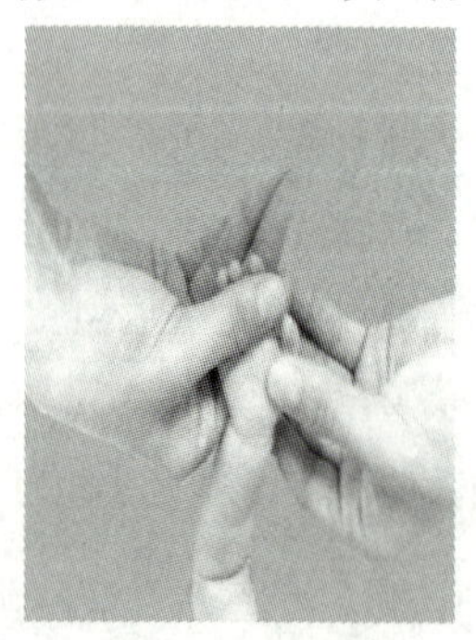

图 5-7-22　揉板门

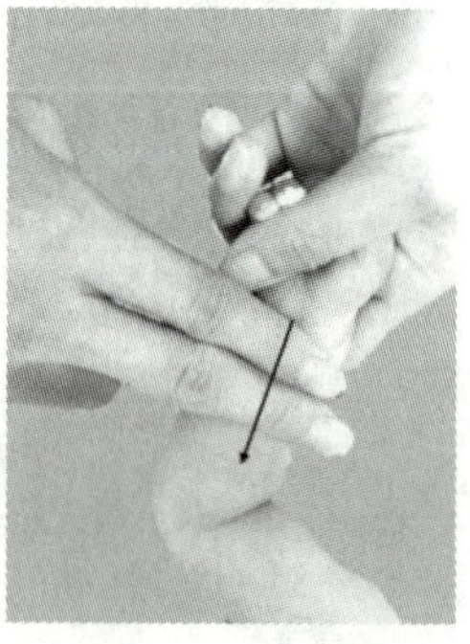

图 5-7-23　清天河水

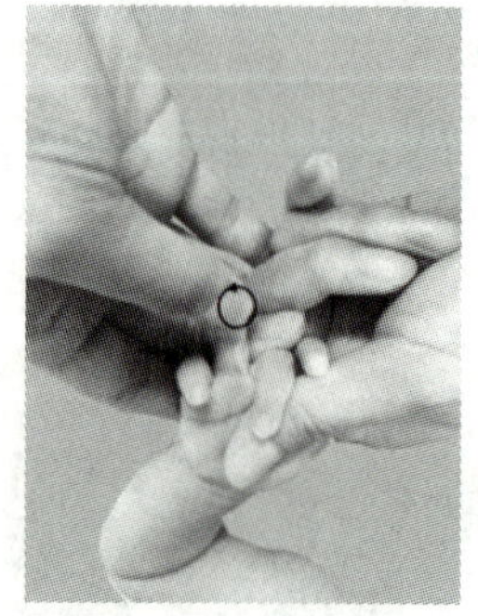

图 5-7-24　清肺经

·清胃经：术者一手持患儿拇指，用另一手拇指或食指、中指自患儿掌根推至拇指根部。次数：100 ~ 200 次（见图 5-7-25）。

· 分腹阴阳：术者用两手拇指自剑突下沿肋弓边缘或自中脘至脐，向两旁分推。次数：100 ~ 200 次（见图 5–7–26）。

· 逆运内八卦：术者一手持患儿四指，拇指按在小儿离卦，掌心向上，用另一手食指、中指夹住小儿腕关节，以拇指螺纹面用运法，从兑卦起至乾卦，逆时针运。次数：100 ~ 200 次（见图 5–7–27）。

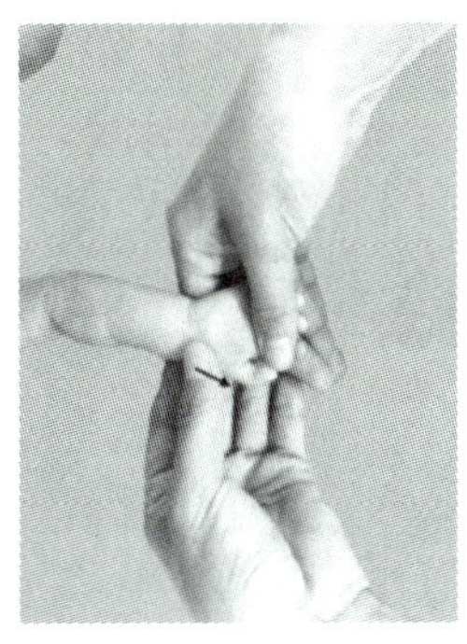

图 5–7–25　清胃经

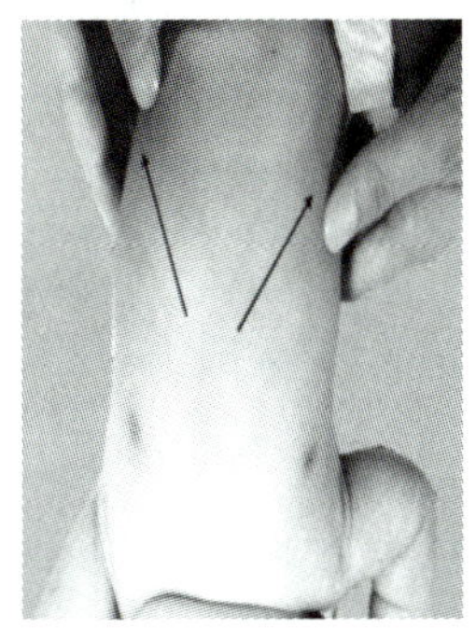

图 5–7–26　分腹阴阳

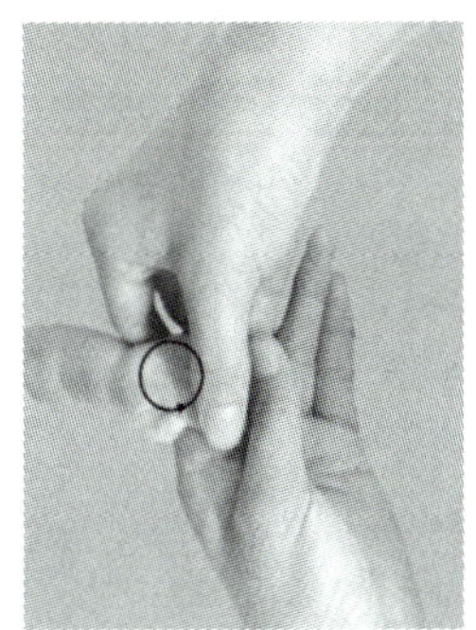

图 5–7–27　逆运内八卦

（4）脾胃虚寒。

①治疗原则：温中散寒，和胃降逆。

②选穴。

· 主穴与功效。揉外劳宫、推三关、揉肾俞、分腹阴阳温中散寒；补脾土、揉中脘、按揉足三里、逆运内八卦和胃降逆。

· 配穴。大便稀溏或泄泻者加推上七节骨、补肾经、补大肠。

③主穴操作。

· 揉外劳宫：术者一手握小儿手，使其掌心向下，用另一手拇指或中指揉之。次数：100 ~ 200 次（见图 5–7–28）。

· 推三关：术者一手握患儿手腕，用另一手拇指桡侧面或食指、中指指面从小儿手腕推向两只肘部。次数：100 ~ 200 次（见图 5–7–29）。

· 揉肾俞：术者用两只手拇指螺纹面着力在肾腧穴揉。次数：50 ~ 100 次（见图 5–7–30）。

· 分腹阴阳：术者用两只手拇指自剑突下沿肋弓边缘或自中脘至脐，向两旁分推。次数：100 ~ 200 次（见图 5–7–31）。

· 补脾土（脾经）：术者将患儿拇指屈曲，循拇指桡侧缘由指尖向指根方向直推为补。次数：100 ~ 200 次（见图 5–7–32）。

·揉中脘：术者用指端或掌根按揉中脘穴。次数：100～200次（见图5-7-33）。

·按揉足三里：术者拇指指端按揉足三里穴。次数：50～100次（见图5-7-34）。

·逆运内八卦：术者一手持患儿四指，拇指按在小儿离卦，掌心向上，用另一手食指、中指夹住小儿腕关节，以拇指螺纹面用运法，从兑卦起至乾卦，逆时针运。次数：100～200次（见图5-7-35）。

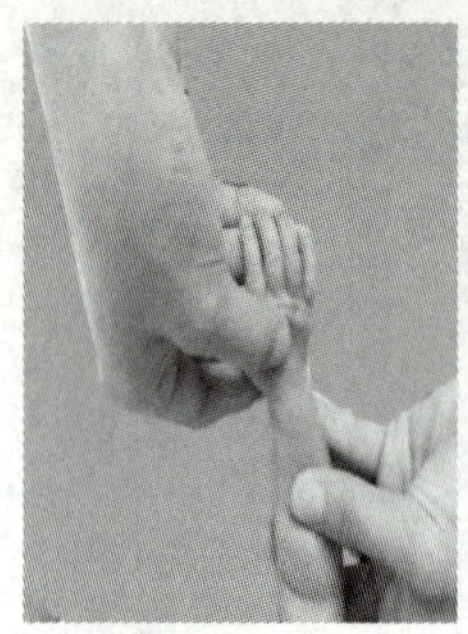
图5-7-28 揉外劳宫

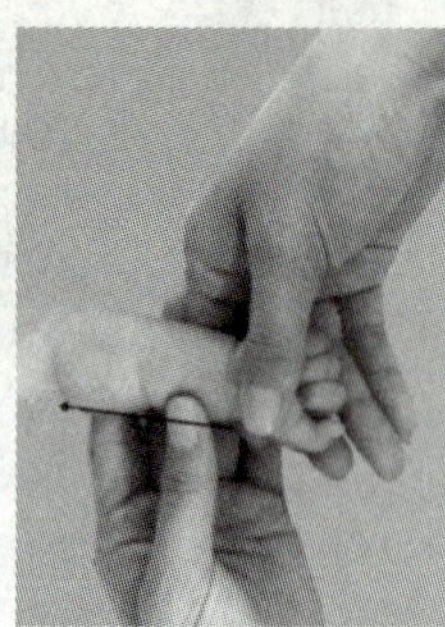
图5-7-29 推三关

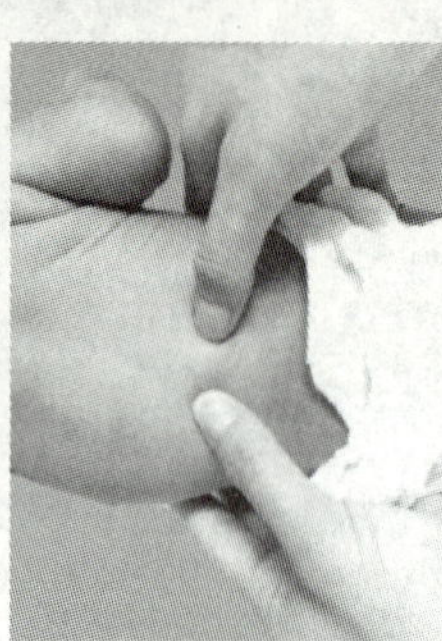
图5-7-30 揉肾俞

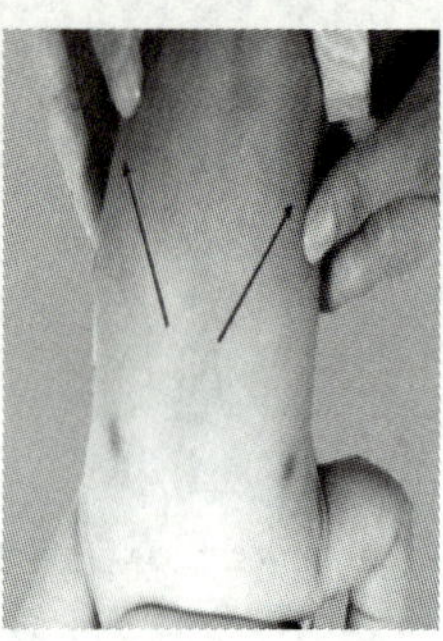
图5-7-31 分腹阴阳

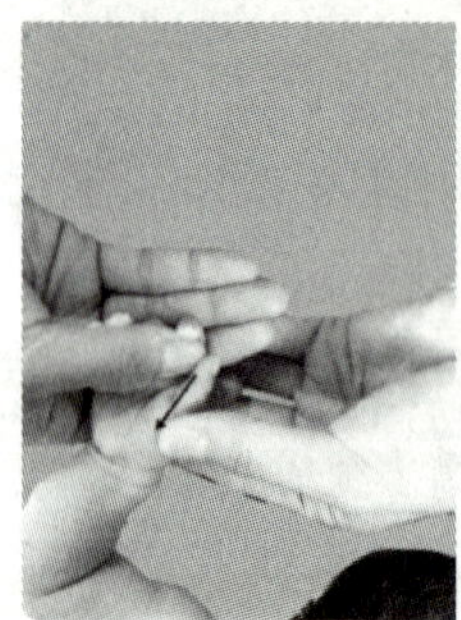
图5-7-32 补脾土

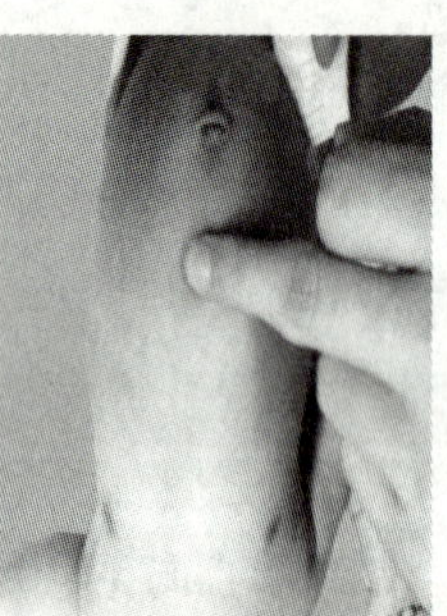
图5-7-33 揉中脘

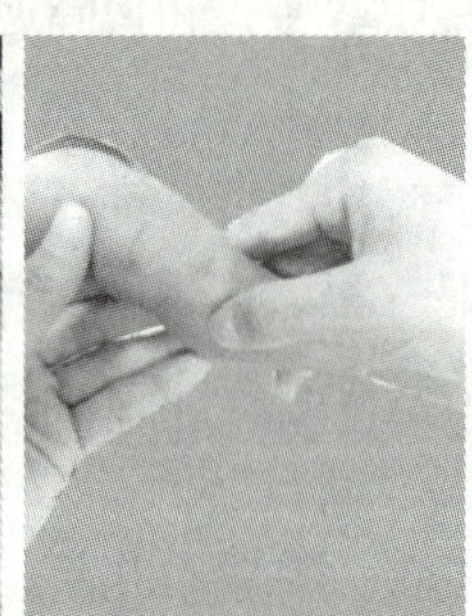
图5-7-34 按揉足三里

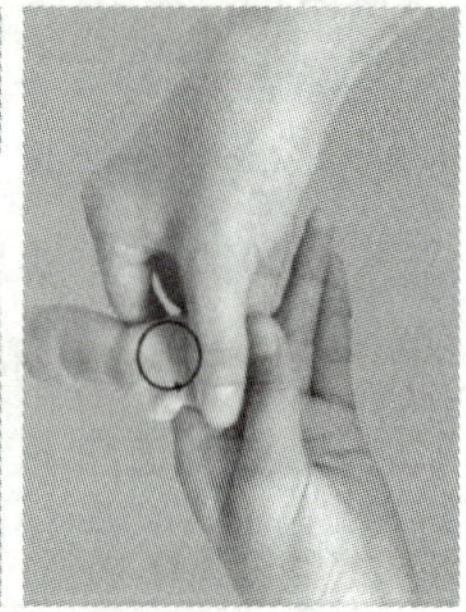
图5-7-35 逆运内八卦

2. 注意事项

（1）本病为小儿出生时常见病，新生儿皮肤娇嫩，推拿时易擦伤皮肤引起不必要的感染，加重病情，因此手法宜轻快，推拿时间宜短，多选择润滑介质，推拿时应保持小儿身体温暖。

（2）推拿后不宜马上进食，应在推拿半小时后喂奶。

（3）治疗时注意观察病情，新生儿科疾病复杂，呕吐严重时，应中西医结合治疗，同时加强护理。

第八节　厌食

厌食是指小儿长期不欲饮食、见食不贪或厌恶进食。常见于 1 ~ 6 岁小儿。主要是由于饮食喂养不当，导致脾胃不和，受纳失常。临床以长期厌恶进食、食量减少为主症。一般精神状态均较正常。病程长者，也可出现生长发育迟缓、面色无华、形体消瘦、免疫力下降等症状和表现。

若因某些外感疾病或慢性内分泌疾病引起的食欲不振、生长迟缓则不属于本病。

一、病因病机

厌食主要责之于脾胃。基本病机为脾失健运，食滞中焦。多由于平素饮食不节或先天不足，导致脾胃不和，受纳运化失健，从而产生拒食、见食不贪，逐渐影响生长发育而致厌食。

1. 脾胃积热

多由喂养不当，或过食辛辣油腻之品，热蕴脾胃，致受纳运化失权而厌食。

2. 脾失健运

饮食不节，喂养不当，损伤脾胃正常运化功能，而出现厌食。

3. 脾胃虚寒

多因体质平素较弱，喂养不当或病后调理不当，致脾胃受损，中阳不振，运化失司，阴寒内生，寒湿困脾而厌食。

二、临床诊断

厌恶进食两个月以上，有饮食不节、喂养不当等相关病史，食量较正常同龄儿童减少 1/3 以上。可有嗳气、干呕、口臭、大便不调等症状。排除其他慢性疾病或外感疾病。

三、临床表现

1. 脾胃积热证

不思进食，厌恶进食甚至拒食，形体偏瘦，精神尚好，面色少华，口渴不欲饮，肢体倦怠，口臭，时有恶心，甚则呕吐，大便干结或臭秽，小便黄少，舌红，苔薄黄腻，脉滑数，指纹紫滞。

2. 脾失健运证

食欲不振，不思饮食，或食物无味，面色少华，形体偏瘦，精神尚可，口淡乏味，时有流涎，嗳气呃逆，恶心，大便软溏，舌淡红，苔薄白或腻，脉濡，指纹淡红。

3. 脾胃虚寒证

不思饮食，厌食或拒食，面色少华，神疲倦怠，少气懒言，形体偏瘦，唇色淡，口淡乏味，脘腹胀，大便稀溏，舌淡胖边有齿印，色淡红，苔薄白，脉细软，指纹淡红。

四、鉴别诊断

疳积：除食欲不振、不思乳食外，伴有嗳气酸腐，大便酸臭，脘腹胀痛，体重下降，明显消瘦肚腹膨胀，面黄发枯，烦躁易怒或萎靡不振的精神症状。

五、推拿治疗

本病治疗以运脾开胃为基本法则。解脾胃之困，恢复转运之机，脾胃调和，脾运复健，则胃纳自开。脾失健运则当健运为先；脾胃湿热，治以清化助运；脾胃虚寒者，治以温中散寒、健脾益气为主。同时应注意饮食调养，合理搭配膳食结构，纠正不良的饮食习惯，方能取效。

1. 脾胃积热证

（1）治疗原则：清热养阴，健脾助运。

（2）选穴。

①主穴与功效。清脾经、补脾经为先清脾胃积热，后补脾助运；清肝经助清脾经之热；清大肠、推三关、推六腑、运土入水清热养阴；掐揉四横纹、揉中脘肚脐、按揉足三里健脾益气，和中开胃。

②配穴。手足心热者，加清天河水；大便干结者加推下七节骨，揉龟尾；久热不退者加揉按涌泉。

（3）主穴操作。

①清脾经 300 ~ 350 次。②补脾经 80 ~ 100 次。③清肝经 200 ~ 300 次。

④清大肠 100 ~ 150 次。⑤推三关 80 ~ 100 次。⑥推六腑 20 ~ 30 次。⑦运水入土 20 ~ 30 次。⑧掐揉四横纹 3 ~ 5 次。⑨揉中脘 80～100 次。⑩按揉足三里 80～100 次。

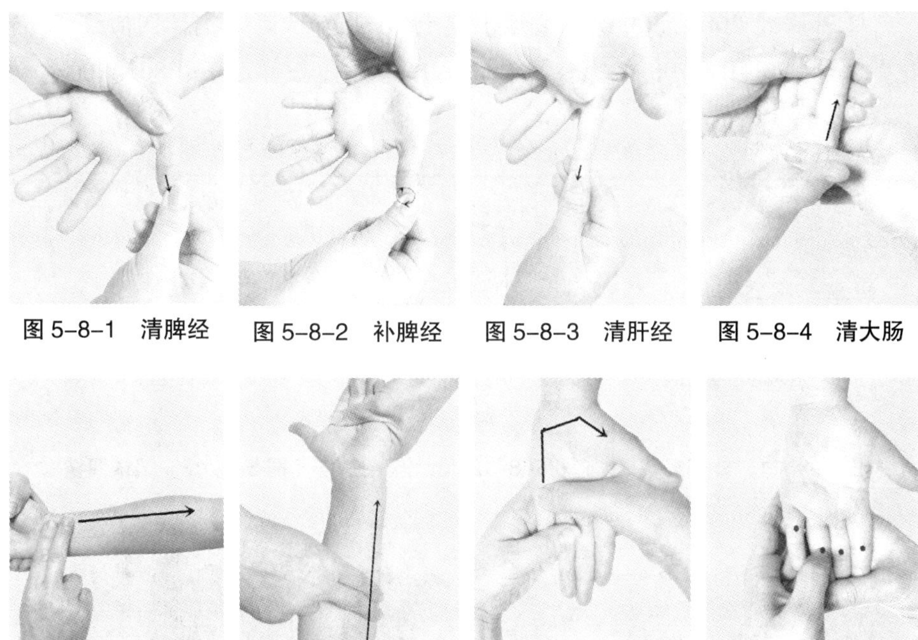

图 5-8-1　清脾经　图 5-8-2　补脾经　图 5-8-3　清肝经　图 5-8-4　清大肠

图 5-8-5　推三关　图 5-8-6　推六腑　图 5-8-7　运水入土　图 5-8-8　掐揉四横纹

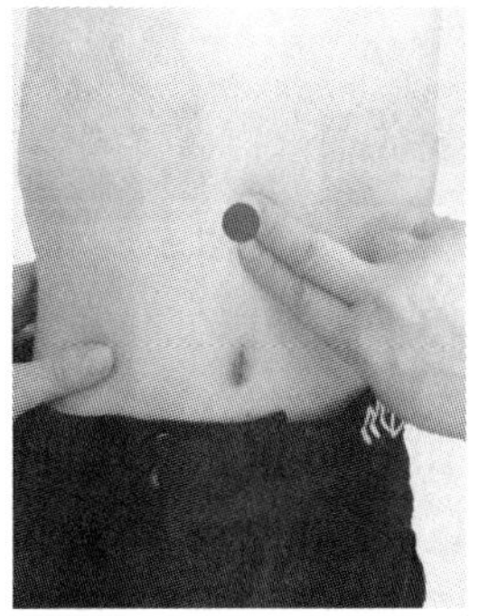

图 5-8-9　揉中脘

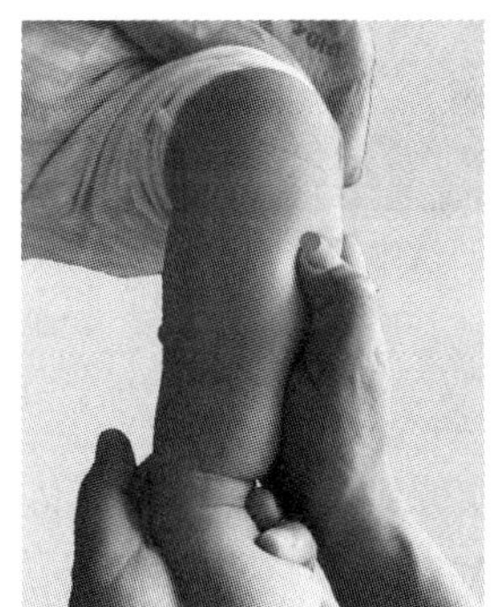

图 5-8-10　按揉足三里

2. 脾失健运证

（1）治疗原则：健脾助运，消食开胃。

（2）选穴。

①主穴及功效。补脾经以健脾助运；运水入土、摩腹、揉中脘、按揉足

三里、掐揉四横纹和胃健脾，增进食欲。

②配穴。大便不实者加补大肠。

（3）主穴操作。

①补脾经 200 ~ 300 次。②运水入土 20 ~ 30 次。③掐揉四横纹 3 ~ 5 次。④揉中脘 80 ~ 100 次。⑤摩腹 80 ~ 100 次。⑥按揉足三里 80 ~ 100 次。

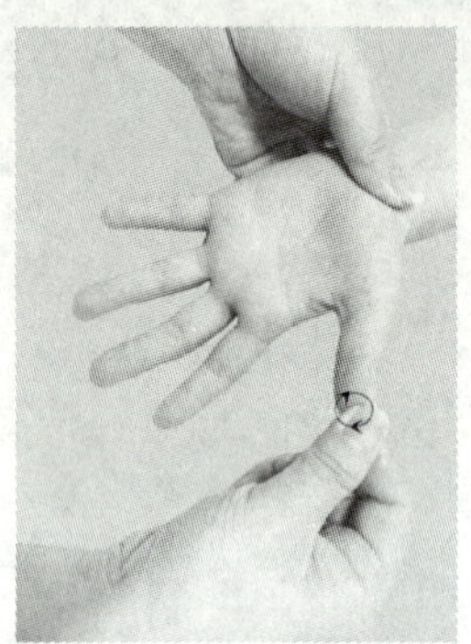

图 5-8-11 补脾经

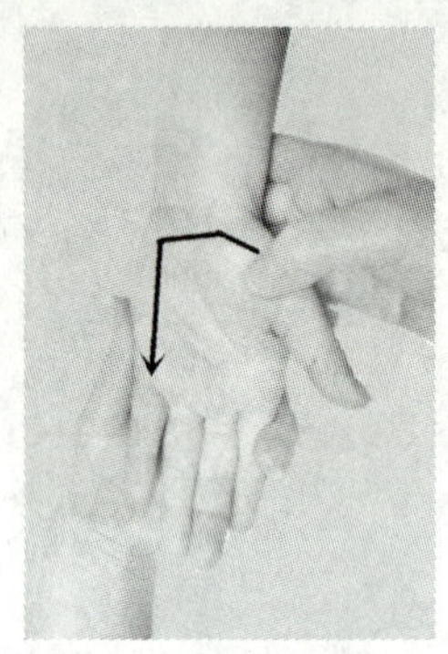

图 5-8-12 运水入土

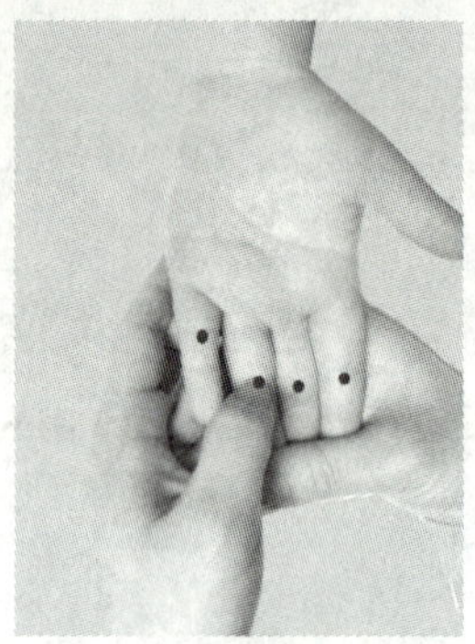

图 5-8-13 掐揉四横纹

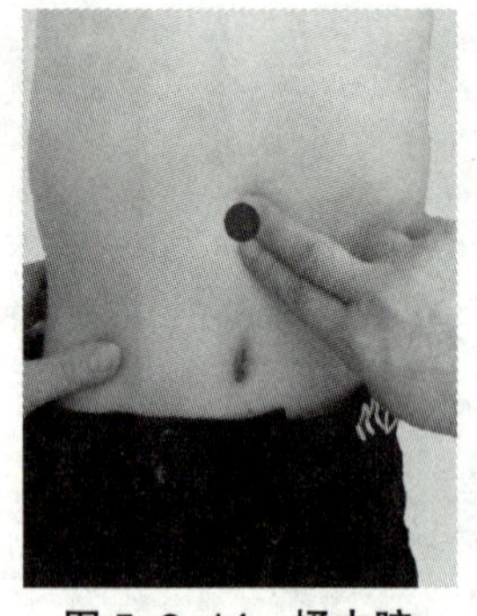

图 5-8-14 揉中脘

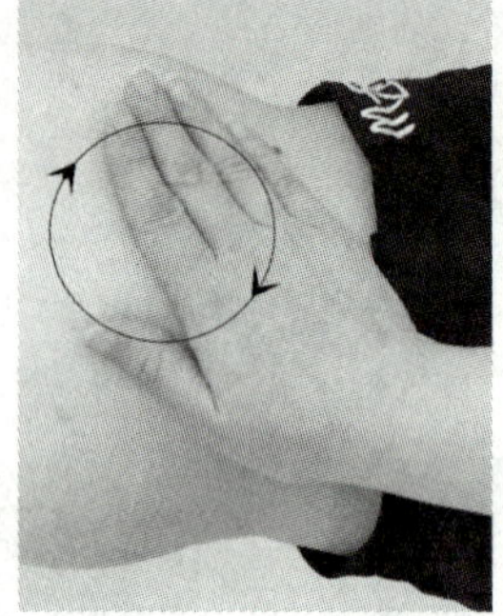

图 5-8-15 摩腹

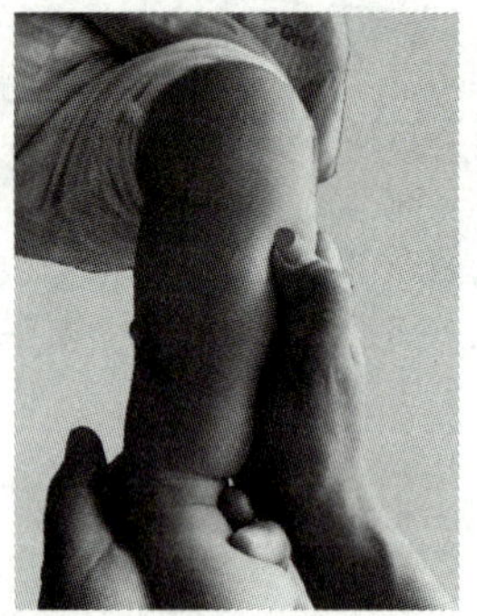

图 5-8-16 按揉足三里

3. 脾胃虚寒

（1）治疗原则：健脾益气，佐以助运。

（2）选穴。

①主穴与功效。补脾经、揉外劳宫、掐揉四横纹健脾助运；揉中脘、肚脐、丹田，摩腹温中散寒，健脾益气；揉龟尾、捏脊调理脾胃，增进饮食。

②配穴。大便秘结加清大肠、摩腹、下推七节骨、揉龟尾。

（3）主穴操作。

①补脾经 100 ~ 200 次。②揉外劳宫 80 ~ 100 次。③掐揉四横纹 3 ~ 5

次。④揉中脘 100 ~ 150 次。⑤揉肚脐 100 ~ 150 次。⑥揉丹田 100 ~ 150 次。⑦摩腹 100 ~ 150 次。⑧揉龟尾 100 ~ 150 次。⑨捏脊 5 ~ 7 次。

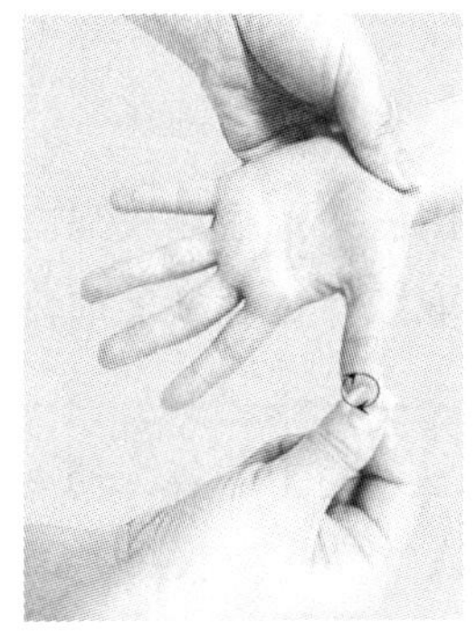
图 5-8-17　补脾经

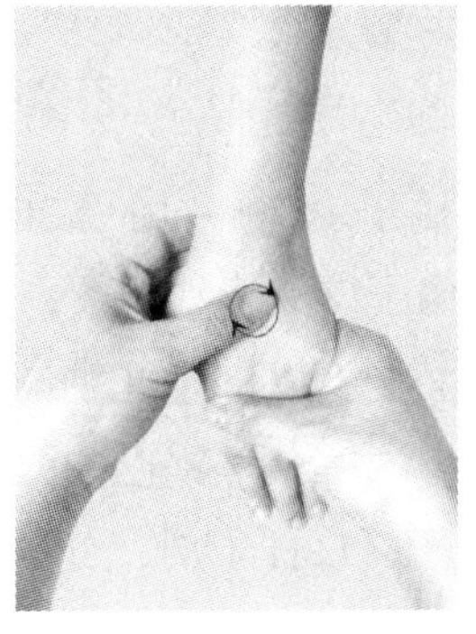
图 5-8-18　揉外劳宫

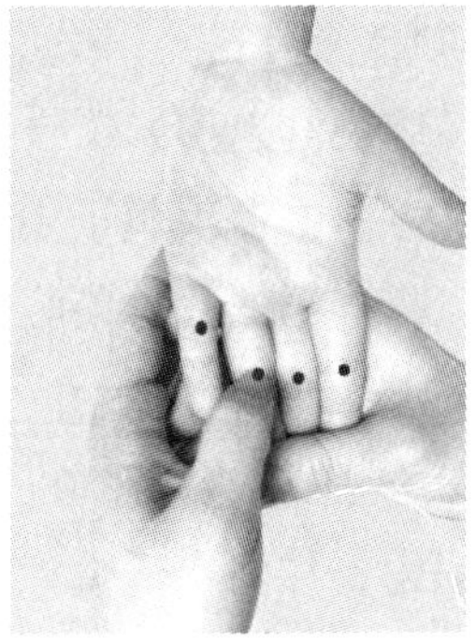
图 5-8-19　掐揉四横纹

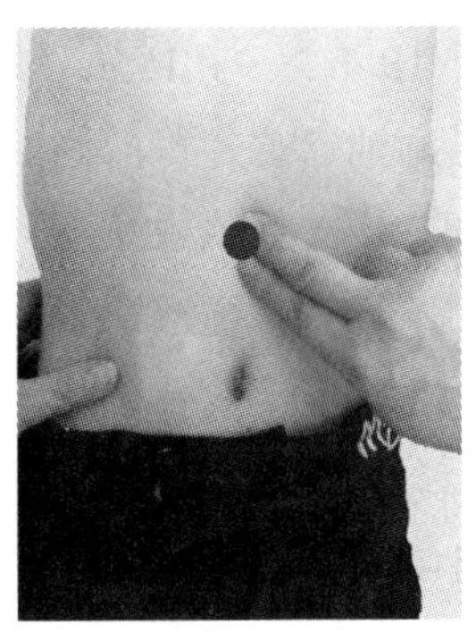
图 5-8-20　揉中脘

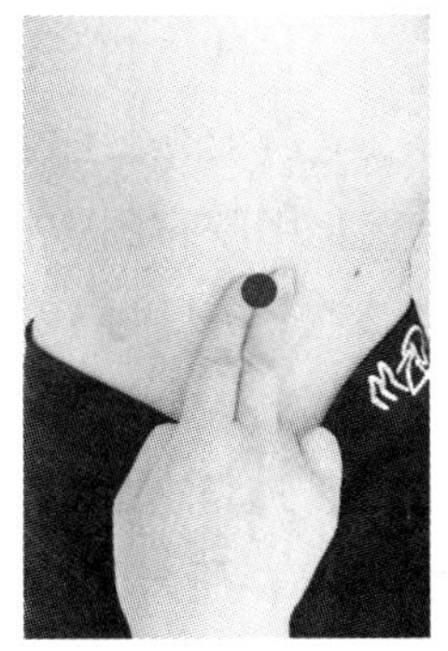
图 5-8-21　揉肚脐

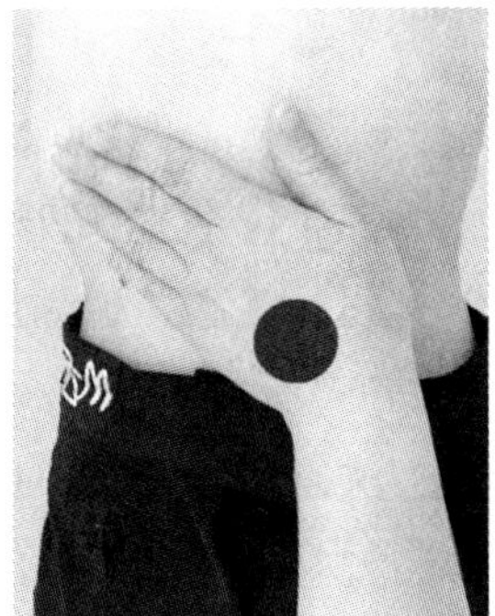
图 5-8-22　揉丹田

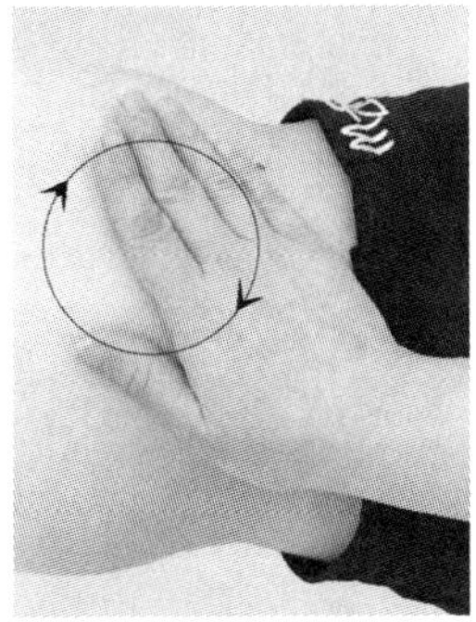
图 5-8-23　摩腹

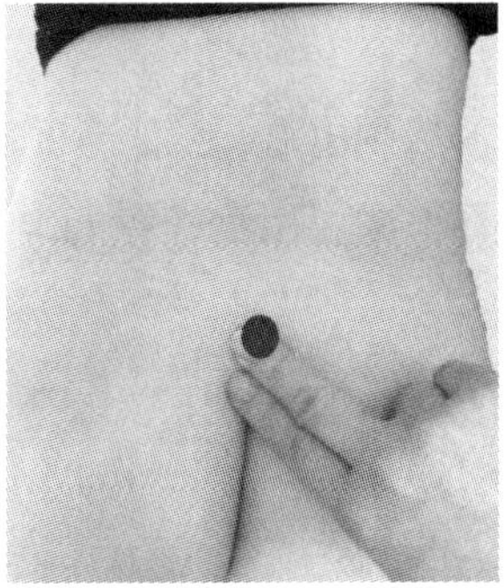
图 5-8-24　揉龟尾

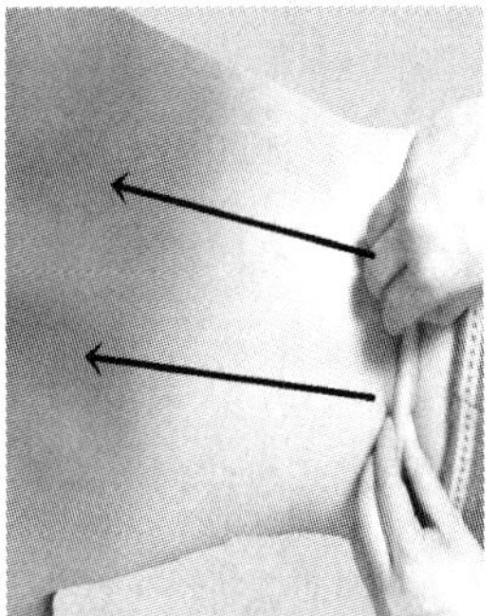
图 5-8-25　捏脊

六、其他治疗

1. 食疗

脾失健运：

方法一：莱菔子 10 g，橘子皮 7 g，扁豆 20 g。用法：将扁豆放锅内炒黄，打碎，然后与莱菔子、橘子皮加清水适量，共煮取浓汁。每日 1 剂，分 1 ~ 2 次饮完，连服 5 ~ 7 天。2 岁以下小儿酌减。

方法二：谷芽 30 g，麦芽 24 g，焦锅巴 50 g。用法：将上述各味药混合放锅内，加清水适量煮取浓汁。每日 1 剂，分 1 ~ 2 次饮完，连服 3 ~ 5 天。1 岁以下小儿酌减。

2. 贴敷疗法

方法一：党参 30 g，白术 15 g，砂仁 20 g，木香 10 g，三棱 15 g，莪术 15 g。研细末，过 100 目筛，取上药 15 g，加入适量麻油、冰片溶液调成膏状，涂在 1 cm^2 大小的塑料纸上，用胶布固定在神阙穴上，每次贴敷 2 ~ 12 小时，每日 1 次，敷贴后热敷 2 次，7 日为 1 疗程。用于脾胃虚寒、脾失健运证。

方法二：胡黄连 3 g，青皮 1.5 g，陈皮 1.5 g，三棱 1.5 g，莪术 1.5 g，五谷虫（炒）3 g，莱菔子（炒）3 g。研末，过 60 目筛，装袋，每晚敷于患儿脐部（神阙穴）和腰背部（命门穴），夜敷昼去，连续敷药 4 周，为 1 疗程。用于厌食证伴有食积者。

3. 针灸疗法

（1）刺四缝：常规消毒后刺出血，3 日后重复 1 次。用于脾失健运证。

（2）艾灸：足三里每日 1 次。用于脾胃气虚证。

七、注意事项

（1）调节饮食，纠正不良饮食习惯，饭前不吃零食，定时进食，少食生冷及肥甘厚味之品。

（2）改善喂养方式，根据儿童实际情况，合理安排饮食，要求给予营养丰富、品种多样、易于接受和消化食物。

（3）不强迫孩子进食，营造良好进食环境，进食时不语、不玩、不拖延，切忌进食过程中逗引或打骂孩子。

第九节　便秘

便秘是指大便秘结不通，排便时间延长，或大便坚硬干燥，欲大便而排时不爽，艰涩难出的一种病症。有时单独出现，一般继发于其他疾病过程中。吃奶的婴儿 3～5 日不解大便，但有排气、大便不硬、排出顺利、无腹胀等表现，可以不做特殊处理。

小儿便秘绝大多数与生活环境、精神因素和排便习惯有关。单独出现的便秘，多为习惯性便秘。突然改变生活环境，过食辛辣，可发生一时性便秘。如因消化道梗阻或畸形引起的便秘，需要进一步检查，不要盲目施治。

一、病因病机

便秘的基本病机为腑气不通，气不下行，大便艰涩难解。多因饮食不节，食物停滞，气滞不行。或因过食辛辣，热积胃肠，伤耗津液，肠气不通，大肠传导失常。或素体虚弱，气血不足，气虚大肠无力传送，血虚大肠失润，肠道干涩。

1. 实秘

饮食不节，食滞内停，气滞不行，郁久化热，致胃肠积热，伤耗津液，导致肠胃燥热，津液输布异常，肠气不通，大肠传导失常，大便秘结，难于排出。

2. 虚秘

素体虚弱，或久病之后，气血不足，气虚则大肠传送无力，血虚则津液无以滋润大肠，肠道干涩，大便排出困难。

二、临床诊断

大便干结，次数减少，排出困难，数日一次，左下腹可扪及包块，可于排便后消失，常伴有腹胀、腹痛、肛裂、便血等症状。

三、临床表现

1. 实秘

大便干结，排出困难，甚至秘结不通，腹胀不适，烦热口臭，面赤身热，胸胁痞满，胃纳减少，口干唇燥，小便短赤，苔黄或燥，指纹色紫。

2. 虚秘

大便秘结，时有便意，努挣难出，神疲气怯，面色无华，形瘦无力，用力则汗出气短，便后疲乏，舌淡苔薄白，脉虚细，指纹淡红。

四、鉴别诊断

1. 肠扭转

便秘，但常伴腹痛、腹胀、频繁呕吐等症状，可触及胀大的肠襟，X 线检查可协助诊断。

2. 先天性巨结肠

出生后排便延迟，有时数日无排便，伴呕吐，后呈顽固性便秘，腹胀逐渐加重，需钡灌肠 X 线检查，明确部位和范围。

五、推拿治疗

本病治疗原则以导滞通便为主。实秘为邪滞大肠，腑气不通，以攻邪为主。虚证为大肠传送乏力，肠道失润，急则治标，通下后辅以滋阴润燥或益气温阳之法。

1. 实秘

（1）治疗原则：行气导滞，清热通便。

（2）选穴。

①主穴与功效。清脾经、清大肠泻脏腑之实热；推三关、推六腑、清大肠实热；揉中脘、揉肚脐、揉龟尾、摩腹、推下七节骨清理肠道积热，导滞通便；推肺腧宣肺助大肠。

②配穴。身热烦躁加清天河水，水底捞月；小便短黄加清后溪。

（3）主穴操作。

①清脾经 300 ~ 500 次。②清大肠 200 ~ 300 次。③推三关 80 ~ 100 次。④推六腑 80 ~ 100 次。⑤揉中脘 100 ~ 150 次。⑥揉肚脐 100 ~ 150 次。⑦摩腹 100 ~ 150 次。⑧揉龟尾 80 ~ 100 次。⑨推下七节骨 60 ~ 80 次。

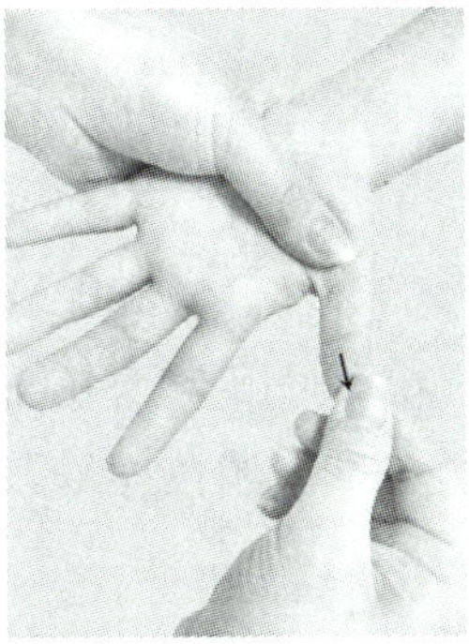

图 5-9-1　清脾经

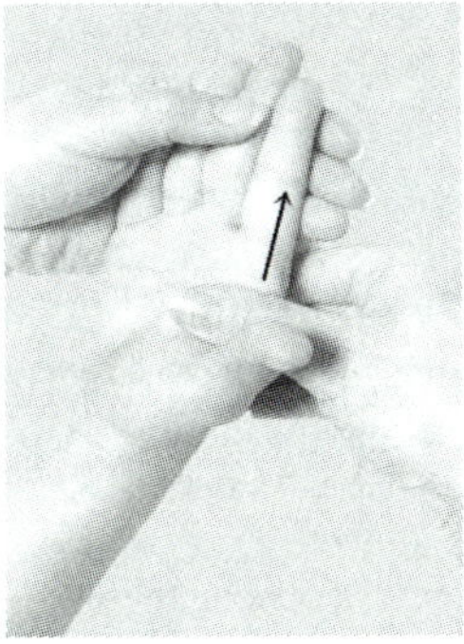

图 5-9-2　清大肠

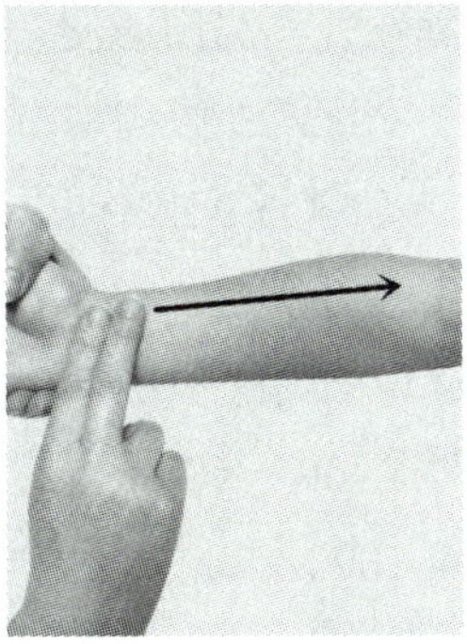

图 5-9-3　推三关

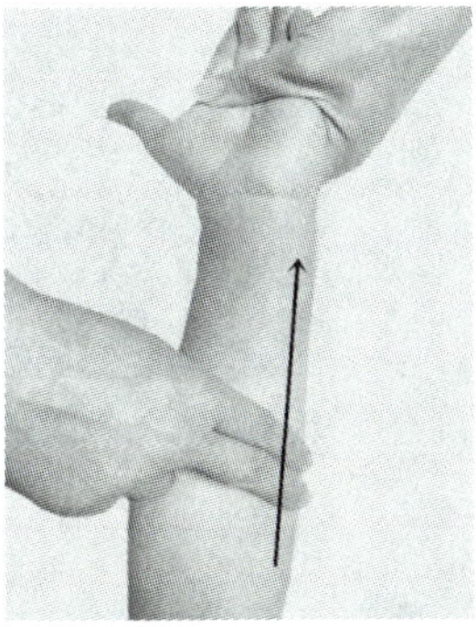

图 5-9-4　推六腑

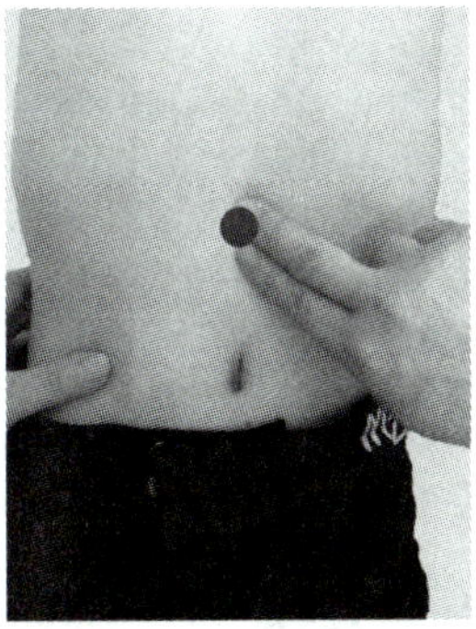

图 5-9-5　揉中脘

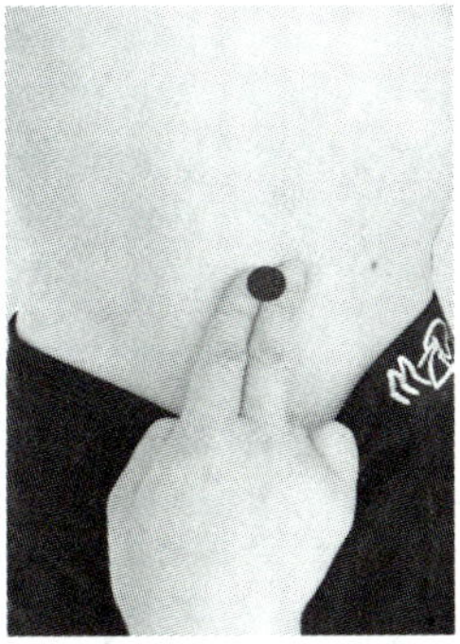

图 5-9-6　揉肚脐

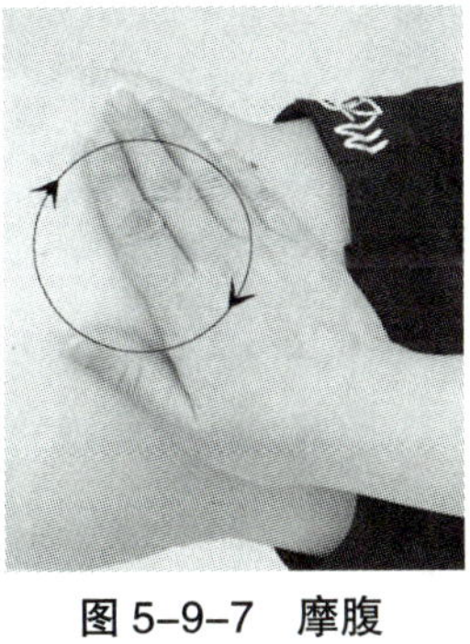

图 5-9-7　摩腹

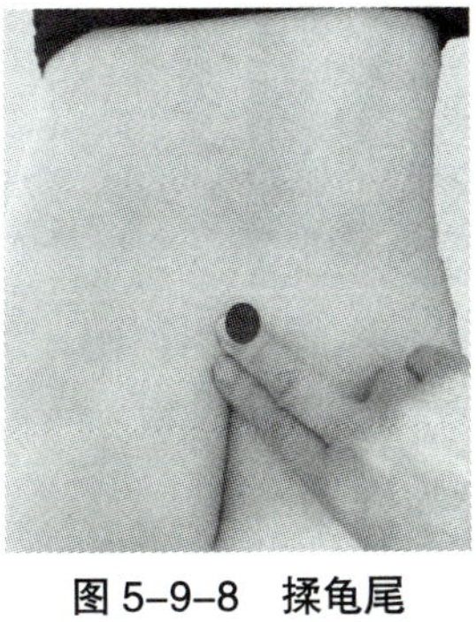

图 5-9-8　揉龟尾

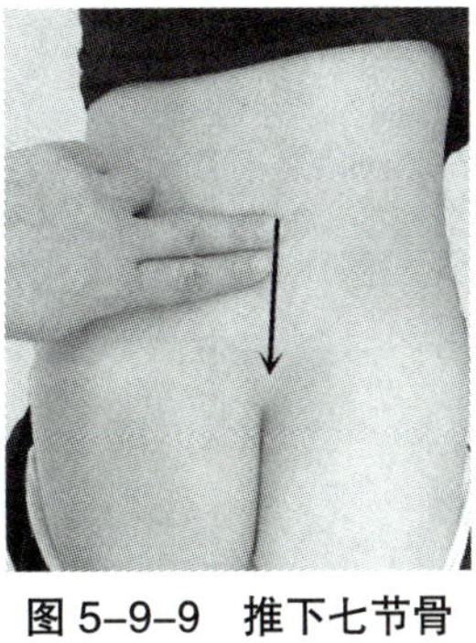

图 5-9-9　推下七节骨

2. 虚秘

（1）治疗原则：益气养血，滋阴润燥。

（2）选穴。

①主穴及功效。补脾经、肾经，清肝经益气养血，滋阴润燥，疏肝理气；摩腹、揉肚脐、揉龟尾理肠通便；揉中脘、揉丹田、按揉足三里、捏脊

健脾益气，温阳通便。

②配穴：腹痛加拿肚角。

（3）主穴操作。

①补脾经 200 ~ 300 次。②补肾经 200 ~ 300 次。③清肝经 100 ~ 200 次。④揉中脘 100 ~ 150 次。⑤揉肚脐 80 ~ 100 次。⑥揉丹田 50 ~ 60 次。⑦摩腹 50 ~ 60 次。⑧揉龟尾 80 ~ 100 次。⑨捏脊 3 ~ 5 次。⑩按揉足三里 80 ~ 100 次。

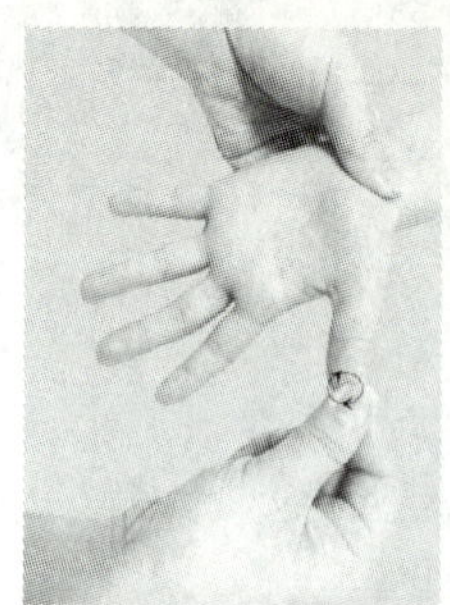

图 5–9–10　补脾经

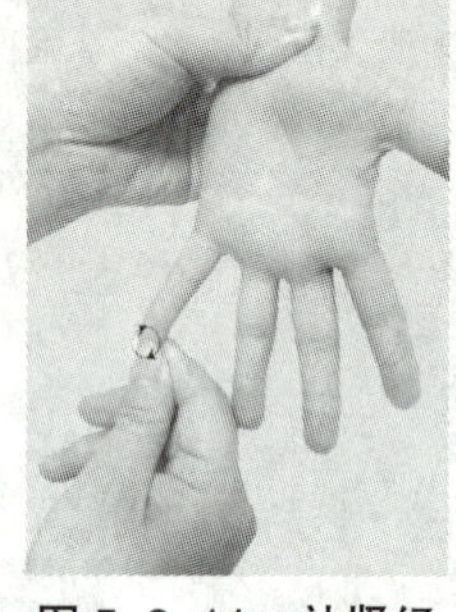

图 5–9–11　补肾经

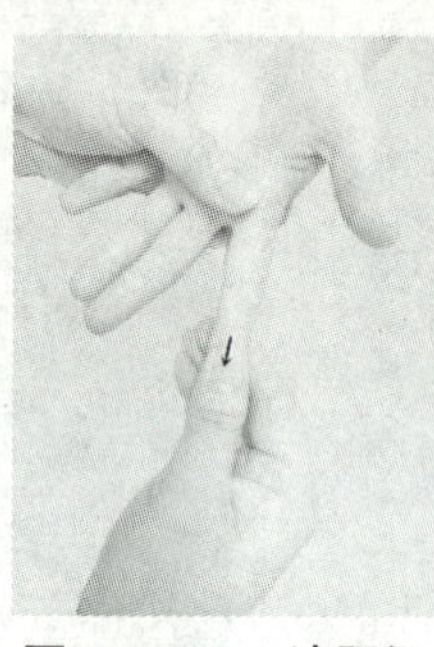

图 5–9–12　清肝经

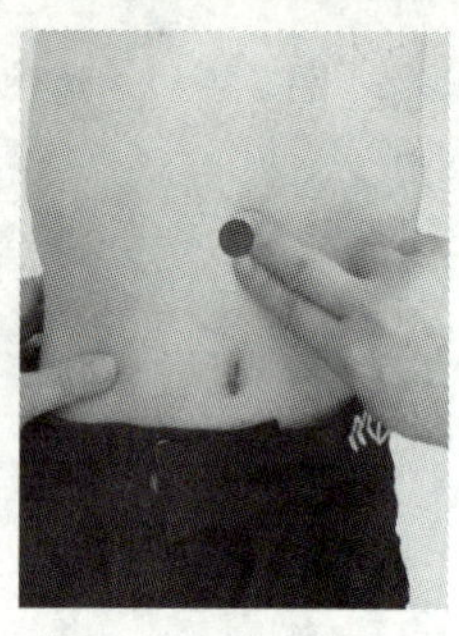

图 5–9–13　揉中脘

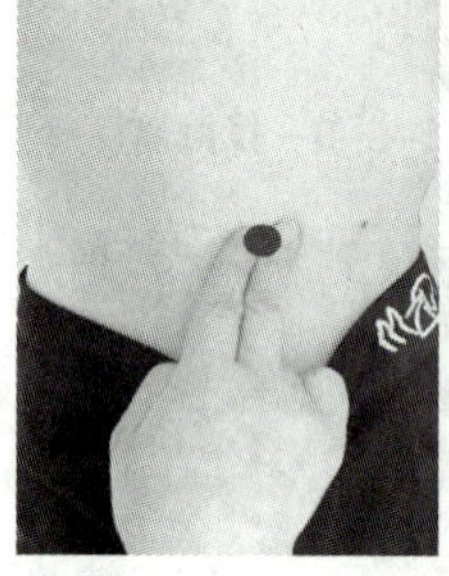

图 5–9–14　揉肚脐

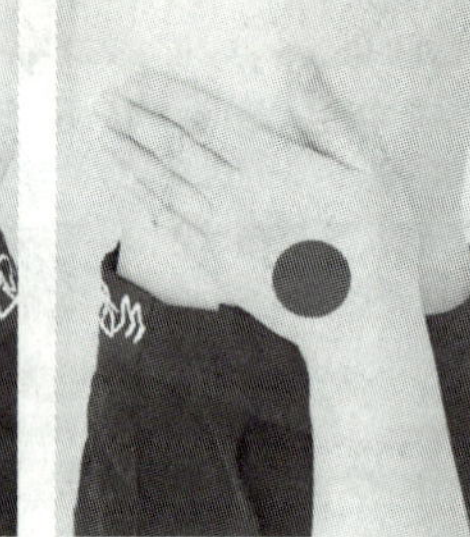

图 5–9–15　揉丹田

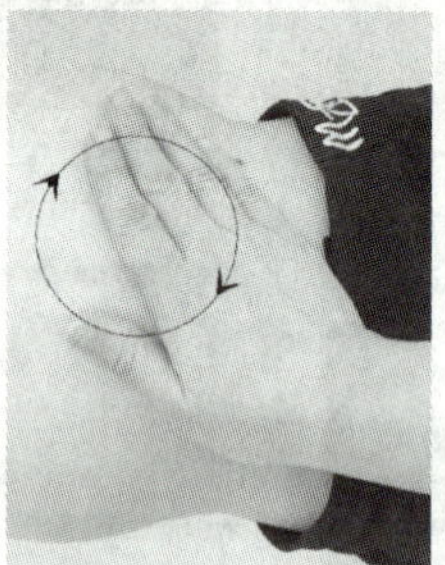

图 5–9–16　摩腹

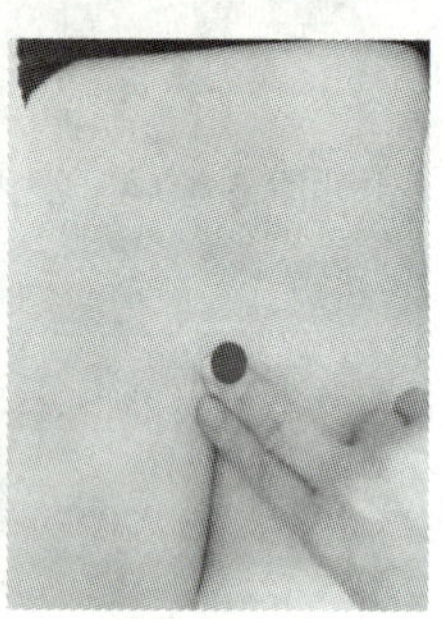

图 5–9–17　揉龟尾

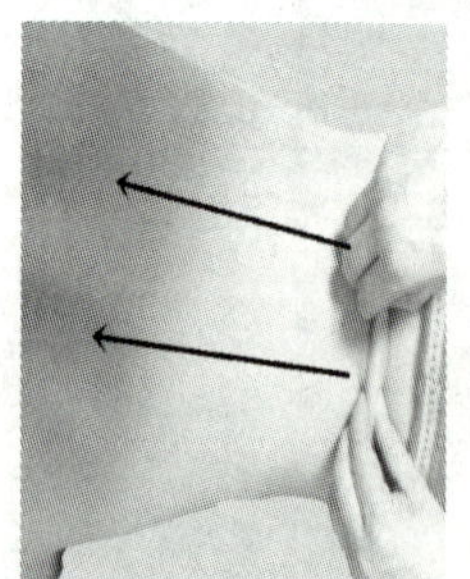

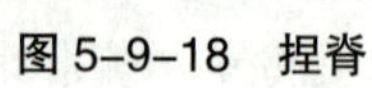

图 5–9–18　捏脊

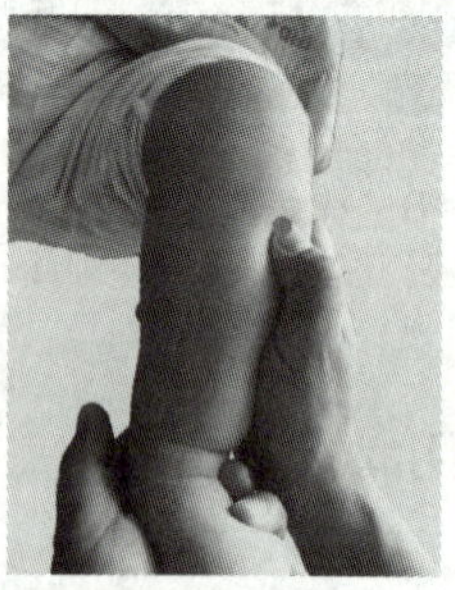

图 5–9–19　按揉足三里

六、其他治疗

1. 中医食疗

（1）实秘。方法一：鲜菠菜 120 g，麻油 9 g。用法：将菠菜洗净，放沸水中烫 3 分钟取出，用麻油拌食。每天 2 次，连食数天，适应于热秘。

方法二：青皮 6 g，杏仁 10 g，瓜蒌仁 12 g。用法：每日 1 剂，水煎服。

（2）虚秘。方法一：炙黄芪 15 g，党参 10 g，麻仁 6 g，蜂蜜 10 g，粳米 50 g。用法：先将炙黄芪、党参、麻仁放入砂锅煎沸，后改用文火煎成浓汁，分 2 份，每日早晚同粳米加水适量煮粥。粥熟调入白蜜，稍煮即可。

方法二：白术 30 g，生地 20 g，升麻 1 g。用法：水煎分 2 次服，每日 1 剂。

方法三：黑芝麻 15 g，核桃肉 12 g，桃仁、甜杏仁各 10 g，粳米 50 g，白糖 20 g。用法：将黑芝麻、核桃肉、桃仁、甜杏仁混合碾烂，与粳米共放锅内，加水适量，煮成稀粥，冲入白糖调化，候温可服。每日 1 剂，分 1～2 次服完，连服 10 天。1 岁以下小儿减半。

方法四：粳米 50 g，大红枣 5 枚，何首乌 18 g，冰糖 24 g。用法：先将何首乌放锅内加水煎取浓汁，去渣，加入粳米及大枣肉，共煮成稀粥，再加入冰糖调化。每日 1 剂，分 1～2 次服完，连服 7～10 天。

方法五：黑芝麻 90 g，杏仁 60 g，大米 90 g，当归 9 g，白糖适量。用法：前 3 种食物浸水后磨成糊状，煮熟后用当归、白糖煎汤调服，每日 1 次，连服数天。

2. 针灸

（1）针刺。主穴：大肠俞、天枢、支沟、上巨虚。热结加合谷、曲池；气滞加中脘、行间；气血虚弱加脾俞、肾俞。

（2）灸法。寒秘灸气海、神阙。

七、注意事项

（1）推拿治疗单纯便秘效果较好，以腑气通为有效，常根据推拿时肠中鸣响，腹部变柔软，产生便意来判断疗效。

（2）合理膳食，不要挑食、偏食，多食蔬菜、水果，注意营养均衡。

（3）养成良好排便习惯，生活规律，小儿通过训练，建立条件反射性排便，养成按时排便习惯。

第十节　疳积

疳积是积滞和疳证的总称，是儿科常见的脾系疾病之一。临床以形体消瘦，饮食异常，大便不调为主要特征。5 岁以下小儿多见。是由于小儿伤于乳食，食积不化，损伤脾胃，形成积滞，积久不消，而形成疳积。古人有“积为疳之母，无积不成疳”之说，古代被列为儿科四大难证之一，难以治愈，严重影响小儿生长发育。但随着医疗和生活水平提高，本病已经较少发生，病情也较轻。西医所说的“小儿营养不良”与疳积的临床表现相似，可参照本病进行辨证治疗。本病无明显季节性，多见于学龄前儿童。

一、病因病机

疳积以脾胃虚损为主，兼以心、肝、肺、肾四脏或某个脏虚损所致。基本病机为脾胃先天不足，伤于乳食，气滞不行。初起病情较轻，常不思饮食，食而不化，腹部胀满，形成积滞，日久则致脾胃运化失常，乳食精微、乳食精华无法消化吸收，导致脏腑、肌肉、四肢百骸无濡养而出现形体消瘦，面黄发枯等表现。

1. 积滞伤脾

乳食不节，喂养不当，或过食生冷油腻，致脾胃受损，受纳、运化失职，升降不调，而成积滞，日久成疳。

2. 气血亏虚

平素体弱，先天不足，后天喂养失当，致脾胃虚弱，乳食不化，停滞中焦，营养不足，气血两亏，日久成疳。

二、临床诊断

不思乳食，食而不化，嗳腐吞酸，脘腹胀满，形体消瘦，重者干枯羸瘦，饮食异常，大便干稀不调，面色不华，毛发稀疏枯黄，精神烦躁不宁或萎靡不振，揉眉擦眼，吮指，磨牙。多见于 5 岁以下，多有喂养不当史、病后饮食失调史、寄生虫病史、消化系统疾病史、慢性消耗性疾病史、厌食及偏食史。

三、临床表现

1. 积滞伤脾

不思乳食，食而不化，脘腹胀满，形体略瘦，或体重不增，面色萎黄少华，毛发稀疏，五心烦热，夜卧不宁，性急易怒，精神欠佳，大便干稀不调，舌质淡，苔薄白，脉细，指纹淡。

2. 气血亏虚

面色萎黄，形体消瘦，肤色不华，毛发枯黄稀疏，食欲不振，神疲乏力，烦躁易怒，睡卧不宁。甚者骨瘦如柴，精神萎靡，啼哭无力，毛发干枯，厌食，时有低热，口唇干燥，四肢不温，发育障碍，腹凹如舟，大便溏泄，舌质嫩红或淡，脉细无力。

四、鉴别诊断

1. 厌食症

以食少、厌食为主证，尚无显著的形体改变，精神状态尚可，除脾胃失调症状外，很少有其他脏腑的病状。

2. 五迟五软五硬

以全身发育迟缓（五迟），或萎软无力（五软），或肌张力高（五硬）为特征，可伴有营养不足。

五、推拿治疗

本病治疗，以健运脾胃为基本原则。积滞伤脾者，佐以消食导滞；气血亏虚者，予补益气血。同时，应强调对患儿的饮食调理，合理补充营养，纠正不良饮食习惯，并配合其他疗法，方可奏效。

1. 积滞伤脾

（1）治疗原则：消积导滞。

（2）选穴。

①主穴与功效。清补脾经消积健脾；分腹阴阳益气养阴助脾；掐揉四横纹、揉中脘、揉肚脐消食导滞，疏调肠胃；清大肠、推六腑清肠腑之积热；捏脊、按揉足三里健脾开胃，消食和中。

②配穴：腹胀、大便不通，加摩腹、揉龟尾、推下七节骨。

（3）主穴操作。

①清脾经 200 ~ 300 次。②补脾经 100 ~ 150 次。③清大肠 100 ~ 150 次。④掐揉四横纹 3 ~ 5 次。⑤推六腑 80 ~ 100 次。⑥揉肚脐 100 ~ 150 次。⑦揉中脘 200 ~ 300 次。⑧捏脊 5 ~ 7 次。⑨按揉足三里 80 ~ 100 次。

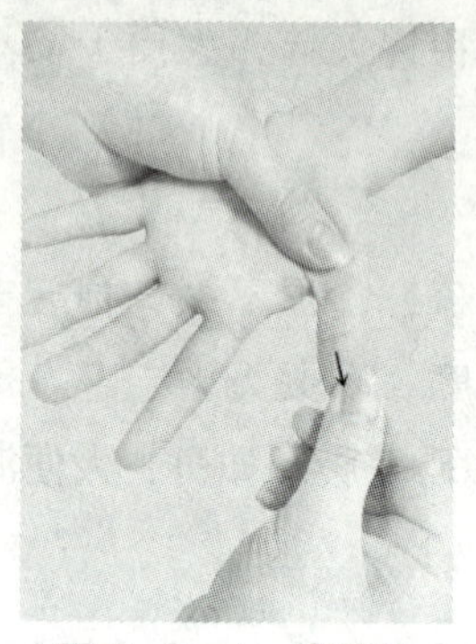
图 5–10–1　清脾经

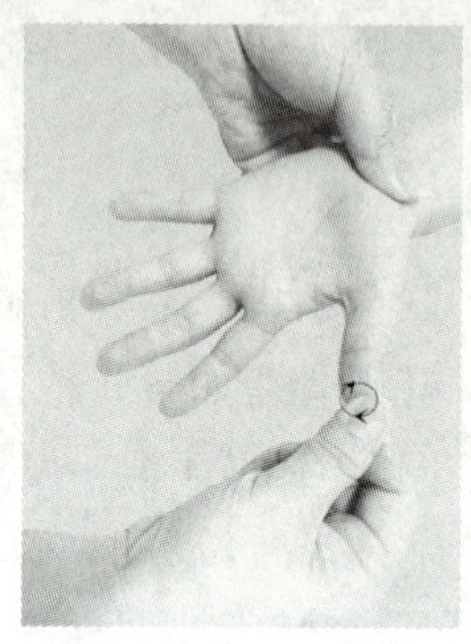
图 5–10–2　补脾经

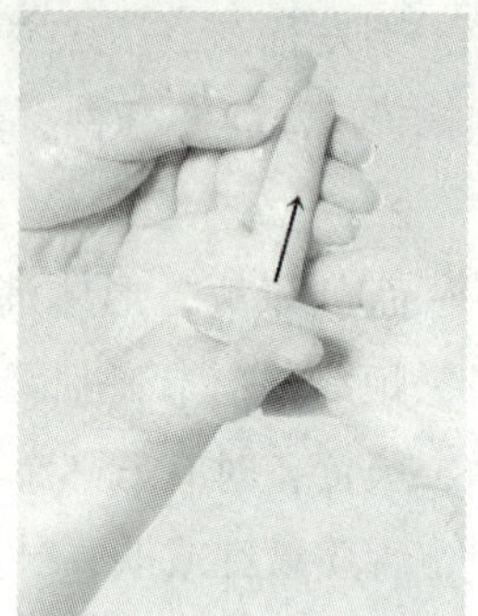
图 5–10–3　清大肠

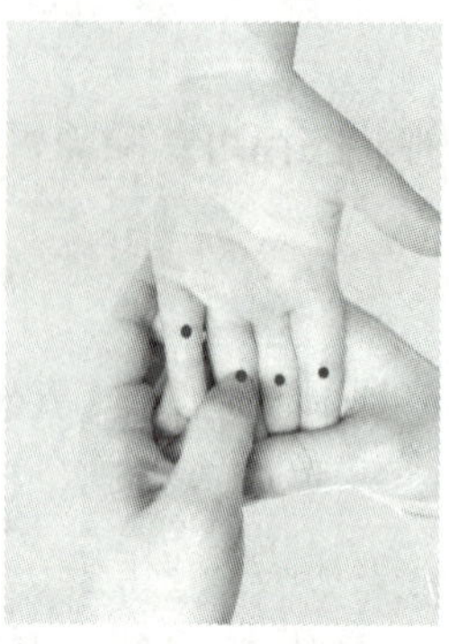
图 5–10–4　掐揉四横纹

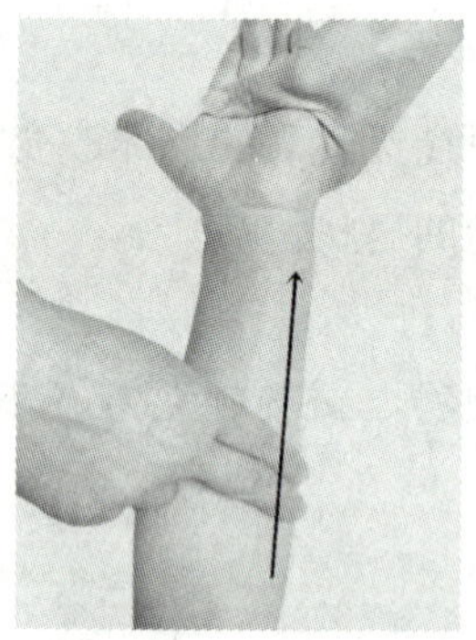
图 5–10–5　推六腑

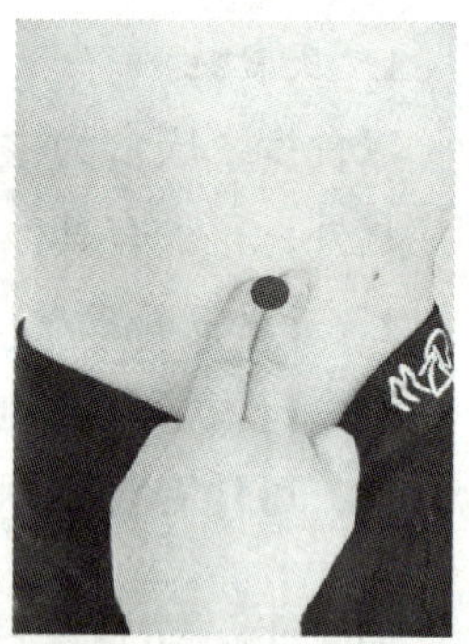
图 5–10–6　揉肚脐

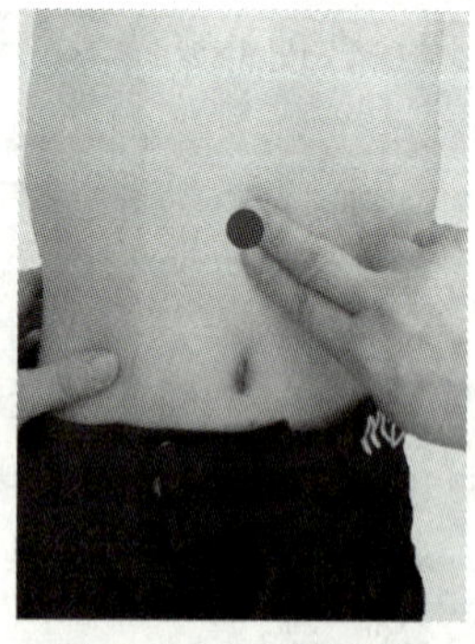
图 5–10–7　揉中脘

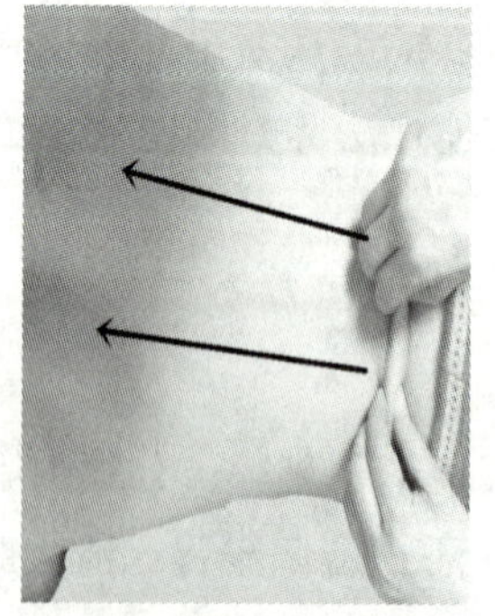
图 5–10–8　捏脊

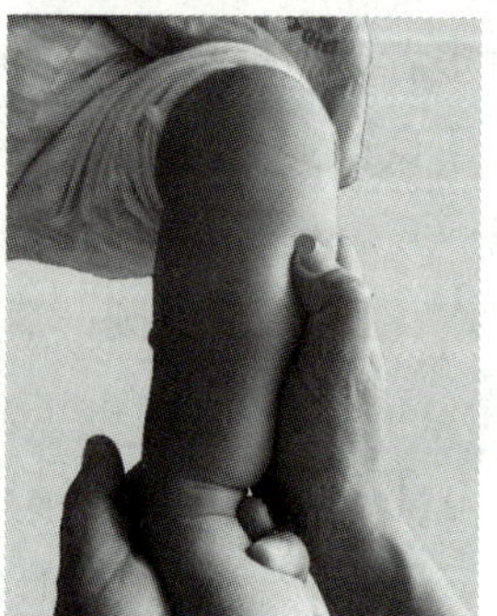
图 5–10–9　按揉足三里

2. 气血亏虚

（1）治疗原则：温补脾肾，益气补血。

（2）选穴。

①主穴及功效：补脾经、肾经温补脾肾；先补心经以补血，后清心经防心火妄动；揉外劳宫温阳助运；清大肠、揉中脘、揉肚脐消食导滞，疏调肠腑；掐四横纹、按揉足三里调和气血，消食和中。

②配穴：烦躁不安者加清肝经；五心烦热、盗汗加推三关、揉外劳宫；便溏者加补大肠；便秘者加清大肠、推下七节骨。

（3）主穴操作。

①补脾经 300 ~ 400 次。②补肾经 300 ~ 400 次。③补心经 200 ~ 300 次。④清心经 80 ~ 100 次。⑤清大肠 100 ~ 150 次。⑥揉外劳宫 100 ~ 150 次。⑦掐揉四横纹 3 ~ 5 次。⑧揉中脘 200 ~ 300 次。⑨揉肚脐 100 ~ 150 次。⑩按揉足三里 50 ~ 100 次。

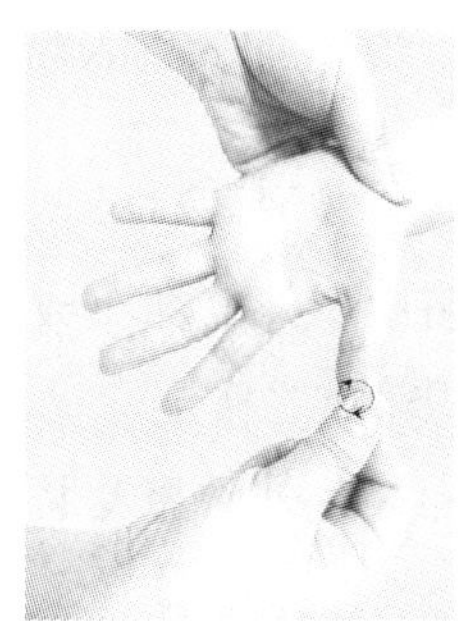
图 5–10–10　补脾经

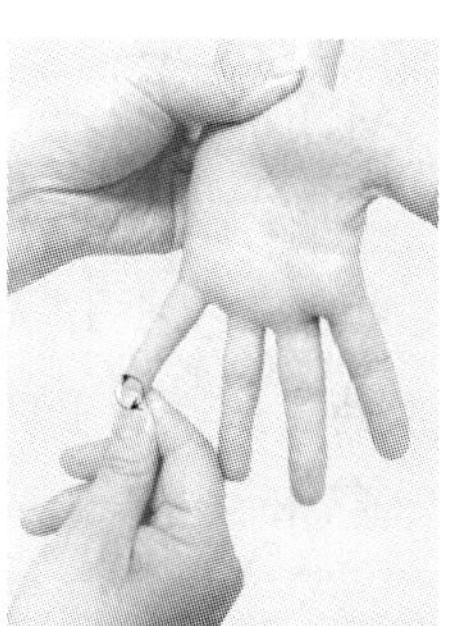
图 5–10–11　补肾经

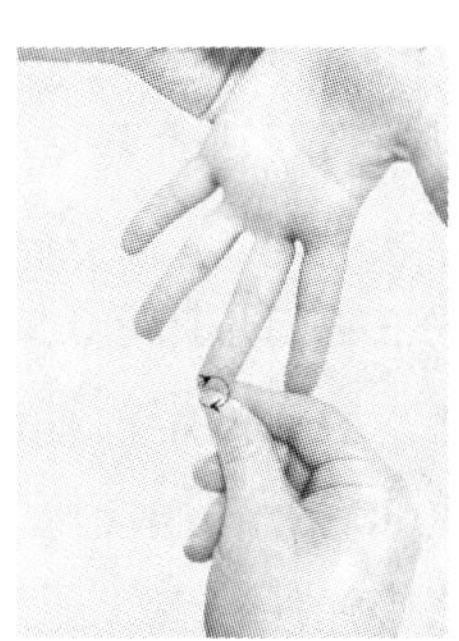
图 5–10–12　补心经

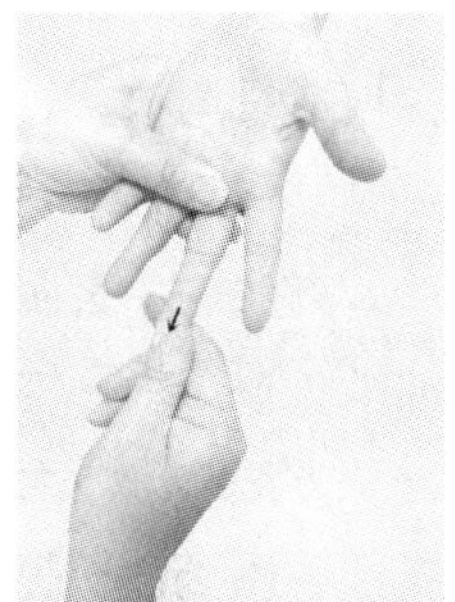
图 5–10–13　清心经

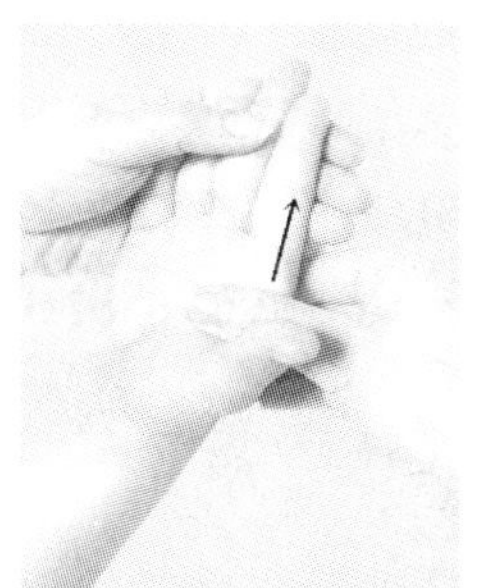
图 5–10–14　清大肠

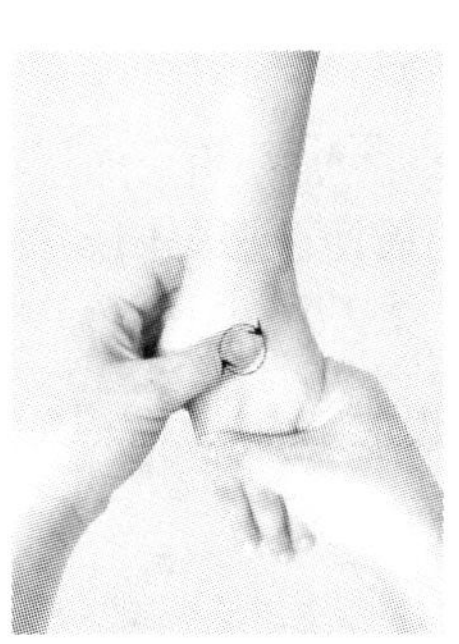
图 5–10–15
揉外劳宫

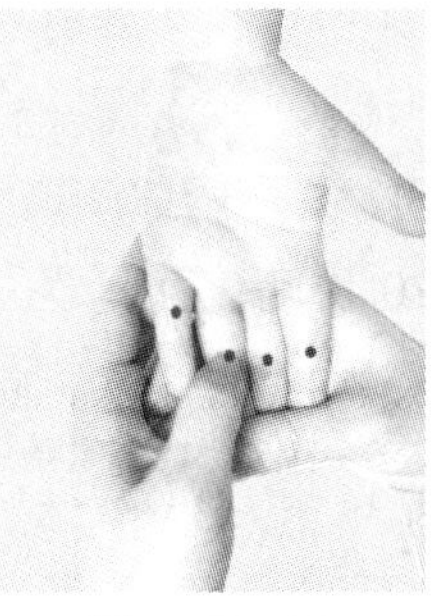
图 5–10–16
掐揉四横纹

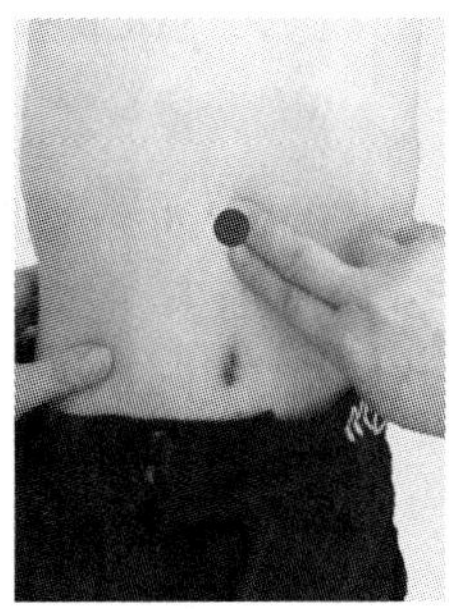
图 5–10–17　揉中脘

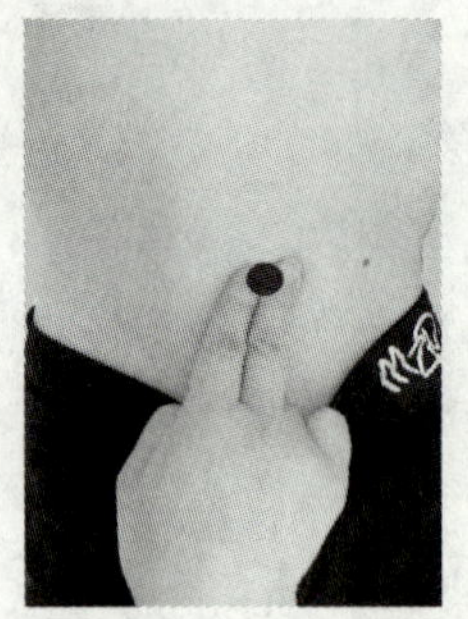
图 5-10-18 揉肚脐

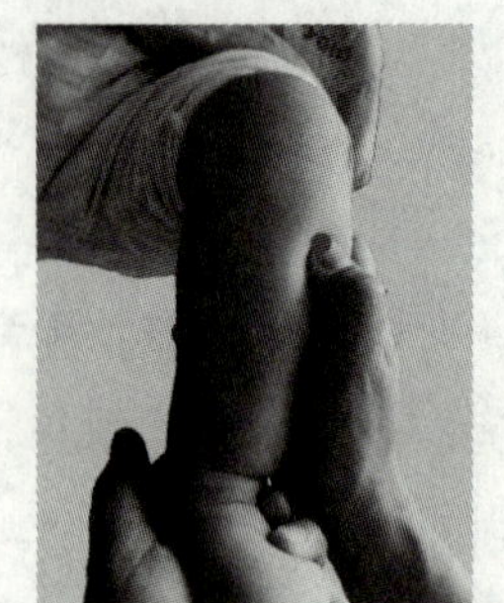
图 5-10-19 按揉足三里

六、其他治疗

1. 饮食治疗

方法一：白萝卜 500 g，切成细丝挤出汁，炖热后内服。每日 1 剂，分 2 次服。用于食肉过多而致的食积。

方法二：槟榔 10 g，金橘 3 只。二味打碎入锅，水煎 20 分钟，取汁加白糖适量调味。每日数次，代茶饮。用于小儿食积兼有气滞者。

2. 敷贴

方法一：玄明粉 3 g，胡椒粉 0.5 g，共研细末。填入脐中，外盖油布或油纸，覆盖消毒纱布，胶布固定，每日换药 1 次。用于食积较重之实证。

方法二：炒大黄 30 g，芒硝 20 g，研粗末。混合装入布袋，外敷患儿脐腹部。用于食积腹胀腹痛便秘者。

方法三：酒糟 100 g，入锅内炒热，分 2 次装袋，交替放腹部热熨，每日 1 次，每次 2 ~ 3 小时。用于脾虚夹积者。

3. 验方

消疳丸：三棱、莪术、炒五谷虫、胡黄连、炒鸡内金各 30g，甘草 20g。上药共研细末，过 120 目筛，水泛为丸。1 岁以内每次 2 g，1 ~ 2 岁每次 3 g，3 岁以上每次 5g，均每日 3 次，空腹服。用于疳积证。

七、注意事项

（1）注意合理喂养，定时进餐，婴儿应尽可能给予母乳喂养，添加辅食应注意营养素的合理搭配，注意养成良好的饮食习惯。

（2）注意卫生，饭前、便后洗手，预防各种肠道疾病及寄生虫病。

（3）营造良好的进食环境，不要在进食时玩耍，不要在进食期间训斥、打骂小孩。

（4）观察小儿生长发育情况，给予合理喂养，及时治疗疾病。

第十一节　口臭

口臭是指口内出气臭秽，又名出气臭、口气秽恶、口气臭、臭息等，口臭是一种病症。指从口腔或其他充满空气的空腔如鼻、鼻窦、咽等，所散发出来的令人感到不愉快的气体，是一种常见症状，但病理性口臭的存在提示机体存在某些方面的疾病，很可能是全身疾病引起的。

一、病因病机

中医学认为口臭是由脾虚、胃热、食滞、气郁、血瘀等多种因素引起的。如明代李时珍的《本草纲目·第四卷上·口舌》载："口臭是胃火、食郁。"中医认为口臭是五脏六腑功能失调的结果，某些口腔、鼻咽疾病和呼吸、消化系统等疾病均可引起，主要与脾胃功能失调、情志不舒、劳累过度等因素有关，其尤以脾胃关系最为密切。

1. 胃火口臭

外感风热，或心脾积热上攻，火热之邪犯胃，胃失和降，胃气上逆所致。

2. 食积口臭

小儿过食肥甘厚腻之品或偏食，致脾胃受损，运化失职，宿食停滞胃中引起。

二、诊断

小儿口臭以口气臭秽或口中酸臭为主要临床表现，通常是因消化不良引起，伴嗳腐吞酸，腹部胀气，大便恶臭，身热口渴，烦躁不安，大便秘结等。

三、临床表现

1. 胃火口臭

口中酸臭，口渴饮冷，牙龈红肿，消谷善饥，面赤身热，或牙龈肿痛、口舌生疮，烦躁不安，舌红苔黄少津，脉滑数。

2. 积滞伤脾

口气臭秽，脘腹胀痛，不思饮食，食而不化，脘腹胀满，形体略瘦，或体重不增，面色萎黄少华，毛发稀疏，精神欠佳，大便干稀不调，舌质淡，苔薄白，脉细，指纹淡。

四、鉴别诊断

（1）龋齿和牙周疾病：口腔中有未治疗的龋齿、残根、残冠、不良修复体、不正常解剖结构、牙龈炎、牙周炎及口腔黏膜病等都可以引起口臭。其又是最常见的相关疾病。深龋窝洞内、不良修复体悬突下常残存食物残渣和菌斑，细菌经过发酵分解，产生臭味。

（2）牙髓坏死或化脓性牙髓炎，未经治疗也可发出臭味。

五、推拿治疗

本病治疗，以健运脾胃为基本原则。积滞伤脾者，佐以消食导滞；气血亏虚者，予补益气血。同时，应强调对患儿的饮食调理，合理补充营养，纠正不良饮食习惯，并配合其他疗法，方可奏效。

1. 胃火口臭

（1）治疗原则：消热泻火。

（2）选穴。

①主穴与功效。清脾经、清大肠、推三关、推六腑泻肠热通便；清板门降逆止呕，引胃气下降，运水入土滋阴润肠通便；下推七节骨通腑泄热，润肠通便。

②配穴：烦躁不安者加清肝经。

（3）主穴操作。

①清脾经 200 ~ 300 次。②清大肠 100 ~ 200 次。③推三关 80 ~ 100 次。④推六腑，20 ~ 30 次。⑤运水入土 20 ~ 30 次。⑥分推腹阴阳 10 ~ 20 次。⑦下推七节骨 80 ~ 100 次。

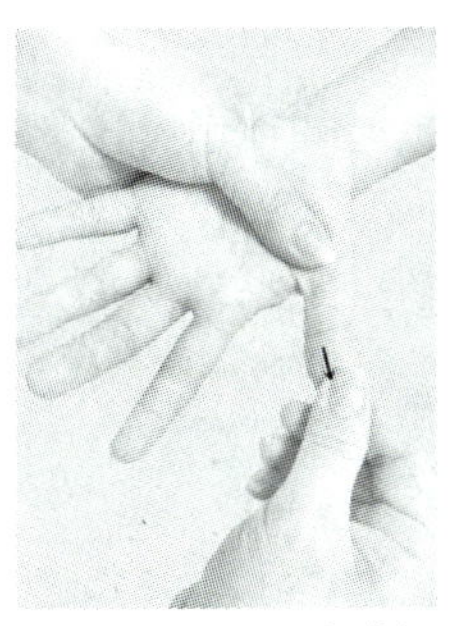
图 5-11-1　清脾经

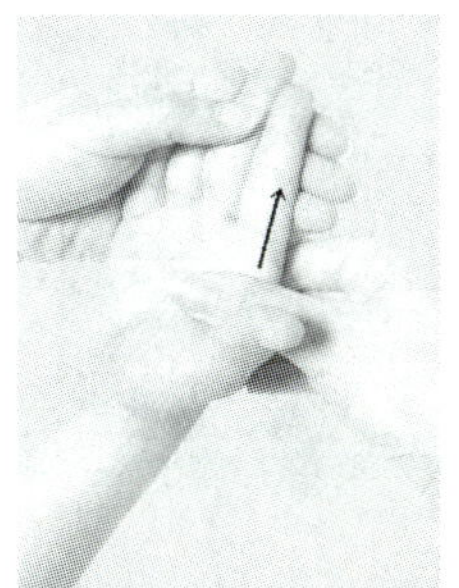
图 5-11-2　清大肠

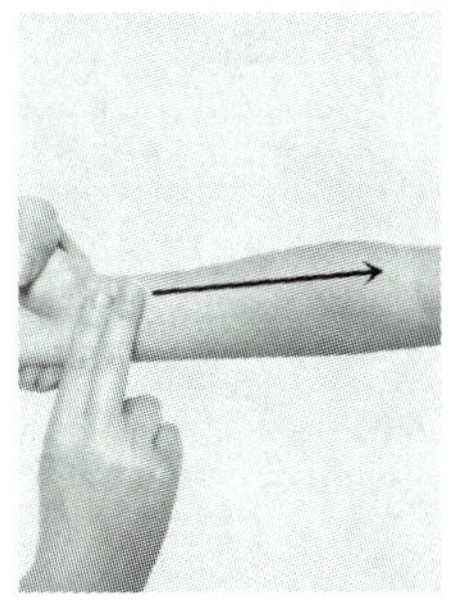
图 5-11-3　推三关

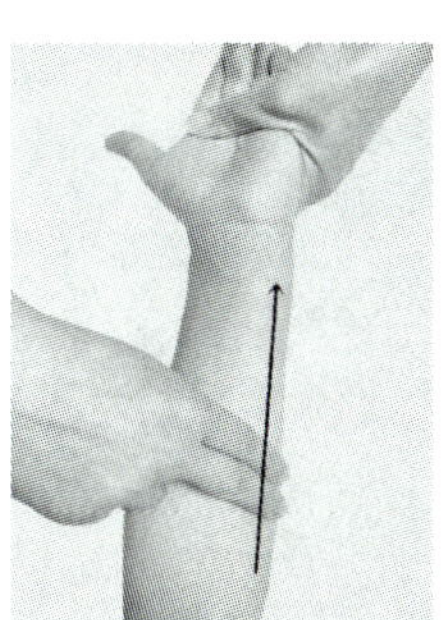
图 5-11-4　推六腑

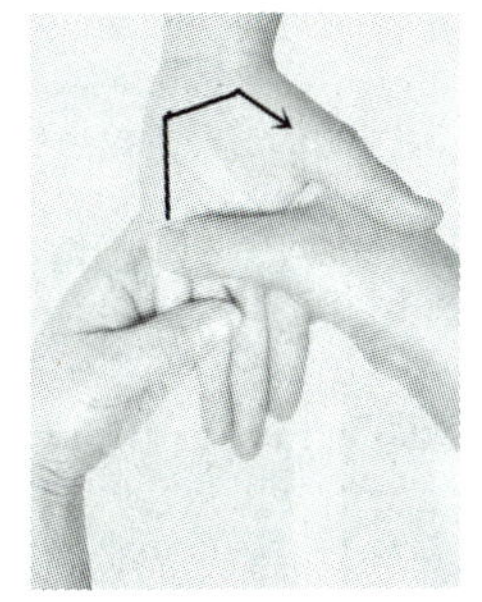
图 5-11-5　运水入土

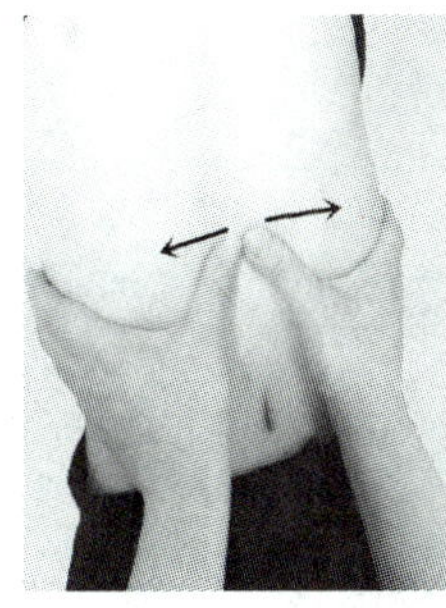
图 5-11-6　分推腹阴阳

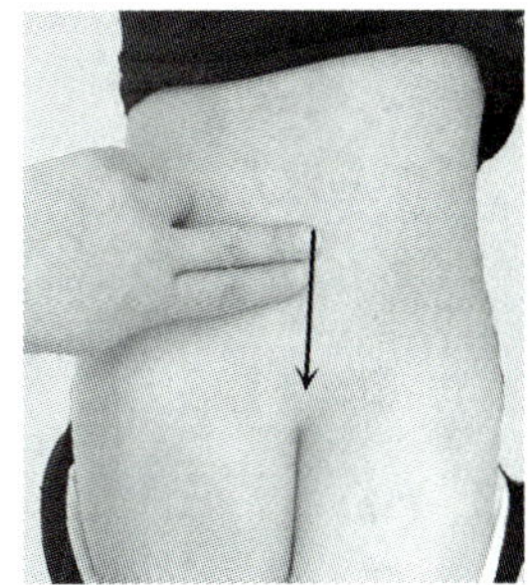
图 5-11-7　下推七节骨

2. 积滞伤脾

（1）治疗原则：消积导滞。

（2）选穴。

①主穴及功效。清脾经、清大肠消积健脾；分腹阴阳益气养阴助脾；掐揉四横纹、揉中脘、揉肚脐消食导滞，疏调肠胃；推三关、推六腑清肠腑之积热；捏脊、按揉足三里健脾开胃，消食和中。

②配穴：便溏者加补大肠、揉龟尾。

（3）主穴操作。

①清脾经 200 ~ 300 次。②清大肠 100 ~ 150 次。③掐揉四横纹 3 ~ 5 次。④推三关 80 ~ 100 次。⑤推六腑 100 ~ 500 次。⑥分推腹阴阳 20 ~ 30 次。⑦揉肚脐 100 ~ 150 次。⑧揉中脘 200 ~ 300 次。⑨捏脊 5 ~ 7 次。⑩按揉足三里 80 ~ 100 次。

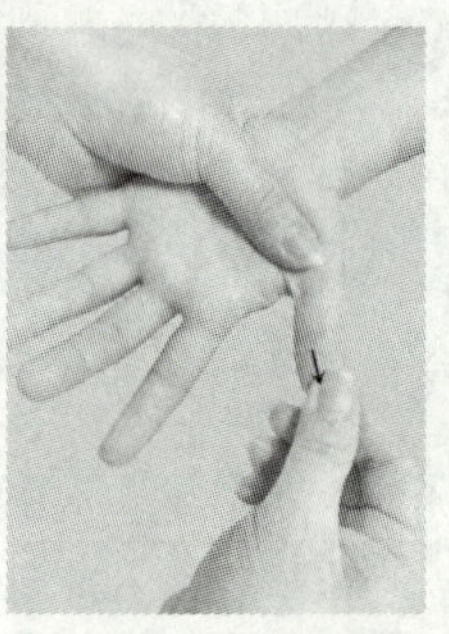
图 5-11-8　清脾经

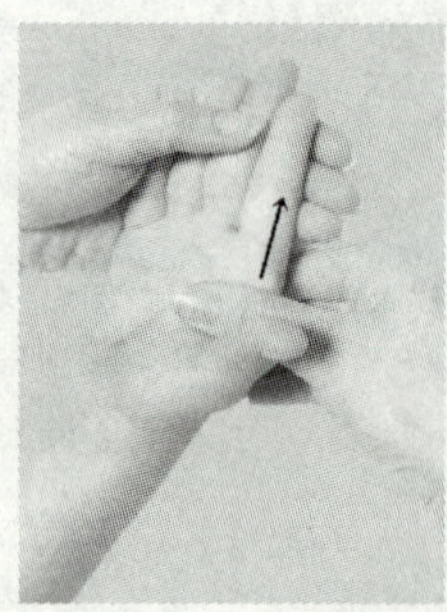
图 5-11-9　清大肠

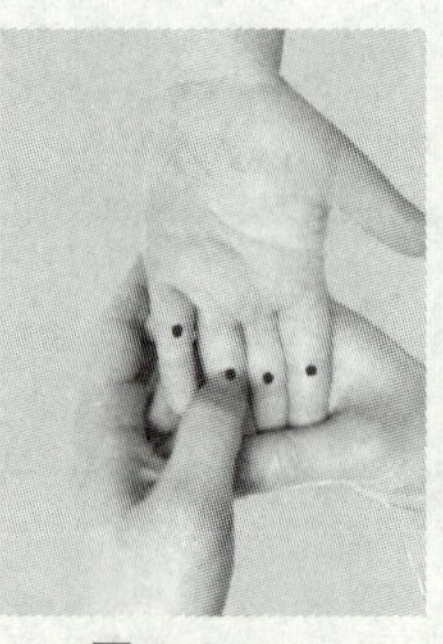
图 5-11-10
掐揉四横纹

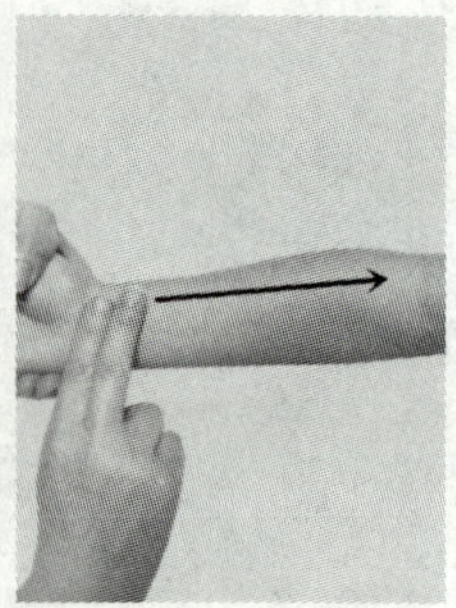
图 5-11-11　推三关

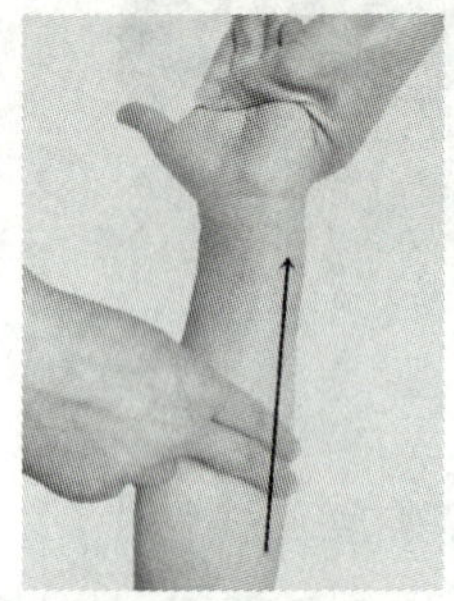
图 5-11-12　推六腑

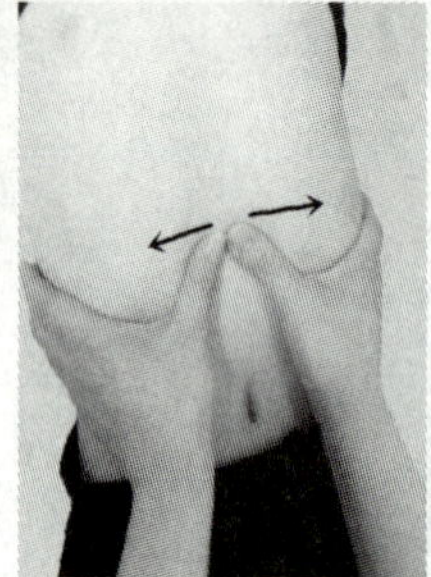
图 5-11-13
分推腹阴阳

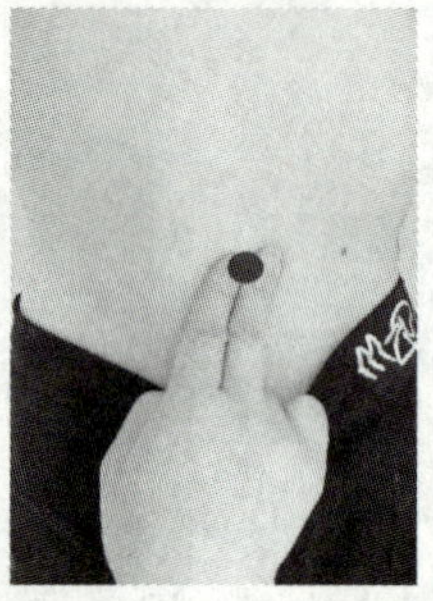
图 5-11-14　揉肚脐

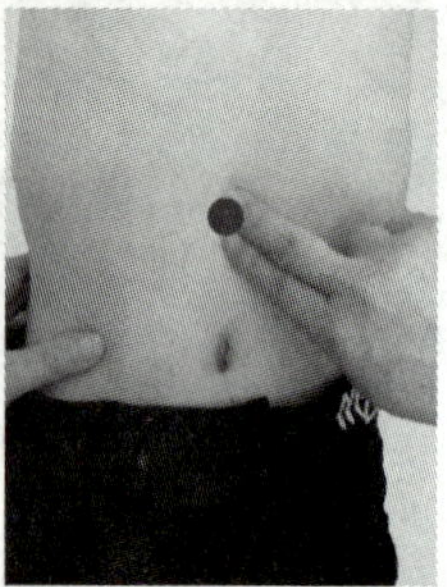
图 5-11-15　揉中脘

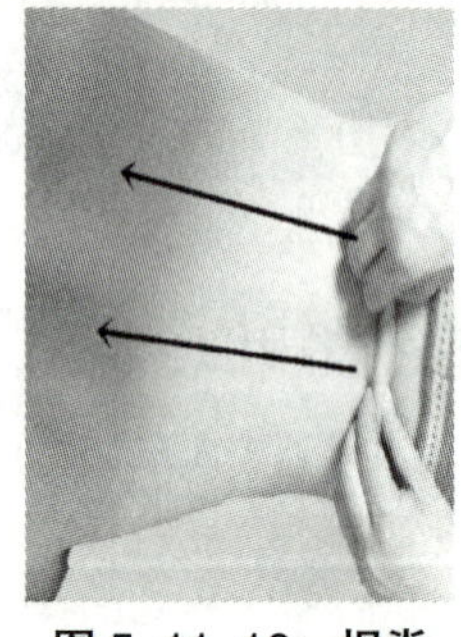
图 5-11-16　捏脊

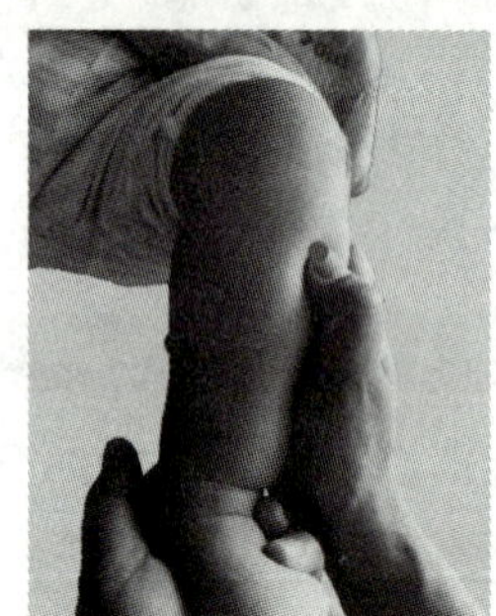
图 5-11-17　按揉足三里

六、其他治疗

（1）胃火口臭：方法一：绿豆 15 ~ 30 g。用法：绿豆洗净，煎汤徐饮。

方法二：甘蔗汁、萝卜汁各 1 杯。用法：频服。

（2）食积口臭：方法一：鸡内金末 30 g。用法：瓦上焙黄，研末。温开水调服，每日 1 ~ 5 次，每次 0.5 ~ 1.0 g。

方法二：西瓜皮 20 g，丝瓜叶 20 g，竹叶心 30 g，马齿苋 20 g。用法：将药物加水煎服，每日 3 次。

七、注意事项

（1）预防小儿口臭，要帮助建立良好的口腔卫生习惯，少吃甜食，特别是睡前不吃甜食。做到饭后漱口，早晚刷牙。3 岁以前的宝宝不会刷牙，可每次饭后用清水或纱布清洗口腔。

（2）小儿饮食要有规律，少量多餐饮食，多吃蔬菜水果，粗细搭配，不挑食，不偏食，不暴饮暴食，防止消化不良。

（3）按时口腔检查，注意预防并及时治疗龋齿及排列不齐。

第十二节　泄泻

小儿泄泻是儿科常见的脾系疾病之一。临床以大便次数增多，粪便呈稀薄或如水样为主要特征。多见于 2 岁以下婴幼儿。本病四季皆可发生，但以夏秋两季发病较多。本病预后良好，但如果治疗不当，迁延日久，易影响小儿的营养和生长发育。重症患儿可产生脱水、代谢紊乱等一系列症状，甚至危及生命，故临诊必须注意。

小儿生长快，所需营养较多，但小儿脾胃功能尚未健全，易受外邪侵犯而影响脾胃功能，故小儿本病常见。

一、病因病机

小儿泄泻主要病变在脾胃。主要病机是脾胃失调、湿邪不化，小肠不能分清别浊，大肠传导失常，水谷精微不能输布，和污下降而作泄泻。

1. 湿热泻

小儿脏腑娇嫩，湿热之邪损伤脾胃，脾失健运，水湿相合，夹杂而下，下迫大肠。

2. 寒湿泻

外感风寒之邪，或过食生冷，损伤中阳，脾胃运化失权，清浊不分，并走大肠，而成泄泻。

3. 脾虚泻

小儿脾常不足，后天养护失宜，损伤脾胃，脾虚健运失司，胃弱不能腐熟水谷，清阳不升，合污而下。

4. 吐泻兼作

感受外邪，或脾胃受损，导滞运化功能失司，升降失常而吐泻兼作。

二、诊断

大便次数和量较平时明显增多。粪便呈淡黄色、黄绿色或褐色，或清水样，或夹奶块、不消化物，或呈蛋花汤、稀溏或糊状，或夹少量黏液，大便臭。可伴有恶心呕吐、腹痛、发热、纳差、口渴、小便少等症状。严重者可导致气阴两伤或阴竭阳脱。

三、临床表现

1. 湿热泻

腹痛即泻，泻势急迫，量多次频，大便水样，或如蛋花汤样，气味秽臭，或夹少许黏液，腹痛阵作，发热，烦躁哭闹，口渴喜饮，食欲不振，或伴呕恶，小便短黄，舌质红，苔黄腻，脉滑数或指纹紫。

2. 寒湿泻

大便清稀，夹有泡沫，臭气不甚，色淡或色绿，肠鸣腹痛，或伴恶寒发热、口不渴，鼻流清涕，舌质淡，苔白腻，脉浮紧或指纹色红。

3. 脾虚泻

久泻不愈，或经常反复发作，大便稀溏，夹有奶块及食物残渣，色淡不臭，常食后即泻，时轻时重，面色萎黄，形体消瘦，神疲倦怠，舌淡苔白，脉缓弱或指纹淡红。

4. 吐泻兼作

吐泻并重，每日数次或10余次，烦渴喜饮，饮后即吐，或食后即吐，发热，烦躁不安，腹胀肠鸣，面色苍白无华，口干唇赤，舌边尖红，苔黄腻，脉洪数，指纹深红。

四、鉴别诊断

1. 痢疾（细菌性痢疾）

起病急，腹痛明显，便次频多，大便有黏冻或脓血，里急后重。大便常规检查红细胞、脓细胞均多，可找到吞噬细胞。大便培养有痢疾杆菌生长。

1 岁以内之婴儿，痢疾表现多不典型，大便前后哭闹不安，大便次数虽多而量少，应仔细观察其大便性状、排便情况及结合实验室检查方能鉴别。

2. 生理性腹泻

婴儿出生后 6 个月以内出现大便次数较多，但食欲好，不影响生长发育，体重增长正常，一般不需处理，添加辅食后大便逐渐正常。

五、推拿治疗

泄泻治疗，以运脾化湿为基本原则。实证以祛邪为主，根据不同的证候分别治以清肠化湿、祛风散寒、消食导滞。虚证以扶正为主，分别治以健脾益气、温补脾肾。泄泻变证，总属正气大伤，分别治以益气养阴、酸甘敛阴，护阴回阳、救逆固脱。本病除内服药外，还常使用推拿、外治、针灸等法治疗。另外，应注意调整饮食，加强护理，预防和纠正脱水，防止并发症。

1. 湿热泻

（1）治疗原则：清热利湿，调中止泻。

（2）选穴

①主穴与功效。清脾经，清中焦湿热；清大肠、推后溪，推六腑清利湿热；按揉足三里、揉中脘、揉肚脐、拿肚角、揉龟尾调中理气止痛止泻。

②配穴：若大便泻下不畅，里急后重，加推下七节骨；若泻势急迫可推擦肺俞至发红后再针刺肺俞放血。

（3）主穴操作。

①清脾经 200 ~ 300 次。②清大肠 100 ~ 200 次。③推后溪 100 ~ 150 次。④推六腑 100 ~ 120 次。⑤揉中脘 80 ~ 100 次。⑥揉肚脐 150 ~ 200 次。⑦拿肚角 3 ~ 5 次。⑧揉龟尾 80 ~ 100 次。⑨按揉足三里 100 ~ 120 次。

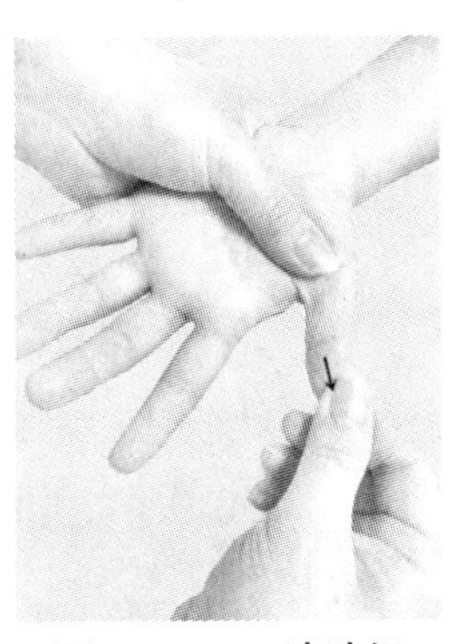

图 5–12–1 清脾经

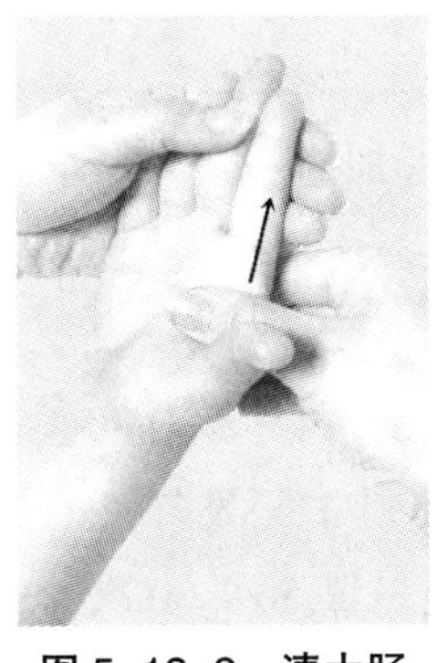

图 5–12–2 清大肠

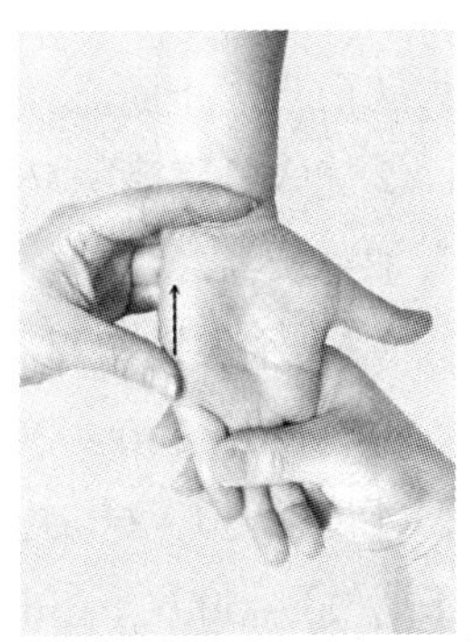

图 5–12–3 推后溪

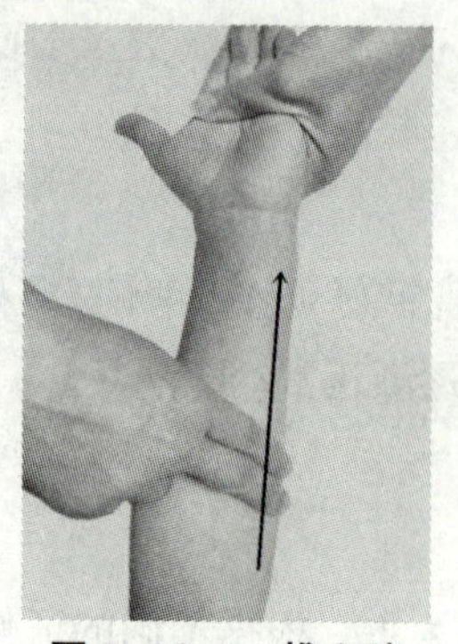
图 5-12-4　推六腑

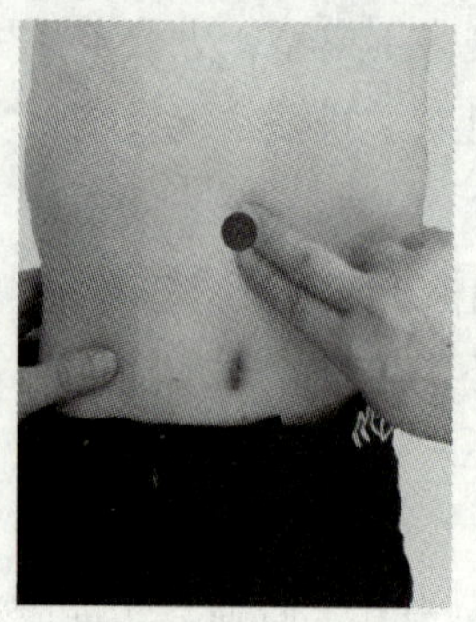
图 5-12-5　揉中脘

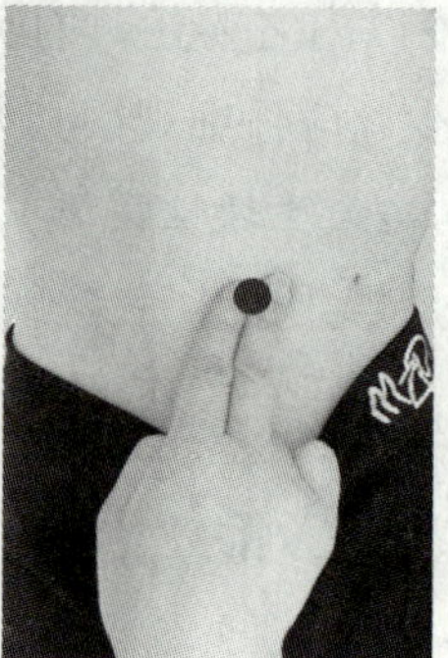
图 5-12-6　揉肚脐

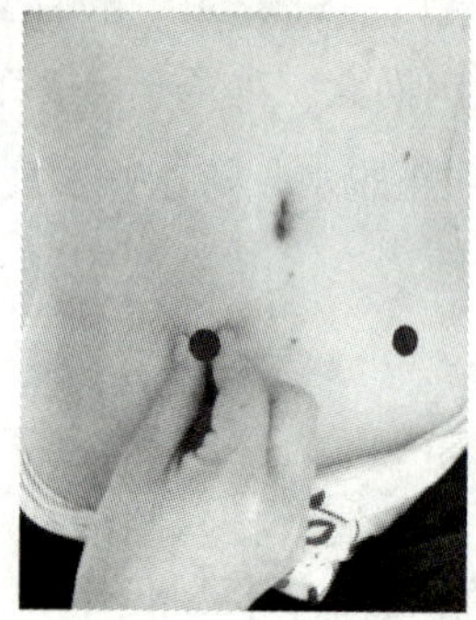
图 5-12-7　拿肚角

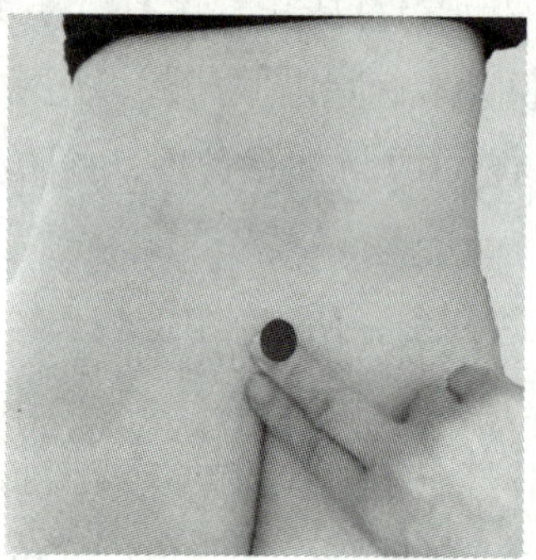
图 5-12-8　揉龟尾

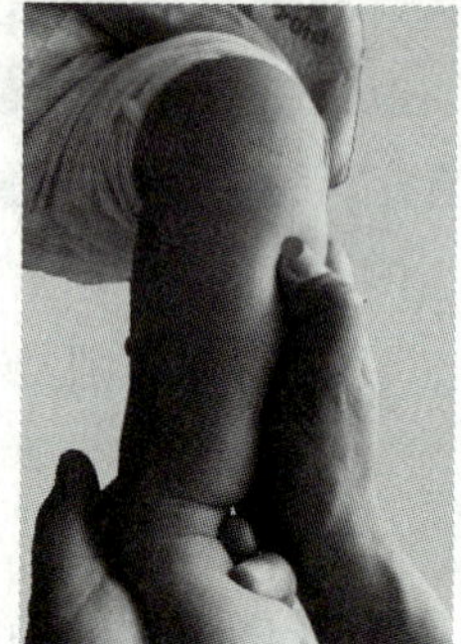
图 5-12-9　按揉足三里

2. 寒湿泻

（1）治疗原则：温中散寒，化湿止泻。

（2）选穴。

①主穴及功效。补脾经、摩腹、揉中脘、按揉足三里、揉肚脐健脾化湿，温中散寒；揉龟尾、推上七节骨调理大肠，固涩止泻；推肺俞至发红调理大肠而止泻止痛。

②配穴：腹痛、肠鸣重者加揉一窝风、拿肚角；体虚者加捏脊；惊惕不安者加清肝经。

（3）主穴操作。

①补脾经 200 ~ 300 次。②揉中脘 100 ~ 150 次。③揉肚脐 150 ~ 200 次。④摩腹 50 ~ 60 次。⑤推肺俞至发红。⑥揉龟尾 100 ~ 150 次。⑦推上七节骨 30 ~ 50 次。⑧按揉足三里 50 ~ 60 次。

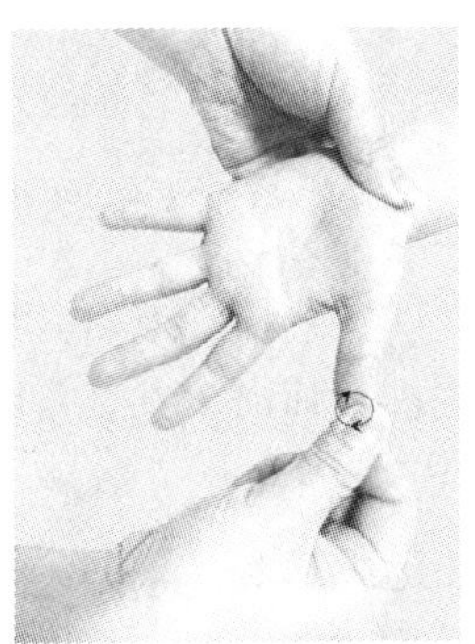
图 5-12-10　补脾经

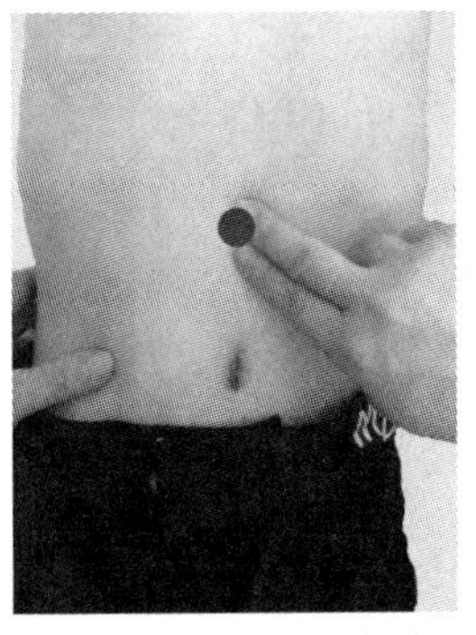
图 5-12-11　揉中脘

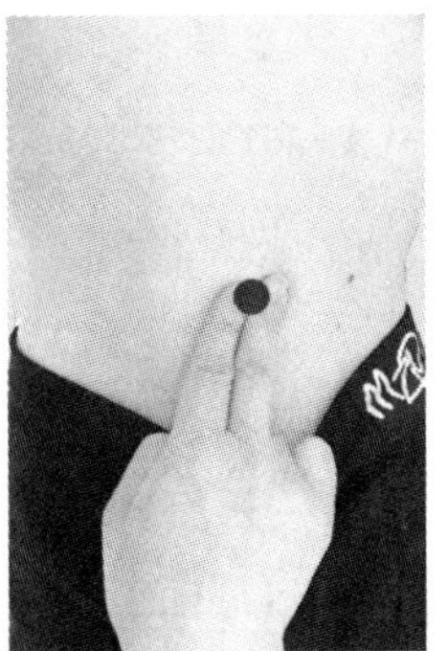
图 5-12-12　揉肚脐

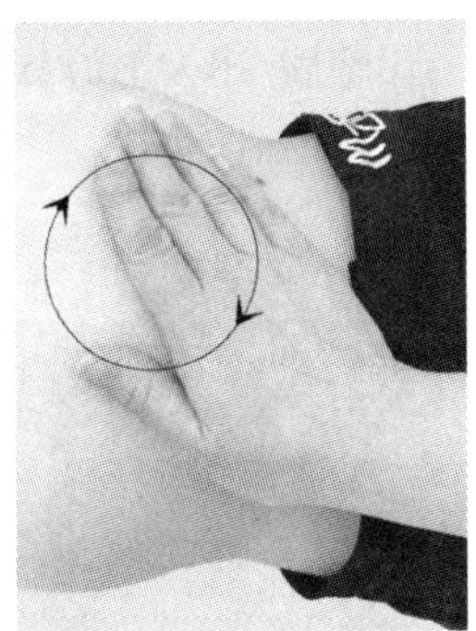
图 5-12-13　摩腹

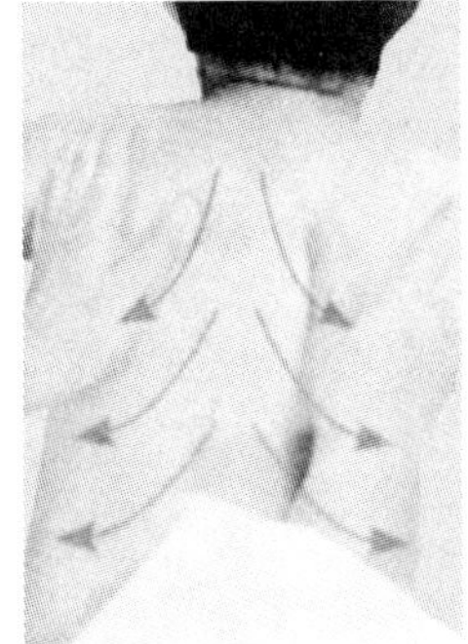
图 5-12-14　推肺俞

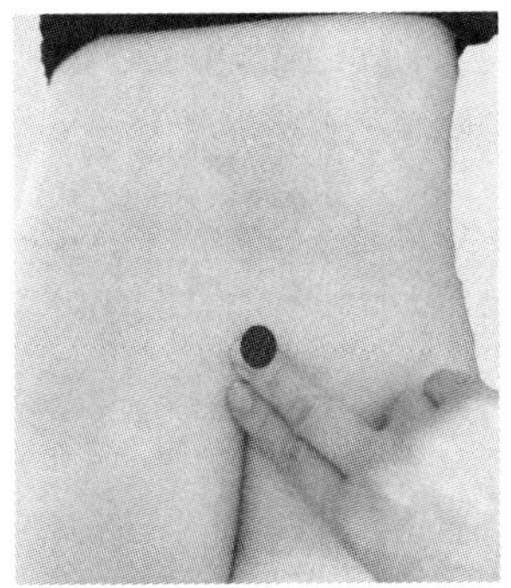
图 5-12-15　揉龟尾

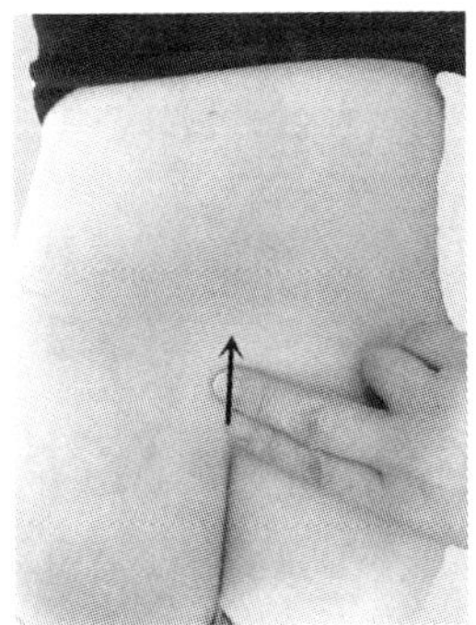
图 5-12-16　推上七节骨

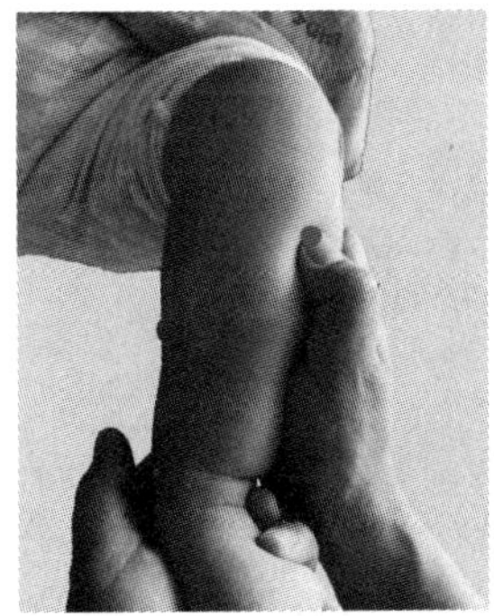
图 5-12-17　按揉足三里

3. 脾虚泻

（1）治则。健脾益气，温阳止泻。

（2）选穴。

①主穴及功效。补脾经、揉中脘健脾益气；摩腹、捏脊、揉外劳宫、揉肚脐温阳益胃；清大肠、揉龟尾、推上七节骨固肠止泻；推肺俞至发红宣肺健脾，助运止泻。

②配穴：肾阳虚者加补肾经、揉外劳宫；腹胀者加运内八卦；久泻者加按揉百会。

（3）主穴操作。

①补脾经 300 ~ 400 次。②清大肠 100 ~ 150 次。③揉外劳宫 80 ~ 100 次。④揉中脘 200 ~ 300 次。⑤揉肚脐 150 ~ 200 次。⑥摩腹 80 ~ 100 次。⑦捏脊 3 ~ 5 次。⑧推肺俞至发红。⑨揉龟尾 100 ~ 120 次。⑩推上七节骨 30 ~ 50 次。

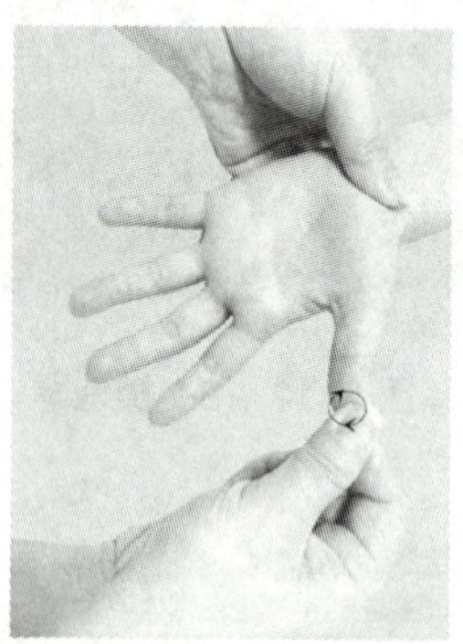
图 5-12-18　补脾经

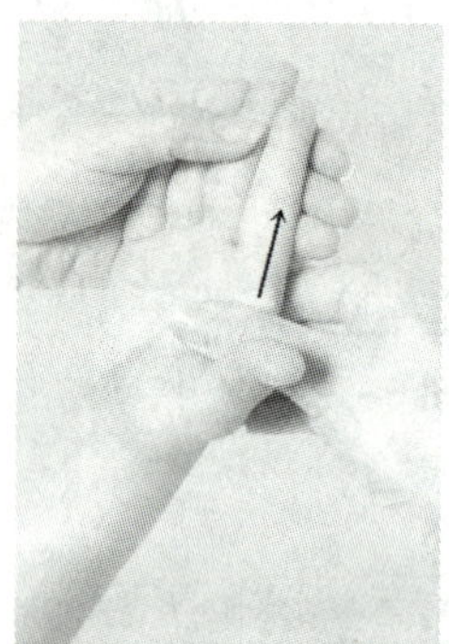
图 5-12-19　清大肠

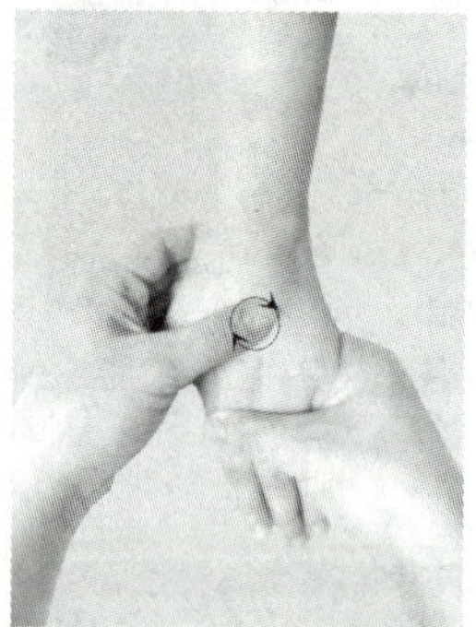
图 5-12-20　揉外劳宫

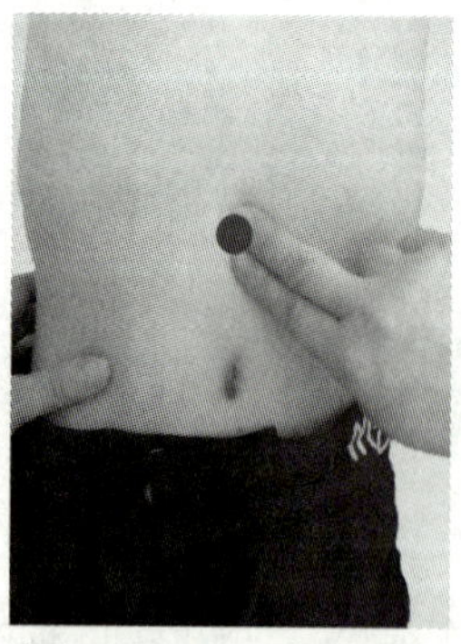
图 5-12-21　揉中脘

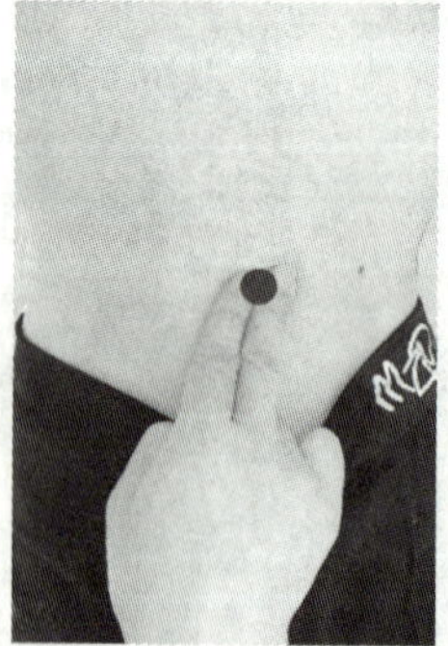
图 5-12-22　揉肚脐

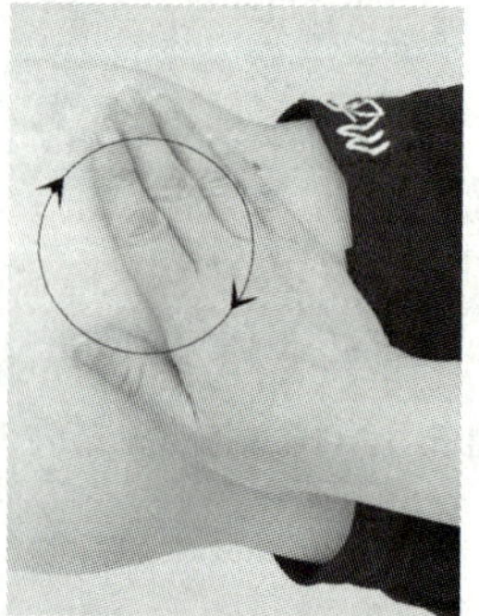
图 5-12-23　摩腹

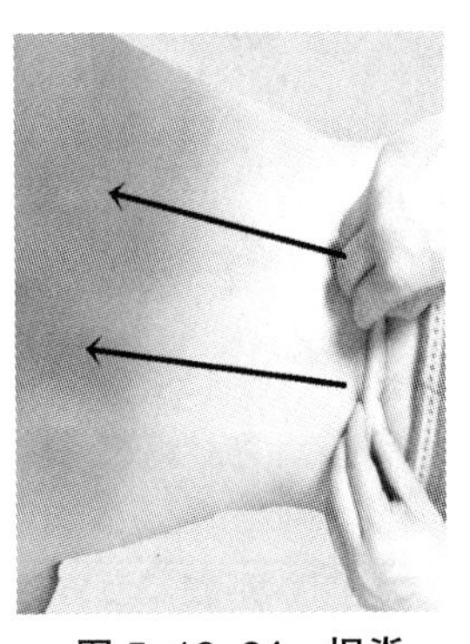
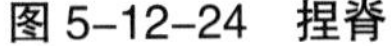
图 5-12-24　捏脊

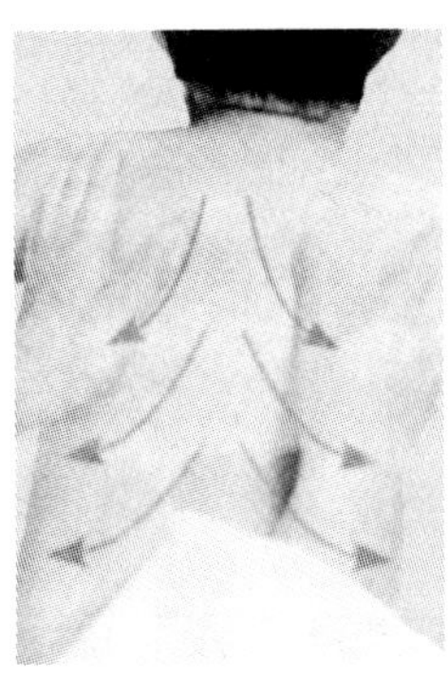
图 5-12-25　推肺俞

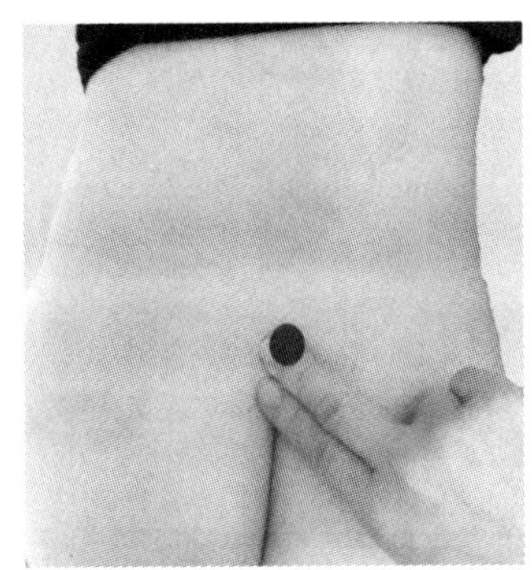
图 5-12-26　揉龟尾

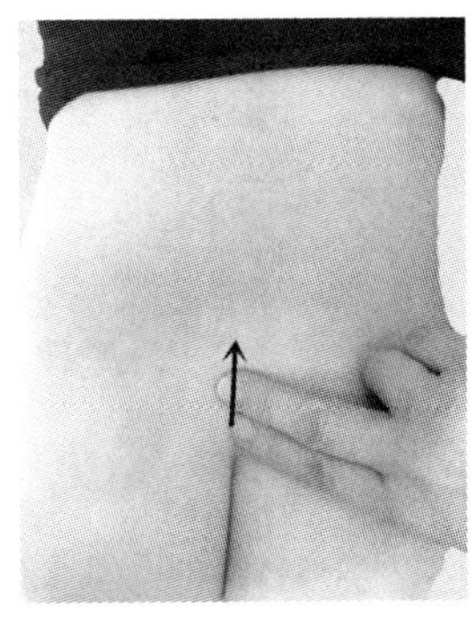
图 5-12-27　推上七节骨

4. 吐泻兼作

（1）治则。清热利湿，和中止呕。

（2）选穴。

①主穴及功效。清脾经、清肺经清中焦湿热，清热利肠；清大肠、清后溪、推六腑利二便泻湿热；按揉足三里、揉龟尾理肠止泻；推板门、推天柱骨既止泻又止呕；推肺俞宣肺降逆止呕，利大肠。

②配穴：食纳不佳者加掐四横纹、捏脊。

（3）主穴操作。

①清脾经 300 ~ 400 次。②清肺经 300 ~ 400 次。③清大肠 100 ~ 200 次。④清后溪 100 ~ 150 次。⑤推板门 80 ~ 100 次。⑥揉龟尾 80 ~ 100 次。⑦推六腑 80 ~ 100 次。⑧推天柱骨 80 ~ 100 次。⑨推肺俞至发红。⑩按揉足三里 80 ~ 100 次。

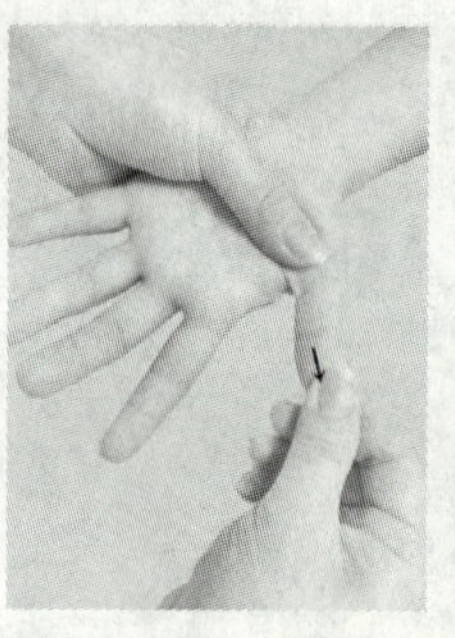
图 5-12-28 清脾经

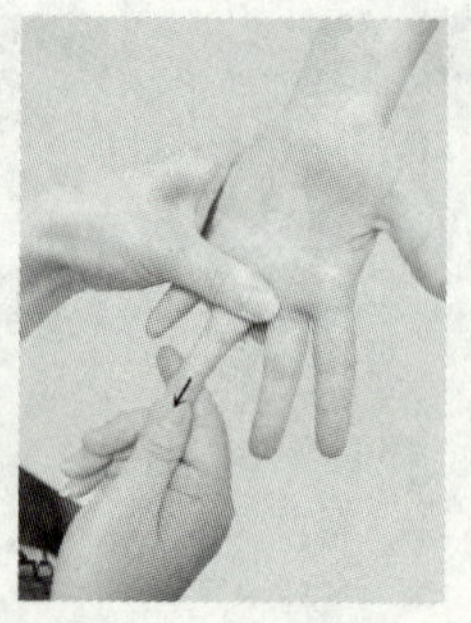
图 5-12-29 清肺经

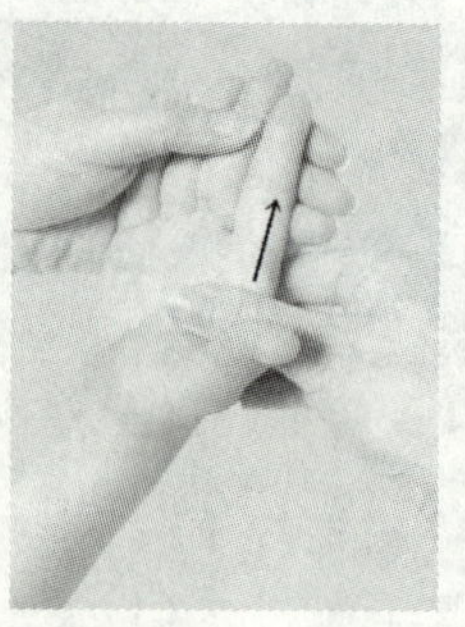
图 5-12-30 清大肠

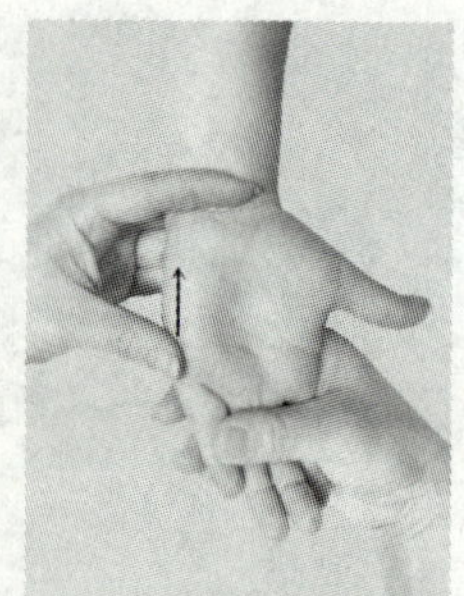
图 5-12-31 清后溪

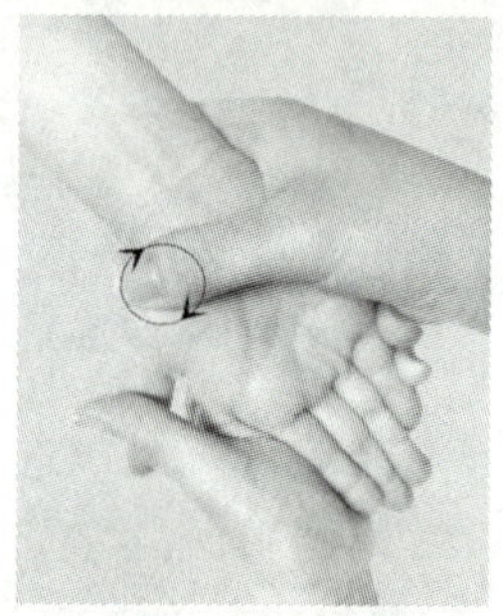
图 5-12-32 推板门

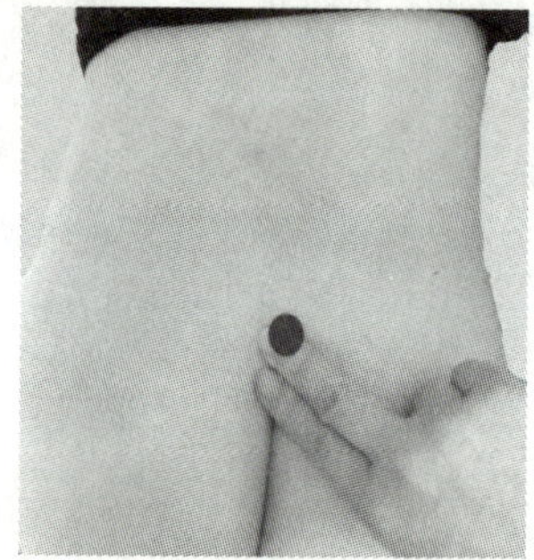
图 5-12-33 揉龟尾

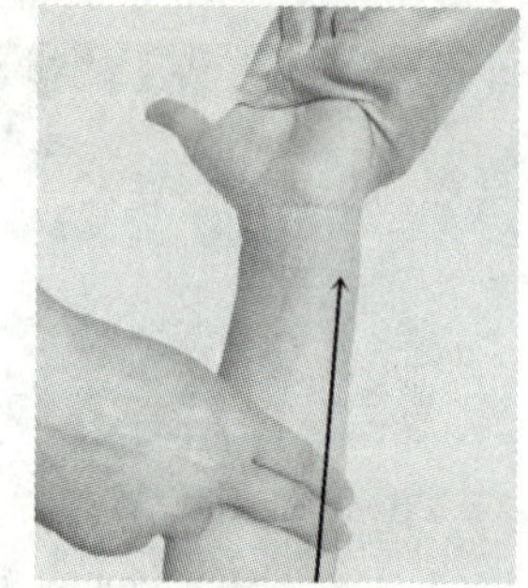
图 5-12-34 推六腑

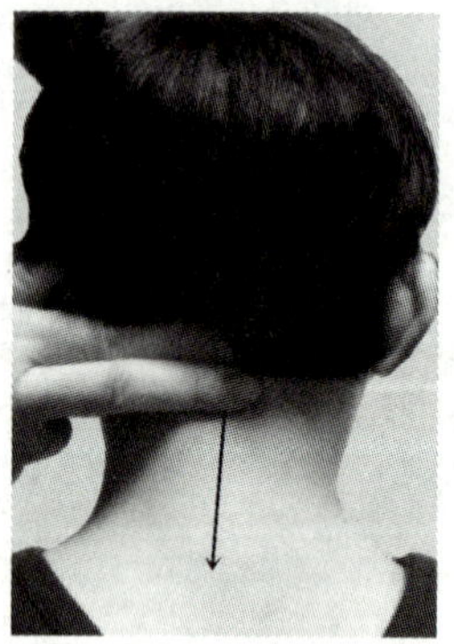
图 5-12-35
推天柱骨

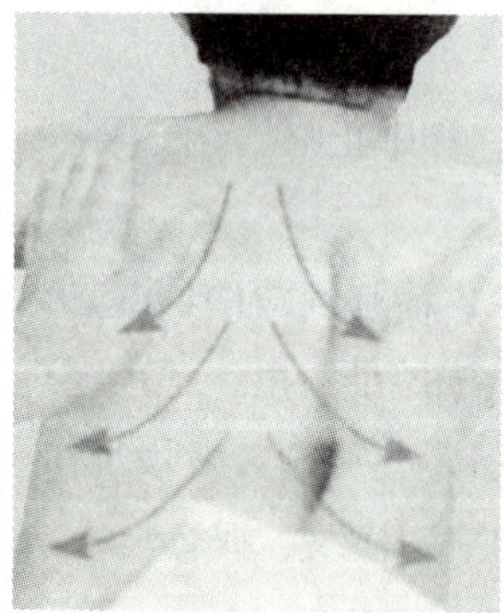
图 5-12-36 推肺俞

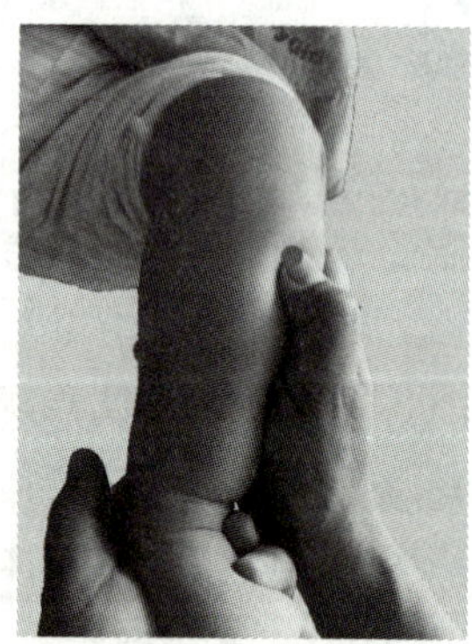
图 5-12-37 按揉足三里

六、其他治疗

1. 中医食疗

脾虚泻。方法一：炒山药、薏苡仁、芡实，可单用一种，也可一起用，与大米同煮成粥，每日食用。

方法二：健脾八珍糕，每次 2 块，开水调成糊状吃，每日 1 ~ 3 次。

2. 针灸疗法

（1）针刺法：取足三里、中脘、天枢、脾俞。发热加曲池，呕吐加内关、上脘，腹胀加下脘，伤食加刺四缝，水样便多加水分。实证用泻法，虚证用补法，每日 1 ~ 2 次。

（2）灸法：取足三里、中脘、神阙。隔姜灸或艾条温和灸，每日 1 ~ 2 次。用于治疗脾虚泻、脾肾阳虚泻。

3. 敷贴疗法

（1）小儿腹泻贴，每贴 1.2 g。贴于脐部，每次 1 贴，48 小时换药一次。用于治疗风寒泻、脾虚泻、脾肾阳虚泻。

（2）丁香 1 份，肉桂 2 份，共研细末，每次 1 ~ 2 g，姜汁调成糊状，敷于脐部，外用胶布固定，每日 1 次。用于治疗风寒泻、脾虚泻、脾肾阳虚泻。

（3）鬼针草 30 g，加水适量，煎煮后倒入盆内，先熏蒸、后浸泡双足，每日 2 ~ 4 次，连用 3 ~ 5 日。用于各证。

七、注意事项

（1）婴幼儿尽量母乳喂养，避免夏季断奶。合理添加辅食，避免辅食品种过杂、更换频繁。注意饮食卫生，婴儿食具应及时高温消毒。

（2）严重腹泻者除推拿治疗外，应配合液体疗法，避免脱水及代谢紊乱。

（3）感染性腹泻者应注意消化道隔离，尤其是具有较强传染性的轮状病毒感染、沙门氏菌感染引起的腹泻。

第十三节　遗尿

遗尿是指5岁以上小儿，睡眠中小便自遗，醒后方觉的一种病症。婴幼儿时期，由于形体发育未全，脏腑未充，智力发育未臻完善，不能自觉控制小便，睡中排尿，属于生理现象。学龄前儿童由于白天兴奋过度，或睡前多饮，或疲劳酣睡，偶发遗尿，也不属病态。5岁以上小儿，不能自主控制排尿，睡中经常遗尿，每夜如此或一夜数次，持续3月以上，则属遗尿症。

本病男孩多见，病程较长，很多患儿智力与运动能力正常，但经常遗尿会对小儿身心产生不利影响，造成心理行为障碍。本病绝大多数属于功能性遗尿症，仅少数患儿是由于尿路病变所致。

一、病因病机

遗尿的发生主要与肾和膀胱直接相关。基本病机是肾气不固，膀胱失约。肾气不足，下元虚寒，膀胱气化失常。或肺脾气虚，水液不能正常输布，水道失调。或肝经郁热化火，下迫膀胱，疏泄失度。各种原因致膀胱失约，都可以产生遗尿。

1. 气虚不固

多由先天禀赋不足引起，元气失充，肾阳不足，下元虚冷，不能温养膀胱，膀胱气化功能失调，闭藏失职，不能制约尿液，而为遗尿。

2. 肺脾气虚

肺主气，通调水道，脾主运化，肺脾功能正常，水液正常输布排泄，小儿素体虚弱，脾肺俱虚，脾虚运化失职，不能转输精微，肺虚治节不行，通调水道失职，三焦气化失司，则膀胱失约，津液不藏，而成遗尿。

3. 肝经湿热

肝经湿热蕴结，疏泄失常，影响三焦水道的正常通利，湿热迫注膀胱而致遗尿。

二、诊断

5 岁以上小儿，每周至少有 2 次不能从睡眠中醒来而反复发生无意识排尿行为，症状至少持续 3 个月，可诊断为小儿遗尿症。

三、临床表现

1. 气虚不固

睡中遗尿，一夜数次，醒后方觉，小便清长，神疲乏力，面色无华，畏寒肢冷，易感冒，下肢疲软，动则汗出，便溏，舌质淡，苔薄白，脉沉细，指纹淡红或不显。

2. 肺脾气虚证

以夜间遗尿为主，可伴有白天尿频，尿量不多、小便清，次数多，大便溏薄，面色少华，面色萎黄，纳差，神疲倦怠，少气懒言，自汗、动则多汗，舌淡，舌淡红，苔薄白，脉弱，脉缓，指纹淡红。

3. 肝经湿热证

遗尿，伴有尿量少、小便黄，气味臊臭，大便干结，面色、目睛红赤，口渴多饮，夜卧不安，时有惊惕，夜间磨牙，性情急躁，舌红，苔黄腻，脉滑数，指纹紫红。

四、鉴别诊断

1. 小便频数

表现为尿频而急，或伴有疼痛，白天清醒时小便也急迫遗出，裤裆常湿但入寐消失。小便常规检查可有白细胞或脓细胞。

2. 先天性脊柱裂

表现为大小便失禁，脊柱 X 线摄片即可明确诊断。

3. 泌尿系统感染

常有尿频、尿急、尿痛等膀胱刺激症状，尿常规检查可证实。

4. 尿崩症

本病在儿童也可表现为遗尿，但饮水量明显多于正常，且尿比重明显下降。做垂体加压素试验或禁水试验可以确诊。

五、推拿治疗

本病治疗，以温补下元、固摄膀胱为遗尿的基本治法。下元虚寒证治则为固本培元，肺脾气虚证治则为益脾健肺，肝经湿热证治则为清热利湿。同时应密切关注患儿病情变化，因病施治。嘱患儿晚间控制饮水及饮料。

1. 气虚不固

（1）治疗原则：固本培元。

（2）选穴。

①主穴与功效。补肾经、推三关、揉丹田温补肾气；补肺经、补脾经健脾补肺；揉百会、揉外劳宫、揉肾俞温阳化气，固涩小便；揉三阴交通调水道。

②配穴：若畏寒肢冷、小便清长加揉腰阳关。

（3）主穴操作。

①补肾经 300 ~ 400 次。②补肺经 200 ~ 300 次。③补脾经 200 ~ 300 次。④揉外劳宫 100 ~ 150 次。⑤揉百会 80 ~ 100 次。⑥揉丹田 100 ~ 150 次。⑦揉肾俞 60 ~ 80 次。⑧揉三阴交 50 ~ 60 次。

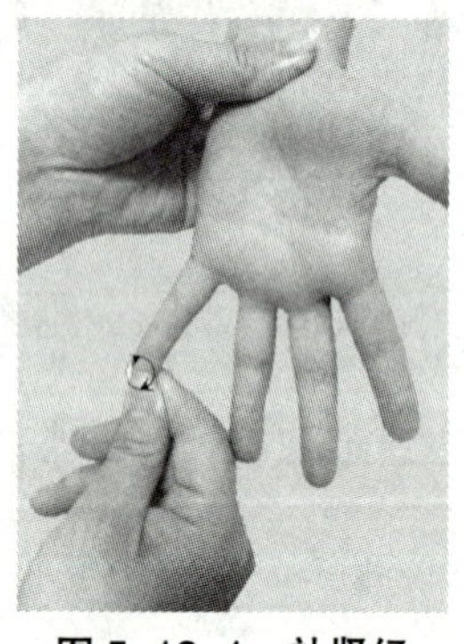

图 5–13–1　补肾经

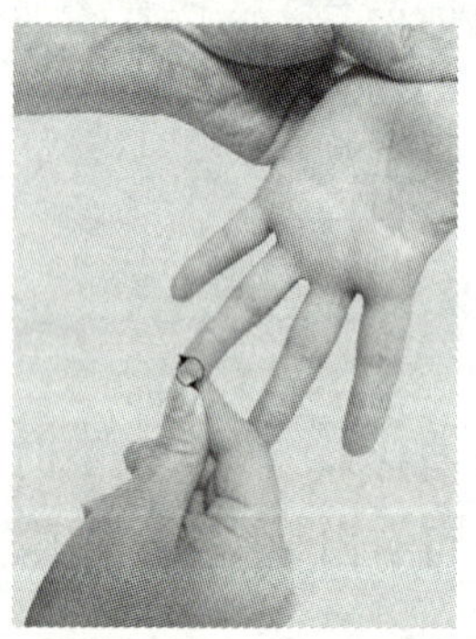

图 5–13–2　补肺经

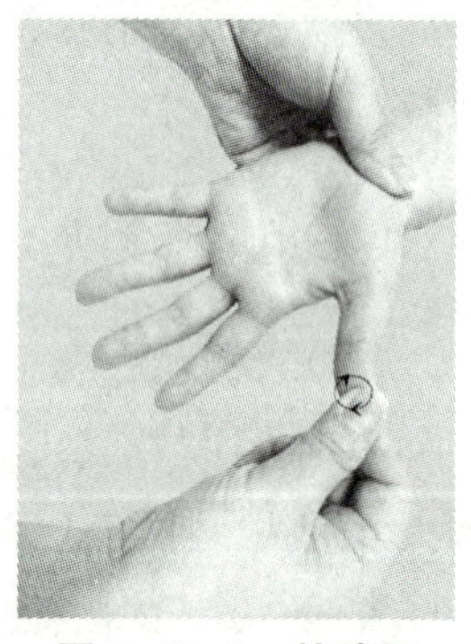

图 5–13–3　补脾经

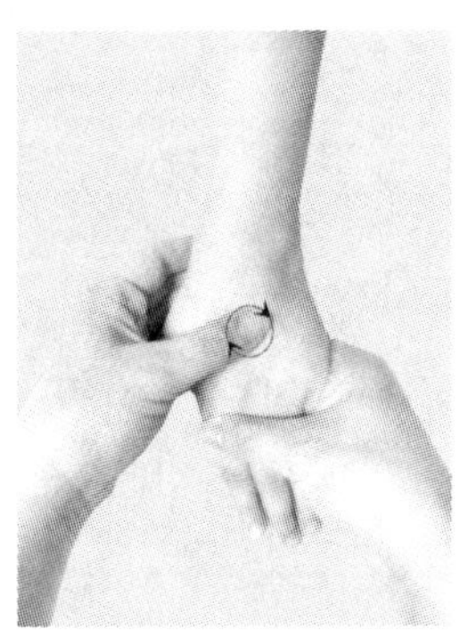
图 5-13-4　揉外劳宫

图 5-13-5　揉百会

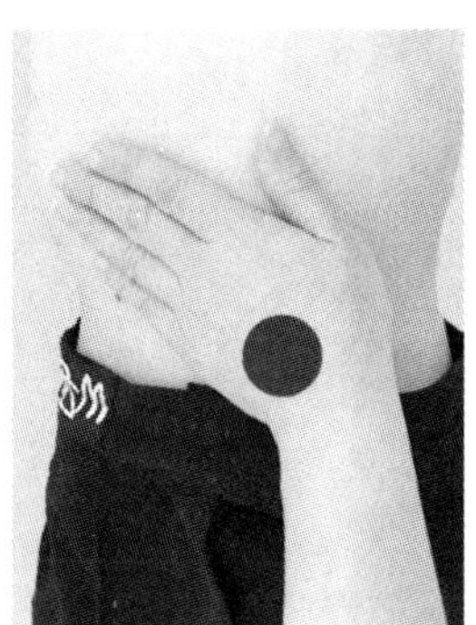
图 5-13-6　揉丹田

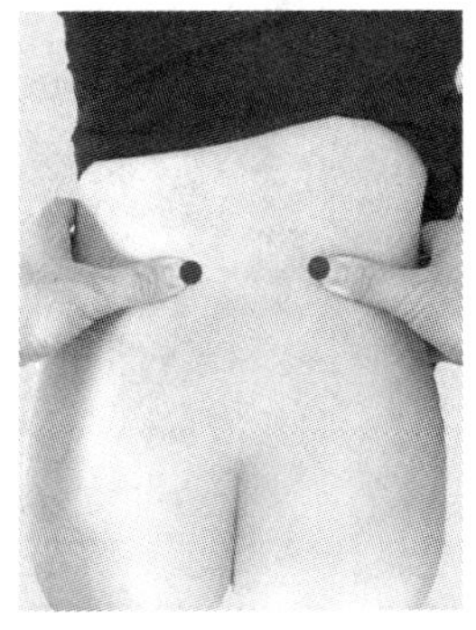
图 5-13-7　揉肾俞

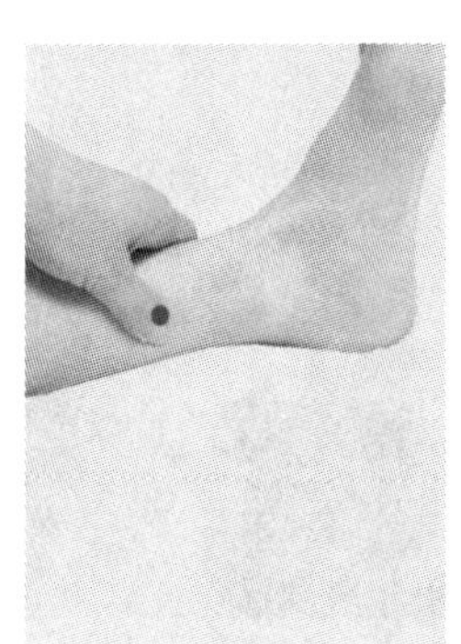
图 5-13-8　揉三阴交

2. 肺脾气虚证

（1）治疗原则：补益脾肺，升清固涩。

（2）选穴。

①主穴及功效。补脾经、按揉足三里、补肺经健脾补肺益气；揉外劳宫、揉丹田温阳化气；揉三阴交通调水道；揉板门、推天柱骨、捏脊益胃止泻。

②配穴：食少便溏加揉板门、捏脊、补大肠。

（3）主穴操作

①补脾经 200 ~ 300 次。②补肺经 200 ~ 300 次。③揉外劳宫 100 ~ 150 次。④揉板门 50 ~ 60 次。⑤揉丹田 150 ~ 200 次。⑥推天柱骨 50 ~ 60 次。⑦捏脊 5 ~ 7 次。⑧按揉足三里 80 ~ 100 次。⑨揉三阴交 50 ~ 60 次。

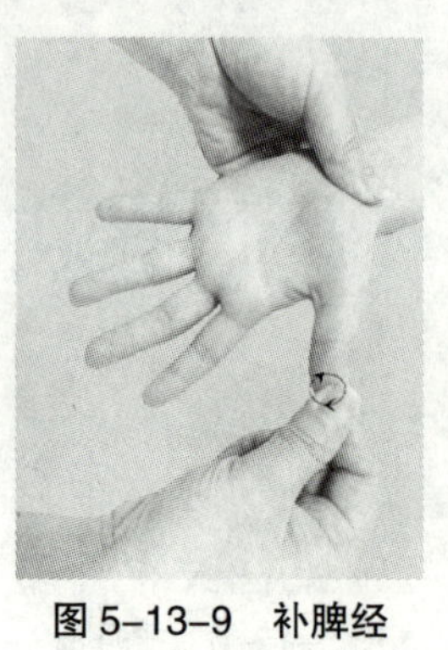
图 5-13-9　补脾经

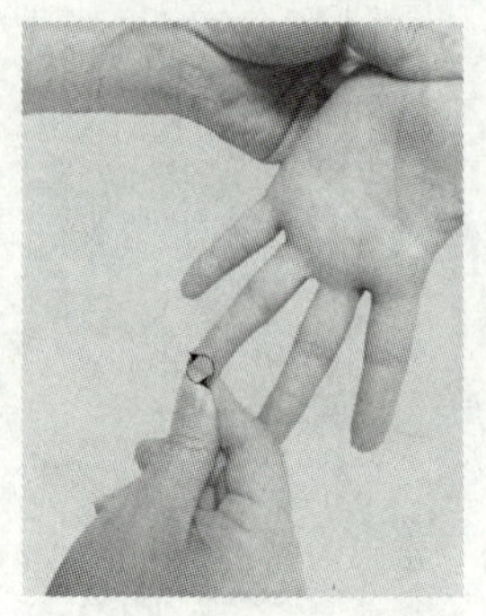
图 5-13-10　补肺经

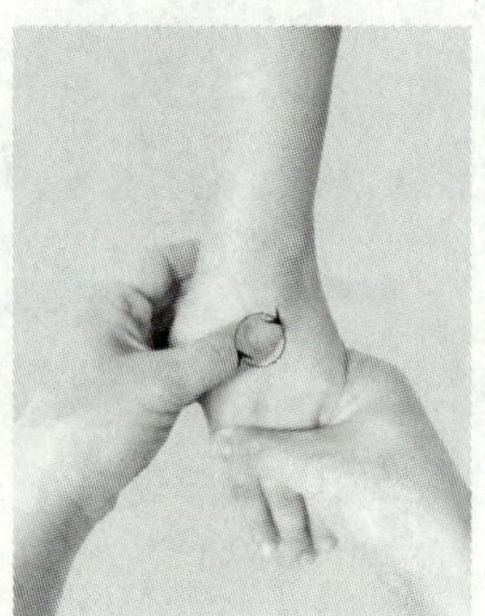
图 5-13-11　揉外劳宫

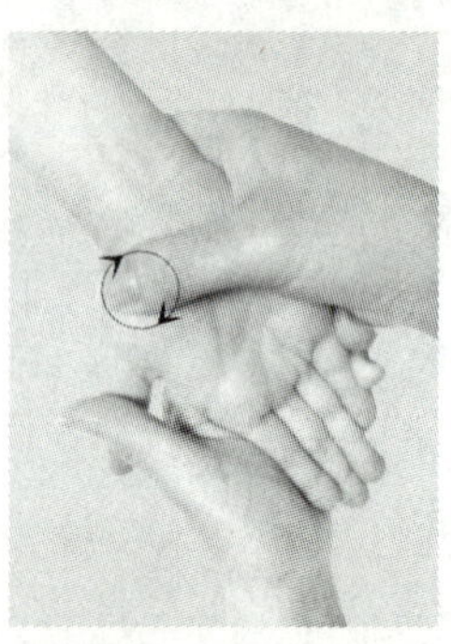
图 5-13-12　揉板门

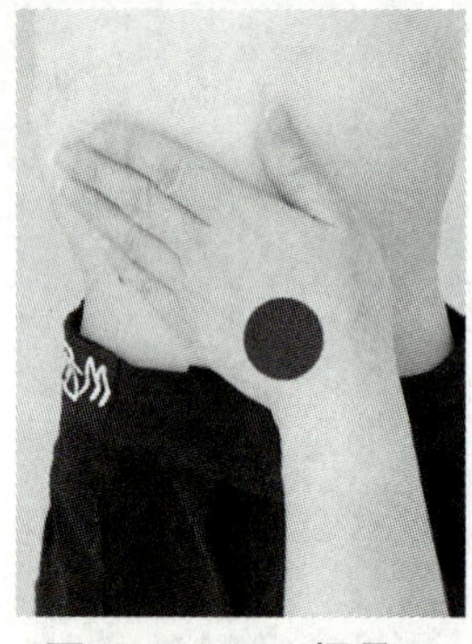
图 5-13-13　揉丹田

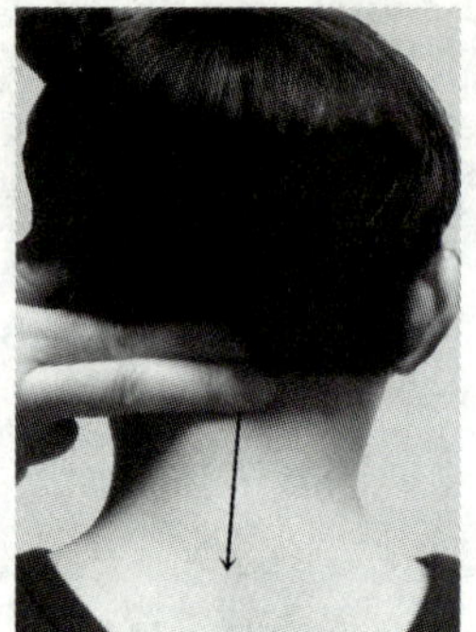
图 5-13-14　推天柱骨

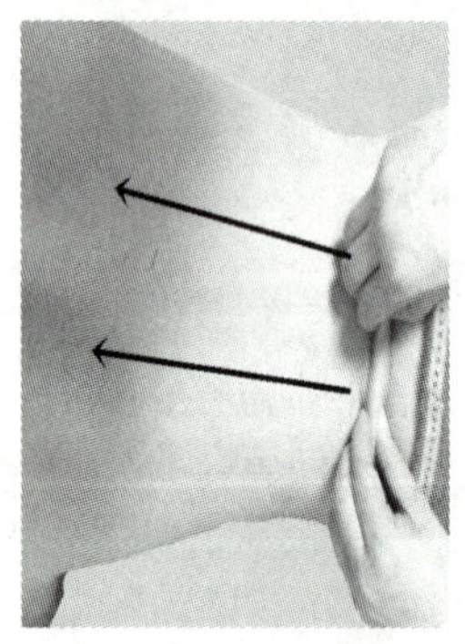
图 5-13-15　捏脊

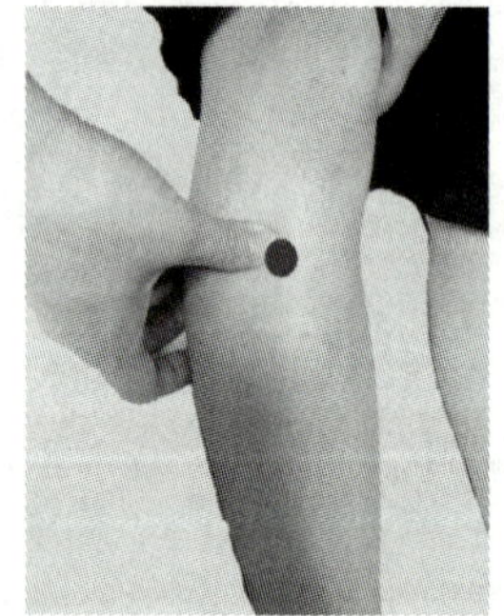
图 5-13-16　按揉足三里

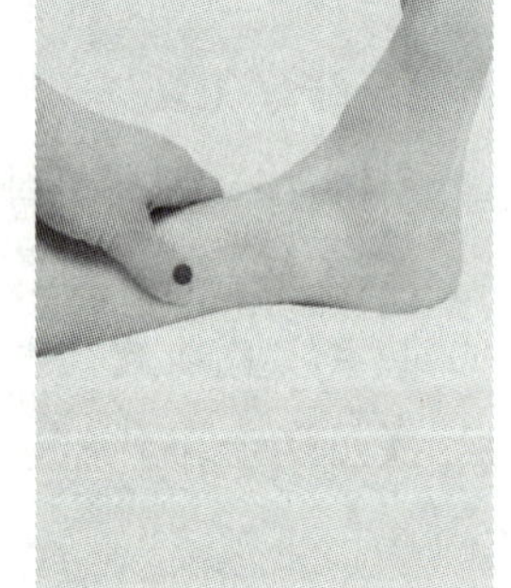
图 5-13-17　揉三阴交

3. 肝经湿热证

（1）治疗原则：清肝泄热，利湿降火。

（2）选穴。

①主穴及功效：清肝经、清心经、清小肠平肝降火；揉二马，推箕门，按涌泉养阴清热；揉小天心清热镇惊安神；揉三阴交通调水道。

②配穴：小便色黄，尿频加清补肾经、清后溪。

（3）主穴操作。

①清肝经 100 ~ 200 次。②清心经 100 ~ 200 次。③清小肠 80 ~ 100 次。④揉二马 80 ~ 100 次。⑤揉小天心 60 ~ 80 次。⑥推箕门 60 ~ 80 次。⑦揉三阴交 50 ~ 60 次。⑧按涌泉 80 ~ 100 次。

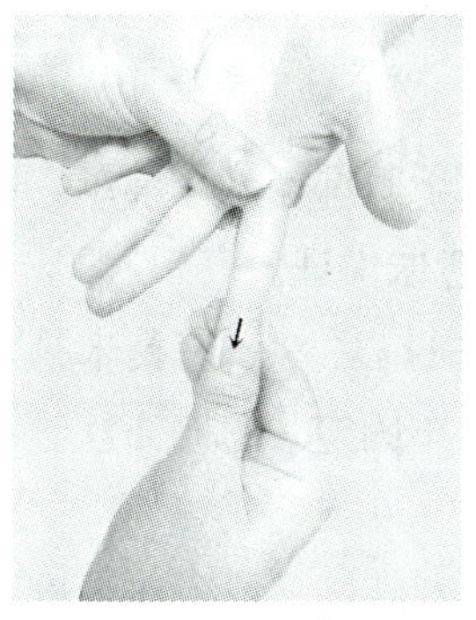
图 5-13-18　清肝经

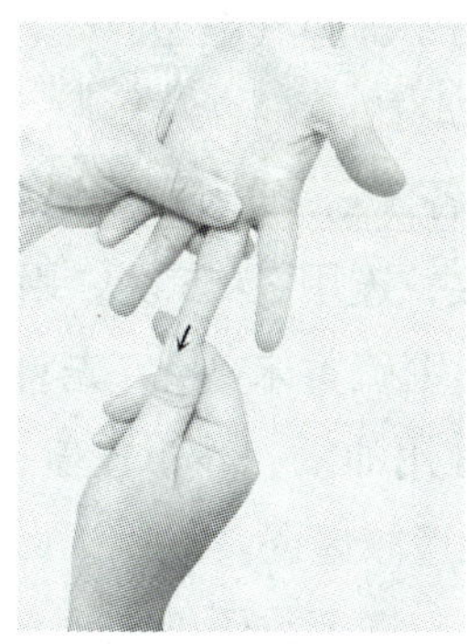
图 5-13-19　清心经

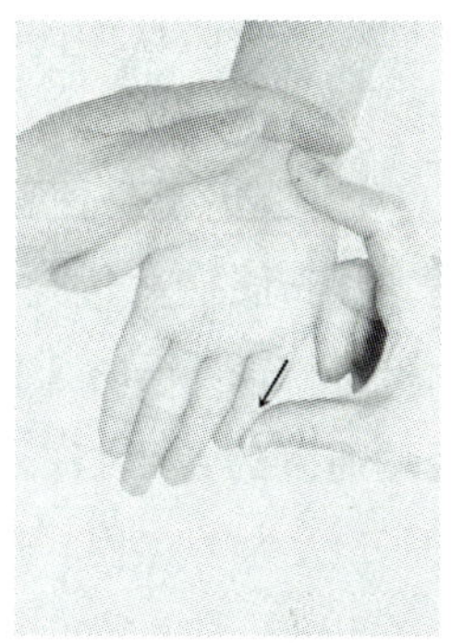
图 5-13-20　清小肠

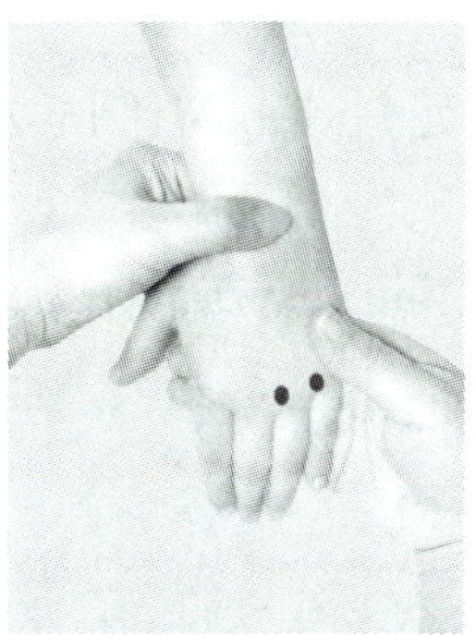
图 5-13-21　揉二马

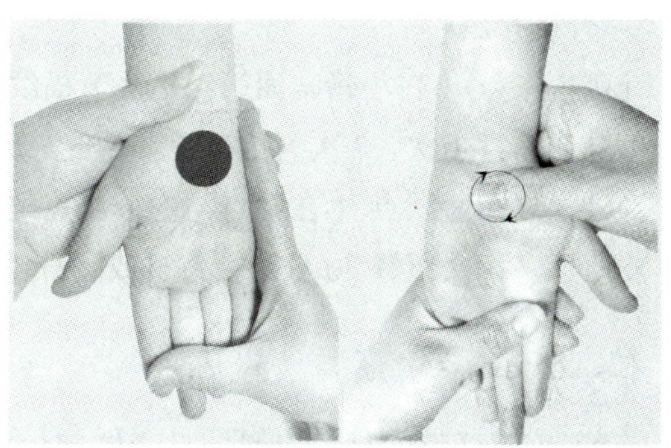
图 5-13-22　揉小天心

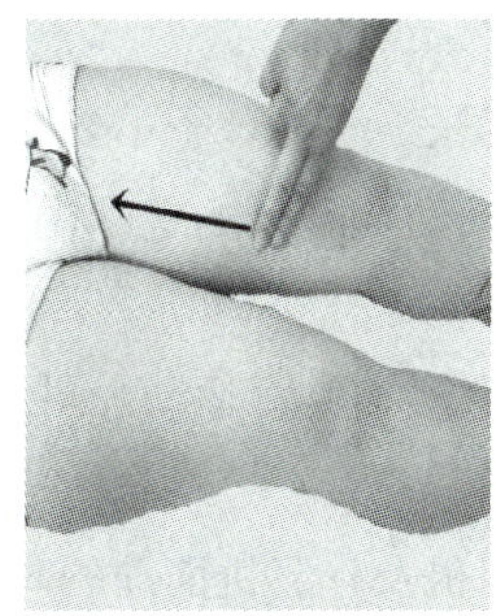
图 5-13-23　推箕门

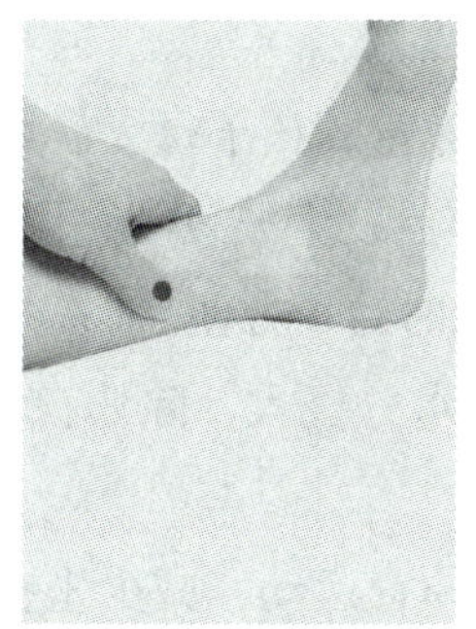
图 5-13-24　按三阴交

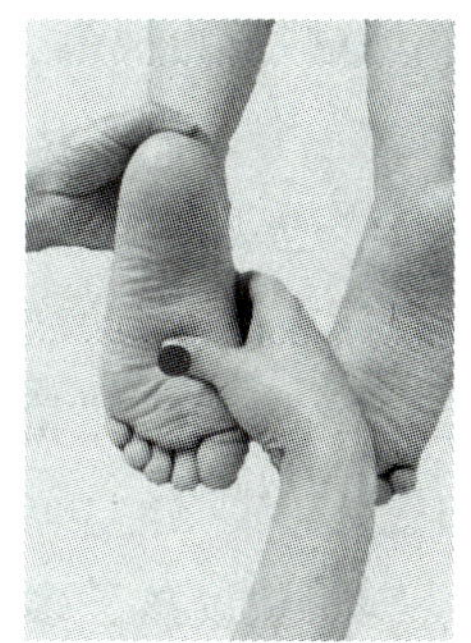
图 5-13-25　按涌泉

六、其他治疗

1. 中医食疗

猪小肚1个。用法：将猪小肚切开洗净，将糯米放入猪小肚内蒸熟，加盐少许，分多次食用。适用于肺脾气虚型。

2. 小儿敷贴

（1）五倍子、何首乌各3 g，研末。用醋调敷于脐部，外用油纸、纱布覆盖，胶布固定。每晚1次，连用3～5次。用于遗尿虚证。

（2）连须葱白3根、生硫黄末3 g，先将葱白捣烂，入硫黄末捣匀为膏，睡前置药膏于脐部，外用油纸、纱布覆盖，胶布固定。每晚1次，晨起除去，7天为1疗程。用于遗尿虚证。

（3）丁香3粒。用法：将丁香研细末，调米饭适量，捣作饼，贴患儿肚脐。用于遗尿肺脾气虚证。

3. 针灸疗法

针刺夜尿点（在小指掌面第二指关节横纹中点处），每次留针15~20分钟。每日或隔日1次，7次为1疗程。

耳针主穴：遗尿点（在肾点与内分泌点之间，食道点下方）。配穴：肾点、皮质下。每次留针30分钟，每日或隔日1次。

七、注意事项

（1）培养良好的排尿习惯，日常管理和护理可以视为治疗的组成部分之一，其对于小儿遗尿症的康复意义重大，因此在整个治疗的过程都应该积极遵守这些行为规范。

（2）对遗尿小孩耐心教育，孩子每天晨起后解尿，告诉孩子不要憋尿，在学校内也要多次解尿，避免发生尿急及憋尿。必要时向孩子的老师说明情况，以便在孩子上课想解尿时给予方便。

（3）晚餐后尽量限制水分摄入，除非孩子晚上参加体育运动，可适当增加摄入。

（4）建议孩子多参加体育运动，减少坐在电视机及计算机面前的时间，勿使孩子过度疲劳和情绪激动。

（5）晚餐后不吃水果，以免高渗利水，增加夜尿量，临睡前将小便排干净。夜间按时唤醒、排尿，逐渐养成自控排尿的习惯。夜间定时唤醒孩子解尿时，要确保小儿完全清醒。

第十四节　夜啼

夜啼是指初生婴儿夜晚啼哭，白天如常，入夜则啼哭不安，夜夜如此，或每夜定时啼哭，甚者通宵达旦的一种病症。多由于脾寒、心热、惊吓、食积等引起。多见于1岁以内婴儿，一般预后好。如长期夜啼，可影响正常生长发育，民间俗称“夜哭郎”。

啼哭是与生俱来的能力，是新生婴儿表达要求，诉说痛苦、饥饿、惊恐、不适等方法，也是情感交流的方式，若需求得到满足，很快停止啼哭，则不属病态。

一、病因病机

夜啼的基本病机是心神不宁、神志不安。主要是脾寒、心热、惊吓、伤食所致。常有孕母素体虚寒，恣食生冷，胎禀不足，寒邪犯脾；或孕妇性格急躁，喜食辛辣，心热内蕴；或喂养不当，乳食积滞脾胃功能失调；或突遇惊吓，神气怯弱。总之，寒则痛而啼，热则烦而啼，食积则胃不和而啼，惊则神不安而啼。

二、诊断

婴儿不明原因的入夜啼哭，不得安睡，连哭不止，持续多个晚上，白天如常。排除外感发热、腹胀、疼痛、肠套叠等疾病引起的啼哭。

三、临床表现

1. 脾寒

面色白或青，神怯困倦，手足欠温，啼声无力，不欲吮乳，腹痛喜暖，或伴腹泻，大便色绿而溏，唇舌淡白，指纹淡红。

2. 心热

面红唇赤，啼哭不安，烦躁不宁，面喜仰卧，哭声洪亮有力，手腹俱热，大便秘结，小便短赤，舌尖红，指纹紫滞。

3. 食积

夜卧不安，时时啼哭，不欲吸吮，脘腹胀满，或腹痛拒按，大便秘结或泻下秽臭，苔厚腻，脉滑，指纹滞。

4. 惊吓

面色青，惊惕不安，有恐惧啼哭之状，或梦中惊恐，猝然啼哭惊叫，喜抚抱而卧，指纹色青。

四、鉴别诊断

1. 正常啼哭

婴儿不会言语，啼哭是一种表达方式，饥饿、大小便刺激、黑暗、冷热等均会啼哭，但一般哭声平缓、洪亮，持续时间不超过半个小时，易安慰。

2. 病理性啼哭

多短促，尖叫，或嘶哑，时高时低，持续时间长，难安慰，常伴发热、腹胀、呕吐、泄泻、咳嗽等其他病症。

五、推拿治疗

本病治疗以宁心安神，温脾、清心、镇惊为基本疗法。

1. 脾寒

（1）治疗原则：温中散寒，安神宁志。

（2）选穴。

①主穴与功效。补脾经、揉外劳宫、揉中脘、揉肚脐、摩腹温中散寒，健脾助运；按揉足三里捏脊健脾助运；揉小天心安神宁志。

②配穴：腹痛加拿肚角。

（3）主穴操作。

①补脾经 200 ~ 300 次。②揉外劳宫 80 ~ 100 次。③揉小天心 80 ~ 100 次。④揉中脘 100 ~ 150 次。⑤揉肚脐 80 ~ 100 次。⑥摩腹 80 ~ 100 次。⑦捏脊 5 ~ 7 次。⑧按揉足三里 80 ~ 100 次。

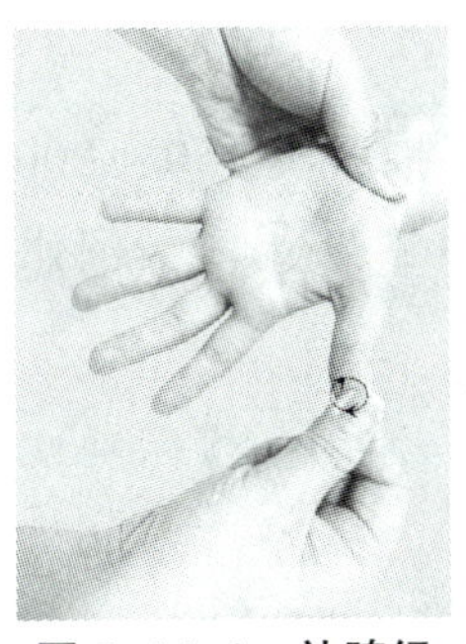

图 5-14-1　补脾经

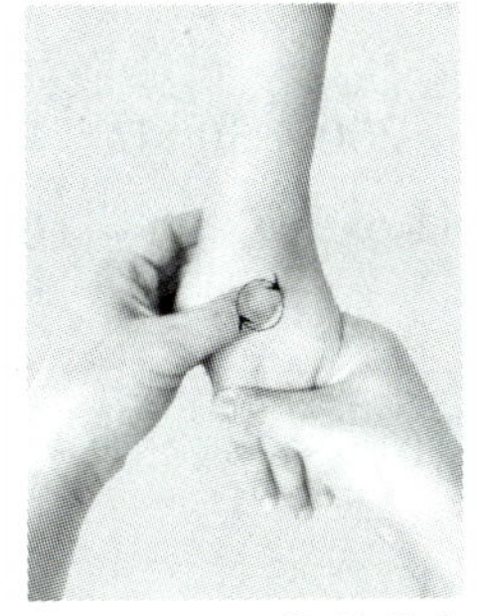

图 5-14-2　揉外劳宫

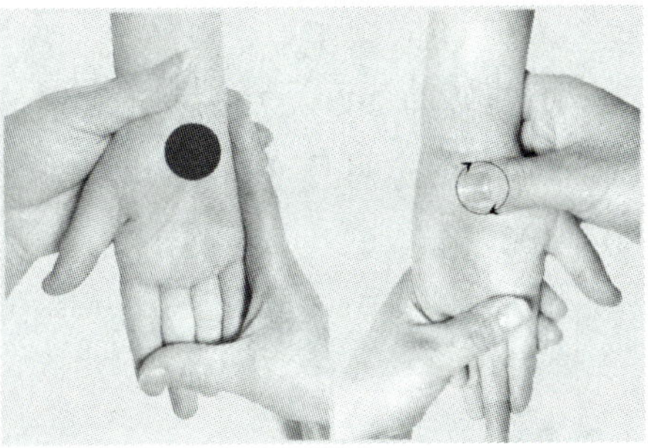

图 5-14-3　揉小天心

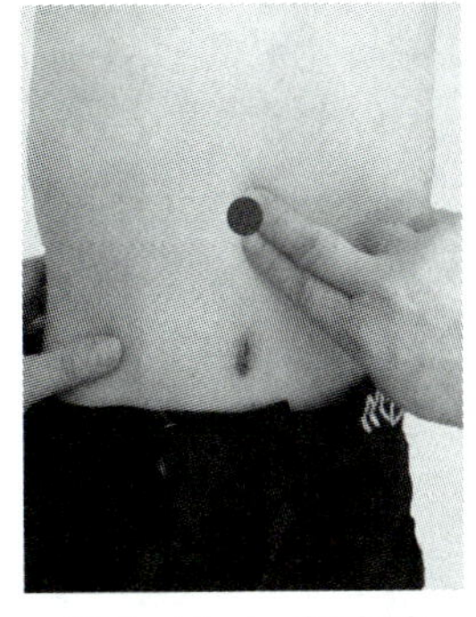

图 5-14-4　揉中脘

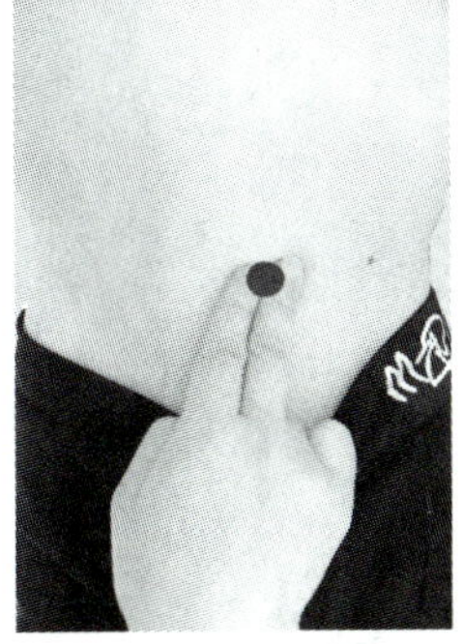

图 5-14-5　揉肚脐

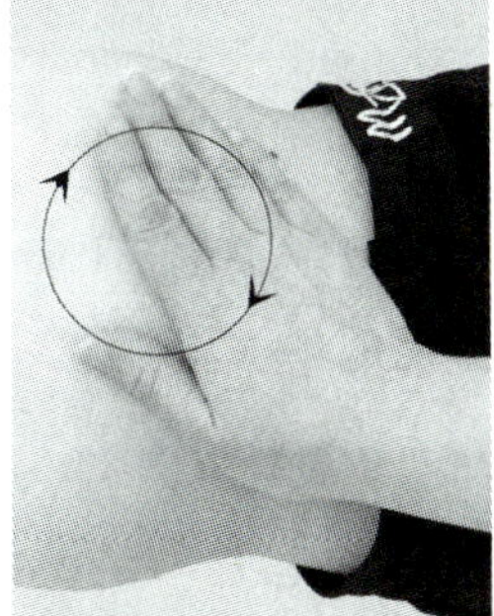

图 5-14-6　摩腹

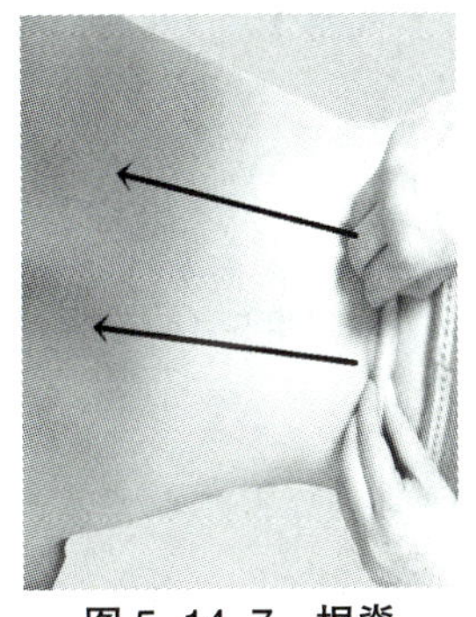

图 5-14-7　捏脊

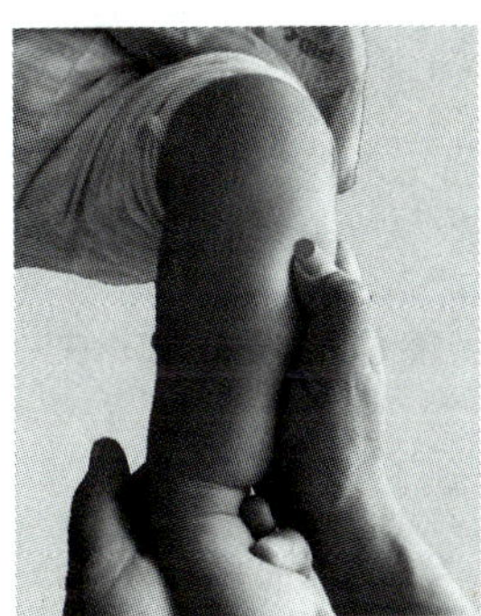

图 5-14-8　按揉足三里

2. 心热

（1）治疗原则：清心导赤，安神宁志。

（2）选穴。

①主穴及功效。清心经、清脾经泻心脾伏热；推后溪、清天河水、水底捞明月泻热宁神；揉小天心镇惊安神。

②配穴：小便黄者加清小肠；腹胀者加运内八卦、摩腹。

（3）主穴操作。

①清心经 200～300 次。②清脾经 200～300 次。③推后溪 150～200 次。④水底捞明月 80～100 次。⑤揉小天心 80～100 次。⑥清天河水 80～100 次。

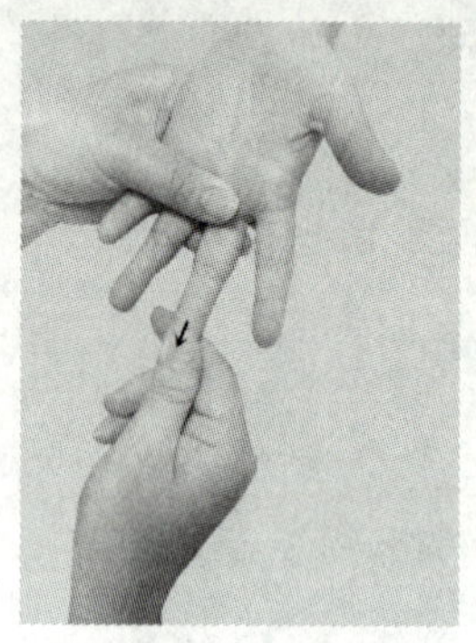
图 5-14-9 清心经

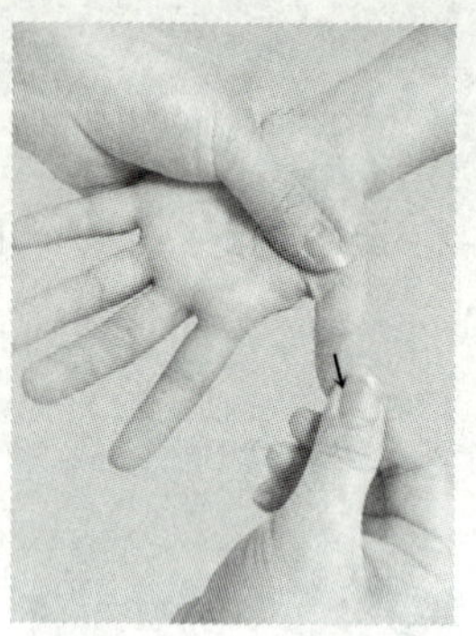
图 5-14-10 清脾经

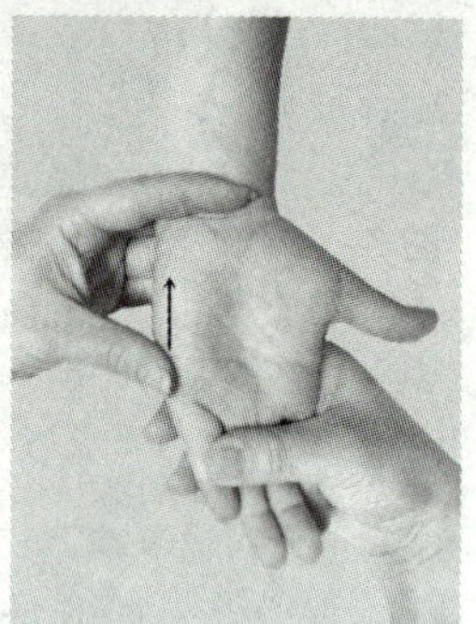
图 5-14-11 推后溪

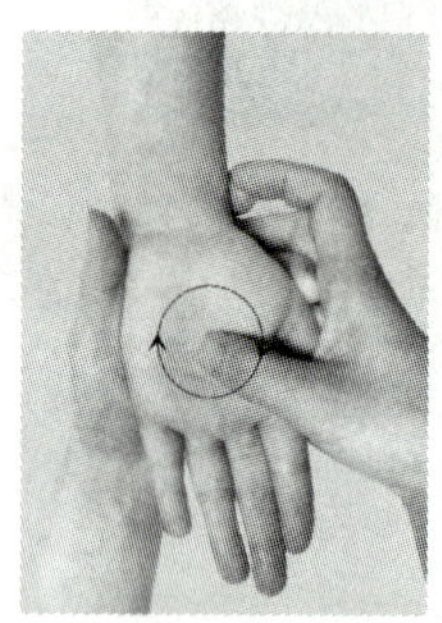
图 5-14-12 水底捞明月

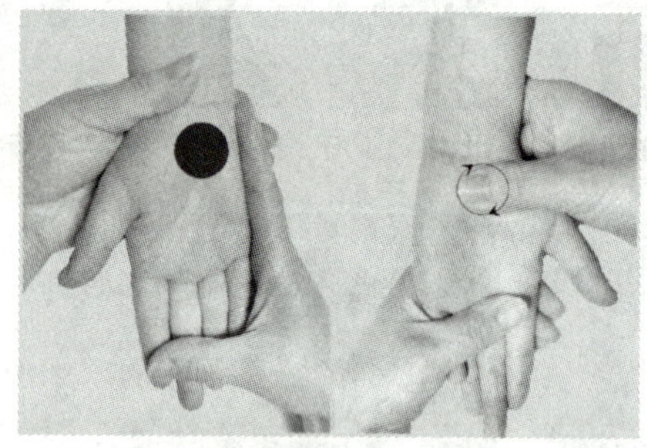
图 5-14-13 揉小天心

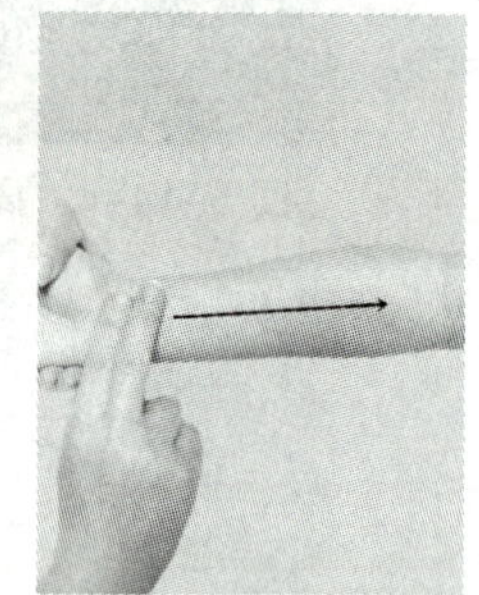
图 5-14-14 清天河水

3. 食积

（1）治疗原则：消积导滞，镇惊安神。

（2）选穴。

①主穴及功效。清脾经、补脾经健脾利湿消积；揉小天心清热镇惊安神；清大肠、推下七节骨、捏脊导滞消积；揉板门、摩腹、揉中脘疏调肠胃；分推腹阴阳、揉肚脐理气消积。

②配穴：便秘者加运内八卦、揉龟尾；食纳不佳者加掐四横纹、捏脊。

（3）主穴操作。

①清脾经 200～300 次。②补脾经 100～150 次。③揉小天心 80～100

次。④清大肠 100 ~ 200 次。⑤揉板门 50 ~ 60 次。⑥分推腹阴阳 80 ~ 100 次。⑦揉中脘 80 ~ 100 次。⑧揉肚脐 80 ~ 100 次。⑨摩腹 80 ~ 150 次。⑩捏脊 5 ~ 7 次。

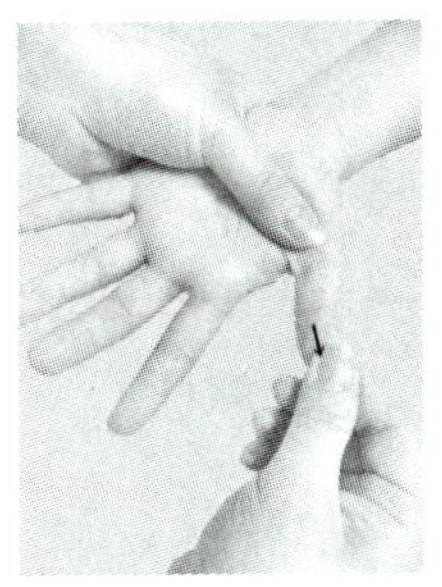
图 5–14–15 清脾经

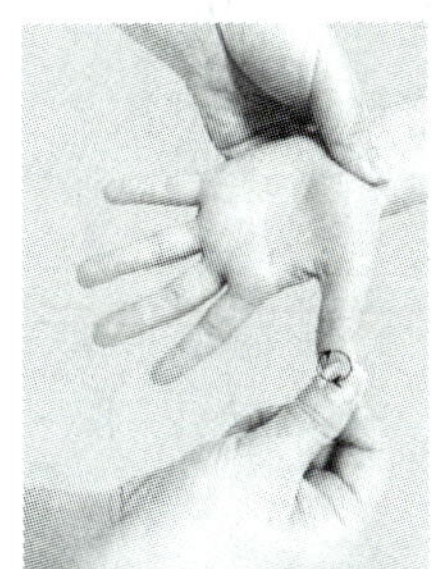
图 5–14–16 补脾经

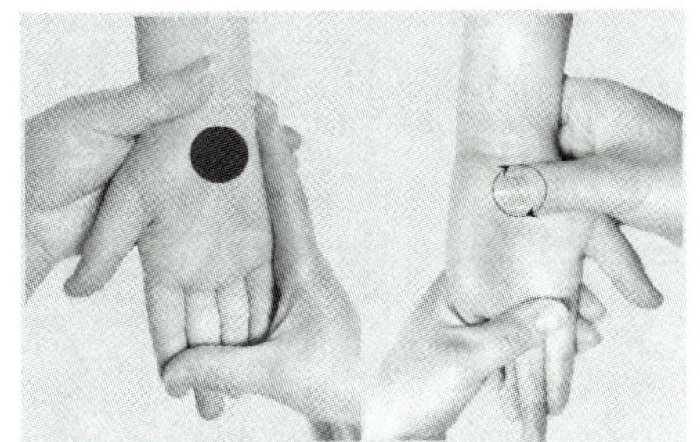
图 5–14–17 揉小天心

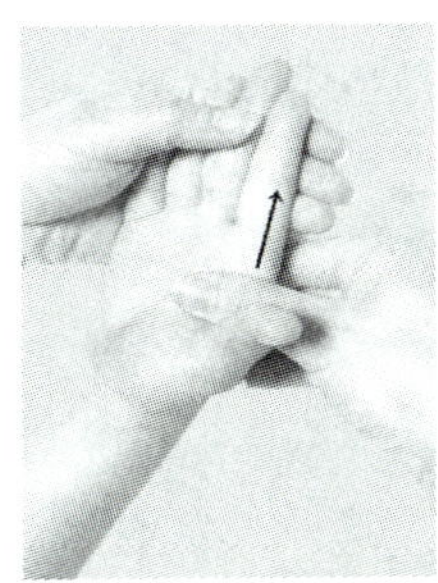
图 5–14–18 清大肠

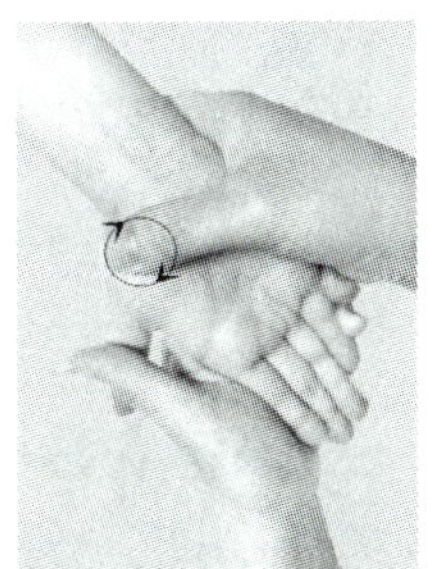
图 5–14–19 揉板门

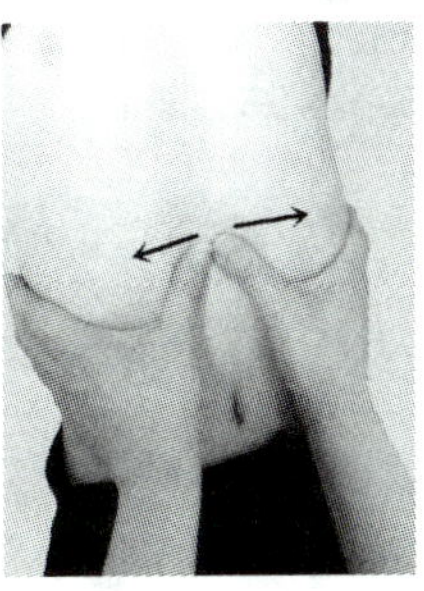
图 5–14–20 分推腹阴阳

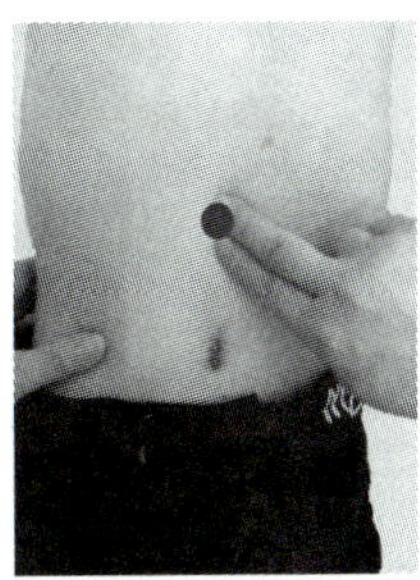
图 5–14–21 揉中脘

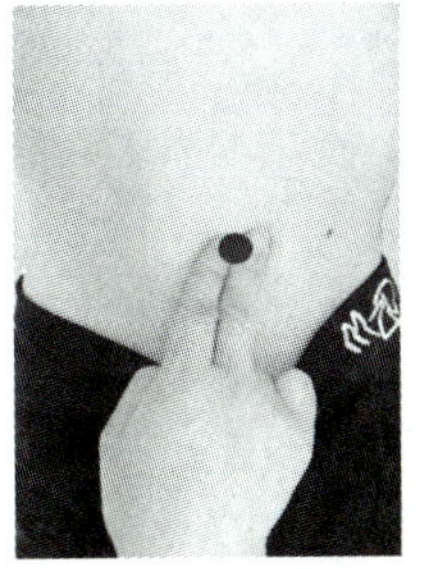
图 5–14–22 揉肚脐

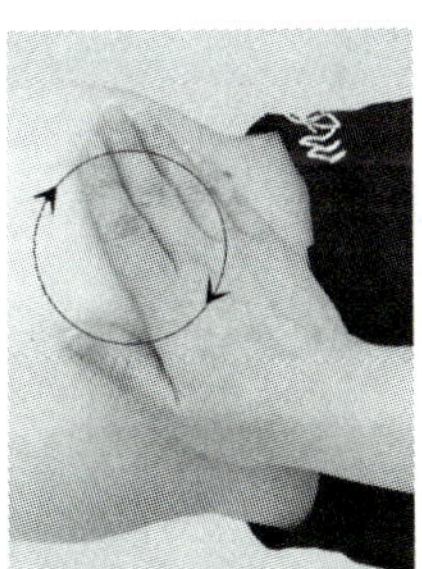
图 5–14–23 摩腹

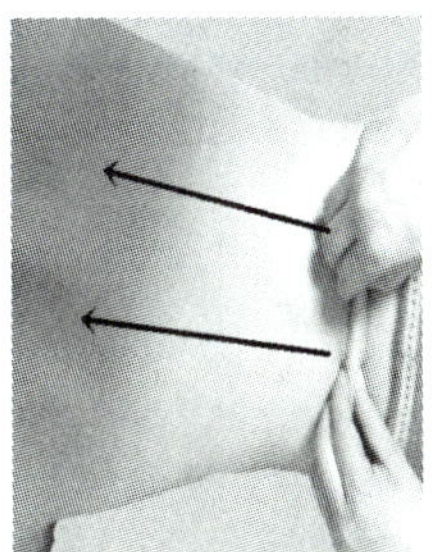
图 5–14–24 捏脊

4. 惊吓

（1）治则。平肝宁心，镇惊安神。

（2）选穴。

①主穴及功效。清心经、清肝经、清天河水清心平肝。揉小天心、揉按

精宁镇惊安神。

②配穴：昏睡不醒者加掐人中、掐老龙、掐十宣。

（3）主穴操作。

①清心经 200 ~ 300 次。②清肝经 200 ~ 300 次。③揉小天心 80 ~ 100 次。④清天河水 80 ~ 100 次。⑤揉按精宁 60 ~ 80 次。

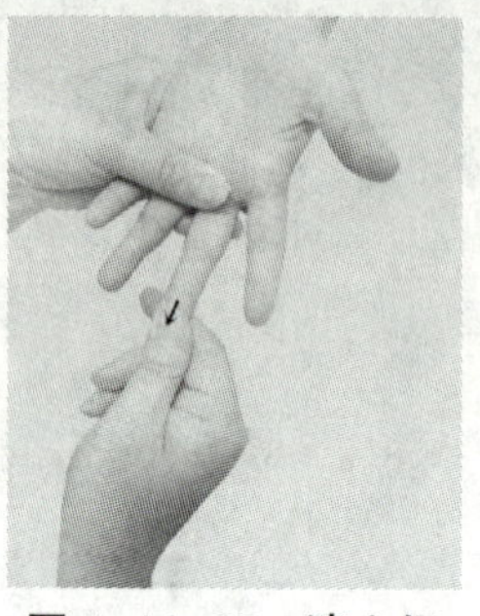

图 5-14-25 清心经

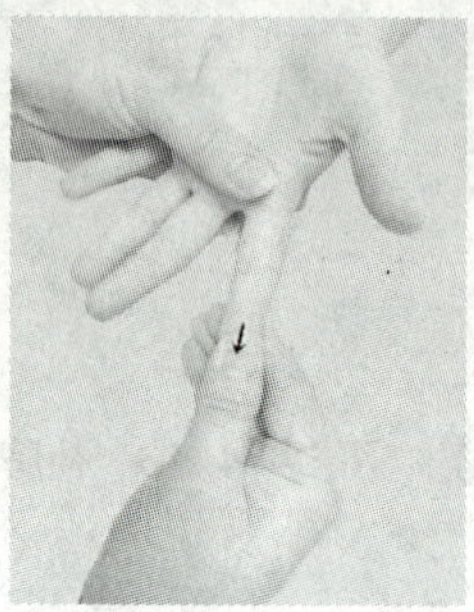

图 5-14-26 清肝经

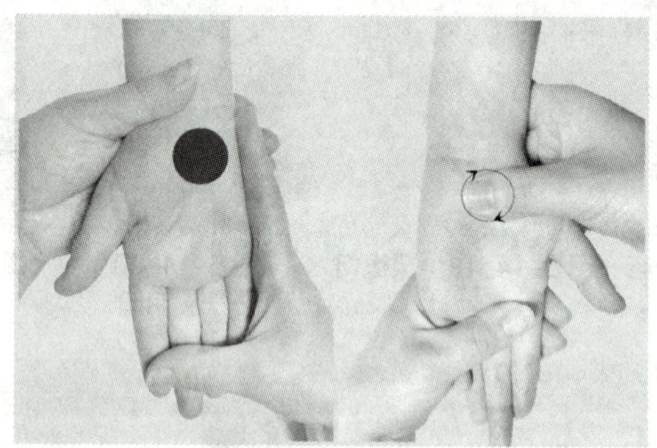

图 5-14-27 揉小天心

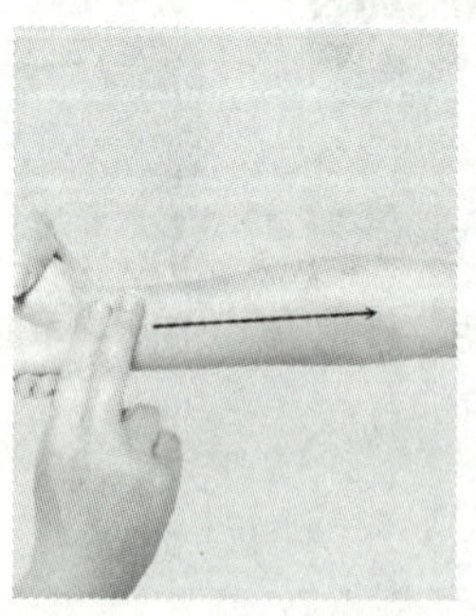

图 5-14-28 清天河水

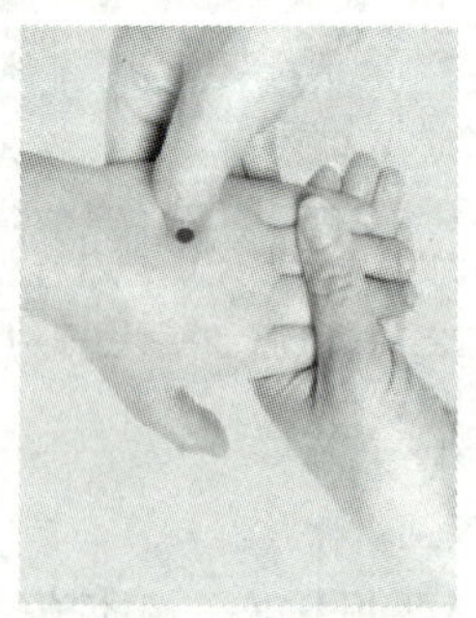

图 5-14-29 揉按精宁

六、其他治疗

1. 中医食疗

（1）小麦 30 g、黑枣 5 枚、芡实 15 g。用法：将黑枣去核，与小麦、芡实共放锅内加清水适量熬煮。每日 1 剂，连渣带汁 1 次饮完，连服 5 ~ 7 天。1 岁以下减半，可以只饮汁液。本方适用于小儿脾胃气虚夜啼。

（2）煨熟大蒜 1 枚、乳香 2 g。用法：将上药共研成细末，制成药丸如芥子大，每次 7 粒，乳汁送服。本方适用于小儿脾寒夜啼。

（3）处方：雪梨汁 30 mL，灯芯草 2 g，冰糖 10 g。用法：将灯芯草用温水泡浸湿透，置锅内，加水适量，熬取浓汁 15 mL 左右，与雪梨汁及冰糖混合，再置锅内隔水蒸化。每日 1 剂，分 1 ~ 2 次饮完，连服 5 ~ 7 剂。3 岁以上小儿酌增。适用于心脾积热型夜啼。

（4）绿豆衣 20 g，淡竹叶 12 g，冰糖 15 g。用法：将绿豆衣、淡竹叶共置锅内，加清水适量，熬浓去渣取汁，入冰糖调化。2 岁以下小儿每日 1 剂，3 岁以上者每日 2 剂，分 2 次服完，连服 3 ~ 5 天。适用于心脾积热型夜啼。

（5）钩藤 5 g，蝉衣 5 g。用法：水煎取汁频服，每日 1 剂。适用于小儿夜啼。

2. 针灸疗法

（1）艾灸神阙。将艾条燃着后在神阙周围温灸，不触碰到皮肤，以皮肤潮红为度。每日 1 次，连灸 7 日，用于脾寒气滞证。

（2）针刺。取穴中冲，不留针，浅刺出血。用于心经积热证。

3. 小儿敷贴

将艾叶、干姜粉炒热，用纱布包裹，熨小腹部，从上至下，反复多次。或用丁香、肉桂、吴茱萸等量研细末，置于普通膏药上，贴于脐部。用于脾寒气滞证。

七、注意事项

（1）注意防寒保暖，保持室内安静，调节室温，不要将婴儿抱在怀中睡，睡眠关灯，养成良好的作息习惯。

（2）孕妇及哺乳妇女不可过食寒凉或辛辣，保持心情舒畅。

（3）婴儿啼哭要仔细寻找原因，及时喂养，及时清除大小便，不过度捂热。

（4）婴儿清醒后可适量逗引，适量被动活动，但要防止损伤。

第十五节　脱肛

脱肛是指直肠或肛管脱垂于肛门之外，向外翻出为主要表现的一种病症，是幼儿时期一种常见病症，一般多发生于5岁以下的小孩，随着年龄增长多可自愈。病情轻者在大便时脱出，便后可以自行还纳，重者稍加用力（如咳嗽、喷嚏、啼哭）即能引起，必须用手帮助拖回。

小儿直肠肌肉尚未发育成熟，固定直肠和肛管能力差，易造成脱垂。有的小儿先天发育不全，骶骨前弯曲度较小，造成盆腔底部提肛和直肠周围的支持组织无力，不能保持直肠于正常位置而形成脱垂。长期腹内压增高，如腹泻、便秘、排便困难、咳嗽等，也易造成脱肛。

一、病因病机

1. 气虚

小儿先天不足，禀赋怯弱，久泻久痢或长期咳嗽等疾病后，耗伤正气，中气不足，气虚下陷，摄纳无权，导致肛管、直肠向外脱垂。

2. 实热

感受湿热之邪，湿热下注肠中，或大便干燥秘结，大肠积热，迫肛外脱。

二、诊断

起病缓慢，早期大便时直肠或肛管脱出肛外，便后能自行回纳，逐渐出现不能自行回纳，需用手托回，日久失治，脱垂逐渐加重。病情严重时可伴有大便不尽，或下腹坠胀，因直肠黏膜反复脱出，常发生充血、水肿、渗液。

临床将脱垂分为三度，Ⅰ度脱垂为直肠黏膜脱出，脱出物色较红，长3～5 cm，触之柔软，无弹性，不易出血，便后可自行还纳。Ⅱ度脱垂为直肠全层脱出，长5～10 cm，呈圆锥状，色淡红，表面为环状而有层次的黏膜皱襞，触之较厚有弹性，肛门松弛，便后有时需用手托回。Ⅲ度脱垂为直

肠及部分乙状结肠脱出长达 10 cm 以上，色淡红，呈圆柱形，触之很厚，便后需用手托回。

三、临床表现

1．气虚

直肠脱垂不收，肿痛不甚，兼有面色㿠白或萎黄，形体消瘦，精神萎靡，肢体欠温，易汗出，纳呆，舌淡，苔薄，指纹色淡。

2．实热

肛门直肠脱垂，红肿疼痛瘙痒，肛门灼热，小便短赤，大便干燥秘结或下痢，身微热，口干，舌红，苔黄，指纹色紫。

四、鉴别诊断

肛瘘：排便时无肿物突出，局部有时红肿、疼痛、溃破、流脓。用探针贯通瘘管可鉴别。

五、推拿治疗

本病治疗以升提固脱为主，兼以清热、利湿、导滞。

1．气虚

（1）治疗原则：补中益气，升提固脱。

（2）选穴。

①主穴与功效：补脾经，补肺经，补大肠补中益气，升阳固脱；揉按百会升阳固脱；揉龟尾，推上七节骨涩肠固脱；揉中脘，捏脊健脾益气。

②配穴：腹痛加拿肚角。

（3）主穴操作。

①补脾经 200 ~ 300 次。②补肺经 200 ~ 300 次。③补大肠 100 ~ 150 次。④揉中脘 80 ~ 100 次。⑤揉按百会 80 ~ 100 次。⑥揉龟尾 100 ~ 150 次。⑦推上七节骨 60 ~ 80 次。⑧捏脊 5 ~ 7 次。

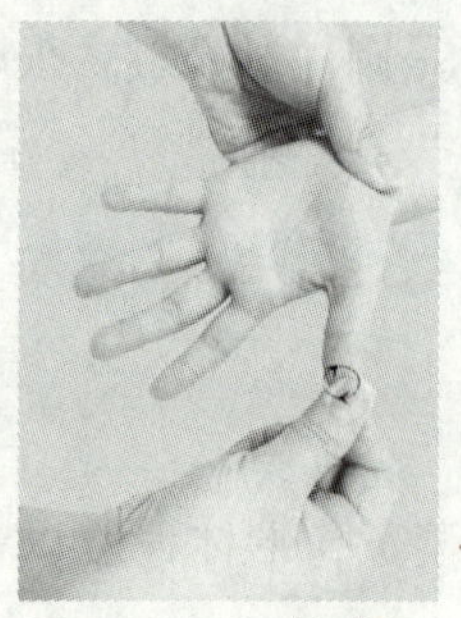
图 5-15-1 补脾经

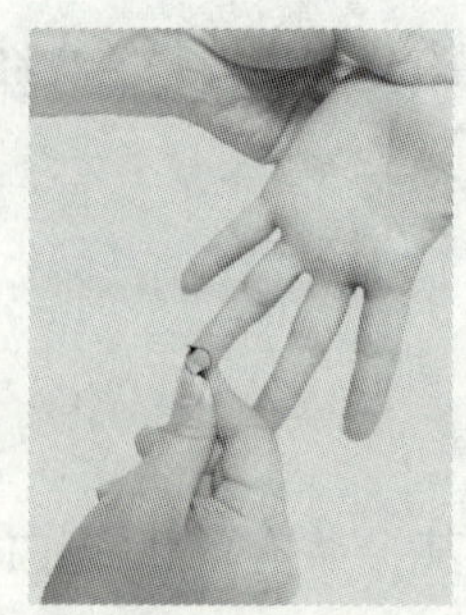
图 5-15-2 补肺经

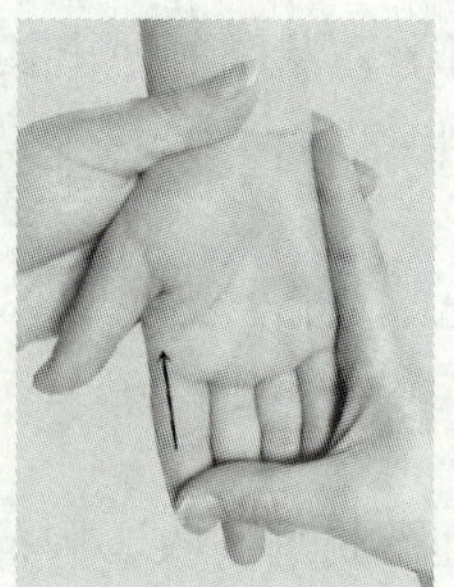
图 5-15-3 补大肠

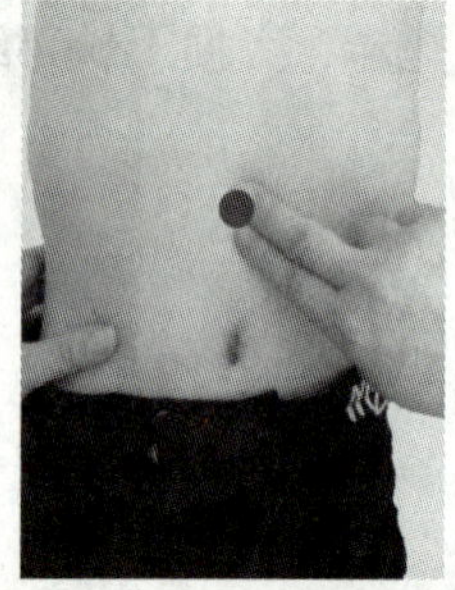
图 5-15-4 揉中脘

图 5-15-5 揉按百会

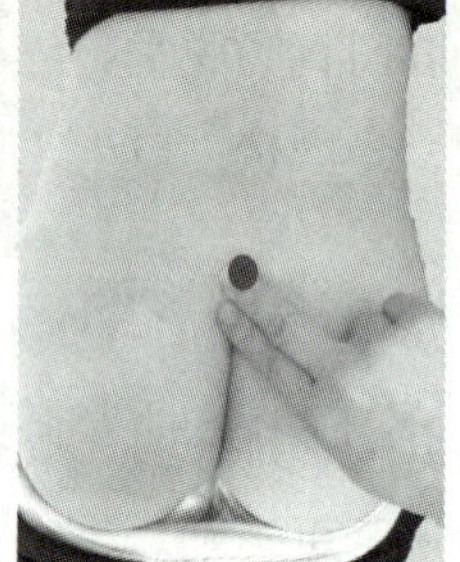
图 5-15-6 揉龟尾

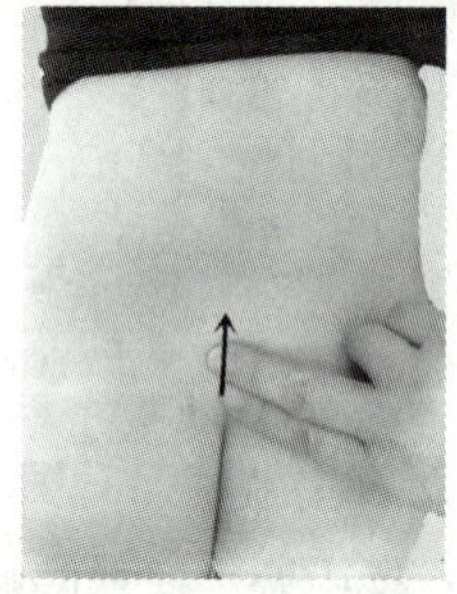
图 5-15-7 推上七节骨

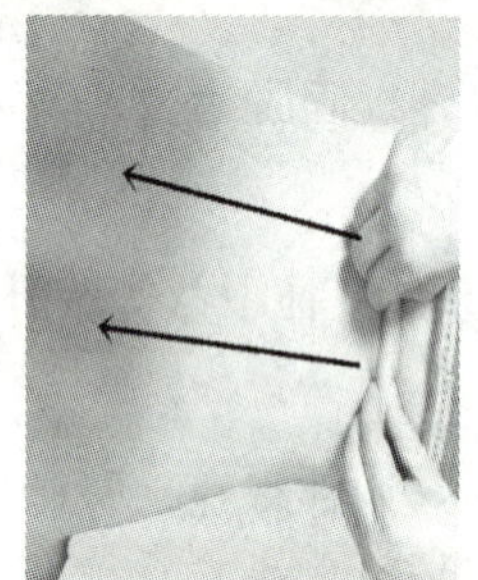
图 5-15-8 捏脊

2. 实热

（1）治疗原则：清肠固脱，导滞通便。

（2）选穴。

①主穴及功效：清脾经泻脏腑实火；清大肠，推三关，推六腑，揉天枢，摩腹清理肠腑积热；推下七节骨清热通便；揉龟尾理肠提肛。

②配穴：身热烦躁加清天河水，水底捞明月；小便短黄加清后溪。

（3）主穴操作。

①清脾经 200 ~ 300 次。②清大肠 200 ~ 250 次。③推三关 80 ~ 100 次。④推六腑 80 ~ 100 次。⑤揉天枢 80 ~ 100 次。⑥摩腹 50 ~ 60 次。⑦揉龟尾 80 ~ 100 次。⑧推下七节骨 50 ~ 60 次。

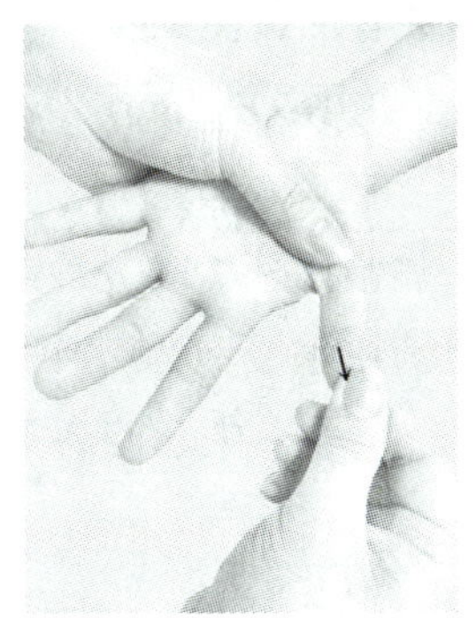
图 5-15-9　清脾经

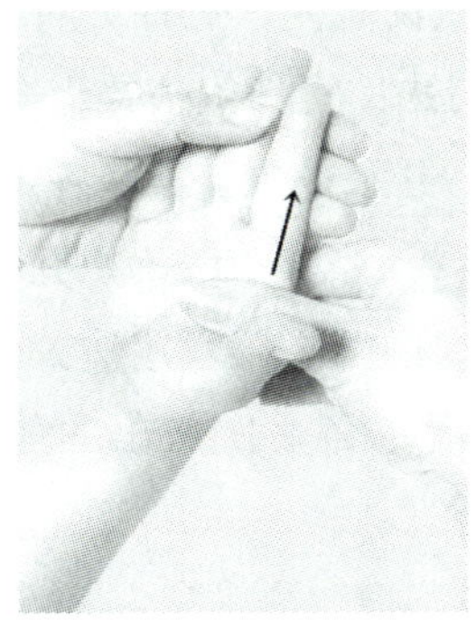
图 5-15-10　清大肠

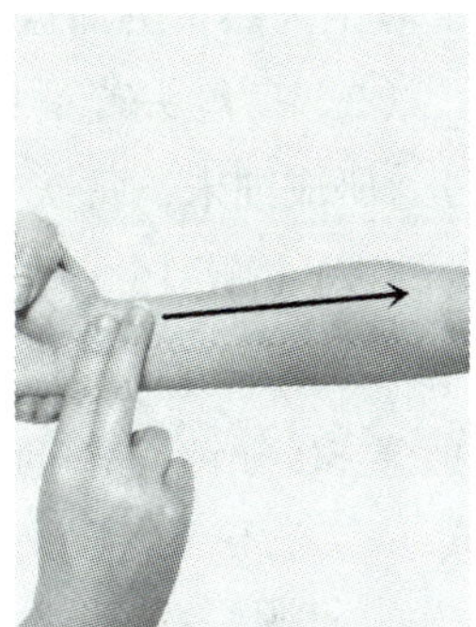
图 5-15-11　推三关

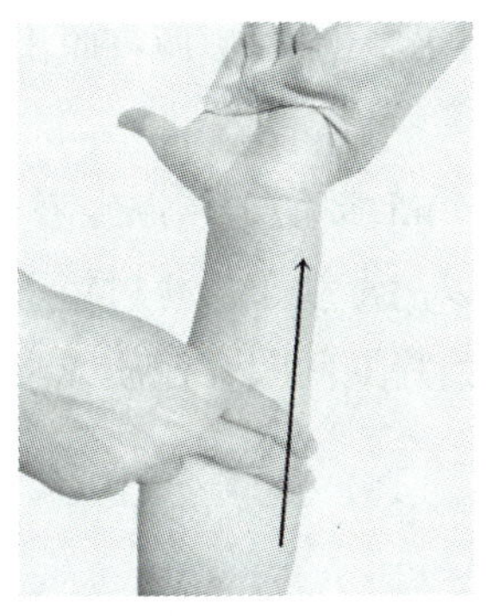
图 5-15-12　推六腑

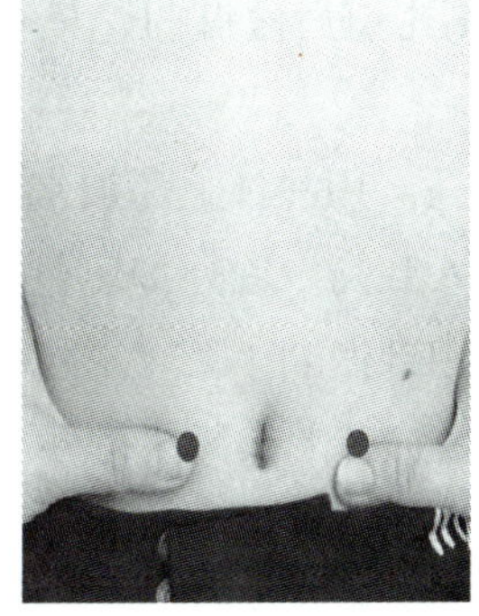
图 5-15-13　揉天枢

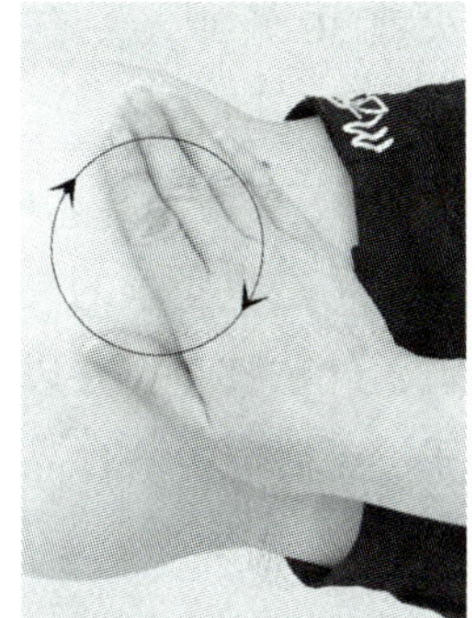
图 5-15-14　摩腹

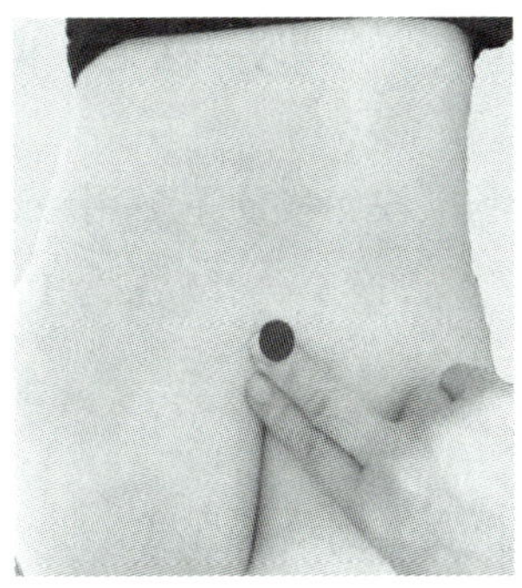
图 5-15-15　揉龟尾

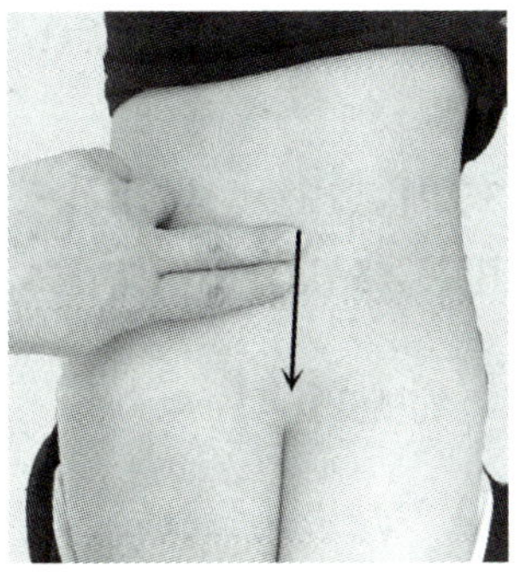
图 5-15-16　推下七节骨

六、其他治疗

1. 中医食疗

（1）鲜辣椒叶 50 ~ 60 g，瘦猪肉 50 g（切成片）。用法：上药加水适量，煮至肉熟，酌加盐油、饮汤吃肉，每日 1 剂。气虚甚者加黄芪 15 g。

（2）乌龟头若干只。用法：将乌龟头置干净的瓦上，用文火焙干（勿焦），研成细末，每次 1 只，开水送服，早晚各 1 次。

（3）黄芪 15 g，升麻 5 g，当归 10 g，枳壳 10 g，炒淮山药 15 g，沙参 15 g，麦冬 10 g，乌梅 15 g，白芍 15 g。用法：先将上药用水浸泡 30 分钟，再煎煮 30 分钟，每剂煎 2 次。将 2 次煎出的药液混合，早、中、晚各服 1 次。

2. 药浴、熏洗

（1）石榴皮 90 g，五倍子 30 g，明矾 15 g。用法：上药加水 1 000 mL，文火煎 30 分钟，去渣，趁热先熏后洗肛门，早晚各 1 次，洗时顺便将脱出部分轻轻托回。

（2）乌梅 10 g，明矾 6 g。用法：上药加水 2 000 mL 煎汤，候温坐浴，同时以手指将脱垂的黏膜纳入肛门。肛外加压包扎，以消毒纱布折叠衬垫于肛口，外贴胶布，并以纱布绷带做“丁”字形包扎。治疗期间嘱食流质或半流质、无渣或少渣食品，以增加营养，减少排便次数。

3. 针灸治疗

（1）针刺。常用穴位：百会、长强、足三里、承山。每日 1 次，不留针，10 次为 1 疗程。

（2）艾灸。点燃艾条后，熏灸肛周、承山、足三里，每次 30 分钟，10 次 1 个疗程。

（3）耳穴压豆。常用耳穴：脾、胃、直肠下段、皮质下。用磁珠贴压，每天按压 3 ~ 5 次，每次按压 5 ~ 10 分钟，3 ~ 5 天换 1 次，5 次为 1 疗程。

七、注意事项

（1）发现患儿脱肛后，应及时治疗，防止发展到严重程度。

（2）积极治疗腹泻、便秘、咳嗽等疾病，防止腹压过度增高导致脱肛。

（3）经常进行户外体育运动，加强身体锻炼，增强体质。

第十六节 自汗与盗汗

汗证指的是小儿在正常环境和安静状态下，全身或局部无故汗出增多，甚至大汗淋漓的一种病证。小儿汗证有自汗、盗汗之分，睡中汗出，醒则汗止称盗汗；不分寤寐，动则汗出称自汗。小儿常自汗与盗汗并见，与成人有所不同，故称汗证。自汗与盗汗都各有阴阳见证，不可片面断言自汗必为阳虚，盗汗必为阴虚，故在辨别其阴阳属性时，尚需考虑其他证候。

小儿形气未充、腠理疏松，加之生机蓬勃，故较成人易于出汗，且头部最为明显。若天气炎热、衣被过厚或剧烈活动等情况下且未有其他异常，此时汗出增多则不属于病态。正如《景岳全书·盗汗》所说："小儿元气未充，腠理不密，所以极易汗出。故凡饮食过热，或衣被过暖，皆能致汗。"骆如龙谓："无疾自汗，乃小儿常事，不可过疑。"

小儿汗证春夏多见，5 岁以前高发。西医学中的感染性疾病、自主神经功能紊乱、佝偻病等伴见汗出者，可参照本病予以治疗。

一、病因病机

汗为心之液，乃人体五液之一，由阳气蒸化津液而来。汗为心之液，卫气为阳，营血为阴，阴平阳秘则津液内敛；若阴阳气血失调，营卫不和，卫阳不固，腠理开合失司，则汗液外泄。小儿汗证多责之于体虚。

1. 卫表失固

小儿因先天不足或后天失养致肺脾两虚，卫阳不足，失于固摄，津液外泄而见汗出增多，多以自汗为主的同时兼见盗汗。

2. 气阴两虚

气属阳，血属阴。小儿大病久病之后，气血亏虚，气虚不能敛阴，阴亏虚火内扰，迫津外泄而为汗，以盗汗为主可伴自汗。

3. 心脾积热

小儿心常有余，脾常不足，若失于养护，心火内盛，或脾湿生内热，湿热相交，阴阳失衡而多汗，自汗、盗汗皆可见。

总而言之，小儿汗证主要是阴阳失调所致，有虚实之分，虚证在临床上较为多见。实证乃里热或郁而发热迫津外泄发为汗，多见于心脾积热证；虚证见于卫气虚，卫表失固，津液外泄而汗出；亦可见于阳气虚不能制水，肌表失固而见汗出；阴虚生内热，或阴不能潜阳也可导致汗出增多，虚证多见于卫表失固、气阴两虚证。

二、临床诊断

（一）诊断要点

（1）正常环境和安静状态下，全身或局部无故汗出增多。

（2）寐则汗出，醒则汗止者为盗汗；不分寤寐而汗出者为自汗。多于头颈部汗出明显。

（3）排除一些客观因素，如天热、衣被过多或厚、哭闹、运动等，以及其他因素所引起的汗出。

（二）鉴别诊断

汗证与脱汗、战汗、黄汗的鉴别要点见表 5-16-1。

表 5-16-1　汗出病证特点及伴随症状

病证	汗出特点	伴随症状
汗证	白天时汗出，动则尤甚；或寐则汗出，醒后汗止	气虚不固或阴虚内热症状
脱汗	大汗淋漓，汗出如珠	气微声低，四肢厥冷、脉微欲绝或散大无力
战汗	急性热病中，突然恶寒战栗，全身汗出	发热口渴，烦躁不安
黄汗	汗出色黄，染色着衣	口黏而苦，渴不欲饮，苔黄腻

（三）临床表现

1. 卫表失固

以自汗为主，兼有盗汗，汗出遍及全身，以头、肩背部明显，动则更甚，面色少华，神疲乏力，多见平素易感冒，舌淡，苔薄白，脉细弱。

2. 气阴两虚

以盗汗为主，可常伴自汗，汗出较多，精神萎靡不振，形体消瘦，心烦少寐，寐后汗多或低热颧红，口干喜饮，手足心热，舌淡红，苔少或剥苔，脉细数。

3. 心脾积热

自汗或盗汗，汗出肤热，头、胸部汗多明显，汗渍色黄，面赤唇红，口气臭秽，烦躁少寐，舌红，苔黄，脉数。

三、分证论治

1. 卫表失固

治法：益气固表，收汗敛汗。

处方：补脾经 3 分钟，补肺经 3 分钟，补肾经 3 分钟，揉肾顶 2 分钟，揉二马 2 分钟，揉外劳宫 2 分钟，推三关 2 分钟，捏脊 6 次，按揉肺俞、脾俞、肾俞各 1 分钟，按揉足三里 2 分钟。

方解：补脾经、补肺经、推三关益气固表止汗；补肾经、揉肾顶、揉二马收敛元气，滋养阴液；揉外劳宫培补元阳，温阳除寒；捏脊、揉肺俞、脾俞、肾俞调理脏腑功能；按揉足三里健脾和胃，增强机体抵抗力。

2. 气阴两虚

治法：益气养阴。

处方：补脾经 3 分钟，揉板门 2 分钟，补肺经 3 分钟，补肾经 3 分钟，揉肾顶 2 分钟，揉二马 2 分钟，揉外劳宫 2 分钟，推三关 2 分钟，清天河水 1 分钟，捏脊 6 次，按揉足三里 2 分钟。

方解：补脾经、揉板门、补肺经、推三关、按揉足三里均可健脾和胃，补脾益气；补肾经、揉肾顶、揉二马既养肝肾之阴，又滋肾水；揉外劳宫解表发汗，温阳散寒；捏脊通经活络，调整脏腑；清天河水清心火补脾血。

3. 心脾积热

治法：清心泻脾。

处方：清脾经 3 分钟，清心经 3 分钟，清小肠 3 分钟，掐五指节 2 分钟，捣小天心 2 分钟，推三关 2 分钟，清天河水 2 分钟，水底捞明月 2 分钟。

方解：清脾经、清心经、清小肠均可清心泻火，清热利湿；掐五指节、捣小天心、推三关、清天河水清热除烦；水底捞明月宁心除烦。

四、其他疗法

（1）用于自汗、盗汗：龙骨、牡蛎粉适量，每天晚上临睡前外扑汗出较多部位。

（2）用于盗汗：五倍子粉适量，用水或白醋调成糊状，每晚睡前贴敷于脐中并加以固定。

五、注意事项

（1）增加户外活动时间，加强体格锻炼，合理喂养，提高小儿体质。

（2）积极治疗各种急、慢性疾病，并注意病后的调理和养护。

（3）汗出应注意补充水分，谨防外感风邪、寒邪，给予多品种、易消化、富营养饮食。

第十七节　惊风

惊风是小儿常见的一种危急重症，临床以抽搐昏迷、双目上视为主要症状。本病四季均可发病，多见于1～5岁小儿，年龄越小发病率越高，是古代中医儿科“四大要证”之一。惊风可概括为四证八候，四证即痰、热、惊、风；八候即搐、搦、颤、掣、反、引、窜、视。

根据惊风发病的缓急以及证候虚实可分为急惊风和慢惊风两大类。起病急，八候表现急速强劲，病性属阳、属热、属实者为急惊风；起病缓，八候表现迟缓无力，病性属阴、属寒、属虚者为慢惊风。

西医学中小儿惊厥与本病相似，认为主要是中枢神经系统功能紊乱的一种表现，可发生于高热、乙脑、脑膜炎等疾病中。

一、病因病机

1. 急惊风

急惊风主要是由于外感时邪、饮食内伤或猝受惊恐所致；病机主要围绕痰、热、惊、风进行演变和转化，关键在于邪陷厥阴，蒙蔽心窍，引动肝风；病位主要在心、肝。

2. 慢惊风

慢惊风主要多由急惊风或大病、久病而导致；病机主要是脾胃虚弱、脾肾阳虚或热病伤阴；病位主要在肝、脾、肾。

二、临床诊断

（一）诊断要点

（1）多见于 3 岁以下婴幼儿，5 岁以上渐少。

（2）有外感风热、疫毒、受惊恐、高热、反复呕吐、久泻、解颅等病史。

（3）急惊风以起病急、高热、神昏、抽搐、双目上视、角弓反张、颈项强直等为主要表现；慢惊风起病缓慢且病程长，以面色苍白，嗜睡无神，抽搐无力，时作时止，或两手颤动，脉细无力为主要表现。

（4）辅助检查中血、尿、便常规，或脑脊液、脑电图、MRI 等有助于诊断。

（二）临床表现

1. 急惊风

（1）外感风热：起病急，面色青，发热、头痛、咳嗽、流涕、咽红、烦躁、神昏、惊厥，舌红苔薄黄，脉浮数或指纹青紫。

（2）痰食惊风：面黄少华，纳呆，呕吐腹痛，便秘痰多，继而发热神昏，迅速出现昏迷，喉间痰鸣、呼吸气粗、舌红苔黄厚腻、脉滑。

（3）猝受惊恐：面色乍青乍赤，惊惕不安，神志不定，偶发热，大便色青无味，舌淡苔薄白，脉数。

2. 慢惊风

（1）脾虚肝旺：神疲乏力，面色萎黄，渴不欲饮，露睛嗜睡，大便稀薄，四肢不温，神志不清，时有抽搐，舌淡苔白。

（2）脾肾阳虚：面色晄白，精神萎靡，沉睡或昏迷，额头冷汗增多，四肢厥冷、手足蠕动或震颤，大便清冷，舌淡，苔薄白。

（3）肝肾阴虚：面色潮红，身热消瘦，手足心热，肢体拘急挛直，不时抽搐，大便干结，舌光无苔，少津。

（三）鉴别诊断

1. 急惊风与痫证相鉴别

表 5-17-1　急惊风与痫证鉴别点

鉴别点	急惊风	痫证
年龄	多小于 3 岁	各年龄阶段均可发病
病位	急惊风主要在心、肝 慢惊风主要在肝、脾、肾	主要在脑，涉及心、肝、脾、肾
伴随症状	发作前多伴高热	发作前体温多正常，可伴口吐白沫或喉中异声，片刻自止，移时自醒
发作频率	多在体温上升阶段发作，多数为发 1 次，很少大于 2 次	可多次反复发作
脑电图	正常	异常

2. 急惊风与厥证相鉴别

厥证是气血失调、气机逆乱所致，以突然昏仆、不省人事、四肢逆冷为主要临床表现，鉴别关键点在于厥证多出现四肢厥冷而无四肢抽搐或强直等表现。

三、辨证论治

（一）急惊风

1. 外感风热

（1）治法：疏风清热，息风止惊。

（2）处方：清肺经 3 分钟，揉板门 2 分钟，分推膻中 1 分钟，揉二马 2 分钟，揉小天心 2 分钟，揉一窝风 3 分钟，分推腹阴阳 2 分钟，清天河水 3 分钟，推六腑 2 分钟，掐威灵、精宁、人中、十宣各 3 ~ 5 次。

（3）方解：清肺经疏风解表、开宣肺气；揉板门、分推膻中调畅气机；揉二马顺气散结；揉小天心、揉一窝风镇静安神、止惊；分阴阳调和脏腑、平衡阴阳；清天河水、推六腑清热息风；掐威灵、精宁、人中、十宣醒脑开窍。

2. 痰食惊风

（1）治法：消食导滞，息风涤痰。

（2）处方：清脾经3分钟，揉板门2分钟，清肺经2分钟，清大肠2分钟、推四缝2分钟，逆运内八卦2分钟，合阴阳1分钟，分推腹阴阳1分钟，摩腹（泻法）2分钟，按揉天枢、中脘穴各1分钟，揉丰隆2分钟。

（3）方解：清脾经、揉板门、逆运内八卦、推四缝、清大肠、摩腹、分推腹阴阳、按揉天枢、揉中脘均可消食导滞，开胸涤痰，行气固本；清肺经、合阴阳、揉丰隆健脾利湿，化痰开窍，引痰下行。

3. 猝受惊恐

（1）治法：镇惊安神。

（2）处方：补脾经3分钟，清大肠2分钟，补肾经3分钟，逆运内八卦2分钟，推四缝2分钟，揉小天心2分钟，分阴阳2分钟，揉外劳宫2分钟，清天河水2分钟，掐老龙3～5次，掐五指节每个5～10次。

（3）方解：补脾经、逆运内八卦、揉外劳宫、推四缝、清大肠健脾助运；揉小天心、分阴阳、补肾经、清天河水、掐老龙、掐五指节镇惊安神、醒脑开窍。

（二）慢惊风

1. 脾虚肝旺

（1）治法：健脾平肝。

（2）处方：补脾经2分钟，揉板门2分钟，清肝经2分钟，推四缝2分钟，逆运内八卦2分钟，揉小天心1分钟，分阴阳1分钟，推三关2分钟，清天河水2分钟，揉外劳宫1分钟。

（3）方解：补脾经、推三关可健脾温阳；揉小天心、分阴阳、清肝经、清天河水可平肝抑木，镇静安神；补脾经、逆运内八卦、推四缝、揉外劳宫可温中行气，调理脏腑。

2. 脾肾阳虚

（1）治法：温补脾肾，扶阳固本。

（2）处方：补脾经2分钟，补胃经2分钟，揉板门2分钟，补肾经2分钟，揉肾顶2分钟，揉小天心1分钟，揉二马2分钟，揉外劳宫2分钟，推三关2分钟，掐印堂、人中、承浆各3～4次。

（3）方解：补脾经、补胃经、揉板门培补后天之本；补肾经、揉肾顶、揉二马滋补肾阴肾阳；推三关温阳解表；揉外劳宫助温补命门，以固下元；揉小天心镇静、止抽搐；掐印堂、人中、承浆镇静安神、开窍醒脑。

3. 肝肾阴虚

（1）治法：滋补肝肾，育阴潜阳。

（2）处方：补脾经2分钟、揉板门2分钟，补肾经3分钟，揉肾顶2分钟，逆运内八卦2分钟，推四缝2分钟，分阴阳2分钟，揉小天心2分钟，揉二马3分钟，推三关2分钟，清天河水1分钟。

（3）方解：补脾经、揉板门、逆运内八卦、推四缝可健脾助运，巩固后天之本；补肾经、揉肾顶、揉二马、分阴阳补肾的同时调和阴阳；揉小天心通经活络，镇静安神；推三关通阳气；清天河水清热泻火除烦。

四、注意事项

（1）急惊风发作期及时抗惊厥治疗，切勿导致重证发生。

（2）增加户外活动，增强体质，提高抗病能力。

（3）注意饮食卫生，避免受惊恐等不良因素的刺激。

（4）积极治疗原发病，重视预防惊风发生，注意小儿面色、呼吸、脉搏、体温等变化，防止病情突变。

（5）惊风发作中的患儿，切勿强行按压，以防骨折发生。采取头侧位，保持呼吸道通畅，及时清除口腔异物；将压舌板用纱布包裹放在患儿上下齿之间，以防咬伤舌体。

（6）抽搐的同时需禁食，抽搐停止后以流质饮食为主，病情好转后给予富营养、易消化食物。

第十八节　假性近视

近视是以看近物清晰、远物模糊为主要特征的一种眼疾，中医称本病为"能近怯远症"，生动形象地描述了这一疾病的特征。

近视是指眼在不使用调节时，平行光线通过眼的屈光系统屈折后，焦点落在视网膜之前的一种屈光状态。在屈光静止的前提下，远处的物体不能在视网膜汇聚，而在视网膜之前形成焦点，因而造成视觉变形，导致远方的物体模糊不清。

近视按程度可分为轻、中、高度近视；按调节性可分为假性近视、真性近视和混合性近视。

假性近视是眼在调节松弛状态下，平行光线经眼的屈光系统的折射后，焦点落在视网膜之前，在使用睫状肌麻痹剂后瞳孔散大，屈光度消失呈远视或正视的眼部疾病。好发于青少年，与长期用眼或用眼不当密切相关，经休息或治疗后可解除或减轻。

一、病因病机

《灵枢·大惑论》载："五脏六腑之精气，皆上注于目而为之精。"肝开窍于目，受血能视；心主血脉，为血轮；脾主肉轮，且脾胃后天之本乃气血生化之源；肾主水为瞳仁。故心阳不足、肝肾亏虚、脾虚气弱，皆可导致双目失于濡养，视远不清而发生本病。

1. 先天不足

如早产、多产、父母遗传等；孕母受到惊吓等致心胆气虚，视远目力难全。

2. 后天失养

热病、久病后期，肝肾精血不足，成像困难视远不清而成病。

3. 用眼不当

用眼过度、体位不正增强晶状体屈光力，形成调节性近视。

西医学认为，近视的发生大多为眼球前后轴过长（轴性近视即真性近视），其次为眼的屈光力过强（屈光性近视）。

二、临床诊断

1. 诊断要点

（1）视近正常，视远模糊。

（2）专科验光：300 度以内者轻度近视；300 ~ 600 度者为中度近视；600 度以上者为高度近视。

2. 临床表现

（1）心阳不足：视力减退，视远模糊；心悸失眠，舌尖红舌苔，脉微弱。

（2）肝肾亏虚：目失所养，视远不清，目视昏暗，伴见头晕耳鸣，夜寐多梦，形体消瘦，腰膝无力，舌淡红苔少，脉细。

（3）脾虚气弱：视近怯远，久视易疲，纳差，精神萎靡，大便溏薄，舌淡红，苔薄白，脉细弱。

3. 鉴别诊断

与散光相鉴别，中医认为散光是视物日久，导致疲劳过度，或肾阴不足，津液匮乏，肝血虚损，内有郁热所致。其主要临床表现为视近视远皆不清，似有重影，可伴有眼胀、头痛、流泪等。

三、辨证论治

1. 心阳不足

（1）治法：养心定志，益气温阳。

（2）处方：补心经 3 分钟，补肾经 3 分钟，推上三关 2 分钟，揉太阳穴 1 分钟，按揉攒竹、鱼腰、丝竹空各 1 分钟，按揉睛明穴 2 分钟，分抹眼眶 2 分钟，按揉翳风、风池各 1 分钟，按揉心俞、肾俞各 1 分钟，捏脊 6 次。

（3）方解：补心经、补肾经使心肾相交，补养气血；揉太阳穴、按揉攒竹、鱼腰、丝竹空、按揉睛明穴醒脑明目；分抹眼眶改善局部血液循环，消除疲劳；揉翳风、风池安神定志；推上三关、按揉心俞、肾俞益气温阳；捏脊调理脏腑功能，养血安神。

2. 肝肾亏虚

（1）治法：补益肝肾，滋养阴津。

（2）处方：补肾经 3 分钟，补肝经 3 分钟，揉二马 2 分钟，按揉攒竹、鱼腰、太阳、承泣、四白穴各 1 分钟，掐揉合谷 2 分钟，捻揉耳垂 2 分钟，按揉肝俞、肾俞、命门、光明、涌泉穴各 1 分钟，捏脊 6 次。

（3）方解：补肾经、补肝经、揉二马补肾滋阴；按揉攒竹、鱼腰、太阳、承泣、四白穴明目养睛；掐揉合谷清利头目；捻揉耳垂疏通气血，缓解疲劳；按揉肝俞、肾俞、命门、光明、涌泉、捏脊补益肝肾，养精填血。

3. 脾虚气弱

（1）治法：健脾益气。

（2）处方：补脾经 3 分钟，补肾经 3 分钟，揉肾顶 2 分钟，揉板门 2 分钟，推四横纹 2 分钟，摩腹 3 分钟，揉脐 1 分钟，按揉脾俞、胃俞、足三里、涌泉各 1 分钟，捏脊 6 次。

（3）方解：补脾经、揉板门、推四横纹补益脾气，调气和中；补肾经、揉肾顶培补肾元；摩腹、揉脐补益气血，健脾和胃；按揉脾俞、胃俞、足三里、捏脊补益脾胃；按揉涌泉滋水涵木。

四、注意事项

（1）注意用眼卫生，保持良好用眼习惯，认真做好眼保健操，积极参加户外活动，保证每日有 1 ~ 2 小时的体育活动。培养良好坐姿，看书时间不宜过长，间歇时间多远眺及多看绿色植物。

（2）注意休息以及营养摄入，多食富含维生素 E 的食物。

（3）定期检查视力，根据视力情况及时对症处理。

第十九节　体弱儿

体弱儿是指由于先天禀赋不足或后天反复感受外邪而使生长发育明显受到影响的儿童，包括正气虚弱、脾胃虚损、脾肾亏虚、肺脾气虚等证型。

小儿处于生长发育时期，其机体脏腑的形态尚未成熟、各种生理功能尚未健全，《灵枢·逆顺肥瘦》说：“婴儿者，其肉脆，血少气弱。”形气未盛，筋骨未坚，脾胃薄弱，久致体弱儿的发生。

西医学认为，体弱儿主要涉及免疫力低下、生长发育迟缓、消化吸收不良的小儿，早产儿、营养不良、生长迟缓、复感儿可参照本病加以治疗。

一、病因病机

本病的病因主要是先天禀赋不足、后天喂养失当以及其他因素。

1. 先天禀赋不足

孕母体弱、早产、低体重、多产致肾精不充，胎元不固，而致先天禀赋不足。

2. 后天失养

小儿生长发育迅速，迫切需要营养物质，喂养不当，脾胃化生乏源，肢体缺乏濡养致体弱发生。

3. 疾病影响

病后失调或是失治、误治导致脾胃受损，津液耗伤致形体消瘦，肌肉消灼而成体弱。

总之本病为虚证，病位主要在脾、肾，病机为脾肾虚弱，精血生化不足所致。

二、临床诊断

1. 诊断要点

体弱儿囊括范围广泛，满足下列任意一条即可诊断：

（1）早产儿及低出生体重儿等高危因素出生儿。

（2）免疫力低下、营养不良、消化吸收差、能量摄入不足、复感儿。

（3）与正常同年龄、同性别儿相比，明显低于参考人群值的两个标准差。

2. 临床表现

（1）正虚气弱：面色萎黄，少气懒言，动则气短，疲乏倦怠，反复易感，舌淡，苔薄白，脉弱。

（2）脾胃虚损：形体消瘦，面色萎黄，精神不振，毛发稀疏易落，食欲减退，大便溏薄，舌淡苔薄，脉细。

（3）脾肾亏虚：面色㿠白，头晕耳鸣，夜寐多梦，形体消瘦，腰膝酸软无力，久泻久利，五更泻，舌淡红苔白，脉细。

（4）肺脾气虚：易反复外感，少气懒言，神疲乏力，汗多，面色少华，纳呆食少，口唇色淡，舌淡红，苔薄白，脉细无力或指纹淡。

三、辨证论治

1. 正虚气弱

（1）治法：扶正祛邪，培补元气。

（2）处方：补脾经 3 分钟，补肾经 3 分钟，揉四缝 2 分钟，揉二马 2 分钟，运内八卦 2 分钟，揉外劳宫 2 分钟，推三关 2 分钟，揉中脘、关元、神阙、足三里各 1 分钟，横擦腰骶与督脉 2 分钟。

（3）方解：补脾经、补肾经、揉四缝、揉二马健脾补肾，培补元阳；运内八卦、揉外劳宫温阳理气；推三关补气、行气；揉中脘、关元、神阙、足三里益元固本；横擦腰骶与督脉调和脏腑气机，强身健体。

2. 脾胃虚弱

（1）治法：健脾益胃，益气养血。

（2）处方：补脾经 3 分钟，清胃经 2 分钟，揉板门 2 分钟，推四横纹 2 分钟，逆运内八卦 2 分钟，运水入土 2 分钟，摩腹 3 分钟，揉中脘 1 分钟，揉脐 1 分钟，按揉脾俞、胃俞、足三里各 1 分钟，捏脊 6 次。

（3）方解：补脾经、清胃经、揉板门、推四横纹、逆运内八卦、运水入土、揉中脘补益脾气，调气和中；摩腹、揉脐补益气血，健脾和胃；按揉脾俞、胃俞、足三里、捏脊调和脏腑，健脾扶弱。

3. 肝肾亏虚

（1）治法：滋养肝肾，调补精血。

（2）处方：补肾经 3 分钟，推肝经 3 分钟，揉肾顶 2 分钟，揉二马 2 分钟，按揉肝俞、肾俞、命门、涌泉穴各 1 分钟，捏脊 6 次，横擦腰骶 2 分钟。

（3）方解：补肾经、推肝经、揉二马补肾滋阴，舒筋壮骨；揉肾顶收敛元气；按揉肝俞、肾俞、命门、涌泉、捏脊补益肝肾，养精填血；捏脊调和阴阳，理气血；横擦腰骶温肾养肝。

4. 肺脾气虚

（1）治法：健脾补肺，益气固表。

（2）处方：补脾经 3 分钟，补肺经 3 分钟，揉板门 2 分钟，推上三关 2 分钟，分推手阴阳 2 分钟，双点内外劳宫穴 1 分钟，摩腹 3 分钟，按揉肺俞、脾俞、足三里各 1 分钟，捏脊 6 次。

（3）方解：补脾经、揉板门、摩腹健脾益气，补后天之本；补肺经补肺气，固卫表；推上三关温阳固表；分推手阴阳、双点内外劳宫穴调和阴阳；按揉肺俞、脾俞、足三里调节脏腑气机；捏脊理气血、和脏腑，强健身体。

四、其他疗法

（1）结合中医中药，辨证分型后开具中药内服。

（2）采取针灸疗法，针刺中脘、足三里、脾俞、胃俞，刺四缝疗法等。

（3）灸法：用艾条温和灸肝俞、心俞、脾俞、肺俞、肾俞，每穴 3 ~ 5

分钟，每日 1 次即可，扶正固本。

五、注意事项

（1）提倡母乳喂养，及时合理按照辅食添加原则添加辅食，保证营养的有效摄入。

（2）预防各种急慢性疾病，积极寻找病因，对症处理，加强护理，改善营养。

（3）认真检测生长发育速度及相关体格发育指标值，及时开展家庭或医疗干预，在及时予以纠正的同时促体格良好发育。

第二十节　佝偻病

维生素 D 缺乏性佝偻病是婴幼儿时期常见的慢性营养缺乏性疾病。临床以多汗、夜啼、烦躁、枕秃、肌肉松弛，囟门迟闭，甚至鸡胸肋翻、下肢弯曲等为特征。根据本病的临床特征，本病与中医学五迟、五软、夜啼、汗证、龟背、鸡胸等多种病证相关。2 岁以下，尤其是 1 岁以内婴儿，生长发育迅速，体格生长快导致营养的慢性缺乏，加上缺乏足够的户外活动，是本病的高危人群。北方由于冬季长且日照短，故发病率明显高于南方。

西医学认为，本病是由于儿童体内维生素 D 不足引起全身钙、磷代谢异常，导致生长的骨骺端软骨板不能正常钙化，以骨骺病变为特征的慢性疾病。一般可分为初期、激期、恢复期和后遗症期四期。多数预后良好，重者可遗留骨骼畸形。

一、病因病机

本病的发生主要为先天禀赋不足，或后天调养失宜，导致脾肾亏虚。

1. 禀赋不足

孕妇户外活动时间少，日照不足，或妊娠期维生素 D 不足，或孕母患病、早产、多胎等因素，均可导致胎元失养，使胎元禀赋未充，肾气不足。

2. 调养失宜

哺养失调，脾失健运，营养物质不能满足小儿生长发育的需要，气血虚

弱，脏腑失于濡养，脾肾亏虚，筋骨肌肉不充而发病。日照不足，脏腑筋骨失于阳光温煦，以致骨骼发育不坚而为病。

本病病机主要是脾肾两虚，常可累及心、肝、肺。肾主骨生髓，脾主运化。肾气不足、精气不充、骨骼不坚则见发育迟缓、囟门迟闭、牙齿晚出，甚至鸡胸龟背等；脾失健运，气血亏虚，土不生金，肺气虚损，则见肌肉软弱、毛发稀疏，多汗等；肝之阴血不足，肝阳偏盛，则烦躁夜啼；筋脉失于濡养，则见五迟（立、行、发、语、齿）、五软（头、口、手、足、肌肉）；心气不足则智力低下语迟。

二、临床诊断

三、诊断要点

（1）有维生素 D 缺乏史，多见于 3 月大至 2 岁户外活动少的婴幼儿。

（2）各期诊断要点：

①初期：常有非特异性的神经精神症状，如多汗、烦躁、睡眠不安、夜啼、枕秃等。

②激期：出现典型的骨骼改变，表现部位与该年龄骨骼生长速度较快的部位相一致，见表 5-20-1。

表 5-20-1　骨骼改变与易发年龄

部位	名称	易发年龄
头部	颅骨软化	3～6 个月
	方颅	8～9 个月
	前囟增大及闭合延迟	迟于 1.5 岁
	出牙迟	1 岁出牙，2.5 岁仍未出齐
胸部	肋骨串珠	1 岁左右
	肋膈沟、鸡胸、漏斗胸	
四肢	手镯、足镯	大于 6 个月
	“O”形腿或“X”形腿	大于 1 岁
脊柱	后弯、侧弯	学坐以后

③恢复期：患儿症状有所改善，体征减轻，血生化恢复正常，但可遗留骨骼畸形。

④后遗症期：多见于2岁以上儿童，残留不同程度的骨骼畸形，无其他临床症状，实验室检查亦无异常。

（3）辅助检查

①血生化检查：钙、磷含量降低，钙磷乘积小于30，血清碱性磷酸酶明显升高。

② X线检查：常拍摄手腕部。可见干骺端模糊，呈毛刷状或杯口状改变，并见骨质疏松、皮质变薄。

四、临床表现

1. 气血亏虚，脾虚肝旺

面色少华，发黄稀疏，形体虚胖，大便稀溏，常见烦躁夜啼、纳差多汗、囟门迟闭，出牙少或晚，枕秃，舌淡，苔薄白，脉细弦或指纹淡。

2. 精血不足，肾虚骨弱

面青无华，形体消瘦，发育迟缓，且有明显的中度骨骼改变，可见手镯、足镯，鸡胸、漏斗胸、肋隔沟、“O”或“X”形腿，脊柱畸形等，舌淡红，苔薄白，脉细。

3. 脾肾亏虚，骨骼畸形

面色苍白，头汗淋漓，肢软无力，囟门不闭，方颅，走路不稳，易跌扑，骨骼改变定形，舌淡苔少，脉细无力。

五、鉴别诊断

解颅（脑积水）多因先天不足，肾虚骨弱，髓海空虚，水液气化失司致颅囟迟闭，头颅增大。多在6个月以内发病，以颅骨缝解开，头颅增大，叩之呈破壶音，目珠下垂如落日为主要特征，多有神情呆滞，或烦躁不安乃至惊厥等症。头颅CT可见脑室扩大，脑血管畸形以及脑皮质的萎缩。

六、辨证论治

1. 气血亏虚，土虚木亢

（1）治法：补气益血，健脾平肝。

（2）处方：补脾经 5 分钟，揉板门 3 分钟，清肝经 2 分钟，补肾经 3 分钟，揉肾顶 3 分钟，推四缝 2 分钟，逆运内八卦 3 分钟，揉小天心 3 分钟，分阴阳 2 分钟，推三关 2 分钟，清天河水 1 分钟，揉二马 2 分钟。

（3）方解：补脾、推三关可补虚扶弱，补血行气，平肝护阳；揉板门、逆运内八卦、推四缝可健脾胃；揉小天心、分阴阳、清肝经、清天河水可镇静安神，除烦助眠；补肾经、揉肾顶、揉二马可培补元气，强筋壮骨。

2. 精血不足，肾虚骨弱

（1）治法：补益脾肾，养血生精，强筋健骨。

（2）处方：补脾经 3 分钟，揉板门 5 分钟，补肾经 5 分钟，逆运内八卦 3 分钟，推四缝 2 分钟，推三关 1 分钟，揉二马 3 分钟，按揉肝俞、脾俞、肾俞、三焦俞各 2 分钟，捏脊 6 次，按揉足三里 2 分钟，按揉关元、三阴交各 1 分钟。

（3）方解：补脾、揉板门、逆运内八卦、推四缝、推三关、按揉足三里可健脾胃促消化吸收；补肾经、揉二马、按揉关元可温肾固本；揉背俞穴和捏脊可调理脏腑功能，强筋壮骨；按揉三阴交健脾益血，调补肝肾。

3. 脾肾亏虚，骨骼畸形

（1）治法：健脾补肾，矫正畸形。

（2）处方：补脾经 3 分钟，补肾经 3 分钟，逆运内八卦 1 分钟，推四缝 1 分钟，揉小天心 2 分钟，分阴阳 2 分钟，推三关 2 分钟，揉二马 2 分钟，按揉肝俞、脾俞、胃俞、肾俞、三焦俞各半分钟，捏脊 3 ~ 6 次，按揉足三里 1 分钟。

（3）方解：补脾经、补肾经、推三关、揉二马、按揉背俞穴和捏脊扶正健脾补肾；逆运内八卦、推四缝、按揉足三里促吸收；揉小天心、分阴阳调节阴阳平衡，镇静安神。

七、注意事项

（1）加强孕期保健，孕妇适当晒太阳，保证充足的日照，增强体质。

（2）婴儿出生 2 个月后开始适当多晒太阳，平均每日 1 小时。对于早产儿、多产儿等婴儿可口服维生素 D 预防本病发生，一般出生后 2 周开始补充维生素 D。夏季户外活动增多可暂停或减量服用。

（3）提倡坚持母乳喂养，及时添加富含维生素 D 及钙磷丰富的食物，如肝类、牛奶、蛋黄、虾等。

（4）不要过早让小儿站立或行走，避免骨骼畸形。

第六章 小儿保健推拿法

第一节 益气健脾推拿法

一、概述

脾处中焦，与胃之经脉互为络属，主饮食的消化和吸收，运化津液和水湿，统摄血液，同时主管肌肉四肢等功能。脾为后天之本、气血生化之源。中医学认为小儿具有“脾常不足”的生理特点，小儿脾胃之体成而未全、脾胃之用全而未壮，乳食的受纳、腐熟、传导，水谷精微的吸收、转输功能均与小儿迅速生长发育所需不相适应。故脾脏最易出现虚证，多表现在运化和统摄的功能失常，处理不当易出现食积、厌食、腹胀、腹泻等疾病。因此，小儿“脾失健运”之状态，首当“益气健脾”。益气健脾推拿法是小儿保健常用的推拿手法，可以消食和中、调节阴阳、理气血、和脏腑，促进脾胃运化、营养吸收，从而提高小儿的体质。

二、小儿益气健脾推拿法

（一）手、足部按摩法

1. 补脾土

术者可用拇指桡侧面，沿小儿拇指末节螺纹面（脾土），由指尖向指跟直推 200 次。此法可健脾胃，补气血，扶正祛邪。

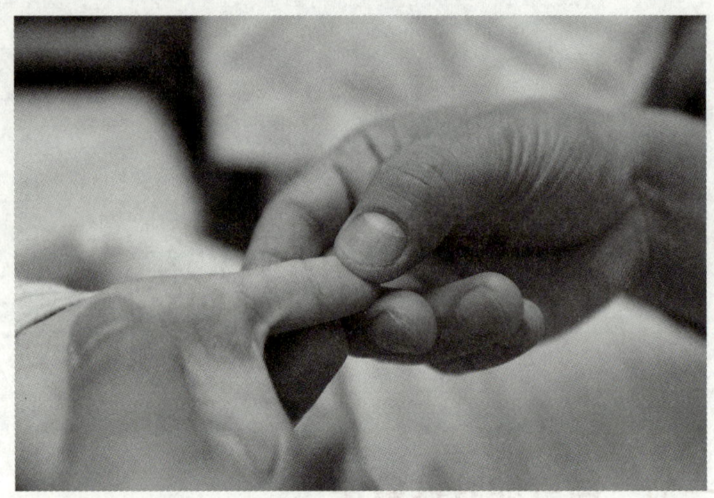

图 6-1-1 补脾土

2. 补胃经

术者可用拇指桡侧面，沿小儿手掌赤白肉际，由拇指指根向掌根直推 100 次。此法可健脾胃，助运化。

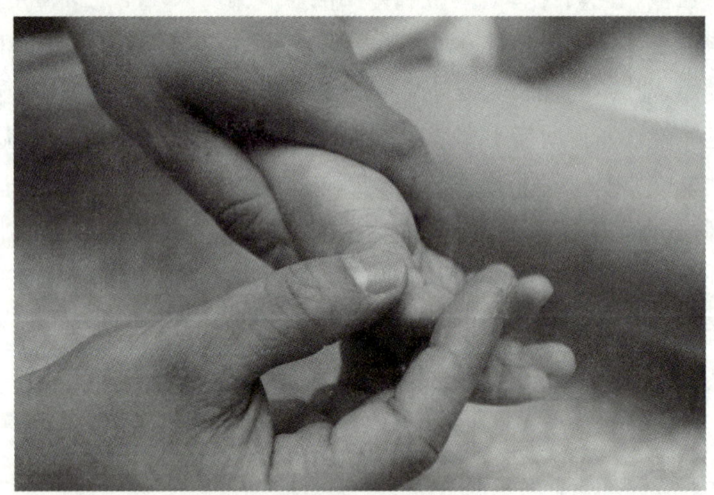

图 6-1-2 补胃经

3. 运内八卦

术者用食指螺纹面，自小儿手掌小鱼际处起运，沿顺时针方向经大鱼际至起始处直推 100 次。此法可行滞消食。

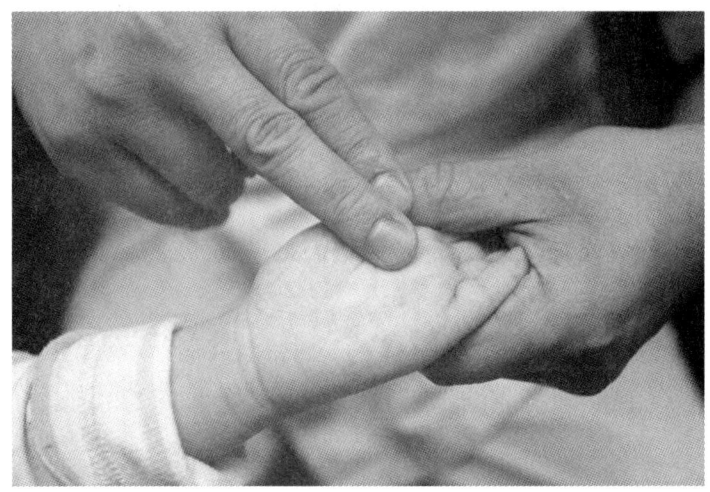

图 6–1–3　运内八卦

4. 揉板门

术者用拇指螺纹面，揉按小儿手掌大鱼际平面 100 次。此法可健脾和胃，消食导滞。

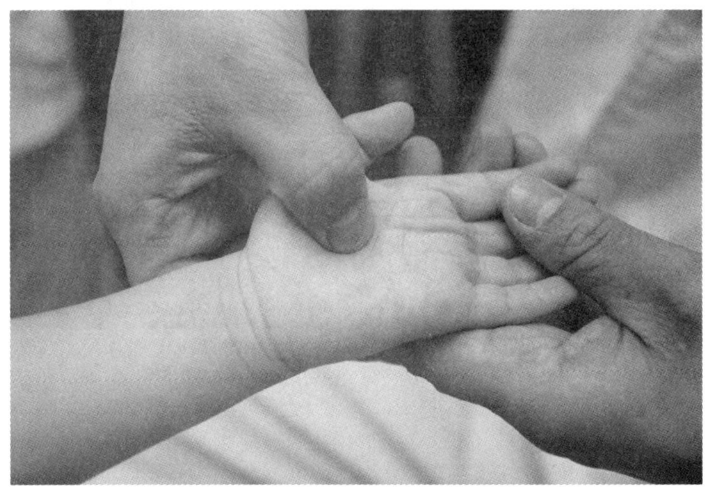

图 6–1–4　揉板门

5. 推四横纹

术者用拇指螺纹面，由食指横纹处向小指横纹处直推 100 次。此法可调中补气，和气血，清胀满。

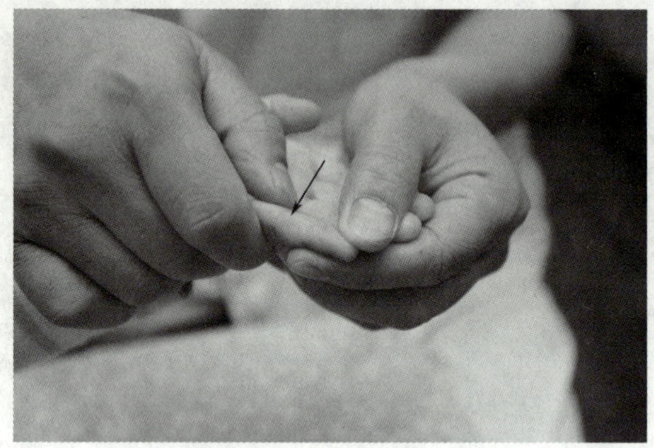

图 6-1-5　推四横纹

6. 揉足三里

术者用拇指螺纹面，揉小儿足三里穴 50 次。此法可健脾和胃，强壮保健。

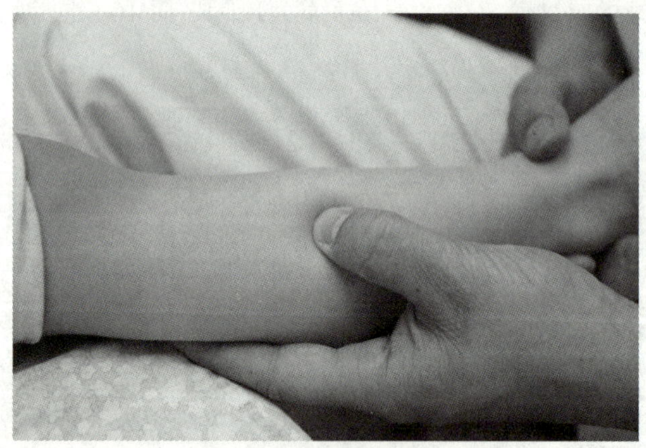

图 6-1-6　揉足三里

（二）腹部按摩法

1. 摩腹法

小儿取仰卧位，术者用一手四指指腹或全掌着力于腹部，以脐部为中心顺时针旋摩 5 分钟。此法能健脾和胃。

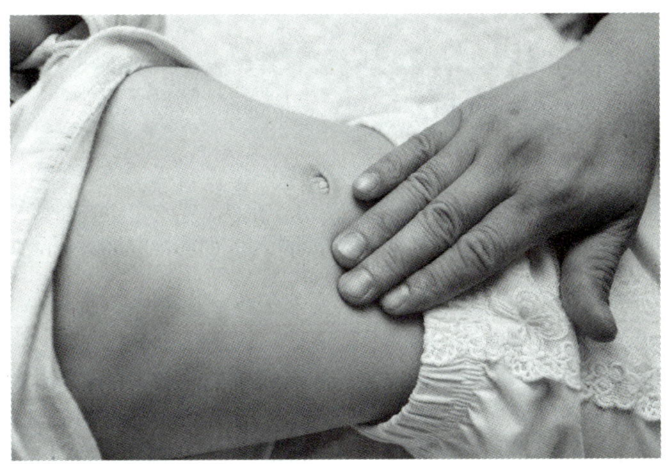

图 6-1-7　摩腹法

2. 分推腹阴阳

小儿取仰卧位，术者用双手拇指自剑突下，沿肋弓下缘分推 50 次。此法可健脾和胃，理气消食。

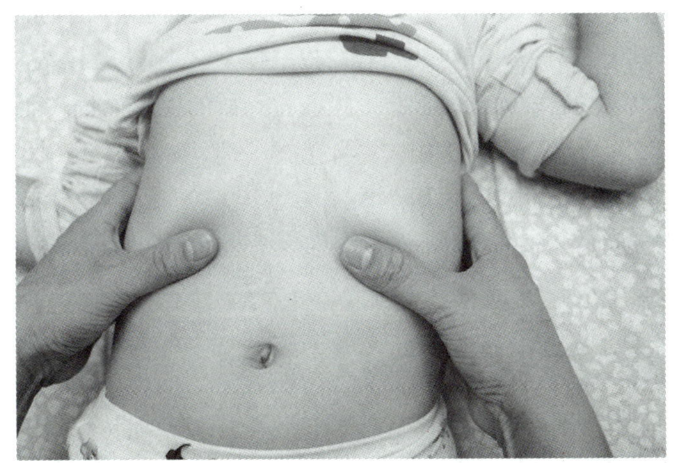

图 6-1-8　分推腹阴阳

3. 揉中脘

小儿取仰卧位，术者用中指指腹，按揉中脘穴 100 次。此法可健脾和胃，消食和中。

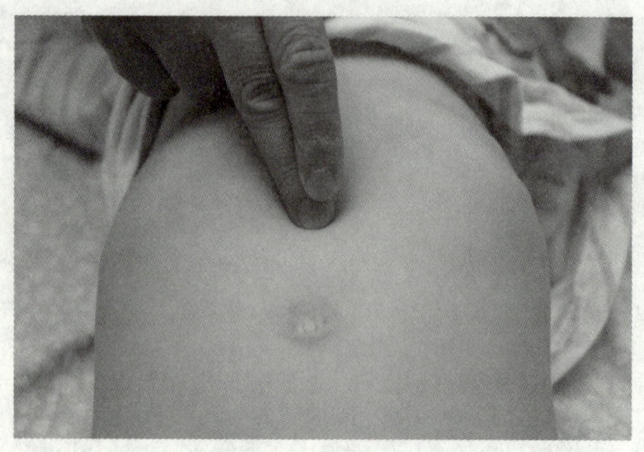

图 6-1-9　揉中脘

（三）背部按摩法

1. 捏脊

用冯氏捏脊手法，双手的中指、无名指、小指握成空拳状，食指半屈，拇指伸直并对准食指的前半段，小指自然弯曲。术者从患儿尾椎下的长强穴（实际操作可从尾骨）开始，用双手的食指与拇指配合，在食指向前轻推患儿皮肤的基础上与拇指一起将长强穴的皮肤捏拿起来，然后沿着督脉，自下而上，左右两手交替合作，按照推、捏、捻、放的先后顺序，自尾椎下的长强穴向前捏拿至脊背上端的大椎穴。此为捏一遍，如此循环，捏拿 5 遍。捏第 5 遍时，术者可根据患儿采用“重提”的手法，有针对性地刺激患儿背部的小肠俞、大肠俞、胃俞、脾俞穴，以便加强疗效。此法常与按摩足三里合用，作为保健手法。

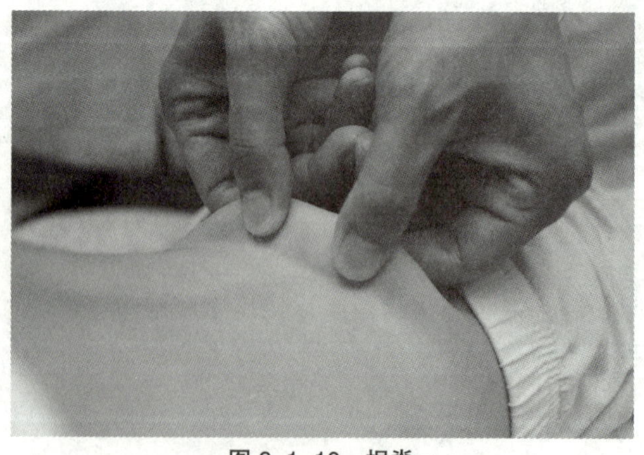

图 6-1-10　捏脊

2. 按揉背部脾俞穴、胃俞穴

术者用拇指螺纹面，按揉背部脾俞穴、胃俞穴 50 次。此法可健脾和胃，强壮保健。

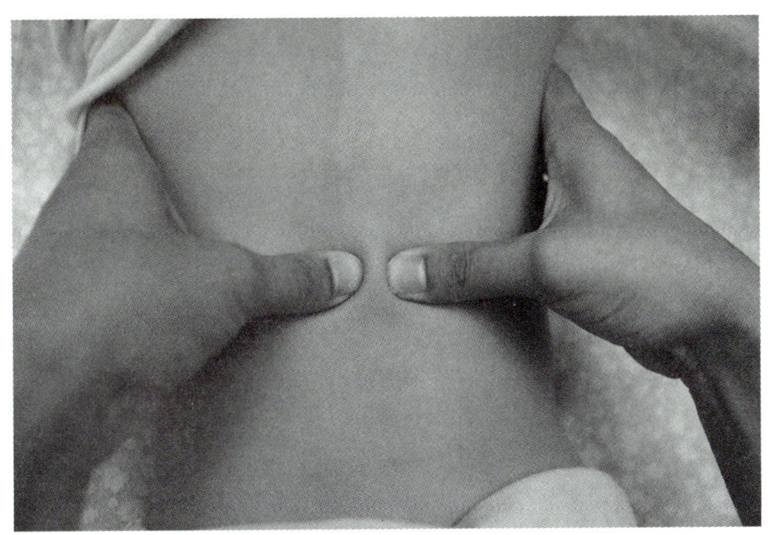

图 6-1-11　按揉脾俞穴

第二节　益气补肺推拿法

一、概述

肺主气，司呼吸，主宣发和肃降，通调水道，功能主要体现在气与水液的生成与调节、呼吸的治理。而小儿“肺常不足”，正气不足、卫外不固易导致反复呼吸道感染，肺失宣降、痰饮内停易导致咳嗽、哮喘等病。小儿脏腑娇嫩，形气未充，肺易出现虚证，推拿保健应注重益气补肺推拿法的运用。益气补肺推拿有补肺益气固表的作用，而脾为生气、生痰之源，肾为纳气之根，因此联合健脾补肾手法的应用，可增强益气固表之功，以此增强小儿体质，提高免疫功能，从而预防反复呼吸道感染。

二、小儿益气补肺推拿法

（一）手、足部按摩法

1. 补肺经

术者可用拇指桡侧面，沿小儿无名指末节螺纹面，由指尖向指跟直推200次。此法可补肺气，扶正祛邪。

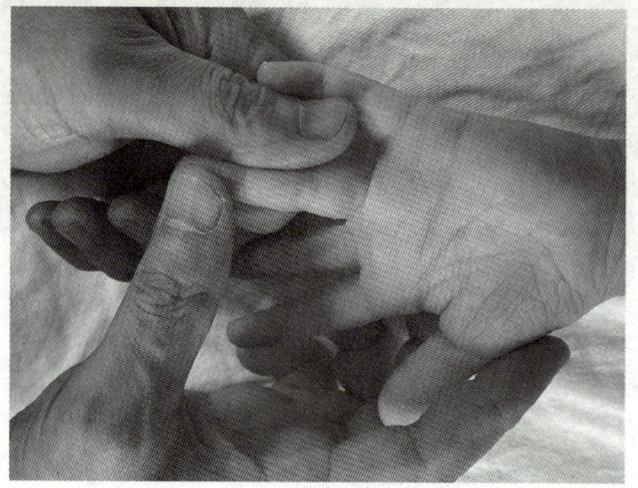

图 6-2-1　补肺经

2. 补脾土

术者可用拇指桡侧面，沿小儿拇指末节螺纹面（脾土），由指尖向指跟直推200次。此法可健脾胃，补气血，扶正祛邪。

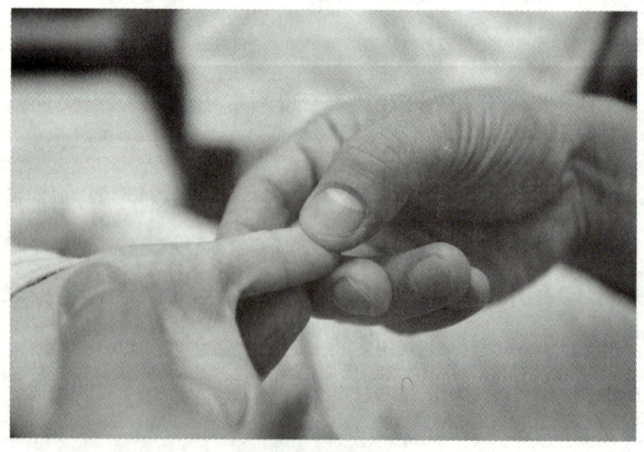

图 6-2-2　补脾土

3. 补肾经

术者可用拇指桡侧面，沿小儿小指指腹，由指尖向指根直推 200 次。此法可补肾气，温补下元，强筋健骨。

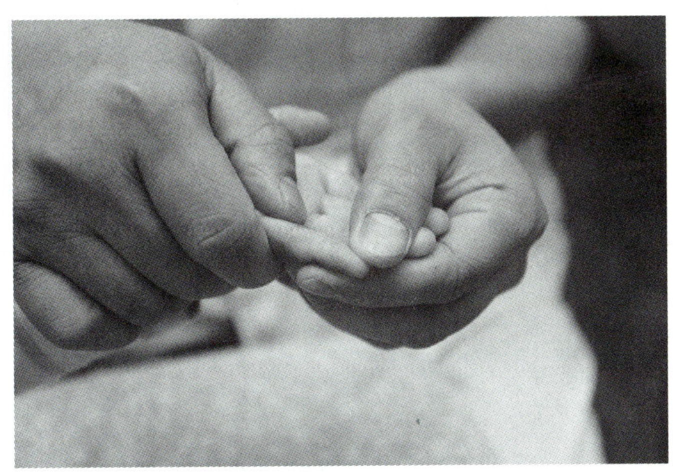

图 6–2–3　补肾经

4. 运内八卦

术者用食指螺纹面，自小儿手掌小鱼际处起运，沿顺时针方向经大鱼际至起始处直推 100 次。此法可宽胸理气，镇咳化痰。

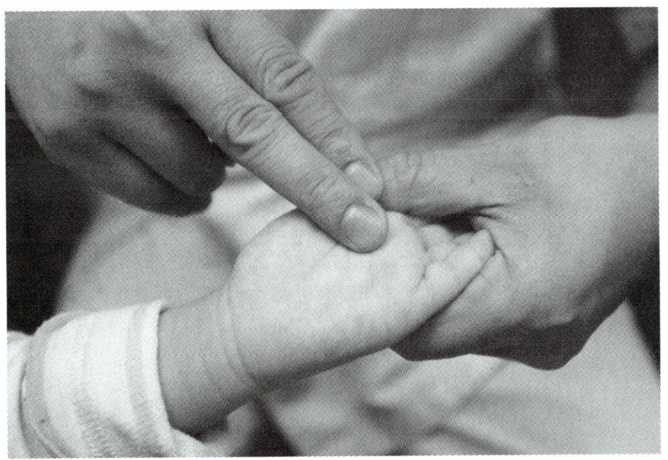

图 6–2–4　运内八卦

5. 顶按涌泉穴

术者用食指近侧指间关节，顶按小儿涌泉穴 3 分钟。此法可补肾纳气，温补下元。

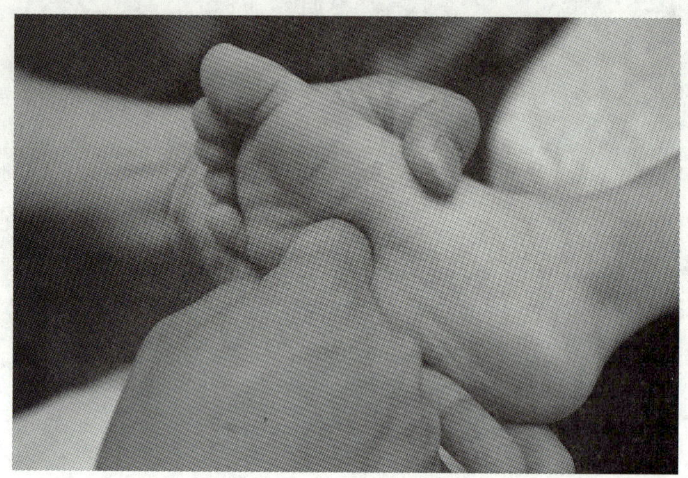

图 6–2–5　顶按涌泉穴

6. 揉足三里

术者用拇指螺纹面，揉小儿足三里穴 50 次。此法可健脾和胃，强壮保健。

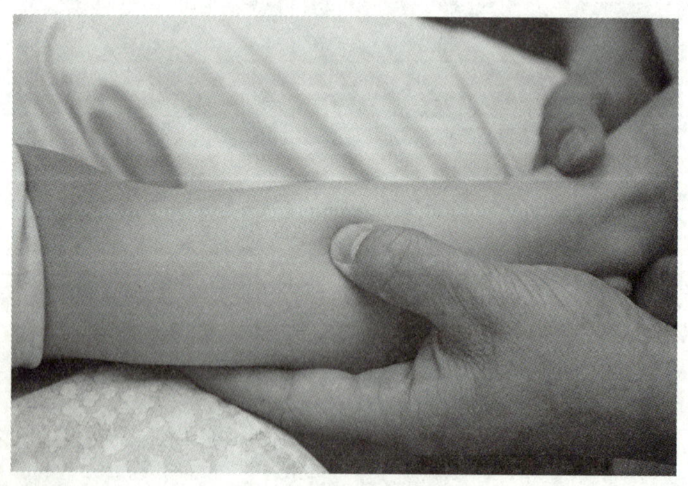

图 6–2–6　揉足三里

（二）胸部、颈部按摩法

1. 按揉乳根、乳旁

小儿取仰卧位，术者用中指或食指指面着力，按揉小儿乳根部、乳旁各200次。此法可补肺益气。

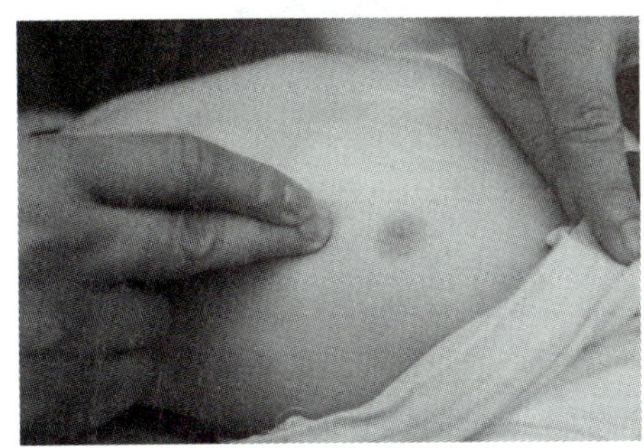

图 6-2-7　按揉乳根

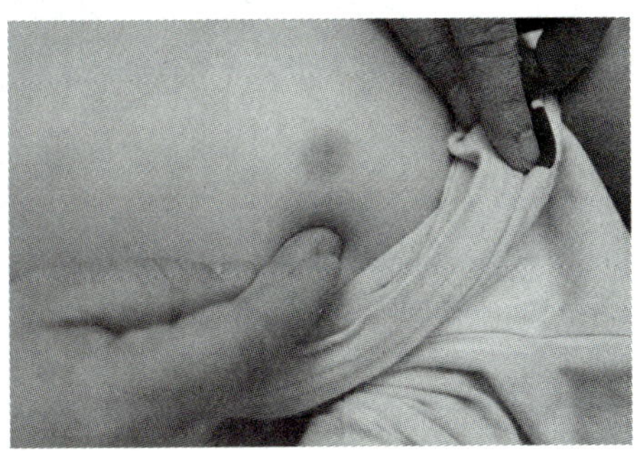

图 6-2-8　按揉乳旁

2. 分推膻中

小儿取仰卧位，术者用双手拇指螺纹面自膻中，分别沿两乳头连线向相反方向分推100次。此法可宽胸理气，镇咳化痰。

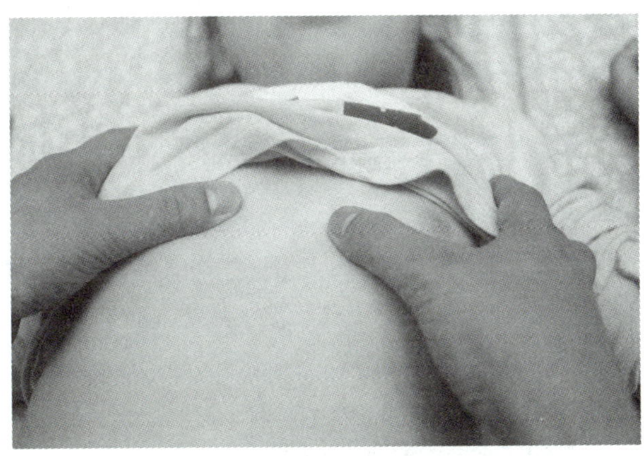

图 6-2-9　分推膻中

3. 擦大椎

小儿取俯卧位或坐位，头向前倾，术者以小鱼际快速横擦患儿大椎穴1分钟，每日1次。此法可预防外感风寒。

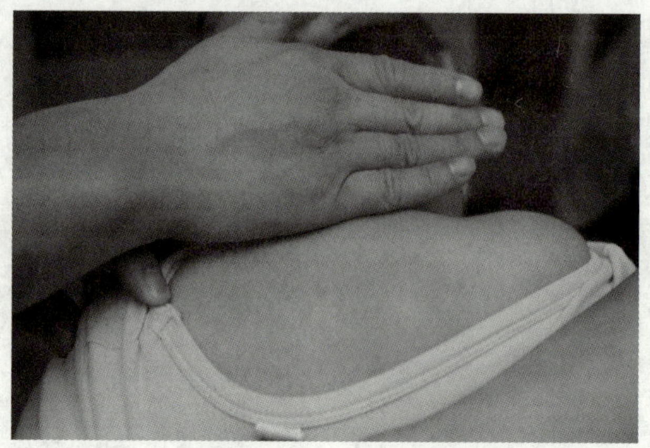

图 6-2-10　擦大椎

（三）背部按摩法

1. 捏脊

捏脊 5 遍（同益气健脾推拿法中的捏脊方法）。

2. 按揉背部肺俞穴、脾俞穴、肾俞穴

术者用拇指螺纹面，按揉背部肺俞穴、脾俞穴、肾俞穴 50 次。此法可益气补肺，健脾补肾。

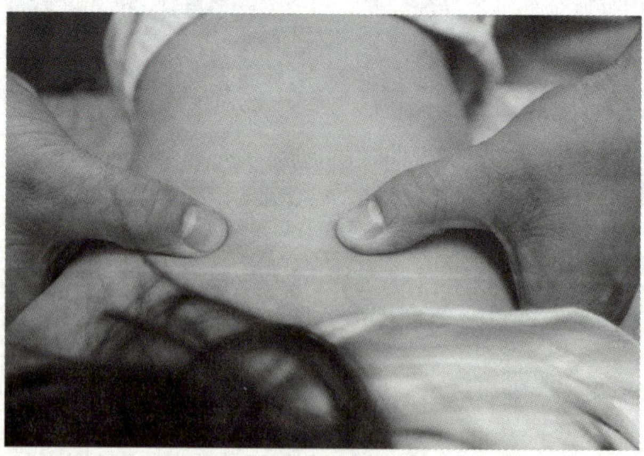

图 6-2-11　按揉肺俞

第三节　益气补肾推拿法

一、概述

中医认为“肾主藏精，主生长发育与生殖；肾主气化，与水液代谢有关；在体合骨，骨生髓，脑为髓海”，肾作为先天之本、生命之根，藏有元阴元阳，与小儿体格、运动、智力发育息息相关，同时与骨、脑（神经系统）、膀胱气化有着密切的关系。而小儿“肾常不足”，肾气、肾阳不足易出现遗尿、发育迟缓等疾病。因此，益气补肾推拿法应作为小儿保健的基本手法，可增强小儿体质，促进生长发育。

二、小儿益气补肾推拿法

1. 补肾经

术者可用拇指桡侧面，沿小儿小指指腹，由指尖向指根直推 200 次。此法可补肾气，温补下元，强筋健骨。

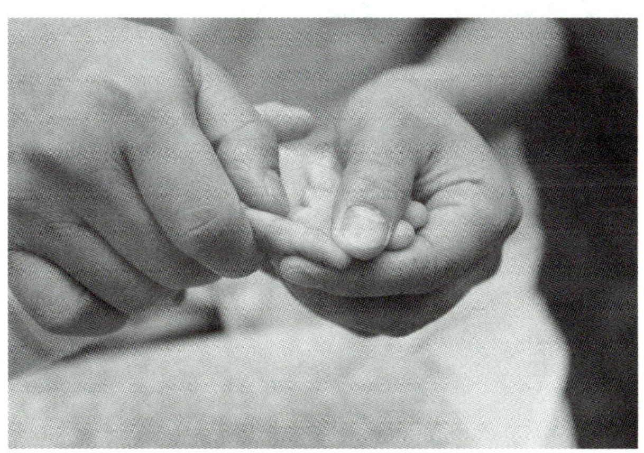

图 6-3-1　补肾经

2. 揉二马

术者用拇指螺纹面，揉按小儿手背第 4、5 掌指关节后方（两掌骨间凹陷中）200 次。此法可滋阴补肾。

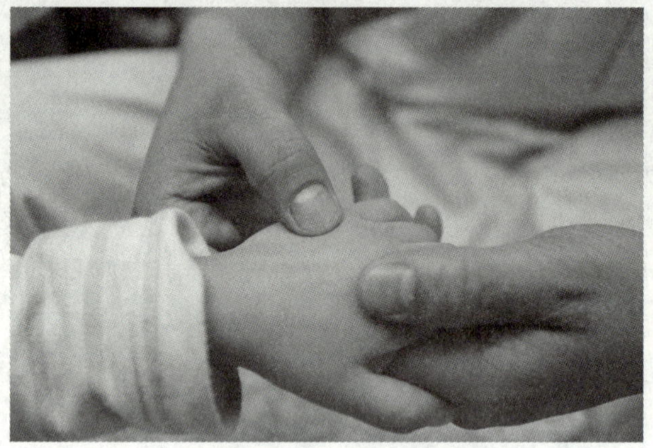

图 6-3-2 揉二马

3. 顶按涌泉

术者用食指近侧指间关节，顶按小儿涌泉穴 3 分钟。此法可补肾纳气，温补下元。

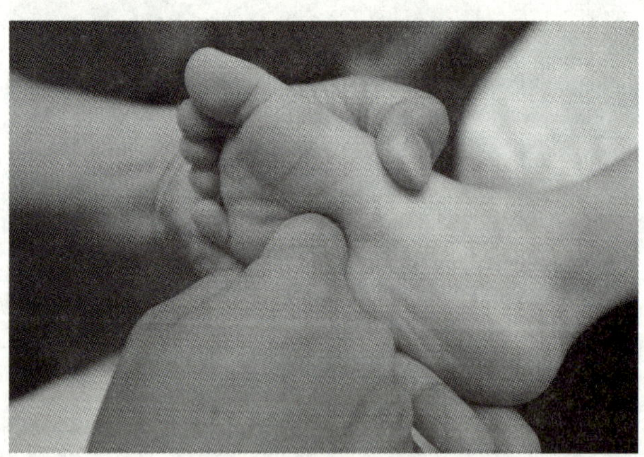

图 6-3-3 顶按涌泉

4. 揉三阴交

术者用拇指螺纹面，揉小儿三阴交穴 50 次。此法可调理肝、脾、肾。

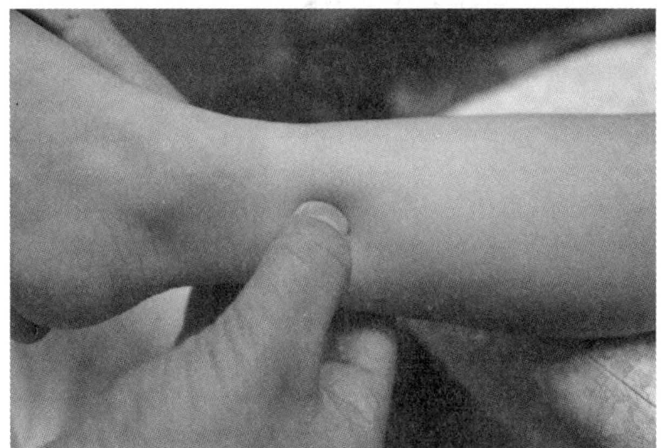

图 6-3-4　揉三阴交

5. 按揉肾俞穴

术者用拇指的螺纹面按揉背部肾俞穴，100 次，每日 1 次。此法可滋阴补肾、固本培元。

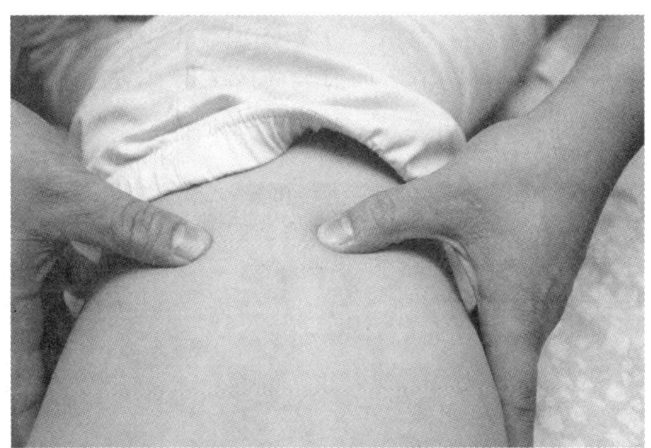

图 6-3-5　按揉肾俞

6. 捏脊 5 遍

同益气健脾推拿法中的捏脊方法。

第四节　安神益智推拿法

一、概述

安神益智推拿法是指通过对头面部及躯干、四肢部位穴位的按摩以疏通气血经络、调节五脏六腑、调畅任督二脉的作用，从而达到健脑益智的目的。小儿处于生长发育的黄金时期，安神益智推拿法是小儿保健的一种重要方法，可促进小儿智力发育。中医学认为，肾主藏精，精生髓，髓聚为脑，故有“脑为髓之海”之说，这说明人的精神意识思维活动与肾有密切关系，因此安神益智推拿法常联合益气补肾推拿法。

二、小儿安神益智推拿法

（一）头部按摩法

1. 摩顶

术者用手掌面或食指、中指、无名指、小指四指的指面在少儿头顶（双侧头维穴位与双侧顶骨结节所形成的环形）做有节律的顺时针方向的环行移动，摩擦 2 分钟。此法可开窍，健脑，益智。

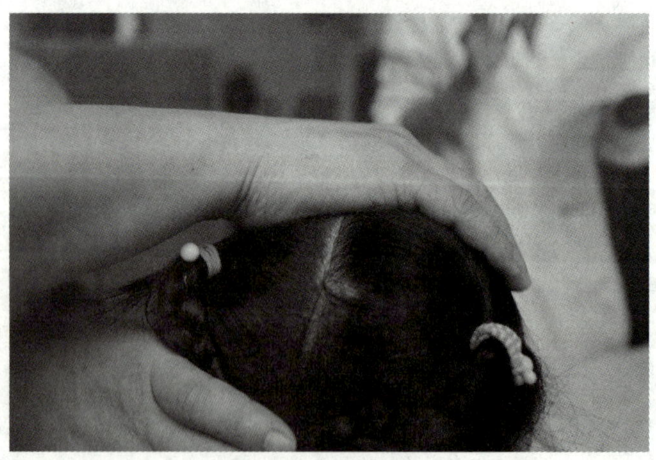

图 6-4-1　摩顶

2. 鸣天鼓

术者操作时与少儿面对而坐，两手掌掩耳，中指紧贴枕后部，食指叠于中指指背之上，再下滑使食指轻轻敲击枕部近风池穴处，产生鸣响，少儿耳中可听到击鼓之声，连续操作 8 次。此法可补肾，健脑，益智。

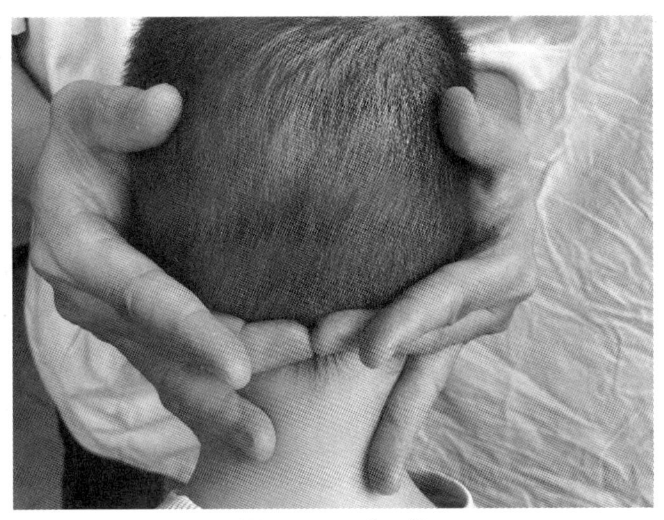

图 6–4–2　鸣天鼓

3. 按揉头部穴位

术者主要选取神庭、本神、四神聪、头维、上星、脑户、哑门、风池穴位。每穴按揉 20 次。此法可益智健脑。

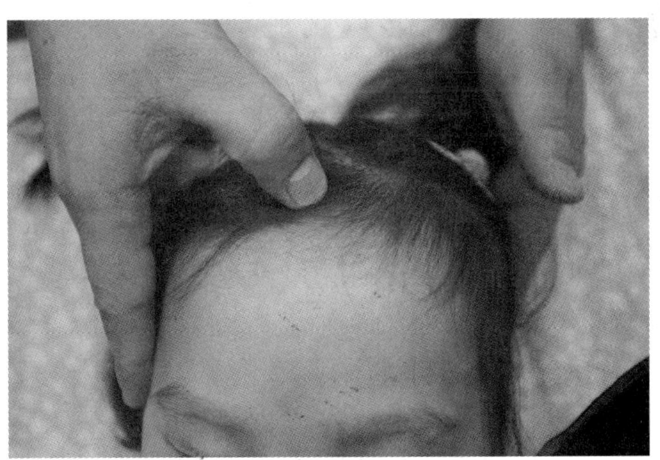

图 6–4–3　按揉神庭

（二）四肢按摩法

1. 补肾经

术者可用拇指桡侧面，沿小儿小指指腹，由指尖向指根直推 200 次。此法可补肾增髓，健脑益智。

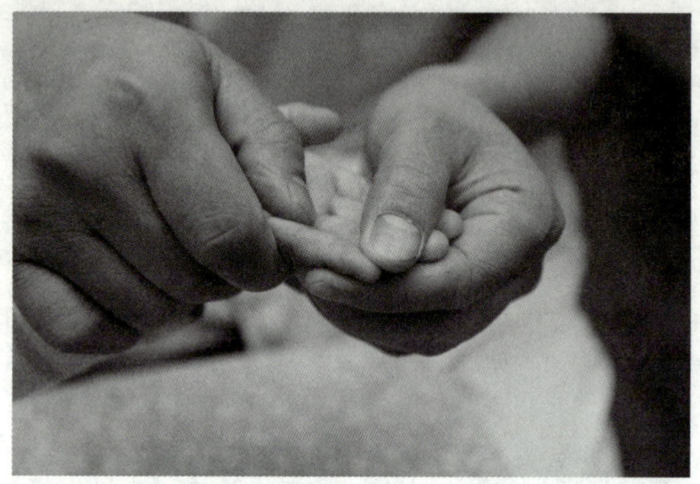

图 6-4-4 补肾经

2. 补脾土

术者可用拇指桡侧面，沿小儿拇指末节螺纹面（脾土），从指尖向指跟方向直推 200 次。此法可健脾益气，增髓补脑。

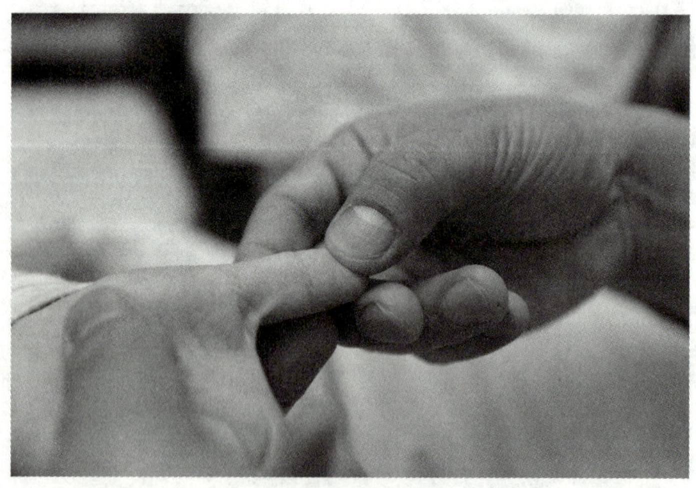

图 6-4-5 补脾土

3. 揉二马

术者用拇指螺纹面，揉按小儿手背第 4、5 掌指关节后方（两掌骨间凹陷中）200 次。此法可滋阴补肾，健脑益智。

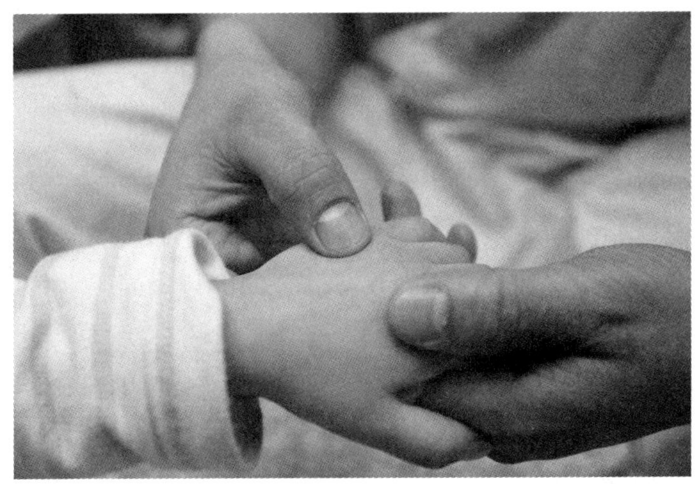

图 6–4–6　揉二马

4. 顶按涌泉穴

术者用食指近侧指间关节，顶按小儿涌泉穴 3 分钟。此法可补肾纳气，温补下元。

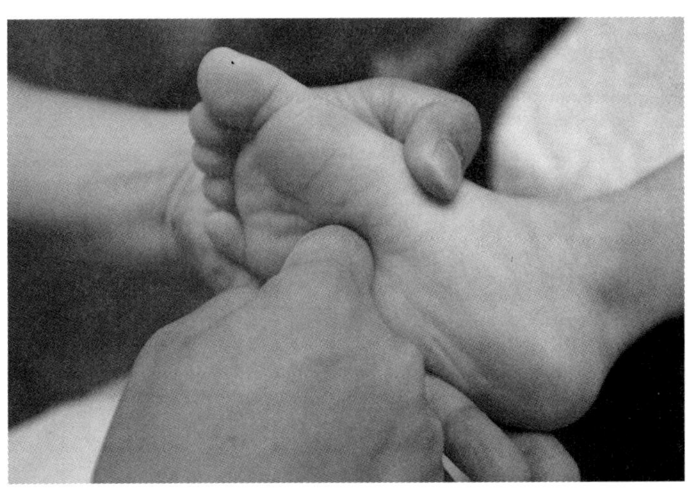

图 6–4–7　顶按涌泉穴

（三）背部按摩法

1. 捏脊

捏脊 5 遍（同益气健脾推拿法中的捏脊方法）。

2. 按揉背部脾俞穴、肾俞穴

术者用拇指螺纹面，按揉背部脾俞穴、肾俞穴 50 次。此法可健脾补肾，益智健脑。

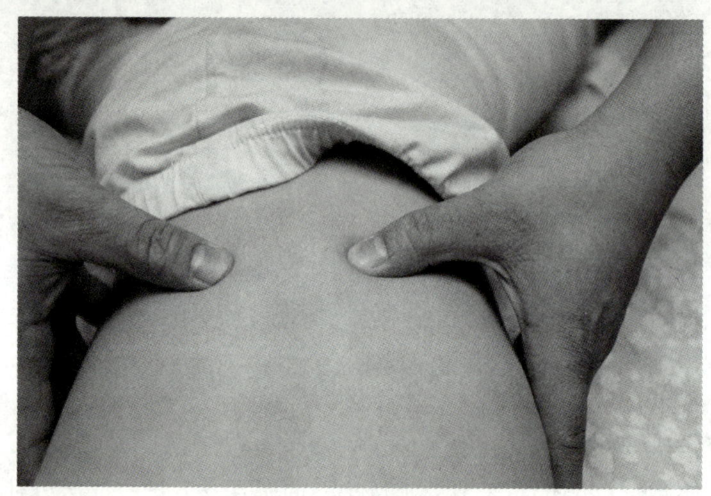

图 6-4-8　按揉肾俞

附　录

小儿推拿歌诀

1. 保婴赋（《幼科推拿秘书》）

人禀天地，全而最灵，原无夭札，善养则存。始生为幼，三四为小，七龆八龀，九童十稚。惊痫疳癖，伤食中寒，汤剂为难，推拿较易。以其手足，联系脏腑，内应外通，察识详备。男左女右，为主看之，先辨形色，次观虚实。认定标本，手法祛之，寒热温凉，取效指掌。四十余穴，有阴有阳，十三手法，至微至妙。审症欲明，认穴欲确，百治百灵，万不失一。

2. 小儿无患歌（《小儿推拿方脉活婴秘旨全书》）

孩童常体貌，情志自殊然，鼻内干无涕，喉中绝没涎。头如青黛染，唇似点朱鲜，脸若花映竹，颊绽水浮莲。喜引方才笑，非时手不掀，纵哭无颠哭，虽眠未久眠。意同波浪静，性若镜中天，此侯俱安吉，何愁疾病缠。

3. 变蒸论（《幼科推拿秘书》）

小儿有变蒸热症。变蒸者，所以变化脏腑，坚强骨脉。是阴阳正气，阳气行于旦，交人物之情性，阴气行于夜，变人物之形体。故小儿自初生至四岁八岁，三十二日一变蒸，而肾气足，八八六十四日再变蒸，则膀胱气足。以后每增四八则一蒸，使五腑气俱足，到三百二十日，凡十蒸变，则诸脏气足。小蒸既毕，然后大蒸，又积至二百零六日，大蒸三遍毕，然后出蒸，是一岁零七个月。大小蒸俱毕，或一日二日发热，此不可推，痘疹亦然，推则拂乱其气，反受其伤，故下手要观五色，辨音，细问，切脉，察病数件，庶不有误也。

4. 病源论（望闻问切）(《幼科推拿秘书》)

儿有大小之不同，病有浅深之不一，形声色脉之殊。望闻问切之间，若能详究于斯，可谓神圣工巧者矣。盖望者，鉴望辨其色也。假如面部，左腮属肝，右腮属肺，额属心，鼻属脾，颏属肾脏。肝病面青，肺病面白，心病面赤，脾病面黄，肾病面黑，是乃望而知之也。闻者，听声知其症也。假如肝病声悲，肺病声促，心病声雄，脾病声慢，肾病声沉，属于脏；大肠病声长，小肠病声短，胃病声速，胆病声清，膀胱病声微，属于腑，是乃闻而知之也。问者，究其病源也。好食酸肝病，好食辛肺病，好食苦心病，好食甘脾病，好食咸肾病，好食热内寒，好食凉内热，是乃问而知之也。切者，切脉察病也。三周以下儿有病，男左女右看三关，卯是气关，寅是风关，辰是命关医难治，虎口有筋往上接，看之须要分五色，红黄安乐五脏和，青紫定是受风吓，是乃切而知之也。此其大略也。

5. 认色歌（《按摩经》)

眼内赤者心实热，淡红色者虚之说，青者肝热浅淡虚，黄者脾热无他说，目无精光肾虚诀。儿子人中青，多因果子生，色若人中紫，果食积为痞。人中现黄色，宿乳蓄胃成，龙角青筋起，皆因四足惊。若然虎角黑，水扑是其形，赤色印堂上，其惊必是人。眉间赤黑紫，急救莫沉吟，红赤眉毛下，分明死不生。

6. 入门察色（《小儿推拿广意》)

五行多在面，吉凶要观形，赤红多积热，风生肝胆惊，面黄多食积，唇白是寒侵，青黑眉间出，黄粱梦里人。五声由肺出，肺绝哭无声，气短咽喉塞，喘多医者惊，哑声热不退，腹痛冷相侵，听罢知虚实，存知在耳鸣。小儿无脉诊，吉凶虎口凭。

面部气色，为十二经总现之处。而五位色青者，惊积不散，欲发风候。五位色红者，伤寒痰积壅盛，惊悸不宁。五位色黄者，食积瘕，疳候痞癖。五位色白者，脉气不实，滑泄吐痢。五位色黑者，脏腑欲绝，为疾危恶候。面青眼青，肝之病也。面赤唇红，心之病也。面黄鼻黄，脾之病也。面颊白色，肺之病也。五脏各有所生，细探其色，即知表里虚实，禀赋盈亏，其补泻寒热之法。诚大彰明较着也。

7. 五视法（《小儿推拿广意》)

凡视小儿神气脉色有五，一视两目，二听声者，三视囟门，四视形貌，

五视毛发。但此五者，虽不能全，若得两目精神，声音响亮，十可保其六七耳。一视两目，夫两目乃五脏精华所聚，一身精气所萃。若睛珠黑光满轮，精神明快，儿必长寿，虽然加病，亦易痊愈；若白珠多，黑珠昏朦，睛珠或黄或小，精神昏懒，此父母先天之气薄弱，禀受既亏，儿多灾患也。二听声音，凡小儿声音大而响亮，乃五脏六腑气血充盈，儿必易长成人。如生来不曾大声啼哭，此必有一脏阴窍之未通，神气之未足，或声如啾唧咿唔之状，此儿不寿必矣。三视囟门，盖儿前囟门乃禀母血而充，后囟门乃受父精而实。若前后囟门充实，其儿必寿。如父之精气不足，耽嗜酒色，令儿后囟空虚不实；如母之原禀不足，血弱病多，令儿前囟虚软不坚，多生疾病。如父母气血俱不足，其儿必夭。若此，则其父母亦不能保其天年耳。前囟即道家所谓泥丸宫，后囟即脑后顶门中，名曰百会。前后囟门俱不合，名曰解颅。四视形貌，凡儿口大鼻端，眉清目秀，五岳相朝，部位相等，此乃福寿之基，一生无疾。如口小鼻㖞，眉心促皱，皮肤涩滞，虽无病而终夭，设或不夭，而终贫贱也。五视毛发，夫毛发受母血而成，故名血余也。母血充实，儿发则色黑而光润；母血虚弱，或胎漏败堕，或纵酒多淫，儿发必黄稿焦枯，或生疳痍之患，寿亦不长之兆也。

8. 推拿代药赋（《幼科铁镜》）

前人忽略推拿，卓溪今来一赋。寒热温平，药之四性；推拿揉掐，性与药同。用推即是用药，不明何可乱推。推上三关，代却麻黄肉桂；退下六腑，替来滑石羚羊。水底捞月，便是黄连犀角；天河引水，还同芩柏连翘。大指脾面旋推，味似人参白术，泻之则为灶土石膏；大肠侧推虎口，何殊诃子炮姜，反之则为大黄枳实，涌泉右转不揉，朴硝何异；一推一揉右转，参术无差。食指泻肺，功并桑皮桔梗；旋推止嗽，效争五味冬花。精威拿紧，岂羡牛黄贝母；肺俞重揉，漫夸半夏南星。黄蜂入洞，超出防风羌活；捧耳摇头，远过生地木香。五指节上轮揉，乃祛风之苍术；足拿大敦鞋带，实定掣之钩藤。后溪推上，不减猪苓泽泻。小指补肾，焉差杜仲地黄。涌泉左揉，类夫砂仁藿叶。重揉手背，同乎白芍川芎。脐风灯火十三，恩符再造。定惊元宵十五，不啻仙丹。病知表里虚实，推合重症能生，不谙推拿揉掐，乱用便添一死。代药五十八言，自古无人道及，虽无格致之功，却亦透宗之赋。

9. 各穴用法总歌（《幼科推拿秘书》）

心经一掐外牢宫，三关之上慢从容，
汗若不来揉二扇，黄蜂入洞有奇功。
肝经有病患多痹，推补脾土病即除，
八卦大肠应有用，飞金走气亦相随。
咳嗽痰涎呕吐时，一掐清肺次掐离，
离宫推至乾宫至，两头重实中轻虚。
饮食不进补脾土，人事瘦弱可为之，
屈为补兮清直泄，妙中之妙有玄机。
小水赤黄亦可清，但推肾水掐横纹，
短少之时宜用补，赤热清之得安宁。
大肠有病泄泻多，侧推大肠久按摩，
分理阴阳皆顺息，补脾方得远沉疴。
小肠有病气来攻，横纹板门推可通，
用心记取精灵穴，管叫却病快如风。
命门有病元气亏，脾土大肠八卦为，
侧推三关真火足，天门斗肘免灾危。
三焦有病生寒热，天河六腑神仙诀，
能知取水解炎蒸，分别阴阳掐指节。
膀胱有病作淋疴，补水八卦运天河，
胆经有病口作苦，重推脾土莫蹉跎。
肾经有病小便涩，推展肾水即清澈，
肾脉经传小指尖，依方推掐无差忒。
胃经有病食不消，脾土大肠八卦调，
胃口凉时心作哕，板门温热始为高。
心经有热发迷痴，天河水过作洪池，
心若有病补上膈，三关离火莫延迟。
肝经有病患闭目，推展脾土效即速，
脾若热时食不进，再加六腑病除速。

10. 手法治病歌（《幼科推拿秘书》）

水底明月最为凉，清心止热此为强，

飞金走气能行气，赤凤摇头助气良。
黄蜂入洞最为热，阴症白痢并水泻，
发汗不出后用之，顿教孔窍皆通泄。
大肠侧推到虎口，止吐止泻断根源，
疟痢羸瘦并水泻，心胸痞满也能痊。
掐肺经络节与离，推离往乾中要轻，
冒风咳嗽并吐逆，此筋推掐抵千金。
肾水一纹是后溪，推下为补上为清，
小便闭塞清之妙，肾经虚损补为能。
六腑专治脏腑热，遍身潮热大便结，
人事昏沉总可推，去火浑如汤泼雪。
总筋天水皆除热，口中热气并刮舌，
心惊积热火眼攻，推之即好真妙诀。
五经运通脏腑塞，八卦开通化痰逆，
胸膈痞满最为先，不是知音莫与泄。
四横纹和上下气，吼气肚痛掐可止，
二人上马清补肾，小肠诸病俱能理。
阴阳能除寒与热，二便不通并水泻，
诸病医家先下手，带绕天心坎水诀。
人事昏迷痢疾攻，疾忙急救要口诀，
天门双捏到虎口，斗肘重揉又生血。
一掐五指节与离，有风被喝要须知，
小天心能生肾水，肾水虚少推莫迟。
板门专治气促攻，扇门发热汗宜通，
一窝风能治肚痛，阳池穴上治头疼。
外牢治泻亦可用，拿此又可止头疼，
向导穴能医吼气，威灵卒死可回生。

11. *分补泻左右细详秘旨歌（《幼科推拿秘书》）*

补泄分明寒与热，左转补兮右转泻，
男女不同上下推，子前午后要分别。
寒者温之热者凉，虚者补之实者泻，

手足温和顺可言，冷厥四肢凶莫测。
十二经中看病源，穴真去病汤浇雪。

12. 面部推拿次第歌（《推拿捷径》）

第一先推是坎官，次推攒竹法相同。
太阳穴与耳背骨，三四全凭运动工。
还有非推非运法，掐来以爪代针锋。
承浆为五颊车六，聪会太阳七八逢。
九至眉心均一掐，循循第十到人中。
再将两耳提三下，此是推拿不易功。

13. 十三手法歌（《幼科推拿秘书》）

齐拿天门虎口，重揉斗肘并做，麻木关节要通活，打马须过天河。
黄蜂入洞热汗，水底捞月寒凉，飞金走气化风痰，按弦搓摩积散。
积痰积气搓走，二龙珠戏温和，双龙摆尾解结疴，截疟猿猴摘果。
欲止小儿痢泻，揉脐并及龟尾，赤凤摇头喘胀为，消噎展翅单飞。
拿儿无名食指，伸摇尽力用功，有食先掐肩井中，总收久病宜用。
永除小儿惯病，要将百穴全拿，若有一二法少瘥，未及年逾又发。
十三手法却病，仙传留救儿童，医者深思神会通，浮气粗心休用。

14. 八段锦（《按摩经》）

内八段锦

红净为安不用惊，若逢红黑便难宁，更加红乱青尤甚，取下风痰病立轻。
赤色微轻是外惊，若如米粒势难轻，红散多因乘怒乱，更加搐搦实难平。
小儿初诞月腹病，两眉颦号作盘肠，泣时啼哭又呻吟，急宜施法行功作。
小儿初诞日，肌体瘦尪羸，秃发毛稀少，元因是鬼胎。

外八段锦

先望孩儿眼色青，次看背上冷如冰，阳男搐左无防事，搐右令人甚可惊。
女搐右边犹可治，若逢搐左疾非轻，歪邪口眼终无害，纵有仙丹也莫平。
囟门肿起定为风，此候应知是必凶，忽陷成坑如盏足，未过七日命须终。
鼻门青燥渴难禁，面黑唇青命莫存，肚大青筋俱恶候，更兼腹肚有青纹。
忽见眉间紫带青，看来立便见风生，青红碎杂风将起，必见疳癥膈气形。
乱纹交错紫兼青，急急求医免命倾，盛紫再加身体热，须知脏腑恶风生。
紫少红多六畜惊，紫红相等即疳成，紫黑有红如米粒，伤风夹食症堪评。

紫散风传脾脏间，紫青口渴是风痫，紫隐深沉难疗治，风痰祛散命须还。

黑轻可治死还生，红赤浮寒痰积停，赤青皮受风邪症，青黑脾风作慢惊。

红赤连兮风热轻，必然乳母不相应，两手忽然无脉见，定知冲恶犯神灵。

15. 用汤时宜秘旨歌（《幼科推拿秘书》）

春夏汤宜薄荷，秋冬又用木香，咳嗽痰吼加葱姜，麝尤通窍为良；加油少许皮润，四六分做留余，试病加减不难知，如此见功尤易。四季俱用葱姜煎汤，加以油麝少许推之。

16.《推拿三字经》

徐谦光，奉萱堂，药无缘，推拿恙，自推手，辨诸恙，定真穴，
画图彰，上疗亲，下救郎，推求速，惟重良，独穴治，大三万，
小三千，婴三百，加减良，分岁数，从吾学，立验方，宜熟读，
勿心慌，治急病，一穴良，大数万，立愈恙，幼婴者，加减量，
治缓症，各穴量，虚冷补，热清当，大察脉，理宜详，浮沉者，
表里恙，迟数者，冷热伤，辨内外，推无恙，虚与实，仔细详，
字廿七，脉诀讲，明四字，治诸恙，小婴儿，看印堂，五色纹，
细心详，色红者，心肺恙，俱热症，清则良，清何处，心肺当，
推六腑，即去恙，色青者，肝风张，清补宜，自无恙，平肝木，
补肾脏，色黑者，风肾寒，揉二马，清补良，列缺穴，亦相当，
色白者，肺有疾，揉二马，合阴阳，天河水，立愈恙，色黄者，
脾胃伤，若泻肚，推大肠，一穴愈，来往忙，言五色，兼脾良，
屈大指，补脾方，内推补，外泻详，外泻良，泻大肠，立去恙，
兼补肾，愈无恙，若腹痛，窝风良，数在万，立无恙，流清涕，
风寒伤，蜂入洞，鼻孔强，若洗皂，鼻两旁，向下推，和五脏，
女不用，八卦良，若泻痢，推大肠，食指侧，上节上，来回推，
数万良，牙痛者，骨髓伤，揉二马，补肾水，推二穴，数万良，
治伤寒，拿列缺，出大汗，立无恙，受惊吓，拿此良，不醒事，
亦此方，或感冒，急慢恙，非此穴，不能良，凡出汗，忌风扬，
霍乱病，暑秋伤，若上吐，清胃良，大指根，震艮连，黄白皮，
真穴详，俱此方，向外推，立愈恙，倘泻肚，仍大肠，吐并泻，
板门良，揉数万，进饮食，亦称良，瘟疫者，肿脖项，上午重，
六腑当，下午重，二马良，兼六腑，立消亡，分男女，左右手，

男六腑，女三关，此二穴，俱属凉，男女逆，左右详，脱肛者，肺虚恙，补脾土，二马良，补肾水，推大肠，来回推，久去恙，或疹痘，肿脖项，仍照上，午后恙，诸疮肿，照此详，虚喘嗽，二马良，兼清肺，兼脾良，小便闭，清膀胱，补肾水，清小肠，食指侧，推大肠，尤来回，轻重当，倘生疮，辨阴阳，阴者补，阳清当，紫陷阴，红高阳，虚歉者，先补强，诸疮症，兼清良，疮初起，揉患上，左右揉，立消亡，胸膈闷，八卦详，男女逆，左右手，运八卦，离宫轻，痰壅喘，横纹上，左右揉，久去恙，治歉证，并痨症，歉弱者，气血伤，辨此症，在衣裳，人着袷，伊着棉，亦咳嗽，名七伤，补要多，清少良，人穿袷，他穿单，名五痨，肾水伤，分何脏，清补良，在学者，细心详，眼翻者，上下僵，揉二马，捣天心，翻上者，捣下良，翻下者，捣上强，左捣右，右捣左，阳池穴，头痛良，风头痛，蜂入洞，左右旋，立无恙，天河水，口生疮，遍身热，多推良，中气风，男女逆，右六腑，男用良，左三关，女用强，独穴疗，数三万，多穴推，约三万，无不良，遍身潮，分阴阳，拿列缺，汗出良，五经穴，肚胀良，水入土，不化谷，土入水，肝木旺，外劳宫，左右旋，久揉良，嘴唇裂，脾火伤，脾胃恙，清补脾，俱去恙，向内补，向外清，来回推，清补双，天门口，顺气血，五指节，惊吓伤，不计次，揉必良，时摄良，一百日，即无恙，上有火，下有寒，外劳宫，下寒良，六腑穴，去火良，左三关，去寒恙，右六腑，亦去恙，虚补母，实泻子，曰五行，生克当，生我母，我生子，穴不误，治无恙，古推书，身首足，执治婴，无老方，皆气血，何两样，数多寡，轻重当，吾载穴，不相商，少老女，无不当，遵古推，男女分，俱左手，男女同，予尝试，并去恙，凡学者，意会方，加减推，身歉壮，病新久，细思想，推应症，无苦恙。

参考文献

[1] 金义成，施杞，陈志伟. 常见小儿病的推拿预防和护养 [M]. 上海：复旦大学出版社，2016.
[2] 廖品东. 小儿推拿学 [M]. 北京：人民卫生出版社，2016.
[3] 田常英. 小儿推拿实用技法 [M]. 北京：人民卫生出版社，2015.
[4] 韩新民，熊磊. 中医儿科学 [M]. 北京：人民卫生出版社，2016.
[5] 佘建华. 小儿推拿 [M]. 3 版. 北京：人民卫生出版社，2014.
[6] 李宪忠，李路，王道全. 实用小儿推拿真人图解 [M]. 北京：中国中医药出版社，2017.
[7] 孙德仁. 少儿亚健康推拿调理 [M]. 北京：中国中医药出版社，2010.
[8] 段俊国. 中西医结合眼科学 [M]. 北京：中国中医药出版社，2013.
[9] 李先晓. 李德修小儿推拿秘笈 [M]. 北京：人民卫生出版社，2010.